Petite histoire de l'expérimentation démocratique

Tirage au sort et politique d'Athènes à nos jours

抽签的政治史

〔法〕伊夫·辛多默（Yves Sintomer）著
肖宏宇 译

著作权合同登记号　图字：01-2018-4472

图书在版编目(CIP)数据

抽签的政治史 / (法) 伊夫·辛多默著；肖宏宇译. —北京：北京大学出版社, 2024.4
ISBN 978-7-301-34671-6

Ⅰ. ①抽…　Ⅱ. ①伊…②肖…　Ⅲ. ①政治制度史—研究—世界　Ⅳ. ①D59

中国国家版本馆 CIP 数据核字 (2023) 第 222455 号

Originally published in French as Petite histoire de l'expérimentation démocratique: Tirage au sort et politique d'Athènes à nos jours by Yves Sintomer.
© Editions LA DECOUVERTE, Paris, France, 2011 (www.editionsladecouverte.fr)
(本书中文版译自英文版。)

书　　　名	抽签的政治史 CHOUQIAN DE ZHENGZHISHI
著作责任者	〔法〕伊夫·辛多默 (Yves Sintomer) 著 肖宏宇　译
责 任 编 辑	董郑芳　韩月明
标 准 书 号	ISBN 978-7-301-34671-6
出 版 发 行	北京大学出版社
地　　　址	北京市海淀区成府路 205 号　100871
网　　　址	http://www.pup.cn
新 浪 微 博	@北京大学出版社　@未名社科-北大图书
微信公众号	北京大学出版社　北大出版社社科图书
电 子 邮 箱	编辑部 ss@pup.cn　总编室 zpup@pup.cn
电　　　话	邮购部 010-62752015　发行部 010-62750672 编辑部 010-62753121
印 刷 者	大厂回族自治县彩虹印刷有限公司
经 销 者	新华书店
	650 毫米×980 毫米　16 开本　28.75 印张　406 千字 2024 年 4 月第 1 版　2024 年 4 月第 1 次印刷
定　　　价	109.00 元

未经许可，不得以任何方式复制或抄袭本书之部分或全部内容。
版权所有，侵权必究
举报电话：010-62752024　电子邮箱：fd@pup.cn
图书如有印装质量问题，请与出版部联系，电话：010-62756370

为了阿尔芭（Alba）和她的梦想

致　谢

本书的出版要感谢以下人士：Nabila Abbas, Pierre-André Achour, Hans Agné, Giovanni Allegretti, Vincent Azoulay, Marie-Hélène Bacqué, Samuel Ely Bagg, Étienne Balibar, Stéphanie Bauer, Daniel Bell, Denis Berger, Alba Berhami, Ismael Blanco, Loïc Blondiaux, Luigi Bobbio, Christophe Bonneuil, Hugo Bonnin, Sophie Bouchet-Petersen, Hubertus Buchstein, Lyn Carson, Manuel Cervera-Marzal, Antoine Chollet, Olivier Christin, Catherine Colliot-Thélène, Lionel Cordier, Philippe Corrotte, Paula Cossart, Dimitri Courant, Ned Crossby, Cécile Cuny, Olivier Delouis, Yves Déloye, Alain Desrosières, Peter Dienel, Oliver Dowlen, Pascal Dubourg-Glatigny, Aurèle Dupuis, David Farrell, James S. Fishkin, Joan Font, Jean-Michel Fourniau, Emilie Frenkiel, Luca Gabbiani, Maxime Gaborit, Gilles Garcia, John Gastil, Jean-Paul Gaudillière, Véronique Giraud, Célia Gissinger-Boss, Jürgen Habermas, Samuel Hayat, Carsten Herzberg, Hasso Hofmann, Virginie Hollard, Graham Horswell, Frédéric Hurlet, Paulin Ismard, Hugues Jallon, Pierre-Benoit Joly, Claire Judde de la Rivière, Helmut Kälble, Hagen Keller, Éléonore Koehl, Pascale Laborier, Hélène Landemore, Liliane Lopez-Rabatel, Arnaud Macé, Thomas Maissen, Irad Malkin, Bernard Manin, Jane Mansbridge, Maxime Mellina, José Luis Moreno Pestaña,

Héloïse Nez, Sofia Näsström, Kalypso Nicolaïdis, David Owen, Charly Pache, Thierry Pech, Dominique Pestre, Muriel Pic, Dino Piovan, Francesca Prescendi, Judith Rainhorn, Jacques Rancière, Stefania Ravazzi, Henri Rey, Pierre Rosanvallon, Andre Rubião, Chloé Santoro, Daniel Schönpflug, Peter Schöttler, Alexei Daniel Sterafin, Lisa-Flor Sintomer, Graham Smith, Barbara Stollberg-Rillinger, Keith Sutherland, Julien Talpin, Lorenzo Tanzini, Julien Théry, Selma Tilikete, Laia Torras, Lorenzo Tripodi, Nadia Urbinati, Antoine Vergne, Shaogang Wang, Pierre-Étienne Will, Erik O. Wright, 以及所有评论过本书或者通过参与民主实践的工作为本书的写作奠定了基础的人。

文本注释

本书是由首次以法语出版的《民主试验简史：从雅典到当代的政治抽签》(Petite histoire de l'expérimentation démocratique. Tirage au sort et politique d'Athènes à nos jours, Paris：La Découverte, 2011) 修订而成的全新英语版本。笔者要特别感谢 Anja Röcke，她与笔者共同完成了本书所呈现的第一批研究成果，还有 Maxime Mellina，他的工作对第三章的写作起到了决定性作用。还要感谢 Eve Boulanger 的编辑工作。

这本书的英文版是在牛津大学的法国研究所、纳菲尔德学院(Nluffield Colltye) 和政治与国际关系系从事研究期间完成的。本书获得了欧盟的两个研究项目（EucomMeet 和 PHOENIX）的资助。本书内容已经以各种文章和书籍章节的形式发表的部分如下：

"The Three Political Imaginaries of Sortition：Deliberative, Antipolitical and Radical Democracy," (与 Nabila Abbas 共同完成) *Common Knowledge*, 28（2）, Spring 2022。

"Sortition and Politics：From Radical to Deliberative Democracy and Back?," in Dino Piovan, Giovanni Giorgini（eds.）, *Brill's Companion to the Reception of Athenian Democracy. From the Late Middle Ages to the Contemporary Era*, Leiden/Boston：Brill, 2021, pp. 490-521.

"Le tirage au sort au XXIe siècle. Actualité de l'expérimentation démocratique,"(与 Dimitri Courant 共同完成) *Participations*, 2019 (1), pp. 5-31。

"Introduction. The History of Sortition in Politics: Instruments, Practices and Theories,"(与 Liliane Lopez-Rabatel 共同完成) in Liliane Lopez-Rabatel, Yves Sintomer (eds.), *Sortition and Democracy. Practices, Instruments, Theories*, Imprint Academic, Exeter, 2019, pp. 1-26。

"A Child Drawing Lots: The 'Pathos Formula' of Political Sortition?," in Antoine Chollet, André Fontaine (eds.), *Expériences du tirage au sort en Suisse et en Europe (XVIe-XXIe siècles) / Erfahrungen des Losverfahrens in der Schweiz und in Europa (16.-21. Jahrhundert)*, Publications en série de la bibliothèque Am Guisanplatz, 74, Bern, 2018, pp. 223-256. 再版于 Liliane Lopez-Rabatel, Yves Sintomer (eds.), *Sortition and Democracy. Practices, Instruments, Theories*, Imprint Academic, Exeter, 2019, pp. 471-507。

"From Deliberative to Radical democracy? Sortition and Politics in the 21st Century," *Politics and Society*, 2018, 46 (3), pp. 337-357, 新版本为 John Gastil, Erik Olin Wright (eds.), *Legislature by Lot: Transformative Designs for Deliberative Governance*, Verso, London/New York, 2019, pp. 47-74。

"Deliberative Polls and the Systemic Democratization of Democracy," *The Good Society*, 27 (1-2), 2018, pp. 155-164.

"Random Selection, Republican Self-government, and Deliberative Democracy," *Constellations*, 17/3, 2010, pp. 472-487. 其他版本: "Random Selection and Deliberative Democracy. Note for an Historical Comparison," in Gilles Delannoi, Oliver Dowlen (eds.), *Sortition. Theory and Practice*, Imprint Academic, Exeter, 2010, pp. 31-51。

目 录

引 言 ·· 1
  一、抽签在政治上的回归 ·· 3
  二、日益增长的学术界兴趣 ·· 8
  三、历史社会学与政治理论的结合 ································· 12
  四、本书框架 ·· 16

第一章　民主：现代与古代 ·· 25
  一、代议制民主：黄金时代和危机 ································· 27
  二、古代的抽签选择 ·· 52
  本章小结 ·· 93

第二章　抽签的再生：中世纪和近代早期 ························· 96
  一、意大利公社：抽签的多重意义 ······························· 100
  二、威尼斯：确保贵族之间的分配正义 ······················· 107
  三、佛罗伦萨：对共识与共和自治的追求 ··················· 118
  四、对政治机会的第一次驯服 ······································ 137
  五、西班牙：权力斗争的平息（15世纪中期至17世纪） ··· 148
  六、近代早期的分配型贵族制 ······································ 159
  本章小结 ·· 175

第三章　政治抽签的消失：一个历史之谜 ………… 183
一、中国与西方的大分流 ………… 184
二、大众陪审团的抽签 ………… 197
三、对抗"盲目的机会" ………… 220
四、抽签和描述性代表 ………… 249
本章小结 ………… 264

第四章　抽签的回归：商议微众 ………… 271
一、代表性样本：机会的第二次驯服 ………… 272
二、第一波：作为反事实的舆论的商议微众 ………… 278
三、第二波：走向赋权的微众 ………… 297
四、作为政治平等工具的抽签 ………… 331
五、三种民主想象 ………… 336
本章小结 ………… 353

第五章　21世纪的抽签与政治 ………… 357
一、三种挑战 ………… 360
二、"民主"的民主化：一种系统的观点 ………… 380

参考文献 ………… 395

索　引 ………… 439

表 目 录

表1.1 抽签的做法 …………………………………… 58
表4.1 雅典抽签与当代两波试验的比较 ……………… 330
表4.2 抽签的三种理由 ………………………………… 332
表4.3 随机选择机构中政治平等的三种理由 ………… 334

引 言

> 今日，在我们看来，抽签选任官员似乎非常荒诞，我们很难想象这会是智慧之人民所设计且保持下来的制度。
>
> 古斯塔夫·格罗兹（Gustave Glotz），《希腊城市及其制度》，第212页

> 因而，陪审团制度，是让人民实施统治的最有力手段，也是教人民如何统治的最有效手段。
>
> 阿历克西·德·托克维尔（Alexis de Tocqueville），《论美国民主》上卷，第二部分，第八章，第228页

> 民主的本质就是抽签，而抽签的不堪揭示了……社会的治理竟然最终取决于偶然性。
>
> 雅克·朗西埃（Jacques Rancière），《对民主的仇恨》，第47页

在总结了一两个世纪的政治经验后，亚里士多德（Aristotle，公元前384—前322）留下了一句名言："抽签产生官员被视为民主制，选举产生官员被视为寡头制。"[①] 一千七百年后，1466年5月24日和

[①] Aristotle, The Politics, Ⅳ: 9, 1294-b, Harmondsworth: Penguin, 1962, p. 168；译文有修正。

31 日，为打破科西莫（Cosimo）死后美第奇家族的统治，佛罗伦萨共和国立法委员会曾短暂尝试重新引入抽签来选出几乎所有官员。该立法委员会宣称的目的相当高尚：它们要捍卫人民的自由。5 月 27 日，卢卡·皮蒂（Lucca Pitti）领导的 400 名市民，公开签署了誓言书以保卫新恢复的共和政权。这些政变者的指导原则是"城市通常应该由一个公正且受欢迎的政府进行自我管理"，而产生这样的政府的恰当工具就是**抽签**（*la tratta*）；法律应该保护公民免受任意专断的统治，公民"应该知道如何自由地生活，并对公共事务提出建议和判断"。① 这份文件是在美第奇家族控制的第一个时期共和派对其立宪性纲领所提出的最清晰、最有见地的说明。该文件重申了佛罗伦萨自由生活（*vivere libero*）理念的关键因素，当时正值文艺复兴鼎盛时期。② 在某种程度上，佛罗伦萨的政治议程让人回想起古希腊的抽签与民主之间被概念化的紧密关系。

与其他希腊城邦相比，雅典更把抽签遴选视为一个重要程序，与公民大会（人民作为一个整体出现）和选举一起使用。比如摩西·I. 芬利（Moses I. Finley）③、摩根斯·H. 汉森（Mogens H. Hansen）④、乔赛亚·奥伯（Josiah Ober）⑤、约瑟娜·布洛克（Josine Blok）⑥，这些历史学家都对抽签的作用进行过详尽的记录和分析。

---

① Nicolai Rubinstein, *The Government of Florence Under the Medici (1434 to 1494)*, Oxford/New York: Clarendon Press/Oxford University Press, 1997, pp. 178-179.

② Nicolai Rubinstein, "Florentina libertas," *Rinascimento*, Florence: Leo S. Olschki, second series, vol. XXVI, 1986.

③ Moses I. Finley, *The Invention of Politics*, Cambridge: Cambridge University Press, 1991.

④ Mogens H. Hansen, *Athenian Democracy in the Age of Demosthenes*, Oxford: Basil Blackwell, 1991.

⑤ Josiah Ober, *The Rise and Fall of Classical Greece*, Princeton: Princeton University Press, 2015.

⑥ Josine Blok, *Citizenship in Ancient Athens*, Cambridge: Cambridge University Press, 2017.

亚里士多德持有一个比上面的引用更微妙的观点,可能会让我们相信:他认为,在建立民主的过程中,公民大会、选举和抽签三种程序是相辅相成的,尽管他仍然坚持说,主要通过抽签选出领导人,才能体现出一个城邦深刻的民主特征。选举,虽然对总体的平衡而言是必要的,但只是在一定程度上体现了一种不同的原则。① 在一个世纪之前,希罗多德(Herodotus,约前484—前425)就已经探讨过抽签与民主的密切关系。在其《历史》第三卷中,他描述了据称发生在波斯的一场讨论,讨论反映的是同时代的雅典人关于政治原则的争论。演说家欧塔涅斯(Otanes)支持大众政权,说大众政权是建立在抽签遴选官员的基础之上的。②

一、抽签在政治上的回归

2004年12月11日,一个由加拿大不列颠哥伦比亚省(British Columbia)随机选出的公民组成的公民大会(Citizens' Assembly)提交了关于投票制度改革的报告,得出了这样的结论,"得票最多者当选"(first past the post)的办法(选民投票选出候选人,即使得票最多的候选人得票率不到50%也获胜,这将少数族裔代表排除在外)应改为更注重比例的"单一可转移票制"(single transferable vote)方法(这种方法的设计更接近比例代表制,即设置多个候选人选区,由每个选民投一票对候选人进行排名)。2005年5月的全民公决投票通过了这项立法提案。作为不列颠哥伦比亚省总督顾问、该省公民大会设计师的戈登·吉布森(Gordon Gibson),为这项立法创新进行了如下辩护:

---

① Aristotle, *The Politics*, op. cit.
② Herodotus, *The Histories*, Oxford: Oxford University Press, 2008, pp. 81-82.

我认为，我们今天正在谈论的方式的特征在于为代议制和直接民主注入新的元素。这些新元素虽在细节上有差异，但都有一个共同点，即在代议制和直接民主混合制中加入了一组新的代表，与我们投票选举出的代表不同。就目前情况来看，代议制和直接民主这两个决策流程都受到了专家和特殊利益集团的很大影响——几乎被俘获。商议民主（deliberative democracy）的理念本质上在于引入公众利益作为强大的第三方力量，即随机的专门小组（random panels）代表。在我们的选举中由多数票决产生的传统代表是专业人士，在很长一段时间内，拥有以我们的名义行事的无限权限。我们现在谈论的这些新的代表是随机选出的，作为政治外行公民（lay citizens），为了特定和有限目的，仅在短时段内代表我们。①

不列颠哥伦比亚省的这个试验，只不过是过去三十年中，成千上万抽签试验中最有名的一个。加拿大人口最多的省份安大略省，在2005年效仿了这种做法。② 其他类似的公民大会也出现了，尤其是在爱尔兰，在2011—2021年间，有四次类似的抽签试验。③

公众的意见和态度转变起来会很快。法国在这方面堪称模范。2006年，在索邦大学的一次公开演讲中，当时正在竞选2007年法国

---

① Gordon Gibson, "Deliberative Democracy and the B. C. Citizens' Assembly," 2007年2月23日发表的演讲, http://www.ccfd.ca/index.php? option=com_content&task=view&id=409&Itemid=284。

② 关于不列颠哥伦比亚省，参见 Mark E. Warren and Hilary Pearse (eds.), *Designing Deliberative Democracy. The British Columbia Citizens' Assembly*, Cambridge: Cambridge University Press, 2008; Amy Lang, "But Is It for Real? The British Columbia Citizens' Assembly as a Model of State-Sponsored Citizen Empowerment," *Politics & Society*, 35 (1), 2007, pp. 35-70; R. B. Herath, *Real Power to the People. A Novel Approach to Electoral Reform in British Columbia*, Lanham, MD: University Press of America, 2007。

③ Patrick Fournier et al., *When Citizens Decide. Lessons from Citizens' Assemblies on Electoral Reform*, Oxford/New York: Oxford University Press, 2011。

总统大选法国社会党（French Socialist Party）候选人的戈莱娜·罗亚尔（Ségolène Royal）设想了对政治领导人进行"公众监督"（popular scrutiny），并要求政治领导人"定期向抽签选出的公民审议团（citizens' juries）说明自己的情况"①。这一观点引发了不同政治家难得一见的一致的激烈反应。右翼保守派唤起了人们对法国大革命动荡时期的记忆。② 后来成为总统的尼古拉斯·萨科齐（Nicolas Sarkozy），斥责她这种"无耻的民粹主义"的提议。③ 萨科齐的亲密合作者布里斯·霍特菲克斯（Brice Hortefeux）郑重地说：

> 我们别忘了：历史上每次有人批评经选举产生的领导人时，其真正想攻击的是共和国——不管是1934年二六事件④的主角布朗热将军（General Boulanger）以及保罗·德鲁莱德（Paul Déroulède）⑤，还是贝当（Pétain）政府中意图通过建立揭露地方当局的委员会以显示共和精神的那些人⑥。

奇怪的是，社会党领导人也加入了这种大合唱，甚至有人质问这种"危险的建议"是否受到让-玛丽·勒庞（Jean-Marie Le Pen）⑦的启发。⑧ 勒庞否认了这种亲缘关系，且加以反击。勒庞说，显而易见必须拒绝这种思想，因为"通过'公民审议团'来绕过代议制无助于政治声誉的恢复"⑨。接着，令人惊讶的是，极左派也加入了这

---

① *Le Monde*, November 18, 2006.
② *Lefigaro.fr*, Octobre 24, 2006.
③ *La Chaîne Info*（*LCI*），October 27, 2006.
④ 1934年2月6日，巴黎极右翼组织的示威游行，演变成了一场暴乱，这使公众清楚地认识到，法国也可能受到法西斯主义的威胁。
⑤ 乔治·布朗热（Georges Boulanger, 1837—1891）：法国将军出身的政治家，领导了一场撼动法国第三共和国的民粹主义运动。保罗·德鲁莱德（Paul Déroulède, 1846—1914）：法国知识分子，在与德雷福斯事件有关的反犹太运动中扮演了重要角色。
⑥ *Reuters*, October 24, 2006.
⑦ 彼时，让-玛丽·勒庞是极右翼政党的领袖。
⑧ *Lefigaro.fr*, October 24, 2006.
⑨ *Novo Press*, October 25, 2006.

场争论，托洛茨基主义激进分子把公民审议团拒斥为"一个笑话"①。博学的评论家也参与其中。记者阿兰·杜哈梅尔（Alain Duhamel）遗憾地表示，该提议将"加剧"和"煽动"对当选的政治家的不信任：要么该提议指的是纯粹可选的东西，因此"只是为了作秀"；要么提议真的是"所谓的参与民主制的一个新元素，或让我们清楚地说明一下，只是以舆论民主来取代'代议制民主'"。② 读者和听众都摸不着头脑了。他们该信谁？这个提议是反动的还是革命的？是民主的还是极权的？撇开选举竞争不谈，愤怒是否表明政治阶层正在紧张地自我反省？③ 这种情绪在法国可能很极端，但绝非法国所独有。近年来，许多国家都公开呈现出"怕民众"甚至"憎恨民主"的迹象。④

十年后，参加法国总统大选的三位主要候选人都主张在政治中使用抽签，包括后来当选总统的埃玛纽埃尔·马克龙（Emmanuel Macron）。马克龙当选后，在2018—2019年面临"黄背心"（Gilets jaunes）运动即大规模民众抗议时，他选择通过组织全国范围内的"大辩论"来转移公众的讨论，包括在法国所有地区建立公民大会。为了回应"黄背心"运动所提出的一项要求，他随后成立了一个"公民气候大会"（Citizens Convention for Climate），该大会大体上照搬爱尔兰公民大会的做法，在2019年9月至2020年夏天进行了商议，以期制定政策，使法国能够大幅减少二氧化碳排放量。

许多此类商议工具的支持者认为，在经历了几个世纪的衰落之后，抽签重返政治舞台，意味着某些古代民主理想也在吸引新的受

---

① *Convergences révolutionnaires*, October 30, 2006.
② *RTL*, October 26, 2006.
③ Yves Sintomer, *Le pouvoir au peuple. Jurys citoyens, tirage au sort et démocratie participative*, Paris: La Découverte, 2007.
④ Etienne Balibar, "Spinoza, the Anti-Orwell: The Fear of the Masses," *Rethinking Marxism*, 2 (3), pp. 104-139; Jacques Rancière, *Hatred of Democracy*, London: Verso, 2009.

众。发明商议式民意调查（deliberative poll，下文简称商议民调）的詹姆斯·费什金（James Fishkin）将其描述为"新雅典式解决方案"，甚至认为"现代民主制度的主要缺陷，可以通过对随机抽样和商议——这两个古雅典解决方案的基本构成部分——进行现代式改进与完善而建设性地加以修补"①。两个最有说服力的政治抽签拥护者林恩·卡森（Lyn Carson）和布莱恩·马丁（Brian Martin）也表达了类似的观点：

> 政治随机选择背后的假设是，几乎任何希望参与决策的人都能做出有益的贡献，最公平的方式是确保有机会的人都能获得平等的参与机会。随机选择在古代雅典行得通；当今时代，在选择陪审员时也行得通。许多正进行的试验也证明，随机选择在应用于政策议题时也运作良好……民主……的力量在于必须包含公民参与的基本要素，民主不是凭借自我选择的少数，而是凭借能正确决定自己未来的普通人。鉴于使人人参与这种商议过程的困难，我们认为随机选择是一种理想的方式，这种方式可以将具有代表性样本的民众都包括进来。②

这些试验从根本上批判了家长式传统，这种传统倾向将民主降格为单纯的代议制政府。对这些试验最直言不讳的支持者认为，公民参与政治对于政治制度的最佳健康状态至关重要。他们要求所有公民在政治上平等参与公共讨论，在某些情况下，平等参与决策。他们认为，民主的合法性与以公共辩论的名义扩大商议密切相关：

---

① James Fishkin, "Reviving Deliberative Democracy: Reflections on Recent Experiments," in Stephen Coleman, Anna Przybylska, and Yves Sintomer (eds.), *Deliberation: Values, Processes, Institutions*, Frankfurt/Main: Peter Lang, 2015, pp. 99-108.

② Lyn Carson and Brian Martin, *Random Selection in Politics*, Westport: Praeger Publishers, 1999, pp. 13-14.

一项决策越是来自活跃的和组织良好的公共辩论,就越具有合法性,无论是理论上还是经验上都如此。① 这种思路显然是为了回应公民对政治制度日渐增长的不信任,这种不信任至少在欧洲和北美已经特别明显。

二、日益增长的学术界兴趣

虽然历史学对政治中的抽签实践,特别是对古代希腊和古代罗马以及中世纪的意大利和西班牙的政治抽签实践,投入了一定的关注,但是在20世纪90年代以前,这种关注多多少少是偶然的。多年来,关于政治抽签的研究少之又少。如仅就欧洲以往的研究来说,能够列举出来的重要研究成果不超过六个:19世纪90年代初的甫斯特尔·德库朗日(Fustel de Coulanges)和詹姆斯·威克利夫·黑德勒姆(James Wycliffe Headlam)②,20世纪20年代的维克多·埃伦伯格(Victor Ehrenberg)③,几十年后的克里斯蒂安·迈尔(Christian Meier)、莉莉·罗斯·泰勒(Lily Ross Taylor)和伊斯特兰·斯图尔特·斯特夫利(Eastland Stuart Staveley)④。

20世纪90年代开始,随着历史学、考古学和金石学等领域研究

---

① James Fishkin, *The Voice of the People: Public Opinion and Democracy*, New Haven/London: Yale University Press, 1995.

② Fustel de Coulanges, "Nouvelles recherches sur le tirage au sort appliqué à la nomination des archontes athéniens," *Nouvelles Recherches sur quelques problèmes d'histoire*, Paris: Hachette, 1891, pp. 147-179; James W. Headlam, *Election by Lot at Athens*, Cambridge: Cambridge University Press, 1891, 1931年重印。

③ Victor Ehrenberg, "Losung," in *Paulys Realencyclopädie der klassischen Altertumswissenschaft*. Stuttgart, 1923, pp. 1451-1504.

④ Christian Meier, "Praerogativa Centuria," in *Paulys Real-Enzyklopädie der klassischen Altertumswissenschaft*, Munich: Supplementband VIII, 1956, pp. 569-598; Lily Ross Taylor, *Roman Voting Assemblies from the Hannibalic War to the Dictatorship of Caesar*, Ann Harbor: University of Michigan Press, 1966; Eastland Stuart Staveley, *Greek and Roman Voting and Elections*, London: Thames and Hudson, 1972.

的进展,对抽签的研究开始数量激增并有了突破。汉森的开创性研究①标志着古代雅典研究的转折点,其他人②紧随其后。对古代罗马的研究也同样如此③。非常有意思的是,人们对意大利公社如何运用抽签也重新产生了兴趣,尤其是在约翰·M. 纳杰米(John M. Najemy)④ 的研究成果出版之后,关于瑞士⑤、西班牙⑥和德国⑦的抽签研究成果也相继出版。这种研究趋势已经扩展到西方以外的国家,如中国和墨西哥。⑧ 更广泛地看,人们对抽签的研究旨在分析不同的

---

① Mogens H. Hansen, *Athenian Democracy in the Age of Demosthenes*, op. cit.

② Paul Demont, "Tirage au sort et démocratie en Grèce ancienne," *La Vie des idées*, 22 June 2010.

③ Claude Nicolet and Azedine Beschaouch, "Nouvelles observations sur la 'Mosaïque des chevaux' et son édifice à Carthage," in *Comptes rendus des séances de l'Académie des Inscriptions et Belles-Lettres*, 135rd year, 3, 1991, pp. 471-507; Roberta Stewart, *Public Office in Early Rome. Ritual Procedure and Political Practice*, Ann Arbor: Michigan University Press, 1998; Frédéric Hurlet, *Le proconsul et le prince d'Auguste à Dioclétien*, Bordeaux: Ansonius Editions, 2006.

④ John M. Najemy, *Corporatism and Consensus in Florentine Electoral Politics, 1280-1400*, Chapel Hill: University of North Carolina Press, 1982; Lorenzo Tanzini, *A consiglio. La vita politica nell'Italia dei comuni*, Rome: Laterza, 2014; Hagen Keller, "Electoral Systems and Conceptions of Community in Italian Communes (12th-14th Centuries)," *Revue française de science politique*, 64 (6), 2014, 英语版。

⑤ Antoine Chollet and Alexandre Fontaine (eds.), *Expériences du tirage au sort en Suisse et en Europe (XVIe-XXIe siècles)*, Publications en série de la bibliothèque Am Guisanplatz, 74, Bern, 2018; Maxime Mellina, Aurèle Dupuis and Antoine Chollet, *Tirage au sort et politique. Une histoire suisse*, Lausanne: Presses polytechniques et universitaires romandes, 2020; Aurèle Dupuis, "Aristocratie distributive et traditions républicaines: une histoire comparative des usages du tirage au sort en politique dans trois cantons suisses d'Ancien Régime (17e-18e siècles)," PhD thesis, Lausanne: Lausanne University, 2021; Maxime Mellina, *Le Sort ou la Raison. Persistance et disparition du tirage au sort en Suisse (1798-1831)*, 2 volumes, PhD thesis, Lausanne: Lausanne University, 2021.

⑥ Regina Polo Martín, "Los Reyes Católicos y la insaculación en Castilla," *Studia historica. Historia medieval*, 17, 1999, pp. 137-197.

⑦ Barbara Stollberg-Rilinger, "Entscheidung durch das Los. Vom praktischen Umgang mit Unverfügbarkeit in der Frühen Neuzeit," in André Brodocz et al. (eds.), *Die Verfassung des politischen. Festschrift für Hans Vorländer*, Wiesbaden: Springer VS, 2014, pp. 63-79.

⑧ Pierre-Étienne Will, "Appointing officials by drawing lots in late Imperial China," in Liliane Lopez-Rabatel, Yves Sintomer (eds.), *Sortition and Democracy. Practices, Tools, Theories*, Exeter: Imprint Academic, 2020, pp. 305-340; José Antonio Aguilar Rivera, "Las razones de la tómbola," *Nexos*, 1 April 2015.

指定和任命方式①，而抽签在占卜和前现代政治中的用途已经成为初步概述的主题②。在 21 世纪头十年和第二个十年之交，四位社会和政治学家发表了关于在政治中使用抽签的历史调查，这波浪潮在头十年的末期波及中国。③ 考古学研究和古希腊抽签器（kleroterion）的试验性重建，使我们最终了解了，亚里士多德在其著作《雅典政制》（The Athenian Constitution）④ 中所描写的著名的"抽签机器"的真正用途。这种日益增长的兴趣催生了 2010 年底的第一幅历史全景图。⑤

与此同时，政治科学领域对抽签的研究呈指数级增长。在 20 世纪 60 年代晚期和 20 世纪 70 年代初期，抽签的政治用途首先被一些研究先驱者提到⑥，随后在德国得到了进一步的研究。德国的彼得·迪内尔（Peter Dienel）于 1969 年提议使用"规划小组"（planning cells），并于 1972—1973 年的冬季首次进行了试验；与此同时，内

---

① Edoardo Ruffini, "I Sistemi di deliberazione collettiva nel medioevo italiano," in *La ragione dei più. Ricerche sulla storia del principio magoritario*, Bologna: Il Mulino, 1977; Reinhard Schneider and Harald Zimmermann (eds.), *Wahlen und Wählen im Mittelalter*, Sigmaringen: Jan Thorbecke, 1990; Christoph Dartmann, Günther Wassilowsky and Thomas Weller (eds.), *Technik und Symbolik vormoderner Wahlverfahren*, Beihefte der Historischen Zeitschrift, Munich: Oldenbourg, 2010.

② Federica Cordano and Cristiano Grottanelli (eds.), *Sorteggio Pubblico e Cleromanzia dall'Antichità all'Età Moderna*, Milan: Edizioni Et, 2001.

③ Anja Röcke, *Losverfahren und Demokratie. Historische und demokratietheoretische Perspektiven*, Munster: LIT, 2005; Yves Sintomer, *Le pouvoir au peuple*, op. cit. (2007); Oliver Dowlen, *The Political Potential of Sortition*, Exeter (UK)/Charlottesville (USA): Imprint Academic, 2008; Hubertus Buchstein, *Demokratie und Lotterie. Das Los als politisches Entscheidungsinstrument von der Antike bis zu EU*, Frankfurt/Main: Campus, 2009; Gil Delannoi and Oliver Dowlen (eds.), *Sortition. Theory and Practice*, Exeter (UK): Imprint-Academic, 2010; Yves Sintomer, *Petite histoire de l'expérimentation démocratique*, Paris: La Découverte, 2011; Shaoguang Wang, *Sortition, Democracy, and Republic: From Athens to Venice* (中文版), Beijing: CITIC Press, 2018。

④ Aristotle, *The Athenian Constitution*, Harmondsworth: Penguin, 1984; Liliane Lopez-Rabatel, "Drawing Lots in Ancient Greece. Vocabulary and Tools," in Liliane Lopez-Rabatel and Yves Sintomer (eds.), *Sortition and Democracy. op. cit.*

⑤ Liliane Lopez-Rabatel and Yves Sintomer (eds.), *Sortition and Democracy. op. cit.*

⑥ Robert A. Dahl, *After the Revolution? Authority in a Good Society*, New Haven: Yale University Press, 1970.

德·克罗斯比（Ned Crosby）于1974年在美国创建了一个与之非常相似的机制，他称之为"公民审议团"（citizens' juries）。这一术语被广泛传播，而迪内尔的"规划小组"很大程度上只是一个德语名词。①1988年，费什金发明了商议民调，并于1994年首次在英国进行了测试。②那些不是专门从事学术的人也促进了抽签在政治领域的普及。③比利时知识分子大卫·范雷布鲁克（David Van Reybrouck）就这个题目发表的作品在全世界畅销。④在法国，伯纳德·曼宁（Bernard Manin）⑤关于代议制政府的开创性著作对于激发积极分子研究抽签的兴趣起到了关键的作用。其他学者，无论政治上活跃与否，都促进了"抽签"概念的复兴。⑥英国出版商"印记学术"（Imprint Academic）在这方面发挥了重要作用，再版了许多之前已经绝版的古典和当代书籍，并出版了许多该领域的新作品。关于商议民主的理论的研究与随机选择的微众的研究之间有着丰富的交叉，使这一主

---

① Peter Dienel, *Die Planungszelle*, Wiesbaden: Westdeutscher Verlag, 1997; Ned Crosby, *In Search of the Competent Citizen*, Plymouth: Center for New Democratic Processes, 1975.

② James Fishkin, *Democracy and Deliberation*, New Haven/London: Yale University Press, 1991.

③ John Burnheim, *Is Democracy Possible ?*, Cambridge: Polity Press, 1985; Benjamin Barber, *Strong Democracy: Participatory Politics for a New Age*, Berkeley/London: University of California Press, 1984; Lynn Carson and Brian Martin, *Random Selection in Politics*, op. cit.; Barbara Goodwin, *Justice by Lottery*, New York: Harvester Wheatsheaf, 2012; Ernest Callenbach and Michael Phillips, *A Citizen Legislature*, Exeter: Imprint Academic, 2008.

④ David Van Reybrouck, *Against Elections*, New York: Seven Stories Press, 2016.

⑤ Bernard Manin, *Principles of Representative Government*, Cambridge: Cambridge University Press, 1997.

⑥ John Gastil, *By Popular Demand: Revitalizing Representative Democracy through Deliberative Elections*, Berkeley: University of California Press, 2000; Philippe C. Schmitter and Alexander H. Trechsel (eds.), *The Future of Democracy in Europe*, A Green Paper for the Council of Europe, 2004; Dominique Bourg et al., *Pour une sixième République écologique*, Paris: Odile Jacob, 2011; Jon Elster, "Le tirage au sort, plus juste que le choix rationnel," 2 July 2008, https://laviedesidees.fr/Le-tirage-au-sort-plus-juste-que-le-choix-rationnel.html; Jon Elster, *Securities Against Misrule. Juries, Assemblies, Elections*, Cambridge: Cambridge University Press, 2013; Jorge Costa Delgado, José-Luis Moreno Pestañe, Lilane Perez-Rabtel and Yves Sintomer, *Sorteo y democracia/Sortition and Democracy*, thematic issue, *Daimon. Revista Internacional de Filosofia*, Ediciones de la Universidad de Murcia, 72, September-December, 2017b.

题的出版物数量呈现爆炸式增长。在 2010 年底，约翰·加斯蒂尔（John Gastil）和埃里克·奥林·赖特（Erik Olin Wright）共同发布了一份宣言，呼吁通过抽签建立立法机构。①

三、历史社会学与政治理论的结合

本书是一种更广泛趋势的一部分，也是对这种趋势一次尝试性的初步概述。然而，从古典时代到文艺复兴时期的佛罗伦萨，再到当代的爱尔兰，我们有比较的根据吗？当然，不可能对这些政治领域进行逐一比较，因为它们的社会、制度和文化背景差异太大。同样明显的是，抽签在古代雅典城邦政体或者佛罗伦萨政体的中心地位，与它在当代民主政体中所处的次要地位，有着根本的不同。在过去的二三十年中，抽签试验的数量已经大为增加。因此，我们有必要进行一番仔细的比较。

进行比较研究的第一种方式可能是满足于提出一系列"永恒"的哲学问题。什么是民主？在民主秩序中，抽签遴选能够且应该有什么样的地位？在政治中，什么是抽签遴选的本质意义？根据这种研究模式，历史学和社会学对不同背景的关注就服从于思辨性推理；亚里士多德、莱昂纳多·布鲁尼（Leonardo Bruni）、弗朗切斯科·圭恰迪尼（Francesco Guicciardini）、詹姆斯·费什金、雅克·朗西埃的著作就用不同的方式回答了同一个问题。我们会看到，在特定的语境之外提出这样的哲学问题似乎是有风险的。在古代雅典城邦，抽签遴选的做法是同公民人口的小规模和公职的快速轮换联系在一起的，这意味着每个积极的公民都对成为统治者并轮流统治有合理的

---

① John Gastil and Erik Olin Wright (eds.), *Legislature by Lot. An Alternative Design for Deliberative Governance*, London: Verso, 2019; John Gastil and Erik Olin Wright (eds.), *Politics and Society*, 2018, 46 (3), Special issue: *Legislature by Lot: Transformative Designs for Deliberative Governance*.

期待。然而，大多数当代经验基于截然不同的目标和期望，其中包括这样一种想法，即如果具备适当的手段和条件，有代表性的样本群体就会像全体人民一样进行商议。代表性抽样这个明显的技术问题，彻底改变了现状。在我们讨论政治中的抽签遴选时，我们并不把文艺复兴时期佛罗伦萨的抽签遴选和21世纪早期加拿大的随机抽签民主视为一回事。关于抽签和民主的关系这种永恒的哲学问题，如果不涉及随机选择的实践、工具和社会条件，就有被误读或显得不合时宜的危险。①

为了避免这些陷阱，第二种方式涉及试图分析历史进程中迥然不同的政体。每一次的研究发现都可能只与正在研究的某种特定"文明"（civilization）有关，且不会声称这种答案可以适用于不同时代或其他政治制度。从这个角度看，古代基于抽签的民主与现代基于选举的西方民主形成了鲜明对比：可以说是南橘北枳。这种同步分析有着启发性的价值，但也存在明显的局限性。第一，似乎很明显，某些仪式、习俗和概念，可以从一种文明传播到另一种文明。18世纪各种革命以后，抽签的使用形式类似于意大利公社用来组成陪审团的形式。同样，选举已经成为雅典、威尼斯和佛罗伦萨的一部分，被现代民主国家继承，并在形式上还保留着一些古老的特征。第二个问题是，就抽签而言，古代雅典和佛罗伦萨的某些历史时期，或者罗马和现代早期西班牙或瑞士之间的相似之处，要远远多于雅典、斯巴达与罗马的相似之处。对不可比较的知识的强调，夸大了每种知识内在同质性的程度。

另外，历史方法关注的是较短的时间跨度，而不是认识论，虽

---

① 在这个意义上，这项工作与法国历史社会学关于投票的研究有许多相似之处。参见 Yves Déloye and Olivier Ihl, *L'acte de vote*, Paris: Presses de Sciences Po, 2008; Alain Garrigou, *Histoire sociale du suffrage universel en France. 1848－2000*, Paris: Seuil, 2002; Michel Offerlé, *Un homme, une voix ? Histoire du suffrage universel*, Paris: Gallimard, 2002; Pierre Rosanvallon, *Le sacre du citoyen. Histoire du suffrage universel en France*, Paris: Gallimard, 1992; Olivier Christin, *Vox populi. Une histoire du vote avant le suffrage universel*, Paris: Seuil, 2014.

然重视对所研究的行动者之细节的了解，但并不排斥本书提供的更广阔的历史视角。局限于具体年代谱系的解释也同样如此。在极端情形下，这类研究方法会使政治理论完全失去合法性，而有利于迁移史或政治网络的微观社会学的研究。此处的重点不是否认谱系学和迁移史研究的价值，事实上，本书还会对其中的一些研究进行分析。然而，谱系学方法不能单独解释为什么当今政治中的大量抽签遴选展示了如此多的成功迁移案例，或者为什么自20世纪70年代，特别是21世纪以来，抽签遴选经历了突然的增多。此外，每一种谱系学都是不同的；抽签的方式也各不相同。那么我们如何避免迷失在丰富多元的现实中呢？

第三种方法是把历史学方法和人类学方法结合起来。这将意味着，从马克·布洛赫（Marc Bloch）在《国王神迹》(*The Royal Touch*) 中开辟的关于君主的治愈力量的道路①，从阿比·沃伯格（Aby Warburg）关于艺术形式从一种文明到另一种文明的生存②，从卡洛·金兹伯格（Carlo Ginzburg）在《狂喜》(*Ecstasies*) 中关于巫术和萨满教实践开辟的道路③中，为政治抽签获取灵感。对所有这些研究者而言，历史学方法和人类学方法的结合是一种方法论上的必要：时间序列的重建使追踪迁移和历史谱系成为可能；即使仅仅是因为现有资料不足，人类形态学探究也可以在没有时间序列的先验证据的情况下阐明形式上的相似性。两种方法可能单独使用，但也可能结合使用，例如，形态上的联系可能引导研究人员寻找最初看起来不太可能的迁移。笔者曾在其他研究中采用一种形态学方法④，该方

---

① Marc Bloch, *The Royal Touch*, London: Routledge & Kegan Paul, 1973.
② Aby Warburg, *Essais florentins*, Paris: Klincksieck, 1990.
③ Carlo Ginzburg, *Ecstasies Deciphering the Witches' Sabbath*, London: Hutchinson Radius: 1990.
④ Yves Sintomer, "A Child Drawing Lots: The 'Pathos Formula' of Political Sortition?," in Antoine Chollet and Alexandre Fontaine (eds.), *Expériences du tirage au sort en Suisse et en Europe, op. cit.*, pp. 223-256.

法表明，让一个仍然纯真的孩子介入抽签，是自古以来抽签中最为流行（但并非每一个地方都如此）的特征。与抽签一样，人们认为，孩子的纯真能够保证公正和纯洁（尤其在基督教中，儿童被认为是无罪的）。然而，在另一些地方和历史上的其他时期，包括当代世界在内，政治中完全不存在把抽签和一个纯真的孩子形象联系在一起的情况。这种情况指向了被人们承认的抽签最普遍的价值：公正。它鼓励我们寻找历史的迁移。然而，它并没有说明其政治含义的充分多样性。

在本书中，笔者倾向采取另一种方法，即历史社会学的方法。这种方法借助韦伯的"理想类型"即抽象模型比较了许多不同历史场景下的抽签实践，这些模型不与特定的经验案例重叠，而是概念地图的两极，经验案例可以被放置于这一概念地图之中。本书目的在于绘制一幅跨时代的概念地图，来描绘政治抽签背后的不同原理，以更好地理解当下的政治格局。本书通过对历史经验的研究，构建了这种理想类型（例如，抽签可以依赖的三种理由：超自然命运的标志、公正和平等）。此项研究基于笔者的部分实地调查和历史研究，但在大多数章节，笔者借鉴了其他学者的研究成果。基于大量的历史资料，笔者得以勾勒出抽签这一现象的大致轮廓：从古代开始，经过中世纪和文艺复兴时期的公社，到现代民主国家——越出欧洲的疆界，到中国、印度和墨西哥。许多社会学分析——无论是笔者进行的还是其他研究者报告的——都进一步阐明了这一问题，立法实践、法庭审判、统计学、医学专业内部的辩论以及市中心城区的政策倡议等不同领域的研究，也同样进一步阐明了这个问题。毫无疑问，笔者的研究并非详尽无遗，但是笔者希望此项研究是一个开端，抛砖引玉。

此外，笔者还将这种历史社会学方法与政治理论结合起来，讨论政治抽签在今天所可能宣称的那种合法性。这种方法与批判理论是一致的：人们必须研究真实的经验（历史的和现在的），以更好地理解并评判来自社会的规范和政治主张，而不是试图以一种推测的方式维护纯粹的哲学原则。笔者的规范性问题不是抽签在一个几乎公正和近乎民主的社会中能够发挥什么作用，而是抽签如何能够帮助现行的政治制度民主化。或者，更确切地说，抽签如何能够代表一个"真正的乌托邦"①，一条永远无法达到的规范地平线，但是我们在当今世界却能通过民主试验向这条地平线迈进。

四、本书框架

如果要对21世纪初的政治制度状况加以审视的话，我们需要摆脱那些常常会麻痹理性反思和政治行动的先入为主的观念。我们必须摒弃思想中的偏见，来判定抽签是否为民主提供了一条有希望的前进道路。现在，世界范围内出现的影响政治代表权的结构性的合法性危机，使得我们有必要对19世纪末以来看似正常的现象提出挑战：毕竟，在第二次世界大战结束之后的几十年里，所谓的"全球北方"（Global North，下文简称"北方"）（西欧、北美、澳大利亚、新西兰和日本）的稳定政治体系，很有可能只是历史上的一个插曲，是少数幸福人士（在全球层面上）的黄金时代，而不是"历史的终结"。因此，我们有必要回顾西方民主实践的遥远过去，并反过来仔细分析当代世界出现的最有前途的抽签试验。

在本书中，笔者将提出四组问题。其中三组问题来自历史社会学的角度。第一组问题涉及政治抽签的过往实践。这些过往实践有多重要？从中能描绘出怎样的历史分界线？这些抽签的过往实践的动机与理由是什么？第二组问题聚焦于在西方代议制政府存在的头两个世纪里抽签实践的消失。为何在西欧和北美政治中抽签会随着

---

① John Gastil and Erik Olin Wright (eds.), *Legislature by Lot*, op. cit.

旧制度的消失而消失？为何抽签反而在司法领域里随着陪审团的发展而发展？如何解释西方和中国之间的显著差异，在中国（如同在古代罗马一样），抽签一直被广泛用于高级官员任职的省份调配直至20世纪初？相反，第三组问题与20世纪末抽签政治的回归有关。如何分析这种现象？如何从政治学和社会学层面解释当代抽签的试验？是否必须对这几种趋势加以区分？

最后一组问题是规范性问题。如我们前文所提及的，越来越多的实践者和理论家宣称，抽签是一种有望在提高政治制度合法性的同时，实现政治制度民主化的途径。各个政治派系当中都有持这种观点的行动者。2020年，经济合作与发展组织（Organization for Economic Co-operation and Development，OECD）发布了一份报告，提倡随机选择微众的制度化，以"赶上商议浪潮"①。在政治左翼一方，有人提倡更雄心勃勃的变革，从反资本主义的角度捍卫抽签立法的发展。② 在中国，一个完全不同的背景下，一些知识分子也一直在提倡把抽签作为加强执政合法性的一种手段③，但是，一些问题应该被提出来。什么样的民主是真正有效的民主：是如多数知识分子和微众的支持者所提出的商议民主吗，还是人们常提到的雅典城邦式的激进民主？是两者的结合，还是介于两者之间？是一种将超越竞争政治的"反政治"民主吗？抽签选择的具体价值是什么？

笔者分四部分回答了这些问题。第一部分是关于政治抽签的解释。在北方，选举通常被视为民主的核心工具。然而，我们会看到，

---

① OECD, *Innovative Citizen Participation and New Democratic Institutions. Catching the Deliberative Wave*, Paris: OECD Publishing, 2020, https://doi.org/10.1787/339306da-en, p. 25.

② Erik Olin Wright, "Postscript: The Anticapitalist Argument for Sortition," in John Gastil and Erik Olin Wright (eds.), *Legislature by Lot, op. cit.*, pp. 39-49.

③ 参见《开放时代》专题，广州社会科学院，2012年第12期；Daniel Bell, "Dialogue on Sortition with Professors Wang Shaoguang and Yves Sintomer," 2020, https://danielabell.com/2020/08/25/dialogue-on-sortition-with-professors-wang-shaoguang-and-yves-sintomer/。

在共和政治与民主政治的历史中，抽签的广泛运用在多数情形下是同选举结合在一起的。我们必须超越民主与选举这对假定的常态组合。随着 21 世纪代议制民主合法性的削弱，一种越来越受欢迎的观点——尤其是在学术圈之外——已经出现：相比于选举，抽签才是一种民主工具，而选举是一种贵族工具。这种观点的根据正是本书开头提到的亚里士多德说出那句名言的场合，即那次有些肤浅的演讲。朗西埃就是在这个意义上写道："民主的本质就是抽签，而抽签的不堪揭示了……社会的治理竟然最终取决于偶然性。"[①] 作为对抽签在当代社会的潜在合法性最有洞察力的人物之一，芭芭拉·古德温（Barbara Goodwin）也提出了这种观点[②]，凡是读过伯纳德·曼宁关于代议制政府的开创性著作的人大多都会得出同样的结论[③]。本书主张对此进行更为细致的阐述。本书认为，政治抽签保留了超越历史的民主逻辑的说法只是一个神话，而不是历史事实，因为政治抽签在整个历史中发挥了多种作用。笔者认为，政治抽签基于几种不同的政治动机，来源于不同的理论基础。有时，抽签被赋予一种宗教或超自然的解释：在古代多数政治制度中尤其如此。这一机制也可以被视为促进公正性的手段：这或许是多年来对抽签最具经典意义的解释了。最后，抽签可以是促进平等的工具，这意味着，当在很大范围内进行抽签时，抽签就是民主的动力。

第二部分回应了如下疑问：为什么随着现代革命的到来，抽签从政治舞台上消失了？曼宁第一个产生这一疑问，并给出了双重答案。[④] 一方面，在他看来，现代共和国的创建者想要的是选举型贵族制而不是民主制，这样一来，他们拒绝被视为民主的抽签就符合逻辑了。另一方面，人民同意的理论——规则必须得到被统治者的同

---

① Jacques Rancière, *Hatred of Democracy*, op. cit., p. 47.
② Barbara Goodwin, *Justice by Lottery*, op. cit.
③ Bernard Manin, *Principles of Representative Government*, op. cit.
④ Ibid.

意，根植于现代自然法概念，非常深入人心，以至于没有经过公民正式批准的政治权威很难获得合法性。在笔者看来，虽然这两个说法很有说服力，但需要被超越。比如，两个说法都没有考虑到在法国大革命前夕的贵族政制的背景下，在一些欧洲国家抽签仍然被与选举结合使用。曼宁的论证既无法解释为何激进民主派或者革命派不起来捍卫抽签，也无法解释为什么在同一时期随机选择越来越多地被用于遴选陪审团。为了揭开这种谜团，我们将对其他一些因素进行考察。第一个也是最重要的因素超越了政治，虽然在古代雅典，抽签已成为政治理性化过程的一部分，但从启蒙时代起，尤其是随着美国革命和法国大革命的到来，它开始看起来像是一种荒谬的机制。"人民主权"的概念和对代表形式的新理解使抽签过时了。共和理性主义开始把抽签视为旧制度的一种残余。由于对时间和人类意志有了新的理解，随机选择被认为是盲目的，因而与理性相对立。此外，"代表性抽样"的概念尚未形成，人们难以提出反对意见。然而，陪审团不需要这样的理由，陪审团需要的只是普通人的主观判断和常识。在随机选择组成的陪审团中，陪审员被认为是可以替换的——在政治中则没有类似的情况。

笔者的第三部分论述涉及的是最近抽签回归政治的意义，部分围绕代表性抽样展开。当今政治上的抽签与"代表性抽样"概念密不可分，正是此概念使得建立"微众"即人民的缩影成为可能。另一个相当现代的因素是对商议的极端重视及其与抽签的密切关系。这两个特征的结合赋予了抽签实践一个新的理由。这两个因素还加强了抽签的两个更古老的含义，即抽签的运用有助于促进公正性和被抽选者之间的平等性，并且改变了抽签的整体逻辑。然而，在对过去几十年的抽签实践进行分析时，我们需要区分两波浪潮。第一波基于随机选择的微众的民主创新，遵循的是商议民主的逻辑，而非自治和激进民主的逻辑。在这方面，参考雅典是有问题的，因为古代雅典的公民之间有许多面对面的讨论，并且那些随机选出的人都嵌入了一个密集的社会关系网络。相反，第二波浪潮更为多样，但其中的某些倾向更符合新雅典主义的观点。第二波出现的授权的抽签过程比咨商性质的微众更好地抓住了雅典民主传统的精神。

第四部分是规范性的。借鉴上文概述的历史社会学的经验教训，笔者尝试提出一个规范性上让人信服、政治上务实的抽签案例。授权的抽签程序似乎有助于促进现代自由民主的民主化。然而，必须规定，我们可以根据哪种民主概念做出这种积极的评价。捍卫商议制度发展的商议民主派认为，在商议制度下，各种不同的元素将相互配合，形成和谐的劳动分工。随机选择的微众是其中的一个重要环节。其中的问题在于，商议民主派往往对政治与社会持有一种天真的看法，在这种看法中，不存在统治，人们的观点很容易通过哈贝马斯（Habermas）所称的"最佳论证的非强迫性力量"① 来改变。在另一种解释中，笔者称之为反政治民主，这对于各式各样的博客、社会运动以及大胆挑战代议制民主的政党来说很重要。这种观点认为，精英和人民是对立的，且精英把人民视为一个统一的整体。一旦人民摆脱了选举，也就摆脱了精英，抽签就会在这个政治体系中发挥核心作用。这种观点相信"对人的统治将由对物的管理所代替"——这借用了圣西门（Saint-Simon）和恩格斯（Engels）的说法。这种观点只是把构建一个无冲突社会的结局放在了遥远的未来；此外，这种观点很难理解当前和未来的"人民内部矛盾"②。因此，笔者要为第三种观点，即抽签民主进行辩护。该制度，至少在把握商议的重要性时，为在西方政治体系内发展抽签提供了更好的理论

---

① Jürgen Habermas, *Between Facts and Norms: Contributions to a Discourse Theory of Law and Democracy*, Cambridge (MA): MIT Press, 1996.

② Mao Zedong, "On the correct handling of contradictions among the people," 27 February 1957, https://www.marxists.org/reference/archive/mao/selected-works/volume-5/mswv5_58.htm.

根据。人们必须把渐进的结构变革视为社会斗争、政党领导的行动和民主创新的复杂结果,这些民主创新旨在赋予人民更多权力并有利于形成共识。这种系统的观点区别于商议主义者的观点:它认为,政治制度的不同要素在紧张关系下运作,而不是在功能性协作中运作。在这种政治"生态系统"中,抽签因其在公正和平等方面的潜在优势,又涵养了描述性的代表形式,故可以发挥重要的作用。再加上"商议"和"众人智慧"的概念,抽签是 21 世纪彻底改造民主的一种有希望但并非唯一的方式。

笔者将在第一章讨论古代民主和现代民主之间的不同。笔者首先描述了当前的政治代表性危机,必须在这一背景下,对诸如抽签等民主创新的传播加以理解。民主创新传播不是某一国家所独有的或暂时的,而是结构性的。笔者将列举其中三个原因,在简要概述北方后民主和威权主义的潜在场景后,更详细地研究一个旨在对西方民主进行民主化的反霸权设计。随后,会继续概述古代抽签的运作方式,这对抽签的拥护者来说似乎是一个重要的参照点。在描述抽签在古代西亚罕见的政治用途时,笔者将阐明在阿奎那(Aquinas)之后,除了在机会游戏(games of chance)或科学中使用外,占卜和分配两种抽签类型是如何被区分的。虽然抽签产生于占卜,但是在雅典的黄金时代,抽签在很大程度上发展成了一种世俗实践,它的合法性来自它的公正性及其激进的民主逻辑。在罗马,抽签的运用很广泛,但是与雅典有很大的不同,其具有重要的仪式和象征意义,使得精英能够以共和国与共同利益(common good)的名义进行和平竞争。将雅典和罗马的抽签实践进行比较之后,我们发现了这样一个事实:抽签的使用可以出于不同的理由。

在第二章,笔者将分析从中世纪到近代早期,抽签在西方的再生。笔者将探究中世纪和文艺复兴时期意大利共和国的突变,以及近代早期西班牙、瑞士和其他欧洲国家的抽签实践。在这些时期,抽签使用广泛，尽管使用的方式有所不同，但往往是同选举和合议（cooption）结合起来使用。最重要的是，抽签成为引导群体尤其是精英对权力和资源进行竞争的一种手段。在各种不同的共和国背景下，抽签成为"分配型贵族"的关键因素，这样，小部分精英公民就能以共同利益的名义进行自治，享有管理国家的特权。在某些情形下，特别是在13世纪的意大利公社以及佛罗伦萨的某些时期，参与共和自治的特权圈子扩大了些。由于现有数据的匮乏，笔者对西方世界以外的抽签实践涉猎很少，只谈到了印度。此章揭示的另一个教训是，在现代化之前，政治抽签与经验主义的"驯服机会"联系在一起，并被用作一种理性的工具，尽管"代表性抽样"的科学概念在当时尚未可知。

第三章将探讨在美国革命和法国大革命之后，抽签从政治中消失的历史之谜。笔者将强调中西方在这个问题上的"大分流"，因为中国直至20世纪初还在使用抽签（与科举考试一起使用），而西方则在19世纪初就放弃了。接下来，笔者将揭示为何在西方，在政治上的随机抽签消失不见的两个世纪中，抽签却一直被运用于陪审团制度。事实上，陪审团的随机选择主要是因为人们通常以为，陪审员是可以替换的。然而，在19世纪初的革命时期，瑞士发生了一场辩论，这场辩论表明，随现代性和启蒙运动的到来而出现的新的理性主义思想只把抽签视为过去的残余，盲目且非理性。当时，当代读者熟悉的"代表性抽样"概念还未出现。因此，即使是那些支持一种描述性的代表形式（descriptive form of representation）的人，即代表者与被代表者在社会学意义上是相似的，在捍卫自己的理想时，也无从诉诸抽签。

第四章将分析当代抽签实践的指数级增长，解释为什么抽签在各种行动者眼中似乎越来越具有合法性。这些行动者中，大多数人的观点还是基于"代表性抽样"这个相对较新的概念，而第二次

"驯服机会"将抽签与描述性代表紧密联系，即人的社会学或统计学意义上的代表。抽签的倡导者往往建议将随机选择与商议结合起来，强调抽签的公正性、民主性及其在认识论上的依据。笔者将依次描述两波试验。第一波始于20世纪80年代，聚焦于商议微众，比如公民审议团、共识会议或者商议民调，这些都是咨商性的，自上而下的，受到发明者的高度控制，仅仅体现为代议制民主的补充。第二波浪潮始于2000年前后，其见证了民主创新的蓬勃发展。赋权的微众和参与民主或者直接民主相结合，最明显的是与公民大会相结合。此外，这些试验有时是自下而上的，并且已经在少数机构中随机选出了第一批常设机构，抽签也被运用于政党政治和社团。在这一阶段，一些试验的政治化正趋向一种不同于商议主义的模式，这一模式高度重视微众的公正和中立。笔者将总结在整个历史上支持使用抽签的政治平等的三种理论依据。商议民主、反政治民主和激进民主这些不同的政治想象（期望的或令人担忧的政治前景）所诉诸的正是这些理论依据，并用这些理论依据为抽签回归政治进行辩护，至少在西方是如此。

第五章将提出抽签回归北方政治体系的一个原因，讨论北方政治体系面临的主要挑战以及随机选择机制在当代政治中可能发挥的重要作用。通过抽签产生的机构可能是更大民主的来源，是更开明的公共舆论和更负责任的公共行动的平台。简言之，它可能是既反对后民主制度，也反对威权主义形式的一种动态机制。笔者还将讨论抽签的立法思想，从系统的角度，探讨随机选择如何可能有助于在21世纪重塑政治和民主。

在历史上首次为民主进行辩护时，普罗泰戈拉（Protagoras）谈及雅典，说道：

> 在讨论国家的治理时，那个起身提出建议的人可能是建筑工人，也可能是铁匠、鞋匠、商人、船主、富人或穷人，

出身显贵或卑微。无论怎样，没有人会拿这些说事……说他不够资格提出建议，说他讲不出谁是他的老师，因而不能给出建议。原因一定是，在场的人都认为国家治理不是一门可以传授的课程。①

16　　本书提出需要重新审视政治制度的基本问题。政治合法性的来源是什么？公众商议应该如何进行？集体应该如何构建共同利益？代表的含义是什么，谁来定？柏拉图的观点还有效吗？抽签能在民主进程中发挥作用吗？

---

① Plato, *Laws*, 319d.

第一章
民主：现代与古代

柏林墙倒塌几年后，弗朗西斯·福山（Francis Fukuyama）出版的《历史的终结》在国际上获得了巨大的成功。他在书中写道：

> 我认为，自由民主或许是"人类意识形态演变的终点"和"人类政权的最后形式"，因此构成了"历史的终结"。也就是说，早期的政权形式因其本身存在的严重缺陷和不合理性而最终崩溃，但自由民主制摆脱了这些根本性矛盾……虽然当今一些国家未能建立起稳定的自由民主，还有一些国家可能倒退回其他更原始的统治形式，如神权统治或军事独裁，但是自由民主理想是再完美不过的理想。①

《历史的终结》根本不是一本好书，但是对于它在公众中获得的巨大成功还是可以理解的：福山抓住了时代的精神（Zeitgeist）。然而，在提出后不到三十年，这一观点似乎就变得非常荒诞了。21世纪充满着悖论：一方面，许多仍然生活在威权政权下的人揭竿而起，要求实行民主——这似乎让《经济学人》（The Economist）和智库"自由之家"每一两年发布一次所做的民主等级排名得到了一些认

---

① Francis Fukuyama, *The End of History and the Last Man*, London: Penguin, 2012 [1992], p. xi.

同。这种排名对福山来说，就是以西方的自由民主为标杆给世界其他国家打分。从极简主义的视角看，"民主"基本上可以被概述为法治、自由市场的存在、分权、自由的公共领域和竞争性的党派选举；因此"自由民主"就等同于其他人所说的"资本主义民主"（在本书中，这两个概念作为同义词使用）。另一方面，民主国家无论新旧，其代议制政府都面临越来越严重的合法性危机，这种危机影响着所有大陆，从南北美洲到欧洲，从非洲到亚洲和大洋洲。此外，就财富和实力来说，中国是最成功的新兴国家——却能拒斥任何类似的西方民主，以一种独特的方式将自由市场和政府干预结合在一起。在世界各地，国家政治和社会正经历着巨大的文明变革。这一背景对于理解为什么过去十年中人们使用了数以千计的由抽签选出的机构至关重要。在本章中，笔者将首先反思基于选举的自由民主模式，然后讲述古代人是如何使用抽签的。

在被丢弃了几个世纪之后，抽签遴选似乎卷土重来，再次在数千个政治试验中发挥作用。因此，我们必须研究这一程序在过去是如何被使用的，要注意这一程序在特定的社会背景下可能具有的不同含义。在整个历史上，政治抽签有哪些不同的方式？抽签又是如何与其他形式相结合的？这方面最有创意的试验是什么？在接下来的章节中，我们将尝试提供一个关于抽签的历史概述。我们的探讨将集中在四个主要问题上。从古代（第一章第二节）到中世纪和近代早期（第二章），抽签的不同做法是什么？这些做法在各自的历史背景中有什么意义？为什么现代民主国家形成之初，不是为了政治目的而利用抽签，而是将其限制在司法领域（第三章）？为什么（以及根据什么方式）抽签最近回到了政治舞台（第四章）？以及应该如何从规范的角度来解释这种回归（第五章）？

一、代议制民主：黄金时代和危机

我们必须避免依赖那种富有欺骗性的熟悉感来看待北方的现行政治制度，而应尝试像孟德斯鸠在18世纪对法国所做的那样，以一个"波斯人"的眼光来看待这些政治体系。① 福山对自由民主的"宏大叙事"［让-弗朗索瓦·利奥塔（Jean-François Lyotard）语］进行了总结，他展示了过去两三个世纪里资本主义、民主和人权的渐进发展史，其观点在西方大众媒介和学术出版物中得到广泛传播。总而言之，自由主义者过去常常把历史视为通向进步的单一道路。在这个过程中，一些国家走在了前面，而另一些国家则落在了后面——这使得先行者有了统治后来者的特权。虽然要始终避免病态，但什么构成了"正常"的发展是明确的：民主越来越被视为其中的一部分。

然而，从当代史学角度来看，这种线性和族群中心主义的叙事不再可信。一方面，我们必须强调，非欧洲国家的多种途径与迁移使得西方的政治崛起成为可能。我们先看看两个事例。民主不是古希腊发明出来的；恰恰相反，民主是"狩猎-采集"社会中一种普遍的政治制度。② 这种看法并不否认希腊历史对于发展一个复杂和自我批判的民主社会的特殊重要性。第二个例子是，以考试为基础的公务员职位的存在，以及每个人"根据自己的能力"成为公务员的法律可能性——现代国家的一个关键维度——事实上是通过耶稣会士、拿破仑以及后来的东印度公司，从中国引进欧洲大陆的，先到

---

① Montesquieu, *Persian Letters* [1721], http://rbsche.people.wm.edu/teaching/plp/.
② James C. Scott, *The Art of not Being Governed. An Anarchist History of Upland Southeast Asia*, New Haven/London: Yale University Press, 2009.

印度，然后是英国。①

另一方面，无论是民主还是共和，都有光明和黑暗两面。18世纪末，美国革命和法国大革命改变了政治格局。大众动员，尤其对社会底层群体的动员及动员起来后的内部矛盾，如同地震一般。这些导致了代议制政府、法治以及一系列人权的确立，其中公与私是相互关联的，尽管二者之间的关系往往紧张。虽然存在一些变种，但代议制这种模式还是在北方传播开来，尤其是在那些已经先行完成工业革命和实现现代资本主义的国家。此时创设的或制度化的某些机制，直到今天对许多人来说仍然具有吸引力。

然而，我们必须以更好的方式评估这些不同的发展。西欧和北美创设的是"选举的贵族制"，这是卢梭提出的概念②，在这种制度安排下，核心制度权力大部分被选举出来的少数人所垄断。虽然这个少数派必须对付一个相对自由和受法律保护的公共领域，但是代议制政府不仅反对君主专制主义，也反对古代民主，或者说"真正的民主"。对于麦迪逊（Madison）这位美国最有影响力的开国元勋来说，选举可以做到：

> 通过选定的公民群体来提炼和扩大公众的观点，这个群体的智慧或许最能辨别国家的真正利益，其爱国心和对正义的热爱使得他们最不可能为了暂时的或者片面的考虑而牺牲国家利益。按照这样的规定，由人民的代表发出的公众声音，很有可能比人民自己开会发出的声音，更符合公众利益。③

---

① Jürgen Osterhammel, *Die Verwandlung der Welt, Eine Geschichte des 19. Jahrhunderts*, Munich: C. H. Beck, 2013, p. 873; Jean-Laurent Rosenthal and R. Bin Wong, *Before and Beyond Divergence*, Cambridge (Mass.) /London: Harvard University Press, 2011.

② Jean-Jacques Rousseau, *On the Social Contract*, New York: St Martin's Press, 1978, Ⅲ, pp. 3-7.

③ James Madison, "To the People of the State of New York," *The Federalist*, 10, in Alexander Hamilton, James Madison and Martin Jay, *The Federalist Papers (1787-1788)*, Bantam Books, 1982, pp. 46-47.

制度的设计使得这些开明的代表主要来自最富裕的社会阶层（白人和男性），但其理念是，候选人必须赢得公开的竞争，竞选连任时要接受审查，这最终限制了他们的职权。此外，联邦主义者通过复杂的制衡来抵消这种代表权的授权，这种制衡制度旨在分配权力，它承认被代表者利益的合法性，强调对当选官员问责。

当时盛行的法国共和主义者并不认同这种权力制衡观念。然而，法国制宪会议领袖阿贝·西耶士（Abbé Sieyès）同意麦迪逊的观点，即当选政治家应该是从民众中脱颖而出的人，公民"应该任命比他们自己更有能力的代表，以了解普遍利益（general interest），并就普遍利益解释他们自己的意愿"[1]。同样，在他看来，这种优秀能力的来源部分是社会性的，因为代表应该是拥有财富的人，故将厌恶无序混乱，不会轻易腐败。[2] 代表也应该是职业政治家，因为劳动分工扩展至政治领域，以期提高国家行动的效率。

这些所谓明智和道德高尚的公民必须通过选举产生：他们不像在欧洲旧政权里的官员那样，凭借法定的贵族出身而继承官职。各个政治领导人必须轮换而不是终身担任享有国家权力的职务。他们只是来自社会特权阶层中相当少的一部分人，通常所实施的政策都是为了这些阶层的利益。男性公民选举权的逐渐扩大并没有突然改变这种情形。只是到了19世纪的最后三十年和20世纪初，随着进步运动和工人运动的兴起，以及大众政党的出现，真正的变革才开始展现。在英国，直到20世纪初，代议制政府和民主才在公共话语中重合。[3] 直至20世纪的最后几十年，妇女无论是在法律上还是在

---

[1] Emmanuel-Joseph Sieyès, *Ecrits politiques*, Paris: Édition des archives contemporaines, 1985, p. 236.

[2] Ibid., p. 90.

[3] Hugo Bonin, *Du régime mixte à la 'vraie démocratie': une histoire conceptuelle du mot democracy en Grande-Bretagne, 1770–1920*, Doctoral Thesis, Paris 8 University/UQAM, October 2020.

事实上依然被排除在政治之外。在美国，独立战争推动了共和自治的激进理想①，但这种矛盾的理想②同时排除了英国统治和"外人"（法国天主教徒、美洲原住民、黑人）。对黑人和美洲原住民的偏见一直延续到两个多世纪以后的今天。

在"帝国时代"③及随后的岁月里，在任何帝国中都没有组织过全国范围的自由公正的选举，原住民始终不被视为完全的公民。在拉丁美洲"漫长的19世纪"（1789—1914），当时拉美是世界上共和国数量最多的地区，代议制政府并不稳定，其合法性程度很低。较先进的资本主义和自由主义国家依旧相当满足于前资本主义关系，并在非白人的殖民地实施着专制统治。④ 即使在去殖民化后，自由民主模式在"全球南方"（Global South，下文简称"南方"）的影响依旧有限：仅少数几个国家建立了代议制政府，最突出的是印度，但是其底层阶级并没有获得多大的权力，完全不能与北方发达国家的底层阶级相比。很大程度上，资本主义还未被驯服，福利国家还很弱，前资本主义剥削形式依然产生着重要影响。

北方国家经过了几十年才使产生于17世纪和18世纪革命后的选举的贵族制发展为代议制民主。这种演化不是缓慢与和平的发展，而是"漫长的19世纪"和"短暂的20世纪"（1914—1989）⑤中许多危机、战争和革命的结果。很大程度上，仅在第二次世界大战结束后的几十年里，代议制政府才迎来其黄金时代，最终通过大众政

---

① Gordon S. Wood, *The Radicalism of the American Revolution*, New York: Vintaye Books, 1991.

② Aziz Rana, *The Two Faces of American Freedom*, Cambridge/London: Harvard University Press, 2014.

③ Eric Hobsbawm, *The Age of Empire: 1875-1914*, London: Weidenfeld & Nicolson, 1987.

④ Ranajit Guha (ed.), *Subaltern Studies. Writing on South Asian History and Society*, Delhi: Oxford University Press, 1982-1985.

⑤ Eric Hobsbawm, *The Age of Extremes. A History of the World, 1914-1991*, New York: Vintage Books, 1994.

党、普选权和福利政策勉强整合了底层阶级，但是这些阶级仍处于从属的地位。经过重要的动员后，美国黑人才获得了公民权。尽管美国黑人的地位已经发生了重大的改变，但是"民族-社会国家"①仍然是一个排他性的俱乐部。正如自马克斯·韦伯（Max Weber）以来的政治科学家一直承认的，政党有着等级森严的官僚结构，这种官僚结构与治理公司、家庭、学校和科学组织的官僚结构并无太大区别。罗伯特·米歇尔斯（Robert Michels）提出了他著名的"寡头铁律"论点，根据这一论点，工人运动注定以官僚化而告终。② 从生态学上说，促成北方代议制民主国家成为可能的经济发展是不可普遍化的，也是不可持续的。虽然经济极大地加速了发展，并使世界进入了一个新的地质时代——人类世（Anthropocene），但是全球生态系统的不稳定性日益加剧。此外，这种发展曾依赖——而且仍然依赖着——全球范围内的极不对称的劳动分工。

如果说第二次世界大战结束之后的时期被看作代议制民主的黄金时代的话，这个标签用于 20 世纪最后十年可能就更为贴切。东欧剧变，以及许多南方国家政权更迭，强化了于 20 世纪 70 年代中期开始出现的趋势。在南欧，在拉丁美洲，在稍次程度上的非洲和亚洲，"自由世界"促成并支持的独裁政权一个接一个地被推翻了。这也是学术和国际组织中"过渡研究"（Transition Studies）的黄金时代。代议制民主和资本主义达到巅峰：唯一的问题就是要了解代议制民主和资本主义的必要条件及要避免的潜在障碍。有史以来第一次，出现了一个似乎真的可以普遍适用的政治制度。资本主义和代议制民主的"胜利"也被看作不是孤立出现的，而是伴随着家庭和学校的民主化、女权主义革命、不受国家管理的新大众媒体的发展、个

---

① Etienne Balibar, *Nous, citoyens d'Europe？Les frontières, l'Etat, le peuple*, Paris：La Découverte, 2001.

② Robert Michels, *Political Parties：A Sociological Study of the Oligarchical Tendencies of Modern Democracy*, New York：Free Press, 1962.

人电脑的普及，以及互联网的兴起。

代议制民主的一个特殊形式演变成了霸权，这种霸权以新的资本主义积累的新自由主义政权为基础。自20世纪70年代后期以来，经济自由主义和社会民主之间的妥协（由此产生了德国所说的"社会市场经济"）在北方遭遇了失败。这标志着金融资本主义的兴起。金融资本主义首次在独裁统治下的阿根廷和智利进行了试验，接着就被运用于玛格丽特·撒切尔（Margaret Thatcher）领导下的英国和罗纳德·里根（Ronald Reagan）领导下的美国，随后被运用于世界其他地方，包括社会民主政府的国家。在北方，经济增长远远低于持续了四分之一世纪之久的黄金时代；但是，中国和其他一些发展中国家的经济却在快速增长。自华盛顿共识（Washington Consensus）以来，国际货币基金组织（IMF）和世界银行（World Bank）就对面临金融危机的南方国家实施了新自由主义政策。在世界范围内，经济增长和政治民主扩张似乎以对福利国家的削弱为代价。美国新保守主义者甚至举起了人权的大旗。在这一点上，"现代民主"被许多人视为新自由资本主义民主的代名词。2009年，"自由之家"因而鼓吹："在1900年，世界上还没有一个政府是按照成人普选的原则选出的。今天，这样的国家已有119个，或者说全世界国家总数的62%都有了普选出来的政府。"① 所谓的自由民主，已经彻底击败了对手，现在终于可以宣布处于"自由统治"之下。

柏林墙倒塌已有三十年，那段时期对我们来说似乎已经很遥远了，尤其是就政治而言。世界上的代议制民主国家数量并没有显著减少，但是越来越多的代议制民主国家现在被说成是"不自由的"国家。总体上，通过竞争性党派选举获得政治代表权的合法性受到了损害。虽然在某种程度上，作为一种总要面对争论和挑战的制度，

---

① Adrian Karatnycky, *The Annual Survey of Political Rights & Civil Liberties 1999-2000*, Freedom House, 2000, https://freedomhouse.org/sites/default/files/2020-02/Freedom_in_the_World_1999-2000_complete_book.pdf.

民主始终处在危机中，但是这种永恒的危机状态在某些特殊的历史时刻更为明显。比如，20世纪60年代的美国不能同20世纪20年代的德国魏玛共和国相提并论。事实上，21世纪的一系列事件的发展表明，我们已经进入了一个震荡时期。

在某种程度上，西方政治制度已经陷入声名狼藉的境地。放弃投票无论是在国家层面的选举还是在地方选举都成了一个问题，有时甚至到了触目惊心的程度。几乎在所有地方，大多数公民都似乎不再信任他们的政治领导人。政党正在失去支持者和同情者，政治阶层的声望正在下降。甚至在曾经诞生了工人阶级大众政党的德国，两个最大的党派，即社会民主党（社民党，SPD）和基督教民主联盟（基民盟，CDU），从1990年到2020年，失去了一半以上的党员，从总共173万人降至仅83万人。如果我们再看看欧洲最大的50个政党的话，这种下降趋势也是一样的，尤其是，如果我们把政党参与的强度（而不仅是数量）也考虑在内的话，这种下降趋势就更为显著了。此外，当我们仅衡量不担任任何政治职务的公民的党派参与时，这种趋势就愈发明显了。事实上，政党逐步蜕化为当选官员的内部精英圈。专制主义倾向正在发展："历史终结"的论调已经过时了，新的时髦话是"受到威胁的民主"。在这种背景下，面对社会转型的无情步伐，我们集体缺乏体制想象力的现象令人吃惊：在过去的几十年里，政治领导人似乎基本上无法进行大胆的具有系统性影响的政治改革。

（一）21世纪的合法性危机

民族、文化或制度上的特殊性，特定政党的困难，特定政治家的失误或野心，八卦小报"丑闻"的出现，都不足以解释我们在政治上所陷入的僵局。现在的问题似乎比20世纪70年代时更积重难返，那时三边委员会（Trilateral Commission）表达了对过度民主导致的治理能力危机的担忧①,或者说德国哲学家哈贝马斯对晚期资本主义社会的合法性危机做出了诊断②。事实上,西方政治体系正日益面临在分析上截然不同但相辅相成的结构性挑战。21世纪的政治将会与"短暂的20世纪"的最后几十年的政治大不相同。

1. 民主、新自由主义全球化和后殖民主义

几乎在世界各地,福利国家都受到了攻击。在北方,福利国家曾依靠强大的工人运动(如今这种运动已大大削弱),同时也依赖北方国家主宰世界其他地区的事实,因为这种主宰使得再分配政策更容易实施。简言之,金融资本主义支配的全球化动摇了福利国家的经济基础。几十年来第一次,年轻一代进入职业生涯的前景比其父辈时更加暗淡。20世纪70年代盛行的新的资本积累制度过度重视金融资本。虽然在一些国家,新自由主义政策似乎强劲地增长,但是也导致了更严重的不平等。③ 当然,新兴市场的经济发展使得数亿人摆脱了贫困,但是也令北方国家面临更为激烈的竞争,特别是对那些专门生产中等附加值产品的国家来说。对世界上大多数人来说,北方国家仍然非常具有吸引力(虽然从坊间传闻来看,大多数来自印度和中国的学生打算在完成学业后返回祖国),然而,从国内来看,政权的合法性已大幅下降。世界经济中心正迅速转移至亚洲(或者更宽泛地说,转移至亚太地区)。这种新的后殖民主义秩序使北方国家及其政治模式"地方化"④。这导致了身份危机,其强度因国而异。英国的"脱欧"、2016年至2020年的唐纳德·特朗普政

---

① Michel Crozier, Samuel Huntington and Joji Watanuki, *The Crisis of Democracy: Report on the Governability of Democracies to the Trilateral Commission*, New York: New York University Press, 1975.

② Jürgen Habermas, *Legitimation Crisis*, Boston: Beacon Press, 1975.

③ Thomas Piketty, *Capital in the Twenty-First Centuy*, Cambridge (USA): Harverd University Press, 2014.

④ Dipesh Chakrabarty, *Provincializing Europe: Postcolonial Thought and Historical Difference*, Princeton: Princeton University Press, 2007.

府、欧洲大陆的排外极右政治的兴起就是这种危机的体现。

在南方，情况更为复杂。在新兴市场，新自由资本主义的发展趋势和适度福利国家的发展趋势并存，但二者之间关系紧张。统治阶级有真正的国家发展规划的国家与由掠夺成性的政治阶层所统治的国家有着明显的差异。在这方面，一个政治制度在形式上是"民主的"还是"专制的"并不是至关重要的问题。结构性贫困和多重紧张关系将导致重大危机、战争乃至国家的失败。虽然大规模移民只是这种情况的副产品（2019年年中，全球范围内的难民人数达7080万，这是第二次世界大战以来的最高水平[①]），但移民和难民通常会动摇他们拼命要移入的国家的政治秩序。

现代民主在民族国家内部发展起来了。自18世纪末南北美洲的独立运动开始，现代民主用了数个世纪，首先在欧洲，随后在世界其他地方，帮助民族国家战胜了王朝帝国与城邦共和国而最终得以巩固。然而，许多南方民族国家的行动始终受制于由资本主义推动的国际劳动分工和不平等的国际政治秩序。此外，在非洲和亚洲，许多民族国家本质上是人为强加的，其获得的合法性非常有限。21世纪，全球治理意味着规模的变化，就像欧洲发生的从古代城邦、中世纪和文艺复兴，到现代民族国家的转变。这种变化已远远超出了代议制政府和人民主权的能力。这种变化通过各种不同地位的行动者的网络展开：国家（特别是最强大的国家）依然发挥着重要的作用，但是也不得不与跨国公司组织、地方政府联盟、如世界银行或国际货币基金组织这类的国际技术官僚组织、教会，以及在较小程度上应对如绿色和平组织（Green Peace）、农民之路（Via Campesina）和世界工会联合会（World Federation of Trade Unions）等跨国非政府组织打交道。"全球化思考，本地化行动"的旧口号仍然适用于解决许多问题，但是大部分所要采取的行动和制定的规则

---

① UNHCR, *Figures at a Glance*, 2021, http://www.unhcr.org/figures-at-a-glance.html.

需要在全球治理层次上进行。

人们普遍认为这种观点是意识形态的，即经济资本主义的发展促进了中产阶级的崛起，进而增加了对自由民主的支持，现在已不再可信。如历史和当前的发展都清楚地表明，中产阶级并非天生就拥戴民主，而会采取非常不同的政治行为。资本主义和代议制民主之间的联系一向是模棱两可的。自由主义者和马克思主义者，都强调自由劳动契约和自由市场与平等权利之间在形式上的亲和力，但这只是故事的一部分。事实上，资本主义相容于几种不同的政治制度。正如前文所提到的，第一批现代代议制政府是反对民主，而支持资本主义的。20世纪下半叶，那些最民主的国家，即在各种人权和政治平等方面最为发达的国家，也是通过对公共部门或合作部门进行强有力的去商品化的方式来驯服和平衡资本主义的国家。① 这些国家更多表现为社会民主主义而不是自由主义，至少根据19世纪对自由放任的自由主义的理解来说如此。此外，社会主义者为争取公民权利和人权而进行的斗争不亚于自由主义者。在这方面，未被驯服的资本主义的回归对政治体系的稳定来说是个坏消息。

自20世纪80年代以来，新的资本主义民主政权在整个拉丁美洲、非洲和韩国的崛起值得注意：与第二次世界大战结束以后的西欧民主国家相比，这些民主国家在崛起后不久相对较快地进入了一个危机时期。此外，事实是，这些新兴的资本主义民主政权并不代表人民的真正力量；在很多情况下，失望与沮丧情绪在增长。大多数苏联解体后诞生的国家，在民主化早期阶段或多或少采取的是威权主义方式，与此同时，掠夺性的资本主义迅速发展起来。总之，90年代之后引入的资本主义民主政体，往好里说是部分失败，往坏里说就是一场灾难，如当时南斯拉夫和苏联的大部分地区所经历的

---

① Gota Esping-Andersen, *The Three Worlds of Welfare Capitalism*, Princeton: Princeton University Press, 1990.

情形。在更小的范围内，"阿拉伯之春"的余震也如此。

2. 人类世时代

与此同时，过去两个世纪里可见的经济增长程度和全球中上层阶级的生活方式显然是不可持续的；随着世界范围内越来越多的人加入中产阶级队伍，情况就更为严重。事实上，代议制政府和法治主导的那种社会发展模式之所以成为可能，只是因为全球严重的不对称关系。这种模式从未被认为是可以普遍化的，事实上其普遍化正是目前全球环境危机的主要原因所在。甘地（Gandhi）曾写道："上帝禁止印度效仿西方模式的工业主义。蕞尔小岛国（英国）的经济帝国主义正把世界套入枷锁。如果一个有着三亿人口的国家，采用类似的经济剥削方式的话，将像蝗虫一样把世界吃得一干二净。"① 今日生态问题的时空规模已对民主秩序提出了全新的挑战。各地的发展都是不平衡的，未来的几代人将被迫为环境买单。考虑到选举的局限性与短视，我们如何能保护子孙后代的利益？

用乌尔里希·贝克（Ulrich Beck）创造的术语②来说，现代国家已成为"风险社会"。当然，人类一直以来都在面对不确定性和自身行动所带来的无法预见的后果。然而，当代经济和技术的发展正带来几乎无法逆转的改变，其中尤以全球变暖和基因工程为最。社会与科学家和科技的关系也在不断演变。对前现代社会的怀旧同现代性本身一样古老。然而，今天，这些怀疑不再局限于反动或者保守的圈子：它们成为科学界与最大程度地参与科学和技术发展的社会阶层的深层潜流。在这个方面，生态议题，连同有关城市规划和医学政策的辩论，发挥了重要的作用。第二次世界大战结束以后发展起来的国家既是社会主义的，也是科学主义的。当社会维度在压力

---

① Mahatma Gandhi, *The Selected Works of Mahatma Gandhi*, ed. Shriman Narayan, vol. Ⅴ: *The Voice of Truce*, Ahmedabad: Navajivan Publishing House, 1968, p. 303.

② Ulrich Beck, *Risk Society*, London: Sage, 1992.

下要垮掉时，科学维度也受到了挑战。曾为垄断辩护的大多数人认为，政治家和专业人士之所以有制定政策的权力，是基于劳动分工，这暗示着专业人士最有能力做出理性和客观的决定。但是，随着人们越来越清楚地认识到，这种行为发生在一个不确定的世界，专业人士既不能做出完全"客观"的选择，也不能控制其选择的后果，这种对政治家和科学家的双重尊重的认识论基础已遭到破坏。① 学术研究对市场的日益依赖也强化了这种趋势。② 新冠健康危机在这个方面尤其具有启发性：无论是北方还是南方，许多政治家都决定部分或者完全漠视科学家提出的建议。也就是说，科学家自身也存在分歧，因此不同的国家和机构之间的建议差别很大。人们不再把科学专家和政治专家掌控的权威视为当然：相当一部分人已不再相信他们的建议。

3. 政党政治的衰落

这种转变的部分原因来自政治体制本身。在世界上许多地区，从北美到西欧，从拉丁美洲到印度，长期形塑政治和社会结构的民主大众政党现在几乎都消失了。在"短暂的20世纪"结束后建立的几乎所有新的大众政党都是威权主义政党，唯一的例外是玻利维亚的社会主义运动党（Movimiento al Socialismo，MAS）。民主大众政党已经进入对大众吸引力急速下降的时期。过去，这些政党曾是政治外行公民——尤其是来自底层阶级的公民——与统治者之间最重要的沟通渠道。同样，这些政党在综合各种社会需求方面也发挥了重要作用，其组织直接或通过相关社团、非政府组织和工会的网络，对社会建设做出了巨大贡献。大众政党能够将人民纳入政治制度，使得该制度能够有效地解决一系列重大问题。如今，在几乎

---

① Michel Callon, Pierre Lascoumes and Yannick Barthe, *Acting in an Uncertain World: An Essay on Technical Democracy* (*Inside Technology*), Cambridge (Mass.): MIT Press, 2011.

② Dominique Pestre, *Science, Argent et Politique*, Paris: INRA éditions, 2003.

所有国家，大众政党都丧失了这些能力。值得注意的是，在不到四十年的时间里，巴西劳工党已完成了西欧政党花了一百年才走完的发展道路，即从一个在重大社会运动浪潮中诞生的激进组织，发展为一个承诺用改革方式促进国家实质转型的执政党，最终变成了一个深陷巴西政治传统腐败阴谋的政党。政党依旧是挑选职业政治家的主要领域，但是失去了很大一部分活动家和效忠者①，失去了与工人阶级的联系，失去了它们在普通公民眼中的信誉，失去了它们在政治体制内引导社会冲突而又不破坏其稳定性的能力。

政治作为职业，始于19世纪下半叶大众政党兴起之时，现在普遍被视为负面的（"政客只关心自己的工作，而不是像我这样的人民"）而非正面的（"这些政治专业人士是专家，比我们更聪明"）。麦迪逊在《联邦党人文集》（*The Federalist Papers*）中的断言似乎不再可信。政治阶层再一次以其独特的习惯、生活方式和社会经验而日益突显，这使得其成为一个在利益和世界观方面与全体公民截然不同的群体。那些居于政治食物链顶端的人只与行政和经济精英打交道：这些不同领域之间的频繁重叠使得普通观察者将他们看作一类货色。

一个世纪以前，马克斯·韦伯还可以称赞现代官僚国家具有较高程度的理性，国家公职人员都只不过是在循规蹈矩地执行来自上面的指示。② 现在，这样的观念已经站不住脚了；对大屠杀如何发生的反思甚至使这些观念在道德上变得可疑。东欧剧变以完全不同的方式，使官僚主义行为普遍失去了信誉。尽管如此，西方民主国家内部固有的因素仍然起着决定性的作用。卡尔·马克思嘲笑了官僚主义是服务大众的中立工具的观点，并猛烈抨击了官僚制的法团主

---

① Russell J. Dalton and Martin P. Wattenberg (eds.), *Parties without Partisans. Political Changes in Advanced Industrial Societies*, Oxford: Oxford University Press, 2002.

② Max Weber, *Political Writings*, Cambridge: Cambridge University Press, 1994.

义（corporatism）。① 今天，人们不再想当然地认为公共服务的主要功能是造福大众；工人阶级自然是受到影响最大的群体，因为他们的日常生活依赖国家的福利。新公共管理学派提出了一些体制改革的建议。在斯堪的纳维亚国家，政府的行为及其对用户的响应能力得到了极大的改进，从而加强了国家角色的合法性。然而，其他地方所讨论的理论主要是将市场标准引入公共行为领域，从而将用户贬低为纯粹的客户，使私有化合法化，吹嘘最小政府的优点——所谓最小，仅是指在社会和经济层面上，但是在维护场面、军事和警察职能方面，政府往往变得更大。政治家应该看到，在一个高度不透明且烦琐的机制中将一种政策转化为行动的困难。就他们而言，即使最为善良的公务员也担心当选政客对他们的日常干预，因为政客对问题并不了解，也不能理解他们理应指导的官僚机器的运作。

政党合法性的下降也有其特定的意识形态根源。公民的信任不仅涉及功利主义的自利；很大程度上也要靠理想与想象力，这些理想与想象力能够作为认同之源，和对更美好世界可能到来的信心之源。东欧剧变是对两个世纪以来关于动员群众的宏大理想的残酷打击：其他的意识形态如果有的话——很少能够做到。基督教民主意识形态也被大大削弱了。似乎已不存在任何政治理想来形象地呈现多数人的意见——民族主义和宗教原教旨主义可能是例外，这两者对世界秩序可能产生破坏，在全球治理的时代似乎也不现实。

结果，政治制度失去了对局势的控制，而似乎只受到个人野心和权力争斗的驱使。时不时冒出的丑闻撼动着政治格局，只会强化已经存在的负面观点。这些趋势也影响了政治圈外，如声称参与"另一种政治"的生态或另类全球主义（alter-globalist）潮流者，往往在行政斗争或个人对抗中分裂，其有害性不亚于政治体制内的争

---

① Karl Marx, "Critique of Hegel's Doctrine of the State," *Early Writings*, Harmondsworth: Penguin/NLR, 1975.

斗。我们为什么要对政治制度唤醒的能量在本质上是负面的情况感到惊讶？我们为什么要对人们在抵抗运动（这种抵抗运动虽无法与政治阶层内部的设计联系起来，却在努力勾勒出一个不同的未来想象）中表达自己感到惊讶？

（二）后民主、威权主义抑或自由民主的民主化

在北方，与社会变革的巨大影响（比如，互联网和社交网络代表了社会化过程和经济的革命，也是新世界的最佳象征）相比，政治制度似乎没有能力进行类似的创新。然而，第二次世界大战以后经过些微调适的经典代议制民主的延续这一现状，已经不能维持下去了。当代社会、地缘政治、经济和环境的变化之大，使我们无法满足于传统解决方案的没有把握的效用。历史不会止步：如马克思在《路易·波拿巴的雾月十八日》（*The Eighteenth Brumaire of Louis Bonaparte*）中所写的那样，历史可以说都出现两次，"第一次是作为悲剧出现，第二次是作为闹剧出现"①。延续我们几十年前已有的政治制度根本不再是一个选项。

当代代议制民主实际上是一种混合的制度：是贵族化的，因为真正的权力被给予了一个与人民分离且基本上自主的精英阶层；但也是民主的，因为这个精英阶层是在普选基础上票选（甚至可能再选）出来的，且其权力受制于自身颁布的法律（法治），最后，被统治者可以自由表达与政府相反的意见（反过来，这又需要政府公开证明其决策的正当性）。② 历史上，代议制政府有过三种主要形式。第一种形式确立于财产资格时代，并持续了很长时间，依赖的是政治名人的主导地位（这些名人以财产或影响力为基础，能够直

---

① Karl Marx, *The Eighteenth Brumaire of Louis Bonaparte*, Chicago: Charles H. Kerr, 1907.
② Bernard Manin, *Principles of Representative Government*, op. cit.

接将其社会资本转化为政治资本）和议会在政治生活中的核心地位。即使不考虑这个制度中的殖民、种族和性别层面，也很难把民主的标签贴在这个制度上，因为大多数人，尤其是工人阶级还不是积极的公民，即被剥夺了选举权。①

第二种形式由马克斯·韦伯首次提出，它与普选权（先是成年男子普选权，接着是妇女普选权，但殖民地的人仍被排除在外）和大众政党联系在一起。② 这些政党使政治家不仅为政治而活而且靠政治而活，其力量在于将大众各个部分纳入代议制，并将大多数的决策权集中起来。结果就是，政治名人失去了部分霸权。在北方，政党的发展有两种模式。第一种模式围绕着选举机器展开，主要出现在美国和英国，其对应的是一种自上而下的动态机制，政治精英为获得最多的票数而竞争。③ 第二种模式以群众工人党为特色，诞生于德国，但也在"漫长的19世纪"末出现的英国工党身上得到体现。④ 这种模式在工人阶级群众组织不断扩大的动态中发展起来，随后声称自己是选举竞争的主要力量，并被其他政治潮流所效仿。20世纪，这两种模式融合在一起。如上文所提到的，大众政党一出现在19世纪晚期的政治舞台上，就隐隐代表着进步。一方面，大众政党在结构上是威权主义的，也是官僚主义的：它们经常反对议会政治制度，有时甚至几乎摧毁了它。另一方面，大众政党将底层阶级整合进了一个曾经将他们排除在外的政治制度。从工人阶级开始，大众政党对社会团体的形成做出了重大的贡献。

似乎明显的是，我们已来到这个阶段的末尾，原因在于我们分

---

① Francis Dupuis-Déri, *Démocratie, histoire politique d'un mot aux États-Unis et en France*, Montréal: Lux, 2013.

② Max Weber, *Political Writings*, op. cit.

③ Mosei Ostrogorski, *Democracy and the Organization of Political Parties*, 2 vols. New York: Macmillan 1902.

④ Robert Michels, *Political Parties*, op. cit.

析过的关于合法性的结构性危机。警示的信号到处可见：相比于第二次世界大战结束后的时期，政党的软弱无力及其合法性的下降是普遍的。政党现在引起了北方各国和南方大多数国家的公民的怀疑①，虽然政党不会很快消失，但是我们似乎已经跨越了民主几乎总是围绕政党组织的阶段。在这种不断变化的格局中，最重要的趋势是走向后民主和威权主义。

1. 后民主

后民主是一种经典代议制民主完好无损的制度：自由竞争的政党选举、法治、宪法权力的制衡和人权保护等在名义上继续存在。尽管表面如此，但是真正的权力已经转移到了别处。大多数重要决定是由跨国公司、证券交易所、信用评级机构、仲裁法院、国际组织和技术官僚机构做出的。② 20世纪头十年中期，德国联邦财长沃尔夫冈·朔伊布勒（Wolfgang Schäuble）在回答希腊代表团的问题时说，"选举改变不了任何事"③。这是他对后民主的简洁概括。德国著名社会学家、德国前总理格哈特·施罗德（Gerhard Schröder）的顾问沃尔夫冈·斯特里克（Wolfgang Streeck）给出了更具科学深度的定义。他写到，政治家现在要面对两个"选区"：一方面是选民，另一方面是全球市场——事实上，后者的影响力更大。④ 当美国最高法院拒绝限制私人资金流入政治领域时，可以说，在某种程度上，这从宪法上认可了政治腐败和后民主。⑤ 这种演变也强化了一种结构性趋势。屈服于沟通顾问和民意调查，政治领导人不得不让他们的

---

① Russell J. Dalton and Martin P. Wattenberg, *Parties without Partisans*, op. cit.
② Colin Crouch, *Post-Democracy*, Cambridge/Malden（Mass.）：Polity Press, 2004.
③ "Yanis Varoufakis à Frangy," *Médiapart*, 25/08/2015, https://blogs.mediapart.fr/monica-m/blog/250815/yanis-varoufakis-frangy, consulted on 04/28/2021.
④ Wolfgang Streeck, *How Will Capitalism End? Essays on a Failing System*, London/New York：Verso, 2016.
⑤ *Citizens United v. Federal Election Commission*, 558 U.S. 310（2010）.

政党组织服从其他公共参与者。于是公民摆脱了旧政治机器的束缚——但事实上，他们只是从煎锅跳进了火里。在官方的政治游戏中，他们现在面对的是新的统治者，这些新的统治者打着传媒巨头、当红记者、沟通专家和民意调查专家的幌子，还要面对那些懂得如何玩新游戏以有利于自身的政客。官僚机构的统治很大程度上让位于媒体统治，后者依赖更具魅力的机制。媒体的快节奏鼓励人们关注最新的事件，使得长期改革难以实施，而长期改革往往是解决结构性问题的唯一机会。在幕后，全球参与者才是赢家。

2. 威权主义

后民主时代是北方的一种主要趋势，但同时伴随着威权主义的兴起。主流政治家和学者通常把这种现象称为"民粹主义"，将其描述为自由主义的反面，并拒绝对资本主义民主采取反思的立场。① 在那些曾经的形式上的民主国家，威权主义不同于后民主，即使民主制度的外观也发生了改变。选举还是有组织的，但是竞争严重受限；自由（言论、结社、新闻）受到了新的法律的限制；正义开始取决于政府的一时兴起。宗教原教旨主义群体的强势复兴也有类似倾向，不论是基督徒、穆斯林、印度教徒还是佛教徒。在欧洲和北美，这种趋势都有不同程度的体现，无论是匈牙利、波兰、土耳其还是特朗普领导下的美国。在南方，这种趋势在拉丁美洲同样强烈，无论是厄瓜多尔或委内瑞拉的左翼政府（尽管没有排外的因素），还是巴西博索纳罗（Bolsonaro）政权等极右翼政府。在纳伦德拉·莫迪（Narendra Modi）统治下的印度代表了这种演变的一种范式。威权主义政府都试图把责任归于外部和内部的敌人。他们工具性地利用"文明的不安"（弗洛伊德之语）和仇外的恐惧，尤其是针对移民和难民的恐惧。在一个据称威胁性日益增强的世界里，这些政府声称

---

① Jan-Werner Müller, *What Is Populism?*, New York: Penguin, 2017.

要捍卫"我们的"价值观、"我们的"社会模式和"我们的"政治模式,来对抗新的野蛮人。

一个重要的因素有利于威权主义或右翼民粹主义政党的崛起。很明显,社会不平等在增强,而与此同时工人阶级却在消失。当然,北方依然有工人,但是不再作为一个群体意义上的工人阶级,即一个有着归属感、由严密的组织和机构网络构成的群体。① 民族国家的工人阶级经历了几十年之久才形成了历史性的群体——的确,这是一个从未完成的规划,因为面对解体的趋势,团结群体的工作必须不断更新。② 自20世纪80年代以来,左翼政治家一直努力为有效捍卫工人阶级的物质利益而斗争,然而组织的威权主义模式却削弱了劳工运动,因为在劳工运动中,等级制往往不够灵活。传统的工人阶级以男性和白人为象征,而基于性别或者族群的分歧的出现对左派来说是一个艰难的挑战。同样的解释框架也适用于环境议题,环境议题一直难以被纳入生产主义工人运动。因此,工人阶级中的很大一部分放弃了其传统组织,以弃权或投票支持专制民粹主义的替代方案为避难所。

总而言之,在全球层面,21世纪20年代之始,自由民主的前景并不乐观。进行民主创新的政府与过去二十年相比要少得多。许多地区正经历着螺旋式衰落,失败国家的数量正在增加。在美国、英国、意大利或者法国这样的国家,极端保守的右翼运动无论是在选举中,还是在街头政治中都有重要的影响。除非北方像南方那样采取严肃的进步行动,否则后民主和威权主义国家——甚至更糟糕的国家崩溃——都是极有可能出现的。今日需要的变革必须能与19世纪末至20世纪前半叶的北方所经历的大规模转型相媲美,当时的变

---

① Stéphane Beaud and Michel Pialoux, *Retour sur la condition ouvrière*, Paris: Fayard, 1999.

② E. P. Thompson, *The Making of the English Working Class*, London: Penguin Books, 1963.

革促进了普选权的推广、工人和进步运动、大众政党与福利国家的兴起。事实上，今日需要的变革必须更加彻底，因为这种变革不可能纯粹在国家层面进行，而必须考虑到影响整个世界的环境危机。因此，许多新的行动者正试图在所有的层次上，从地区层次到全球层次，让西方民主民主化，以便在跨国范围内驯服金融资本主义，缓解生态危机，解决全球正义问题。

3. 自由民主的民主化

冷战结束之后，出现了三种不同的民主化趋势。

描述性代表制的制度试验。第一，许多试验成功地在制度层面上改善了描述性代表制。在世界范围内，朝着这个方向迈出的最重要的一步是实行妇女配额或者保留妇女席位。当在北京举行的第四次世界妇女大会（1995）建议在各国议会中实行30%的最低妇女配额时，真正的转变出现了。在这次北京会议召开之前的10年里，只有10个国家引入了某种形式的妇女配额。10年后，采纳这项政策的国家超过了100个。此外，南方的民主国家，无论新旧，时时都在探索新的民主道路，而不仅仅是模仿北方国家的做法。印度首次引入了有利于"达利特人"（Dalits）和少数族群的配额，接着引入了低等种姓［所谓的"其他落后阶层"（Other Backward Class，OBC）］的配额，这种做法促进了政治中的描述性代表，促进了在公职分配和进入大学方面的平权法案，从而推动了整个20世纪80年代和90年代政治领域里社会学意义上的民主化。这恰好发生在北方大多数国家的工人阶级逐渐从政治领域消失的时候。① 虽然印度政治中的这种趋势现在似乎已被另一种趋势所取代，后者体现为社群主义、民族主义和威权主义的结合，但是这种趋势仍将被视为这个世界最大的代议制民主国家的一项重要遗产——一项值得其他国家考虑的试验。

---

① Christophe Jaffrelot, *India's Silent Revolution-The Rise of the Lower Castes in North India*, New York/Columbia University Press；London：Hurst，New Delhi：Permanent Black，2003.

在拉丁美洲，自 20 世纪 80 年代开始的大规模动员浪潮加速了许多独裁政权的终结。这种转变导致了新的社会和生态权利被纳入宪法[比如说，远远超出了美国的"权利法案"（Bill of Rights）]，引入了直接或参与民主机制，促进了底层群体（特别是原住民）的发展，多元文化公民权在宪法中得到确认（在某种程度上，这种多元文化公民权曾经只存在于加拿大或者新西兰）。这在实践和理论上促进形成了一个非常有前景的拉丁美洲新宪政主义的变体。① 由于高度腐败政府的治理不善，魅力型领导人的威权主义，以及在原材料价格高扬时以原材料出口为基础的"榨取式"经济模式，这波民主试验最终失败。但是，其中一些发展可能仍将是未来的灵感源泉，因为新的 10 年依然是不确定的，而且似乎不大可能允许保守派精英继续巩固霸权。②

新社会运动和对票选代表的排斥。第二，在过去几十年中，多数社会运动在排斥票选代表、横向协调和强有力的商议的基础上，采用了组织和动员的形式。20 世纪 70 年代早期，女权主义者能够向西方的社会和政党发起挑战，而不需要一个票选女性发言人或全职政治倡导者的正式结构。20 世纪 70 年代末和 80 年代，当随着"新社会运动"（女权主义、生态主义与和平主义）与制度政治和代议制金字塔的委托代表权背道而驰，提出了以网络为基础的结构取而代之时，这种模式更加普遍了。③ 当然，网络中的某些节点要比其他点

---

① Guillermo Lousteau Heguy, *El nuevo constitucionalismo latino-americano*, The Democracy Papers, 5, InterAmerican Institute for Democracy, August 2012; Leonardo Avritzer, *Democracy and the Public Space in Latin America*, Princeton University Press: Princeton, Oxford, 2002.

② Pablo Stefanoni, "Balance 2016. América Latina: una época más híbrida que refundacional," *La nación*, 12/18/2016.

③ Claus Offe, "Challenging the Boundaries of Institutional Politics: Social Movements since the 1960s," in Ch. S. Maier (ed.), *Changing Boundaries of the Political (Essays on the Evolving Balance between the State and Society, Public and Private in Europe)*, New York: Cambridge University Press, 1987, pp. 63–105.

更有分量，但这种不同的权力结构并不一定具体化为基于正式等级和代表的自上而下的权力结构。

进入 21 世纪，从像"占领华尔街"（Occupy Wall Street）这样的世界范围的运动中，人们已经看到了源于无政府主义传统的动员形式的发展。这种运动展示了在吸引年轻人和协调大规模行动方面的惊人能力。事实上，一个小群体决定要行动，可以通过短信、脸书（Facebook）、推特（Twitter）或其他社交网络，通知和联络朋友，因而组织起高度移动的聚会，并能通过对示威过程的频繁讨论而迅速改变其目标或活动，这一切的基础是参与者之间的共识而不是组织纪律。"我也是"（MeToo）运动和"黑命贵"（Black Lives Matter）运动也遵循着相似的路径。在这些横向的动员和组织形式中，属于一个或另一个政党的活动家可以发挥作用，但是不能轻易控制运动，或为其政党目的而利用运动。今天的自发代言人可以暂时被视为大型群体的代表，然而这些代表无法从保证他们得到同情者支持的等级制度中获益，也不能依赖具有法律约束力的措施。这种现象一直存在，尤其是在狩猎-采集社会①，但是随着政党和群众组织的势力范围日益缩减、人们与政治参与的关系日益疏远以及互联网和社交媒体日益发展，这种现象得到了增强。当没有一个主权实体的一群不同的个人自发聚集在一起时，决策往往开始基于"明显的共识"而不是投票做出：那些还没有被（完全）说服的人不会使用他们的否决权。②通过往往极为激烈并展示出他们设置政治议题的能力的政治参与形式，成千上万的人正尝试着一种不同的政治，这种政治的目的不是赢得选举职位或者对国家权力的掌控。除了作为动员的工具之外，互联网也允许"业余爱好者"参与政治讨论。这在很大

---

① Pierre Clastres, *Society against the State: Essays in Political Anthropology*, New York: Zone Books, 1987.

② Philippe Urfalino, "The Rule of Non-Opposition: Opening Up Decision-Making by Consensus," *The Journal of Political Philosophy*, 22: 3, 2014, pp. 320-341.

程度上是因为，任何对互联网交流的控制都发生在事后，而且是横向进行的，而不是通过专业守门人（政治领导人、记者和编辑）的努力。①

参与和商议民主。第三，制度化的参与和商议民主形式正在增强。在过去的几十年里，这个领域出现了许多惊人的富有想象力的发展，参与的国家背景千差万别，参与的行动者也各种各样。② 阿雷格里港（Porto Alegre）的参与式预算是最著名的事例，一是因为该参与式预算在当地取得的成就，二是因为该参与式预算在另类全球化社会运动和进步的地方政府运动中发挥了举足轻重的作用。③ 阿雷格里港的做法给人留下了深刻的印象，导致了全球范围的大量效仿及改革，包括北方国家，尽管在这一过程中，其原本激进的色彩正在变淡。④

除了这种特定的机制之外，还有一个值得注意的意识形态转向，即更加重视讨论、辩论和参与。从社区发展公司到参与式预算，从邻里委员会到公民大会，从共识会议到公民审议团，各种各样的民

---

① Dominique Cardon, *La Démocratie Internet. Promesses et limites*, Seuil：Paris, 2010.

② Archon Fung and Erik Olin Wright (eds.), *Deepening Democracy. Institutional Innovations in Empowered Participatory Governance*, London/New York：Verso, 2003.

③ Rebecca Abers, *Inventing Local Democracy：Grassroots Politics in Brazil*, Boulder/London：Lynne Rienner, 2000；Tarso Genro and Ubiratan de Souza, *Orçamento Participativo. A experiência de Porto Alegre*, São Paulo：Editoria Fundação Perseu Abramo, 1997；Marion Gret and Yves Sintomer, *The Porto Alegre Experiment：Learning Lessons for a Better Democracy*, New York：Zed Books, 2004；Boaventura de Sousa Santos (ed.), *Democratizing Democracy. Beyond the Liberal Democratic Canon*, London/New York：Verso, 2005；Gianfranco Baiocchi, *Militants and Citizens. The Politics of Participatory Democracy in Porto Alegre*. Stanford：Stanford University Press, 2005.

④ Yves Sintomer, Carsten Herzberg and Anja Röcke, *Participatory Budgeting in Europe：Democracy and Public Governance*, London：Ashgate, 2016；Ernesto Ganuza and Gianpaolo Baiocchi, "The Power of Ambiguity：How Participatory Budgeting Travels the Globe," *Journal of Public Deliberation*, 8 (2), 2012, Article 8.

主创新涌现出来。① 这些创新体现了现代公共行动的"新精神"②,这种新精神形成于20世纪70年代后期,非常类似于在吕克·博尔坦斯基（Luc Boltanski）和伊芙·基亚佩洛（Eve Chiapello）从新韦伯主义视角所分析的"资本主义的新精神"③。虽然其雄心勃勃的言辞与微不足道的效果之间的巨大反差常常令人震惊,但是人们需要认真考虑一个新的公共行动和政治纽带的框架的出现。④ 然而,这种趋势的真正意义还不清晰。其中,一些民主创新强调公民参与的重要性,参与式预算就是最明显的例子。相反,另一些创新则重视商议,随机选择微众是最有名的例子。尽管参与和商议并不一定相互排斥,但是彼此之间确实存在紧张关系:参与的人数越多,就越难确保参与者进行高质量的商议。通常,这些因素在文献中呈现为两种对立的民主形式。⑤ 本书的目的之一是更好地理解这一新的公共行动框架,分析抽签在这一系列民主创新中的作用,以及抽签同参与和商议的关系。

4. 自由民主及其局限

自由民主并非标志着历史的终结:现代西方政治制度一向有两面:光明的一面和黑暗的一面。同样,21世纪初的政治争论不能简化为捍卫自由民主,以期对抗非自由民主、民粹主义或威权主义的威胁。政治的未来也不能简化为后民主和威权主义的选择。对描述性代表制的新兴趣、新社会运动中反威权主义的维度以及参与民主和商议民主的创新发展,鼓励我们重新审视现代西方民

---

① Graham Smith, *Democratic Innovations: Designing Institutions for Citizen Participation*, Cambridge: Cambridge University Press, 2009.

② Loïc Blondiaux, *Le nouvel esprit de la démocratie*, Paris: Seuil, 2008.

③ Luc Boltanski and Eve Chiapello, *The New Spirit of Capitalism*, London: Verso, 2007.

④ Loïc Blondiaux and Yves Sintomer, "Démocratie et délibération," *Politix*, 15 (57), 2002, pp. 17-35.

⑤ David Held, *Models of Democracy*, 3rd ed., Cambridge: Polity Press, 2006.

主的历史。

　　这段历史既不局限于对自由民主的进步的肯定和竞争性党派选举，也不局限于代议制政府的蜕变。无论是在北方还是在南方，民主都还有另一个层面，这一层面与代议制政府的历史并行不悖，常常与之互动，但是有时也被边缘化，甚至完全脱节。① 这一层面建立在动态的基础上，没有这种动态就不可能理解过去两个世纪的变化，即"自下而上的历史"的概念的出现与传播，这个概念用于描述劳动阶级和其他底层群体的自主活动。皮埃尔·罗桑瓦隆（Pierre Rosanvallon）曾有过"反民主"的说法②，但是这种说法鼓励人们关注对当选的政治家不信任的消极因素。民主中的"参与倾向"——在我们看来是更好的术语——不仅仅是在批评代表者倾向剥夺被代表者的权力时使用的。这涉及对民主的独特想象，即公民有真正的自治能力，统治者减少对被统治者的权力，集体自治的空间尽可能扩大。参与民主有乌托邦的色彩，因为这种民主能够动员数百万人，能够改变世界，有时会导致代议制政府的毁灭，但也更频繁地导致代议制政府向代议制民主的转变，以及福利国家民主的创立。

　　参与倾向也意味着一个不同的民主历史，其与代议制政府的历史是不同的（即使两者是交织的），它有自己神话般的创建时刻[各种各样的革命、巴黎公社、新英格兰城镇会议、瑞士公民大会（Swiss Landsgemeinde）、1968 年、苏维埃（在俄国、德国、意大利、匈牙利、阿尔及利亚和智利等）]，有自己的意象（自由意志主义的和社会主义的乌托邦，政治自由主义或者政治生态学的倾向，公民共和传统及盎格鲁-撒克逊实用主义的一部分等），有自己的参与者，有自己的质疑和矛盾的形式。自 20 世纪 80 年代以来，商议民主已

---

　　① Michael Hardt and Antoni Negri, *Empire*, Cambridge, MA: Harvard University Press, 2001.

　　② Pierre Rosanvallon, *Counter-Democracy: Politics in an Age of Distrust*, New York: Cambridge University Press, 2008.

经兴起,这种新的模式与随机选择微众这种新的制度机制广泛结合在一起。商议民主有时反对参与民主,有时又和参与民主结合起来。

从这一另类选项的历史节点出发,我们来梳理一下关于抽签的政治实践的历史。虽然这种实践的谱系要追溯至古代希腊的西方民主传统之起源,但是这种做法也让我们可以更好地理解今天随机政治选择的试验。它有助于从历史的角度看代议制民主,因为在第二次大战结束之后的几十年里,代议制民主在北方国家以及一些南方国家中保持了稳定。它将帮助我们对不远的过去采取反思的态度,以更好地理解21世纪初的民主状况,并审视其未来的发展可能。

二、古代的抽签选择

由于当代大多数抽签的使用(出于政治、科学和娱乐目的)已经世俗化,故我们常常认为,抽签的世俗用途与宗教用途有着本质的区别,我们甚至不会去想这种区别是否具有历史的相关性。本书在聚焦政治中的抽签时,毫无疑问至少在一定程度上认同了这种说法。虽然占卜术在各种各样的文明中都有使用,但是抽签的政治使用主要还是在西方被发展、普及并日益合理化的,尽管不是独一无二的。虽然对抽签的非西方资料的系统考察很可能会发现一些惊喜,但是根据现有的史学研究,我们只能说,中国在明清时期曾有类似的抽签实践。①

(一)在宗教、政治和机会游戏中的抽签

重要的是,要明白政治抽签与宗教抽签的区分过去不是——现在也不是——不证自明的。在西亚、希腊和罗马,宗教和政治的区

---

① Pierre-Étienne Will, "Appointing officials by drawing lots in late Imperial China," *op. cit.*

分并非清晰可辨：宗教是一种公民参与活动，许多政治行动被嵌入宗教仪式。很多活动都会用到抽签，不仅在占卜习俗中，而且在我们今天称之为政治习俗的活动中，这些活动的宗教或者至少是仪式方面依然非常重要。就抽签的政治和宗教用途来说，最早西亚、古希腊和古罗马人使用的工具有惊人的相似之处。尤其在罗马，所有的政治行动都是仪式化的。尽管我们现在对纯粹偶然的随机抽签和揭示神的意志的随机抽签进行了区分，但是这种区分在古代历史的大部分时间里没有太大意义。

《荷马史诗》描绘了抽签的仪式维度，这个过程伴随着向神的祷告。① 在很长一段时间里，人们追随甫斯特尔·德库朗日②的论点，从而抽签在古代主要是一种宗教问题的观点占据了上风。然而，随着汉森③的研究工作的开展，这种情况开始改变。除了一些例外④，现在人们认可的观点是，在公元前5世纪至公元前4世纪激进民主时期，雅典对抽签的运用基本上已经脱离了宗教意义。再有就是，伊拉德·马尔金（Irad Malkin）的权威性概述表现出对抽签的宗教起源论的怀疑倾向，并且显示，早在古代的大多数希腊实践中，抽签与发现神的意志没有太多关联；占卜只是与神谕有关。⑤ 的确，公元前4世纪的提塞翁神庙（Theseion）就曾使用抽签：《雅典政制》的作者对人民陪审团成员抽签的描述，说明了民法程序的仪式化。然

---

① Paul Demont, "Lots héroïques: remarques sur le tirage au sort de l'Iliade aux Sept contre Thèbes," *Revue des Études Grecques*, 113（2），2000, pp. 299-325; Augustin Berthout, "Le sort est un Dieu. Aux origines du tirage au sort politique à Athènes," *Jus politicum*, 17（January），2017, pp. 709-778.

② Fustel de Coulanges, "Nouvelles recherches sur le tirage au sort appliqué à la nomination des archontes athéniens," *op. cit.*

③ Mogens H. Hansen, *Athenian Democracy in the Age of Demosthenes*, *op. cit.*

④ Paul Demont, "Selection by Lot in Ancient Athens: From Religion to Politics," in Liliane Lopez-Rabatel and Yves Sintomer（eds.），*Sortition and Democracy. op. cit.*, pp. 112-129.

⑤ Irad Malkin, *Drawing Lots with Ancient Greeks: The Values of a Horizontal Society*, Oxford: Oxford University Press（即将出版）.

而，这种仪式维度并不意味着，雅典人在公元前 5 世纪随机选择公民担任公职时，相信自己揭示了神的意志。在罗马共和国垮掉之后，虽然仪式维度依然重要（甚至可能是根本性的），但是大多数人都不再相信每一次抽签分配公职都出自神的意志［或者，如果我们相信西塞罗①的话，至少大多数的"开明"公民是不再相信的］。由此看来，重要的是，雅典的抽签器（可追溯至公元前 4 世纪）和罗马的旋转瓮（urna versatilis）（可追溯至公元前 1 世纪）都不是用来占卜的。不论怎样，就使用抽签来说，直到中世纪基督教时期，管理宗教活动和政治行为的规范才开始产生根本的分歧；同样，只有到了这个时候，抽签的政治用途与宗教用途的区分才开始被理论化。

1. 占卜抽签和分配抽签

托马斯·阿奎那（Thomas Aquinas, 1225—1274）：抽签的不同用途。抽签在政治用途和宗教用途上的区别，虽然对于许多古代文明毫无意义，但是在中世纪和基督教兴起时，这种区别却成为一个主要问题。阿奎那是第一个对二者做出严格区分的人。在他的《神学大全》（Summa Theologica）中关于占卜的章节和一篇名为《抽签》（De Sortibus）的小论文②中，他解释说："有三种占卜的情形：（a）通过召唤魔鬼来占卜，这是亡灵巫师的权限；（b）通过观察奇特物体的位置或移动来占卜，这是算命师的范畴；（c）实施某些特定的行为以发现隐藏的东西来占卜，这是抽签。"

前两种占卜的理论基础是彼此对立的。第一种是不正当的，直接召唤魔鬼，非法地尝试辨明神的意志，可能陷入迷信——这两种

---

① Cicero, *De Divinatione*, Cambridge, MA: Loeb Classical Library/Harvard University Press, 1923.

② Thomas Aquinas, *Summa Theologica (1269-1272)*, Part Ⅱ, question 95: "Of Superstition in Divinations," trans. Fathers of the English Dominican Province, Claremont: Coyote Canyon Press, 2010; Thomas Aquinas, *Liber de sortibus ad dominum Iacobum de Tonengo (1270-1271)*, trans. Peter Bartholomew Carey, Dover: Dominican House of Philosophy, 1963.

占卜最终都是暗中让魔鬼采取行动。阿奎那反对这种魔鬼形式的占卜，并从神学和理性主义的角度（这是由西塞罗确立的传统①）加以谴责，但他描述了算命师所进行的合法占卜。这种合法形式通过分析和解释特定的自然现象以预测未来。在阿奎那看来，以了解星星的运动来更好地管理农业周期是有用的，也是必要的，这种了解或者通过直接分析因果链（比如，星星的运动导致日食，从而也对自然物体产生影响），或者通过寻找人不能立即感知的因果动态线索（比如，鸟的飞行路线或者动物的一般行为可以揭示人无法直接觉察的正在发生的自然事件）。② 这种占卜可能属于一种理性化的过程。

第三种占卜本身值得探讨：它介于其他两种形式之间。在《神学大全》中，这种占卜被定义为一个过程，是"那些研究神秘之物的人通过观察某些特定事物而进行的活动。他们或者通过被称为'地占'的抽签；或者通过观察投入水中的熔化的铅的形状；或者观察几页纸上有无人碰巧画的画；或者用几根长短不一的木棍，看谁拿着最长的一根、谁拿着最短的一根；或者掷骰子，看谁的点最高；或者观察一个人在打开一本书时，眼睛的关注点在哪里。所有这些都被称为'抽签'（sortilege）"③。

在《抽签》中，阿奎那进一步阐释了他在这个问题上的反思。④ 阿奎那从一种新的神学基础出发来驳斥这种基于机缘的占卜行为（sors divinatoria, or sortes sanctorum），即自 462 年的梵尼会议（Council of Vannes）以来，教会就把这种行为视为非法的了，但是这种行为依然广泛存在于实践中，甚至教会自身也不例外。5 世纪奥尔良主教

---

① Cicero, *De Divinatione*, op. cit.
② Thomas Aquinas, *Summa Theologica*, op. cit. Thomas Aquinas, *Liber de sortibus ad dominum Iacobum de Tonengo*, op. cit.
③ Thomas Aquinas, *Summa Theologica*, op. cit., Part II, question 95: "Of Superstition in Divinations," article 3.
④ Thomas Aquinas, *Liber de sortibus ad dominum Iacobum de Tonengo*, op. cit.

(Bishop of Orleans)的当选就使用了这一方式。传说,一个还不会说话的幼儿在写有候选人名字的选票中,抓阄抓中写有一个候选人名字的选票后,这个幼儿立刻能说话了,并把结果读了出来,随机打开的三本圣书证实了这一结果,因为随机的诗句都包含有利于新选中的主教的预兆。① 在讲述圣者的生活时,查阅圣经文本的技术非常普遍,且经常在圣人生活中出现。圣奥古斯丁(Saint Augustine)的生活和著作中也贯穿着同样的逻辑。② 599 年举行的巴塞罗那主教会议(Synod of Barcelona)就计划为在由"神职人员和人民选择的"两三个人中选出教皇进行抽签。③ 阿西西的圣方济各(Saint Francis of Assisi,1180—1226)的一生也以抽签实践为标志。④ 然而,写于 1139 年至 1158 年间并帮助建立教会法的《格拉蒂安教令集》(Decree of Gratian; Decretum Magistri Gratiani)明确谴责了这种做法。在一次关于占卜行为的讨论中,格拉蒂安评论说"机缘并非邪恶;但它暗示了人们对神圣意志的怀疑"。他还这样写道:

> 我们因而回答:在福音传播之前,许多事情是允许的,随后才在我们这个纪律更为完善的时代被彻底根除了。比如,无论是根据古代法、福音法还是使徒法,教士都可以结婚,有亲缘关系的人也都可以结婚,但是根据教会法,这些都被彻底禁止了。此外,我们承认,抽签并无害,但是对于信徒来说是禁止的,因此信徒不会被诱惑回到打着

---

① Pierre Courcelle, "L'enfant et les 'sorts bibliques'," *Vigiliae Christianae*, Amsterdam: North Holland Publishing Company, 1953, no. 7, p. 202.

② Saint Augustine, *The Confessions of Saint Augustine*, Edinburgh: PF Collier & Sons, 1909 [397-400]. Book VIII, Chapter XII, p. 29.

③ José S. Vives (ed.), *Concilios Visigóticos e hispano-romanos*, Barcelona/Madrid: CSIC/Enrique Flórez Institute, 1963, pp. 159-160; Werner Maleczek, "Abstimmungsarten," in Reinhard Schneider and Harald Zimmermann (eds.), *Wahlen und Wählen im Mittelalter*, op. cit., p. 130.

④ Félix Rocquain, "Les sorts des saints ou des apôtres," *Bibliothèque de l'école des chartes*, 41, 1880, pp. 457-474.

占卜幌子的古老偶像崇拜之中。①

阿奎那的独创性并不在此。他认为，意大利城邦在任命公职人员方面越来越多地使用抽签，是因为城邦重新发现了显然已消失了几个世纪的一种程序。他主张在任命教会职位时要禁止抽签程序，这实际上是几十年前教皇颁布的禁令。② 通过区分三种不同的抽签，阿奎那为教会法禁止抽签提供了神学的基础。第一种，他称之为"分配抽签"（sors divisoria），并认为是最合理的一种。在不清楚如何分配物品或者功能时，抽签就可以被用于世俗事务。但是，教会已经成为一个机构，所以它被禁止使用这种权宜之计：如果使用的话，就是对圣灵的冒犯，也是对圣灵赋予教士智慧的冒犯，尤其是对主教智慧的冒犯。在出现分歧的情况下，等级制总是靠得住的。第二种抽签方式是"咨询抽签"（sors consultatoria），也仅被允许用于世俗事务：在穷尽了人的推理能力后还不知道应选择哪一方时，就任凭机缘做出决定。第三种方式被称为"占卜抽签"（sors divinatoria），即不恰当地运用占卜技巧乞求上帝的判断。阿奎那重申了他的禁止态度，甚至还将其扩展开来。他论证说，占卜包含与魔鬼的协议，或者至少说来，允许魔鬼干预人类的事务；人的罪恶的严重性就在于对这种抽签的使用。在他之后，对抽签和占卜的区分有时也体现在其他拉丁词中，如"sortitio"（抽签）和"sortilegium"（咒语）。③

借助自由地引述阿奎那的分析以及中世纪开始出现的其他对抽签不同用途的分类尝试，我们今天能够基于克里斯蒂亚诺·格罗塔

---

① *Decretum Gratiani*, Question Ⅱ, C. Ⅰ 也参见 C. Ⅶ, 1879。

② Thomas Aquinas, *Summa Theologica*, *op. cit.* 根据圣杰罗姆（Saint Jerome），在《格拉蒂安教令集》中，有几段文字，从词源学上来说，把神职人员定义为 *kleros*，或者那些命运已经献给上帝的人。然而，在中世纪的语境中，这不再是严格意义上的抽签，而是命运和神圣选举意义上的机缘。尽管如此，该圣令并没有提到禁止随机选出宗教教职。比较，*Decretum Gratiani*, Distinctio ⅩⅪ, C. Ⅰ; Pars secunda, Cause Ⅻ, Question Ⅰ, C. Ⅴ and C. Ⅶ. 非常感谢朱利安·泰里（Julien Théry）对这些观点的富有洞见的评论。

③ Barbara Stollberg-Rilinger, "Entscheidung durch das Los," *op. cit.*

内利（Cristiano Grottanelli）的研究成果提出一种分类。① 从 21 世纪学者的角度来看，抽签的使用可以归为三大类：(1)"分配抽签"，随机分配物品或功能；(2)"占卜抽签"，使用抽签进行一种特定的占卜（或者说，一种特定的预言、神的知识）；(3)其他抽签，包括机会游戏和对概率的科学性与统计性使用（参照表 1.1）。

表 1.1 抽签的做法

物品和功能的分配：分配抽签	占卜抽签	其他抽签	
		机会游戏	概率的科学性使用
分配物品：土地、领地、抢劫物、不动产、稀缺健康项目等。"消极分配"：惩罚、"十杀一"、服兵役、交税等	分配功能：政治的、军事的、宗教的职位	揭示命运	表达神意	骰子或踝骨游戏（公元前几千年）；彩票（公元前 200 年的中国、罗马帝国、15 世纪的欧洲）；纸牌游戏（9 世纪的中国、14 世纪的欧洲）；数字彩票游戏（16 世纪的热那亚）等	概率（使用：中世纪晚期；理论化：17—19 世纪）；统计学（19 世纪末）；民意调查（20 世纪）
政治权力的分配被视为对被统治者及其财产的控制，或者分享一部分公共物品		抽取一个物体（祈神术最严格意义上的占卜），一张牌（牌签），随机选择书页（书签）；使用骰子或距骨的占卜（骨签），小木棍（棍签）；龟鳞的燃烧（龟签）等		

---

① Christiano Grottanelli, "La cléromancie ancienne et le dieu Hermès," in Federica Cordano and Cristiano Grottanelli (eds.), *Sorteggio Pubblico e Cleromanzia dall' Antichità all' Età Moderna*, Milan：Edizioni Et, 2001, pp. 155-196.

（续表）

物品和功能的分配：分配抽签	占卜抽签	其他抽签	
		机会游戏	概率的科学性使用
分配物品和功能来揭示命运或表达神意			
	在游戏中解释幸运或不幸作为宿命的一种信号或者（较少）神意		
分配抽签、占卜和机会游戏使用同样工具的可能性，或者科学性与非科学性（数字抽签）的同样用法；一种技巧从一个领域到另一个领域的转换			
概率的使用，代表性抽样	—	概率的使用，代表性抽样	

来源：作者制作。

对这三类能依次进一步加以细分。首先，分配抽签可以包括对物品、职位和功能的分配。占卜可以揭示人的命运或者表达神意，这两者稍有不同。事实上，命运可以指向一个无关乎神的意志的超自然领域或者宇宙秩序，甚至在世俗化和理性化已经使人们不再相信神能直接干预地球后，关于命运或宿命的思想仍可以持续地在仪式中践行。其次，占卜可以包括不同的技巧。机会游戏可以分为许多不同的类型，主要看使用的工具。最后，概率演算、统计学的随机抽样和民意调查都有不同的历史，概率演算被首次使用是在中世纪晚期，其理论化是在17—19世纪，统计学的理论化是在19世纪末，而民意调查的理论化是在20世纪。

当然这些区分主要是为了分析的方便。运用这种分类必须考虑到，这种分类在当代才得以明确，宗教抽签与政治抽签在当代通常有着明显的区分，而在古代则并非如此。历史上，不同的领域相互影响，转移频繁发生。分配抽签的最初统一性（分配制度的分割）源于这样一种观念，即把权力视为对人、领土和可移动物体的一种占有，或者作为声称分享政治共同体的公共物品的一种权利。因此，将分配物品与分配职位混为一谈是合乎逻辑的。此外，揭示命运和表达神意之间的界限并不清晰，尤其在对超自然力的自愿行动有着强烈信念的社会更是如此。认为分配抽签的意义来自上帝的干预或者某种神圣显现的观点，在历史上同样非常普遍。相反，概率演算和统计学只是在过去的几个世纪里才开始影响像彩票这类的机会游戏，而到20世纪70年代才影响到政治抽签。以前，机会游戏通常被视为神意的显示。比如，罗马骰子并非完全正方形的，这意味着有些面比其他面出现的可能性更大；然而，这并不被视为一个问题，因为严格的运气是没有必要的，那些赢了的人被视为受到命运的青睐。只是很久以后，即13世纪，在欧洲的某些地方，人们开始系统地写出掷骰子游戏的操作方式；与此同时，骰子本身也日益统一。①所以，显而易见，机会游戏、占卜和政治通常都使用同样的抽签技巧和抽签工具。相反，像抽签器这样的特定工具的出现，一般来说标志着一个领域相对于另一领域的自主性在日益增强，同样，政治相对于宗教的自主性也在日益增强。

对词源学做一番简要审视，基于对随机机会的理性分析，就会发现不同抽签方式之间存在的若干联系。一般的机会词汇和机会游戏之间存在若干语义的联系。② 在受罗曼语和拉丁语影响的语言，例如英语中，"hazard"（机会，偶然）一词来自阿拉伯语的"az-zahr"，即一种骰子游戏。中世纪，该词是指一种特殊的被叫作"阿扎"（*azar*）的骰子游戏。英语词语"chance"（机会、偶然、机缘）来自拉丁语的"*cadentia*"，该词起初的意思是指掷骰子的方式［字面意义是"撞倒"（fell）］；"case"（具体情况，特殊情况）来自拉丁语的"*casus*"（降落、偶然），表示一种情况与"*cadere*"（落下）有着相

---

① "The Shape of Ancient Dice Suggests Shifting Beliefs in Fate and Chance," 18 February 2018, https://www.theatlantic.com/science/archive/2018/02/dice-dice-baby/553742/? utm_source=atltw.

② Frédérique Biville, "Sors, sortiri, sortitio. Pratiques et lexique du tirage au sort dans le monde romain," in Liliane Lopez-Rabatel and Yves Sintomer (eds.), *Sortition and Democracy. op. cit.*, pp. 139–156.

同的词源，最终发展为一个意大利词"caso"，意思是机会；德语词"Zufall"（机会）和"Fall"（具体情况）同样显示了这个词源之旅的痕迹。在拉丁语中，"alea"也是指一种骰子游戏。法语词语"sort"（命运）来自拉丁语的"sors"和"sortis"，也是指在古代咨询神谕时所用的一种骰子。同样，单词"tratta"，指的是佛罗伦萨的政治抽签运作的程序，该词与"骰子"这个词有着某种亲缘关系：在凯撒渡卢比肯河（Rubicon）之前的著名感叹中，"alea iacta est"翻译为意大利语就是"il dado è tratto"（骰子已掷下）。在法语中，短语"tirer au sort"（掷骰子）与"tirer les dés"（抓阄）用的是同一个动词。从这两种语言中，我们可以看到抽取物品和掷骰子的词汇同源。然而，"抽签器"（kleroterion）与其来源希腊词"kleros"却有着不同的词源：它是指"机会"，也指一个人的"运气"或"特权"，尤其是在继承安排的语境中。① 这种词源也体现在后来的词语"彩票"和"抽签选择"中。在以拉丁语为基础或受拉丁语影响的语言中，"神职人员"来自希腊语"kleros"，这揭示了这样一个事实：在希腊化时代的很长一段时间里，神职人员都是由抽签选出的。

至于拉丁词语"sors"，指的是从一个容器中抽出的纸草片或者其他物品，以预测未来，或者赋予功能、运气。不过，该词也是指命运或者宿命——法语的"sort"和意大利语的"sorte"都来自这个词，英语中的"sortilege"也来自这个词。英语"抽签"和该词的法语"tirage au sort"和意大利语"sorteggio"的翻译都有相似的词源。此外，"签"保留了拉丁语"sors"的两个意思。该词源有着很强的生命力，在现代词"彩票"（lottery）和"投票箱"（ballot）中得到了体现，投票箱来自威尼斯选举活动，包括"抽签袋"（ballotte），或是里面有选举人名字的小蜡球，还有"球童"（ballottino），或者是

---

① Paul Demont, "Tirage au sort et démocratie en Grèce ancienne," *op. cit.*, p. 2.

提取球的小男孩。

2. 古代西亚和地中海地区的抽签

来自古希腊、古罗马和基督教文明的史料显示，占卜抽签和政治抽签并不一定是同时发生的。然而，与此同时，忽视不同领域内的抽签之间的联系也是荒谬的。比如，在西亚，虽然对抽签的依赖非常普遍，但是并不涉及纯粹的政治抽签形式的发展，也没有导致雅典那样的激进民主。

在美索不达米亚，分配抽签（通过从容器中提取物品实施）用于在后代之间分配遗产和赋予各种寺庙不同的责任。赫梯文明中也有抽签［苏美尔楔形文字 KIN 所显示的］，同等地位的人之间分配物质财富时会使用随机抽签（isqu）。神话中也提到了抽签，说天空、地球和两者之间的领域的确定是由阿努（Anu）、恩利尔（Ellil）和恩基（Enki）三神抽签决定的——恩基神也因此被赋予了一种命运，因为占卜抽签和分配抽签是紧密联系在一起的。在亚述，有用投掷打磨过的鹅卵石（puru）的方法随机选出官员，以他的名字来给新年命名的做法。这种做法有着占卜层面的意味，因为这种仪式揭示了神选择了谁来担任来年的头领。①

在圣经中也出现了这样的鹅卵石，《以斯帖记》中关于哈曼的抽签（purim，普珥）故事有着强烈的宗教含义，哈曼的掣签是试图说服波斯国王在掣签结果得出的那一天消灭所有犹太人而设计的一种策略："在薛西斯（Xerxes）当国王的第 12 年，正月，即尼散（Nisan）月，在哈曼的面前掣签（pur，签）、拣选日子和月份。签落在

---

① A. L. Oppenheim, *Ancient Mesopotamia. Portrait of a Dead Civilization*, Chicago-London: University of Chicago Press, 1977, pp. 208-209; Lucio Milano, "Fate, Sortition, and Divine Will in Ancient Near Eastern Societies," in Liliane Lopez-Rabatel, Yves Sintomer (eds.), *Sortition and Democracy. op. cit.*, pp. 29-52; Yves Schemiel, *La politique dans l'ancien Orient*, Paris: Presses de Science Po, 1999, chapter 4.

了十二月，即亚达（Adar）月。"① 以斯帖设法揭穿了这个阴谋，最终哈曼这个设计了阴谋的教士被处决了。后来，犹太人将掣签选定的日子变成了被称作普珥的节日，即命定节（the Feast of Lots）。总体上说，随机抽签（goral）在旧约中被提起时通常与占卜（qesem）联系在一起。最著名的例子是在扫罗成为以色列国王时发生的：

> 于是，撒母耳（Samuel）使以色列人近前来掣签，就掣出了便雅悯（Benjamin）族派；又使便雅悯族派按着家族近前来，就掣出了马特利族（Matrites）；从中又掣出了基士（Kish）的儿子扫罗。众人寻找他却寻不着，于是再一次询问主："这个人来了没有？"主回答说："看吧，他藏在行李中了。"于是，他们跑过去把他带了过来。当扫罗站在众人中间时，他比其他人高过一头。撒母耳对所有人说："你们看到主所拣选的人了吗？众人中没有比他高的。"众人大声喊："愿王万岁！"②

此处，故事再次清楚地表明，连续的抽签揭示了此人是由神选中的。旧约中的许多篇章都呈现出类似的逻辑。③ 胡伯图斯·布赫斯坦（Hubertus Buchstein）已经正确地强调了，在这个方面，旧约与新约有着鲜明的对比。新约中也有关于抽签的篇章。比如，在犹大的不光彩行为后，抽签选出马提亚（Matthias）而不是巴撒巴（Joseph Barsabbas）作为使徒：

> 祷告吧，他们说："主啊，你知道万人的心。求你从这两个人中，指明你所拣选的是谁，叫他得这使徒的位分。

---

① Ester, 3: 7. 也参见 Ester, 9: 20-24。
② Samuel 10: 20-24.
③ 比如，参见 Numbers, 26: 52-56; I Cr 24-26。有关犹太传统中的抽签的综述，参见 Shraga Bar-On, *Lot Casting, God, and Man in Jewish Literature: From the Bible to the Renaissance*. Ramat-Gan: Bar-Ilan University Press/Jerusalem: Shalom Hartman Institute, 2020 [Hebrew]。

犹大已经丢弃这位分,往自己的地方去了。"随后众人为他们掣签,掣出马提亚来,他就和十一个使徒同列。①

不过,这样的记述过于简洁明了。教会后来对占卜抽签的谴责则强调了新约与旧约的这种差异。然而,当新教徒超越罗马神学重新发现圣经时,他们能够在一些改革宗和加尔文宗的团体中,恢复用于宗教目的的若干抽签技术。②

公元前5世纪,在古代西亚和地中海地区仍然有许多抽签的事例。希罗多德提到过几个例子,包括用抽签决定战利品的分配,一些例子还与用抽签来分配不同的战争责任有关。他认为吕底亚人发明了机会游戏,并描述了在饥荒时期,吕底亚人也通过抽签决定谁被流放。他指出,纳萨摩尼斯人用类似的程序来选定五个人去利比亚沙漠探险。波斯人同样用抽签任命一个特别突击队,负责抓捕或暗杀奥罗图斯(Oroetus),即一个不服从命令的殖民地总督。希罗多德也谈及,波斯国王冈比西斯(Cambyses)的军队在试图征服埃塞俄比亚时遭遇饥荒,被迫采用抽签方式,从每十个士兵中选出一人杀掉供战友果腹。抽签也被特别用来任命大流士一世(Darius I)做波斯国王,尽管是以被操纵的方式。③

希罗多德还记述了一种更加独特和神秘的抽签方式:每五年,色雷斯人(Thracians)都会随机选一名信使,由信使把他们的要求传达给神撒尔莫克西司(Salmoxis)。根据希罗多德的记载,这个过程是这样的:因相信死后还有生活,色雷斯人抽签选出一个信使,让他去经受严酷的考验。"他们派遣信使的方式是:派人手持三把长矛,再派他人抓着要派往撒尔莫克西司那里的信使的手脚,然后

---

① Acts 1: 15-26.
② Hubertus Buchstein, *Demokratie und Lotterie*, op. cit.
③ Herodotus, *The Histories*, Oxford: Oxford University Press, 2008, I, 94, 167; II, 32; III, 25, 84-86, 128; IV, 68; VII, 23. Federica Cordano and Cristiano Grottanelli (eds.), *Sorteggio Pubblico e Cleromanzia dall'Antichità all'Età Moderna*, op. cit.

抛向高处以便他落到矛尖上。如果此人被抛死，他们就认为神会眷顾他们；如果他没有死，他们便把这种情况归咎于信使本人，说他是一个坏人，与此同时换成另一个信使去代替他们所责备的那个人。传的信是趁信使还活着的时候告诉他的。"①

在古代西亚和地中海地区，抽签是一种普遍的做法，有用抽签进行机会游戏的，也有占卜抽签和分配抽签；这些不同的做法之间的界限不是固定不变的。抽签选出官员的做法在政治组织中从没有发挥重要的作用：这种做法仅是偶尔为之，在有解决困难问题的必要、执行特殊的使命或者在神与人（这些人因而被确定了他们的运数）之间分配权力时，才会使用抽签。然而，希腊尤其是雅典是独一无二的，因为在这里，抽签在整个古代希腊世界是非常重要的社会实践；事实上，政治上和司法上的抽签逐渐居于雅典政治制度的中心。

（二）雅典：抽签和激进民主

雅典的独特性是在比较中被揭示出来的：与上述讨论的其他情况不同的是，作为一种政治工具的抽签遴选得到了充分的发展，并在政治生活中发挥了中心作用。由于雅典的政治历史包括抽签的作用，都有着详细的文献记载，而且关于抽签在希腊世界中所扮演的角色的综述作品也即将出版②，故本书仅进行一番简要概述。

抽签并不是雅典所独有的。③ 自古代希腊开始，抽签在希腊就非常普遍，因此相比于西亚和地中海的其他地区，抽签为希腊提供了一种独特的动力。当时在这个地区，大多数发达社会是以纵向的原则组织起来的，权力来自上面。但在希腊世界，抽签涉及了横向层

---

① Herodotus, *The Histories*, op. cit., Ⅳ, 93-96.
② Irad Malkin, *Drawing Lots with Ancient Greeks*, op. cit.
③ Homer, *Iliad*, 15, 187-195.

面的权力。在彼此平等的人构成的圈子中分配物品和职位成为一种思维模式，这最终使得民主在一些城市成为可能。在建立殖民地时，抽签被用于分配继承遗产、战利品和土地，并在宗教仪式中被用于分配供奉品；在战时，抽签被用于选派人参与作战或者执行特殊任务；在某些体育项目中，抽签被用于分配起点的位置；在对城市和特定殖民地进行同化时，抽签被用于把不同地域的群体和人混合起来；最后，抽签也在占卜仪式中进行。抽签的作用在于通过公平分配物品和荣誉来减少同侪之间的冲突，适当地遏止狂妄自大（hubris）。这种分配程序与正义（dike）联系起来，使得原来依靠强纽带的家庭或宗族的共同体中有了弱纽带的联系。甚至诸神也是靠抽签来决定各自掌管的领域的，如波塞冬掌管大海，哈迪斯掌管冥间，宙斯掌管天空。抽签经常是由神主持的仪式，但是资料显示，希腊人不相信这些神对结果有重大影响。[1]《伊利亚特》（The Iliad）中关于这个话题的最详尽的章节，展示了如何利用抽签（kleros）来识别代表整个希腊利益去面对敌人的英雄。该诗篇揭示了人人都要面对的命运（moira）[2]——但是，命运并不意味着超验的神明能够决定生活的方向。[3] 这甚至更适用于政治中的抽签，即使在希腊还没有明确区分世俗和神圣时也是如此，被赋予政治功能的抽签显然有着仪式的维度。

民主在雅典的传播，改变了被赋予政治功能的抽签的含义，使抽签实践制度化。民主将以前抽签的横向逻辑戏剧性地扩展至政治

---

[1] Irad Malkin, *Drawing Lots with Ancient Greeks*, op. cit.

[2] Luiz Guidorizzi, *Um Curso de Cálculo*, Rio de Janeiro: LTC, 2001, pp. 41-54; Paul Demont, "Lots héroïques: remarques sur le tirage au sort de l'Iliade aux Sept contre Thèbes," *Revue des Études Grecques*, 113, 2000, pp. 299-325; Paul Demont, "Tirage au sort et démocratie en Grèce ancienne," art. cit, p. 2.

[3] Irad Malkin, *Drawing Lots with Ancient Greeks*, op. cit.

领域，扩大了平等的圈子，使抽签的适用远远超出了贵族阶层。① 从这个角度看，西亚或地中海的其他城市都无法同希腊的民主城邦相提并论。② 抽签实践与民主本身的同步发展，彻底改变了抽签的逻辑。民主要么是公元前6世纪早期由梭伦（Solon）首次引进，要么是公元前6世纪下半叶由克里斯提尼（Cleisthenes）首次引进。然而，这无疑是克里斯提尼全面改革的一个组成部分，改革使城市建立在纯粹的地域性原则之上，而不是主要家族的庇护主义之上。克里斯提尼建立了民众法庭（Heliaia）和民主议事会（Boule），削弱了元老院（Areopagus）。他也确立了 isonomia 原则，即法律面前众人平等。③ 当时，最重要的执政官（Archontes）是被选举出来的。这些执政官是在厄菲阿尔特（Ephialtes）改革（前462—前461）后才由抽签选出的，这次改革完成了雅典政治制度的民主化过程。此后，在公元前5世纪到公元前4世纪的雅典民主黄金时代，抽签遴选得到大范围的运用。在伯里克利（Pericles）时期，抽签的使用扩展至绝大多数公职。随着元老院的日益边缘化、议事会成员（bouletai）每日津贴制（misthophorie）的设立和随机选择的人民法庭陪审团（前461），民主的影响更加深入。

1. 分配民主

通过简要回顾两个世纪的动荡政制历史，我们能够将雅典政制的逻辑简要概括如下。除了继承自古代时期的贵族形式（比如元老院）外，古代雅典制度还依赖一种程序上的"三合一"制：公民大会（Ekklesia）、选举和抽签。亚里士多德认为，这三者对于民主的确立是相辅相成的，但是他也强调，只有通过抽签选出领导人才能

---

① Josine Blok, "The Lot and the Ancient Democracy," in Irad Malkin, *Drawing Lots with Ancient Greeks*, op. cit.
② Victor Ehrenberg, "Losung," op. cit.
③ Pierre Lévêque and Pierre Vidal-Naquet, *Clisthène l'athénien*, Paris: Macula, 1983.

体现一个城邦深刻的民主本质。选举,虽然对于整体的平衡是必要的,但是至少在一定程度上还是体现了一种不同的贵族原则。① 亚里士多德的结论是,就选举而言:如果选举是基于财产资格的,那么这个制度就是寡头制;如果所有或几乎所有公民都能参与,那么这个制度就是民主制。在他看来,雅典是一种贵族因素和民主因素的混合制。

这种制度的核心是公民大会,它向所有十八岁以上的公民开放。大会往往定期举行,为许多事情制定规则。大会依据平等发言权(isegoria)进行正式运作,尽管在场的人的口才和影响力并不均衡。程序的第二部分涉及选举,这是为某些关键职位(这些职位的财产资格随着民主的发展而逐渐弱化;公元前4世纪,这些职位大约有100个)所设立的。② 军队领导人——最有名的是十名将军(strategoi)——在这个制度下则是被任命的,同样被任命的还有财政管理人员、议事会办事员和众多的宗教官员、建筑师,以及负责管理公共建筑的委员。即使在民主派中,盛行的观点也是经验和专业知识是履行这些关键的国家职务所必不可少的,在这种情形下,选举要优于抽签。③ 相反,大多数行政专家都是公共奴隶,好像城邦希望避免出现这样一种情况,即有专业知识的人用知识对政治外行公民施加权力。④ 由于选举有利于公民中一小部分有影响力的人,这些人可能对公民施加影响,故选举被视为不如抽签更能体现民主。最后这个因素构成了三合一程序中的第三个部分:每一个公民都可能被抽签遴选上,只要他愿意(ho boulomenos)。

---

① Aristotle, *The Politics*, op. cit., 4.9: 1294b.
② Josine Blok, "Participatory Governance: The Case for Allotment," *Etnofoor* (Participation) 26, 2, 2014, p. 76.
③ Hubertus Buchstein, *Demokratie und Lotterie*, op. cit. p. 67.
④ Paulin Ismard, *La démocratie contre les experts. Les esclaves publics en Grèce ancienne*. Paris: Seuil, 2015.

抽签遴选被用于五种不同的情形。第一是用于一年一度的议事会（Boule），即以五百人会议（Council of Five Hundred）闻名的机构，这是雅典民主的主要议事会，其功能覆盖典型的现代立法、行政和司法三个方面的权力。构成雅典政体城邦的每一个地理区域德谟（demes）（其界线最初是由抽签划定的）都在议事会有代表，不是直接的而是通过十个"部落"（或地区）来代表，每个德谟出 50 名 30 岁及以上的公民；议事会也因此代表了雅典的整个领土。议事会为公民大会的裁决做准备，并监督裁决的执行；也制定某些种类的法律，偶尔作为法院行使职能，履行重要的军事职能，负责外交政策领域，以及监管整个公共行政（首先是财政）运作；其提前准备的作用意味着公民大会具有积极性和有效性。议事会内的责任也被分配好了，尤其是主席一职，每天日落时更换。用随机方式来挑选一种议事会的执政官，每一个部落的议事会成员都必须担任这一职务，每次为期一个月［他们就是著名的轮值执政团（prytaneis）］。

第二，除了议事会之外，大多数行政官员（700 人中有 600 人）是通过抽签遴选任命的；在 10 名执政官①中有 6 人（司法执政官，thesmothetai）是法律监护人，对法庭负有责任。这些人的当选要经过两个步骤：第一，从 10 个部落中抽签各选出 10 名成员；第二，集中程序，即从每一个部落中被抽签遴选出的 10 人中再选出 1 人。其他官员——警察和道路官员、市场监督员、粮食专员、计量检查员、负责公共收入的官员等——很可能通过这种集中程序来选出。②

那些被选中的人在就职之前必须接受一项称作入职审查（dokimasia）的考核。有趣之处在于，在考核中，"不会问及与特定职务有关的专业知识或能力的问题，因为雅典人认为一个普通公民具备

---

① Josine Blok, "Participatory Governance: The Case for Allotment," *Etnofoor* (*Participation*), 26 (2), 2014, pp. 73-80.

② Mogens H. Hansen, *Athenian Democracy in the Age of Demosthenes*, op. cit., pp. 231-232.

从事必要工作所必需的技能"①。

第三，在公元前4世纪，随机选择的公民组成了第二个委员会（立法委员会，nomothetai），以修订公民大会制定的法律，以及核实这些法律是否符合雅典的"政制"。②

第四，对雅典民主生活方式至关重要的各种社团广泛使用了抽签。在酒神节（Festival of Dionysus）期间举行的戏剧比赛是一项重要的民间活动，为该比赛颁奖的评委也是通过抽签选出的③

第五，所有法官都是抽签遴选的。在雅典，公民身份意味着不可剥夺的参加公民大会和成为陪审员的权利。④ 每年，抽签遴选出的6000名公民组成民众法庭，他们有时在全体会议上开庭，但更多的时候在若干较小的法庭（dikasteria）开庭，这取决于其手头的事务。这些法庭被视为民主的一个关键方面，法庭的判决由大众陪审团做出，每个陪审团由几百名成员构成。负责管理法庭的人也是抽签遴选的。公民需要亲自控告他人犯罪，或亲自为自己辩护，禁止花钱找代理者。法庭成员不能商议，只能在听完出庭当事人陈述后进行投票。除了对日常事务做出裁决外，法庭还有责任监督公民大会、议事会、各种公职人员和政治领导人；也要履行广泛的行政和技术职责。民众法庭的自愿成员被要求早上到庭，然后通过抽签遴选被分派到各个法庭。按照这样的规模和频率，抽签遴选因此成为一种日常活动。如果没有特殊的技术，就不可能确保这一过程迅速而公正地进行。继亚里士多德之后，汉森尝试着重建其中的一些程序：

---

① Jeff Miller, *Democracy in Crisis. Lessons from Ancient Athens*, Exeter: Imprint Academic, 2022, p. 104.

② Pasquale Pasquino "Democracy ancient and modern: divided power," in Mogens H. Hansen (ed.), *Démocratie athénienne-démocratie moderne: tradition et influences*. Geneva: Fondation Hardt, 2010, pp. 1–49.

③ Jeff Miller, *op. cit.*, Chapter 5.

④ Aristotle, *The Politics*, *op. cit.*, Ⅲ: 2, 1275a.

每天黎明时分法庭程序就启动了，当天的陪审员从当天来的合格公民（6000人）中选出。……司法执政官来决定……这一天应该让201名或更多陪审员来负责较小的私人诉讼案，或让401名陪审员负责较大的诉讼案，或让501名或更多陪审员来负责公诉案。……一大早，准备当陪审员的公民陆续到达。在10个入口的前面各有一个箱子，每个箱子上标有字母表中前十个字母中的一个。……人们到达后就会走到各自部落的入口，把各自的陪审员牌匾放入箱子，这个箱子上的字母与他们的牌匾字母是一样的。……然后，在每一个入口处，分派开始进行。

在一个部落的所有陪审员都放好了牌匾后，执政官从每个箱子里拿出一块牌匾，这样选出的10个人当即被算作陪审员；但是，他们的第一个任务是拿起那个有着他自己部落的字母的箱子，在门口的两个抽签器前按字母顺序站好。一个抽签器就是一个有着一人高的大理石碑，碑上有5个并排的狭孔，孔的大小正好是陪审员的牌匾大小。每个手持箱子的人将箱子里的所有牌匾从顶部投入其中的一个孔。在抽签器旁边有一个竖直的窄管，把黑白色球放入这个管子……球就从窄管的底部出来了。如果第一个球是白色的，那么从顶部放入的头五个牌匾的持有者就被视为陪审员；如果是黑色的，那么放入的头五个牌匾的持有者就取回自己的牌匾，回家。这个过程一直持续到最后一个白球出来。……此时所有的部落都完成了当天需要的陪审员名单的抽签遴选。

在陪审员的抽签遴选结束后，就开始另一轮抽签遴选，以将他们分配到不同的法庭。……陪审员现在要走向一个装有橡子的篮子前，每颗橡子上有一个对应其中一个法庭的字母,每个陪审员取一颗橡子。

然后,第三轮抽签遴选开始了,这次是在法官之间的抽签:把标有不同颜色的球放入管子,每个球代表一个法庭,代表法官的球放入另一个管子;然后依次从每个管子中取出球,这样就决定了哪个法官主持哪个法庭。①

我们可以设想亚里士多德在《雅典政制》② 中所描述的整个过程,持续大约一个小时。自公元前 4 世纪起,这个过程开始使用一种特殊的机器,即抽签器,并在赫菲斯托斯神庙 [Temple of Hephaestus,也称提塞翁神庙] 中进行。随机选择的分配扩展到了政治和行政生活的许多方面。③ 仅就法庭而言,每年两百多天里有两千多公民会在这个"游戏"中一显身手。其所有细节如此清晰,这说明它是在大庭广众之下进行的,因此显然被认为是非常公正的。在这方面,抽签器是至关重要的,这种分配机器最有可能早在公元前 393 年就被阿里斯托芬(Aristophanes)提到④,其设计方式使多数人能够目睹其运作。这种机器使得整个过程更快,更直截了当,同时又能防止受到任何操纵。雅典人也用过其他抽签方式,如询问神谕或者掷骰子等。⑤ 但是,抽签器似乎一直主要用于,或者甚至完全用于政治和司法目的。抽签器完美地体现了分配逻辑的概念,这是古已有之,且一直完好地流传至民主古典时期。⑥

---

① Mogens H. Hansen, *Athenian Democracy in the Age of Demosthenes*, *op. cit.*, pp. 197-199.
② Aristotle, *The Athenian Constitution*, *op. cit.*, pp. 110-112.
③ Giovanna Daverio Rocchi, "Spazi e forme del sorteggio democratico," in Federica Cordano and Cristiano Grottanelli (eds.), *Sorteggio Pubblico e Cleromanzia dall'Antichità all'Età Moderna*, *op. cit.*, pp. 95-106. Liliane Lopez-Rabatel, "Drawing Lots in Ancient Greece," *op. cit.*
④ Liliane Lopez-Rabatel, "Drawing Lots in Ancient Greece," *op. cit.*
⑤ Claus Hattler, "… 'und es regiert der Würfelbecher' -Glücksspiel in der Antike," in Badisches Landesmuseum Karlsruhe, *Volles Risiko*! *Glücksspiel von der Antike bis heute*. Karlsruhe: Badisches Landesmuseum Catalogue, 2008, pp. 26ff.
⑥ Josine Blok, "The Lot and the Ancient Democracy," *op. cit.*

2. 民主的理想

在雅典，参与和商议是紧密联系在一起的。在西方世界，希腊第一个将所有公民参与的公共辩论形式进行了理论化。最贴切的是修昔底德（Thucydides）所述的伯里克利的葬礼演说，这次演说是为了悼念在伯罗奔尼撒战争第一年牺牲的士兵，在这篇演说中，伯里克利为城邦的政治制度进行了辩护：

> 唯有我们认为，一个对公共事务不感兴趣的人不像一个无用之人那样保持沉默；虽然我们中很少有人是创新者，但我们都是一项政策的明智判断者。在我们看来，行动最大的障碍不是讨论，而是缺乏通过准备行动的讨论所获得的知识。①

从现代角度看，关于伯里克利的这次演讲有两种相互矛盾的解释，一说雅典是公民经常性参与公共事务的城邦，一说雅典是由不关心公共事务的公民组成的共同体。两种解释都难以令人信服。② 对伯里克利来说（如修昔底德所描述的），做一个好公民并不需要总是积极参与公共事务。只有那些想要领导或深刻影响公共事务的人才必须经常积极参与。大多数公民只偶尔参加议事会。一个"安静的"公民，也就是一个普通公民，参与公共事务常常是适度的：他不在公民大会上发言，不试图获得公职，不当陪审员，但是会在关键时刻出现，或许最重要的是，会在需要的时刻挺身而出，保卫雅典及其民主秩序。这种情况是绝对正常的：只有拒绝参与公共事务或者在发生内战时保持中立才被视为消极的。即使只考虑这个条件，与现代代议制民主国家对公民的期望相比，雅典公民的参与程度还是

---

① Thucydides, *The Peloponnesian War*, Harmondsworth: Penguin, 1954, II, 40, 修正的译文。
② 在此，笔者对文森特·阿祖莱（Vincent Azoulay）对伯里克利著名句子的启发性评论，以及他关于公民参与的令人信服的论点表示感谢。

相当高的。此外,公民参与同公民大会的决策有着直接联系,公民大会通过抽签选出公职人员①。

在古希腊,公民定期参与和公共商议有着千丝万缕的联系。然而,总是有许多人时不时会问:在享有充分信息基础上的公共商议是否与多数人的参与相容?这种政治制度是有利于合理决策,还是恰恰相反,有利于操纵无知的大众?在进行哲学思考之前,这个问题首先是一个政治问题。当时,绝大多数学者都为一种反民主的角度进行了辩护:柏拉图和苏格拉底就是这样,色诺芬(Xenophon)曾写道,苏格拉底"教导同伴蔑视既定的法律,比如坚持抽签任命公职人员的愚蠢行为"②。

在现代学者中,奥伯令人信服地论证说,雅典式民主有利于认知理性。③ 然而,必须补充的是,雅典辩论的不同形式是复杂的。就公民大会而言,其所进行的是一场本质上矛盾的辩论,演说家试图说服听众:亚里士多德用"修辞"的概念描述了这种实践活动。④ 然而,公众可以通过表示赞同或反对来积极参与。⑤ 议事会活动的互动性无疑更强,在不同的公共场合,总会出现一对一的政治讨论。⑥

---

① Jeff Miller, *Democracy in Crisis*, op. cit.
② Xenophon, *Memorabilia*, I. ii. 9 (trans. O. J. Todd), 引自 David Levy, "The Statistical Basis of Athenian-American Constitutional Democracy," *The Journal of Legal Studies*, 18 (1), January 1989, p. 80。
③ Josiah Ober, *Democracy and Knowledge: Learning and Innovation in Classical Athens*. Princeton: Princeton University Press, 2008; "Classical Athens As an Epistemic Democracy," in Dino Piovan, Giovanni Giorgini (eds.), *Brill's Companion to the Reception of Athenian Democracy. From the Late Middle Ages to the Contemporary Era*, Leiden/Boston: Brill, 2021.
④ Bernard Manin, "Democratic Deliberation: why we should promote debate rather than discussion," paper delivered at the Program in Ethics and Public Affairs Seminar, Princeton University, October 13, 2005, https://as.nyu.edu/content/dam/nyu-as/faculty/documents/delib.pdf.
⑤ Noémie Villacèque, *Spectateurs de paroles! Délibération démocratique et théâtre à Athènes à l'époque classique*, Rennes: PUR, 2013.
⑥ Françoise Ruzé, *Délibération et pouvoir dans la cité grecque de Nestor à Socrate*, Paris: Publications de la Sorbonne, 1997; Terrill G. Bouricius, "Democracy Through Multi-Body Sortition: Athenian Lessons for the Modern Day," *Journal of Public Deliberation*, 9 (1) Article 11, 2013.

相反，在法庭上，陪审员要在听取各方意见后不商议的情况下形成自己的意见，故陪审员之间的讨论是被禁止的。亚里士多德对所有民主制的共同特征总结如下：

> （1）选择：所有公民都有资格出任任一公职；（2）规则：每个人轮流担任所有职务；（3）抽签遴选出任公职之人，或者是所有的公职，或者是任何不需要经验或培训的公职；（4）公职的任期不取决于财产资格，或者财产资格要求很低；（5）一人不能两次出任同一职位，或者在极少的情况下才能出任——少数例外，主要是与作战有关的职位；（6）所有的公职任期都很短，或者尽可能短；（7）法庭陪审员全部选自公民，就所有或者绝大多数事务进行裁决，并总是对最重要的、影响深远的事务做出裁决，例如……宪法、调查与个人之间的契约；（8）公民大会是决定一切事务的最高权力机构，或者至少议事会对重大事务享有最高权力，除了非常不重要的事务外，官员在任何其他事上都没有最高权力。①

抽签遴选、轮换授权、政治平等、公共言论自由平等［哪怕以高度批判或者讽刺的方式（parrhesia）］定期参与政治生活、授权问责、公民大会和议事会的核心作用：这些制度特征赋予了古代雅典民主理想以实质的形式。所有公民都有一样的自由。他们轮流作为统治者和被统治者，在某些方面，不太富有的人因为其数量上的绝对优势而占了上风；精英原则只限于某些政治职位的选举，比如将军。不仅是精英，每一位公民（每一个出生于城邦的自由成年男性）都可以"按照自己的意愿"生活，这种生活与作为政治动物（zoon politikon）的本性是一致的，这种本性的来源及其道德的成就只能来

---

① Aristotle, *The Athenian Constitution*, op. cit., Ⅳ：2, 1317b, p. 237.

自政治共同体。与城邦（*polis*）的出现联系在一起的激进民主理想构成了政治象征性的革命：

> 城邦看起来是一个同质的宇宙，没有等级，没有层次，没有差异。在这里，权力（*arche*）不再集中在社会顶端的一人手中，而是均衡地分布在公共生活中，这种公共生活正是城市的中心所在。最高权力有规律地从一个群体循环至另一个群体，从一个人传递至下一个人，因此命令和服从不再绝对对立，而成为同一种可逆关系中不可分开的术语。①

由于权力的频繁轮换（大多数授权期限从几个月到一年不等），抽签遴选成为高度理性的程序。轮换与抽签的结合在阻止政治活动的专业化，也就是避免在一个领域内因专家权力的垄断而造成对公民权的剥夺方面特别有效（如我们前文所提到的，许多专家是公共奴隶，这进一步有助于防止专业化）。② 从这个角度看，城邦的理想既是政治的，也是认知的，即城邦对公民的自由进行同等的保护，也声称所有的公民在行动和政治反思中都能起到合法的作用，因为这两者都不被视为专业活动。

这种理想在古典时期被广泛接受，我们可以从最高公职的填补情况中知道这一点。事实上，大多数时期都是集体决定的，以减少个体为了自己的利益而夺取和使用权力的风险。将军是最重要的官员，但是一旦当选，他们就组成了一个将军群体，每天通过抽签选出并任命主席。这是一种避免竞争的手段，也是一种在一个由表面上能力强的（选举的）个体组成的团体中分配主要政治权力的手段。同样，议事会主席也从轮值执政团中抽签产生，当选后，他正式掌

---

① Jean-Pierre Vernant, *Les origines de la pensée grecque*, Paris: Presses universitaires de France, 1983, p. 99.

② Paulin Ismard, *La démocratie contre les experts*, op. cit.

管全部国家权力的时间就是一整天。任期结束时,每个主席都会宣称:"我已担任 24 小时的雅典元首,但仅此而已!"①

温和民主派与更加激进的派别之间的对立,主要集中在选举出来的领导人的作用上,这些当选的领导者的作用有别于作为整体的公民。因而,在悼念雅典士兵的著名葬礼演说中,伯里克利宣称,虽然不论其财产状况怎样,法律面前所有公民都平等,都可以随心所欲地发言,但是"我们根据他们在公众中的声望来选择官员,因此公民是凭借功绩被任命的,而不是依次轮换"②。与这种精英主义原则相反,克里昂(Cleon)则诉诸普通人的智慧:

> 我们应该意识到……拥有常识但无知识要比那种无法控制的聪明更有帮助,作为一般的原则,国家最好是由市井之人来管理,而不是由那些更聪明之人来管理……他们总是想显示自己比法律更有智慧……但是市井之人……准备承认法律比自己更有智慧。他们不善于批评一个有技巧的演说家的论点,但是他们对事物的判断都受到常识的指导,而不被竞争精神所左右。这就是为什么他们制定的政策通常能产生有益的效果。③

在实践中,所有公民平等的理想并没有得到完美的实现。④ 社会各群体之间的尖锐冲突贯穿雅典的整个历史,尤其是贤人(*kaloi kagathoi*)和平民(*demos*)(这个词语在英语中常常被译为"人民",既指代作为整体的公民,也专门指代底层阶级)之间的冲突。与城市居民相比,来自城市外的农民处于不利地位,因为他们必须长途

---

① Mogens H. Hansen, *Athenian Democracy in the Age of Demosthenes*, op. cit.
② Thucydides, *The Peloponnesian War*, op. cit., Ⅱ:37, 修正的译文。
③ 同上。
④ Vincent Azoulay, "Rethinking the Political in Ancient Greece," *Annales HSS*, 69, 2014, 3, pp. 385-408.

跋涉来参加集会或者参与抽签遴选官员。那些没有工作或者财富上不自立的个人，以及以每日津贴为微薄收入的较穷困的社会阶层，比其他人更有代表性。① 最富有者对其代理人施加了相当大的影响：最重要的政治职位实际上都为精英阶层所占据，因为他们拥有必要的自由时间和足够的财政资源以致力于政治。

尽管有着这样的缺陷，民主理想仍至少部分地在实践中实现了。雅典的生活方式主要围绕政治活动展开，公民在高度平等的基础上参与政治，尤其是与历史上其他大多数制度相比。在雅典民主的巅峰时期，公元前421年即伯罗奔尼撒战争爆发前夕，阿提卡（Attica）的人口在25万到30万之间，其中成人有17万至20万。当中，只有3万到5万人享有完全的政治权利；大约有8万奴隶和2.5万外邦人，以及被排除在公共生活之外的妇女和儿童（尽管妇女确实加入了宗教组织）。6000—8000位公民可以参加公民大会，该大会理论上每年要开40天，尽管多数情形下到会的人没有这么多。无论怎样，公民聚集的会场（Pnyx）都不够大，装不下全部公民。在30多年里，虽然实际的参与人数都不一样，但是通过抽签遴选和职位轮换，预计30岁以上的所有公民中的1/4到1/3可能会有一年在议事会中任职，担任一个月的执政官。30岁以上的公民中，将近有70%的人一生中至少能有一次进入五百人会议②，成为陪审员的可能性则更大，因此完全被排除在政治生活之外的公民很少，只要公民愿意参与。这些制度在一个新兴公民文化的社会中发挥着民主学校的作用，在这个社会中，面对面的交流以及整个领土内通过德谟的分布建立起的薄弱联系，使得相互问责制很容易得到实施。因此，在很大程度上，这种分配民主也是一种激进的民主形式。

---

① Jopchen Bleicken, *Die Athenische Demokratie*, Paderborn: Schöning, 1994, p. 227.
② Moses I. Finley, *TheInvention of Politics*, Cambridge: Cambridge University Press, 1991, pp. 73ff; Fransoise Ruzé, *Délibération et pouvoit dans La cité grecque de Nestor àSocrate*, Paris: Pnblications de la Sorbonne, *op. cit.* p. 380.

（三）罗马：共和精英之间权力分配的仪式化

然而，在其他政治体系中，抽签遴选被用于缺乏这样平等动机的情形中。我们已经看到了古代西亚的几个例子。在希腊，抽签并非只限于分配遴选一种用途。在雅典，甚至更多的是在德尔斐神谕（Delphic oracle）中，直至很晚才有占卜抽签的记载，其采取的形式是数蚕豆（或许因为蚕豆被视为与人的灵魂有密切关系）。① 此外，抽签也以一种仪式化和公正的方式用于平息冲突，尤其是精英之间的冲突。因此，抽签提升了社会凝聚力，这种特征得到普遍的重视，不只是在古代雅典。

这个逻辑有时被运用到了极致。在希腊化时代的希腊-西西里小城纳科纳（Nacona），内战后由外邦仲裁者来为各派做调解工作。有碑文可以让我们对他们进行调解、恢复和谐的过程展开想象。"草拟了两份 30 个名字的名单，其中包括了两个派系中的最狂热之人，把他们的名字一一写在签上，放入两个瓮中。然后，分别从两个瓮中各取一个名字，配成对。"配好对后，随机从剩下的人中选出三位公民加入每一对，这样做的目的也通过法令体现出来："通过抽签把公民们团结起来，使他们像兄弟一样，彼此和谐、公正与友好地生活在一起。"例如，这些依据制度选出的"兄弟"必须在一起吃饭。其余的人也通过类似的程序被分成五人一组，"使这些人也通过如上所说的随机选择成为同一命运的兄弟"。刚刚恢复的和谐要通过祭品加以庆祝，同时将法令刻在青铜牌匾上，作为"奥林匹亚宙斯神庙

---

① Massimo Di Salvatore, "Il sorteggio tra politica e religione. Un caso tessalico," in Federica Cordano and Cristiano Grottanelli (eds.), *Sorteggio Pubblico e Cleromanzia dall'Antichità all'Età Moderna*, op. cit., pp. 119–130.

入口处的供品"①。

1. 五组实践

在罗马共和国,选举是最重要的政治机制,多年来经历了重大的技术发展和演变。公民也通过出席几个集会发挥重要的作用,这些集会主要包括可以发表演讲的公民大会(contiones)、百人队大会(comitia centuriata)和部落大会(tributa),这些都是可以投票的公民大会。人民(populus)可以通过保民官行使调解权,也可能被要求处理统治集团之间的权力斗争。到了共和国末期,人民通常不得不发挥更为积极的作用,此时公民抽签的活动持续增加。② 然而,在大多数时期,最多只有3%的人能参加民众集会。实际上,贵族精英通过几种不同的机制(如未经选举的参议院、选举程序和庇护关系等)掌握着真正的权力。虽然罗马城邦也发展了一套复杂的政治体系,在公共领域的意义上也允许对公民事务进行讨论,但是罗马从未成为一个民主制国家。③

然而,罗马政治实践也大量地依赖抽签。④ 占卜抽签非常普遍⑤,这类活动通常把孩子视为通向超自然的象征性通道。有文献记载了

---

① Paul Demont, "Tirage au sort et démocratie en Grèce ancienne," *op. cit.*, p. 4, 基于 Laurent Dubois, *Inscriptions grecques dialectales de Sicile*, 206, Rome, 1989, and Nicole Loraux, "Une réconciliation en Sicile," in *La Cité divisée*, Paris: Payot, 1997, pp. 222-236。

② Julie Bothorel, "Civic Sortition in Republican and Imperial Rome. Physical Instruments and Technical Logistics," in Liliane Lopez-Rabatel and Yves Sintomer (eds.), *Sortition and Democracy. op. cit.*, pp. 151-168.

③ Frédéric Hurlet, "Démocratie à Rome? Quelle démocratie? En relisant Millar (et Hölkeskamp)," in Stéphane Benoist (ed.), *Rome, A City and Its Empire in Perspective. The Impact of the Roman World through Fergus Millar's Research*, Leiden/Boston: Brill, 2012, pp. 19-44.

④ Romain Loriol, "Sortition and Divination in Ancient Rome. Were the Gods Involved in Casting Lots?," in Liliane Lopez-Rabatel and Yves Sintomer (eds.), *Sortition and Democracy. op. cit.*, pp. 182-195.

⑤ Virginie Hollard, "Elections and Sortition in Ancient Rome: Was There Such a Thing as a Roman Democracy," in Liliane Lopez-Rabatel and Yves Sintomer (eds.), *Sortition and Democracy. op. cit.*, pp. 130-150.

早在公元前 5 世纪的伊特鲁里亚（Etruscan）文化中的这种现象①，公元前 4 世纪的帕莱斯特里纳（Palestrina）也有这种现象出现的证据，该城距离罗马大约三十千米，曾是罗马共和国的占卜中心。西塞罗详细描述了这种现象在晚期共和国中的形式。② 碑文显示，一个小孩的任务是拿着签盒，里面有曾被储存在井中的橡木片，刻在橡木片上面的信息需要占卜者来破译。③ 罗马的港口城市奥斯蒂亚（Ostia）也使用过类似的程序。

但是，抽签不像在古代雅典那么重要，占卜抽签在罗马有五种不同的政治形式：确定合议机构的权限；决定公民大会中的投票顺序；组成审判陪审团；填补某些政治、司法或礼仪职位空缺（较少）；决定军事领域的职位轮换。④

抽签被用于合议机构内进行跨时空的权限分工和建立分工体系。这种做法由来已久，但在公元前 1 世纪得到了显著发展。担任公职需要三个步骤：首先，由公民大会选出地方行政官；其次，贵族元老院核准选举，并确定新任官员的职责；最后，抽签决定被选中者的具体责任。要理解这种程序的意义，重要的就是要记住古罗马的大多数公职都是集体行使的，这有许多优点，但是从协调的角度看，这也带来了一个明显的问题。在有两个执政官时，他们各自都有权咨询占卜（一种官方的占卜仪式）和实施统治（*imperium*），且以他们的名义接受凯旋（*triumphus*）以庆贺一场辉煌的军事胜利，这就成了一个问题：他们对负责的事务或者领地都拥有完整和不可分割的权力。在罗马共和国建立一个半世纪后（约前 367），两个民事执

---

① Giovanna Bagnasco Gianni, "Le sortes etrusche," in Federica Cordano, Cristiano Grottanelli (eds.), *Sorteggio Pubblico e Cleromanzia dall'Antichità all'Età Moderna*, *op. cit.*, pp. 197–219.

② Cicero, *De Divinatione*, *op. cit.*, II, 41.

③ Jacqueline Champeaux, *Fortuna. Recherches sur le culte de la Fortune à Rome*, 2 volumes, Rome: French School of Rome, 1982–1987.

④ Victor Ehrenberg, "Losung," *op. cit.*

政官(一个贵族和一个平民)和一个军事执政官(一个贵族)之间是用抽签来决定各自在"行省"(与诸如领导一场特定的战争等特殊职责有关的大的领土范围)的权力分配的;军事执政官占据的是一个新近创设的职位,也享有咨询占卜和进行庆贺的专属特权。随着罗马控制的领土范围日益扩大和战争日益重要,军事执政官也从4人(前242)增加到6人(前227)——而民事执政官主要负责管理,民事执政官和军事执政官之间的等级制也确立起来,用抽签决定在行省的权力分配的制度仍然有效。随后,这种制度扩展至其他拥有统治权的高级官员,即地方长官(负责管理公共行省的总领事和军事执政官)。①"行省"(provincia)和"司法"(juridictio)这两个概念在语义上都同抽签有联系,这两个概念是抽签的结果,其意义与希腊语的"签"(kleros)或英语中的"骰子"(lot)有密切的关系。②抽签分配职责的方式也适用于其他职位:公元前444年至公元前406年,抽签显然已经被用于分割两个军事执政官的权力,他们没有得到保留给民事执政官的主持占卜或庆贺的权力,但是其在罗马政治史上的作用已经是决定性的了。③当(由于平民权力的增长)统治阶级越来越多样化,且在军事合作被视为特别重要时,使用双头制(comparatio)并委托执政官自己分割责任而不是诉诸抽签④的情形出现了。无论怎样,双头制都是抽签的蜕化。⑤

  抽签也被用于决定公民大会中的投票顺序。从最重要的百人队

---

① Wolfgang Blösel, "The Sortition of Consular and Praetorian Provinces in the Roman Republic," in Liliane Lopez-Rabatel and Yves Sintomer (eds.), *Sortition and Democracy. op. cit.*, pp. 169–181.

② 关于古代罗马的抽签一词的全面讨论,参见 Frédrique Biville, "*Sors, sortiri, sortition,*" *op. cit.*, pp. 139–156。

③ Roberta Stewart, *Public Office in Early Rome. Ritual Procedure and Political Practice*, Ann Arbor: Michigan University Press, 1998, pp. 93–136.

④ Theodor Mommsen, *Römisches Staatsrecht* [1887–1888], Basel: Benne Schwab & Co, 1952, I (41).

⑤ Roberta Stewart, *Public Office in Early Rome, op. cit.*, chapter 4.

大会开始，该会负责选举民事执政官和军事执政官。上层阶级的百人队先投票，接着三个中间等级的百人队投票，最后来自底层阶级的百人队投票。抽签决定上层阶级的投票顺序，尤其第一个投票的优先百人队（*centuria praerogativa*），这种机制激发了现代历史学者的极大兴趣。① 之后是计票，一个接一个地宣布百人队的投票结果。虽然每个百人队只有一票，但上层阶级却有着数量更多的百人队，而贫民百人队则有数量更多的公民。此外，在一个世纪内只有多数席位得以保留。在这种以人口普查为基础的制度下，优先百人队决定了基调。只要到了多数，投票就结束。底层阶级的百人队很少被要求发言；事实上，他们只能在上层阶级存在严重分歧时才能表达意见。

抽签也用于决定部落大会和平民议事会中的投票顺序，选出较低级别的地方执政官。在选举罗马国教的大祭司（*Pontifex Maximus*）时，第一轮抽签主要（从 35 人中）选出将被允许参加投票的 17 个保民官（公元前 63 年，凯撒就获得了 17 票中的 9 票而当选）。② 更普遍的是，抽签的使用有时发挥着决定性的作用，尤其是就选出保民官来说。事实上，在所有罗马选举中，投票都是在每个法定团体内进行的，团体内的多数派就是最终计票后的该团体的选择。此外，每一个选民的投票数和要填补的公职空缺数是一样的：2 张票投执政官，10 张票投保民官；等等。然而，一旦部落的连续投票确定了获得绝对多数票的候选人，且人数与要填补的职位空缺数一样，投票就停止了。由于这种特殊的措施和对于宣布投票结构的秩序的依赖，一个候选人可能赢得选举，哪怕在计完所有选票后，其（不幸的）

---

① Christian Meier, "Praerogativa Centuria," *op. cit.*, pp. 569-598.
② Martin Jehne, "Die Dominanz des Vorgangs über den Ausgang. Struktur und Verlauf der Wahlen in der römischen Republik," in Christoph Dartmann, Günther Wassilowsky and Thomas Weller (eds.), *Technik und Symbolik vormoderner Wahlverfahren*, *op. cit.*, pp. 17-34.

对手获得的票数多于他。① 就保民官来说，共有 350 张潜在票（35 个部落，每个部落都有 10 票）。

在特定时期，尤其是共和国末期，抽签也被用于组成陪审团，这对于罗马非常重要。② 不那么常见的是，抽签被用于指定某些不太重要的官员（如提名大使等）③，不管是行政的还是教会的（值得注意的是，修女是随机选出的）。

最后，分配抽签在军队中有着独特的用途。除了上面列举的事实外，领事的军事责任通常是由分配抽签决定的，这种做法也经常被用于决定军团的行进秩序、不同部队的职责轮换，在特别严重的不当行为的情况下，通过十选一的抽签来决定谁受惩罚，或者要采取的一系列军事决策。波利比乌斯（Polybius）在分析罗马军事优越背后的原因时，详细讨论了这一实践。④

在共和国的大多数时期，政治抽签采取的形式与占卜仪式非常相似。将表明不同功能的签（sortes）放入盛满水的瓮（sitella），瓮事先经过检查以确保里面没有其他东西，然后取出签，进行分配、识别，官职的责任就被一一确定下来。⑤ 后来，公元前 100 年至公元前 70 年，抽签的适用范围不断扩大，一种抽签器被发明出来——抽签瓮（urna versatilis），即一个放入了形状和重量相同的球状鹅卵石

---

① 在共和国末期，部落投票同时进行，但结果是部落依照随机确定的顺序逐个宣布，效果是一样的。参见 Andrew Lintott, *The Constitution of the Roman Republic*, Oxford/New York: Oxford University Press, 1999, p. 48; Lily Ross Taylor, *Roman Voting Assemblies from the Hannibalic War to the Dictatorship of Caesar*, Ann Harbor: University of Michigan Press, 1966, pp. 179-181。

② Nathan Rosenstein, "Sorting out the Lot in Republican Rome," *The American Journal of Philology*, 116 (1) Spring 1995, pp. 43-75.

③ Alberto Maffi, "Nomina per sorteggio degli ambasciatori nel mondo romano," in Federica Cordano, Cristiano Grottanelli (eds.), *Sorteggio Pubblico e Cleromanzia dall'Antichità all'Età Moderna*, op. cit., pp. 137-138.

④ Polybius, *Histories*, Book Ⅵ: "The Roman Military System," Cambridge: Harvard University Press, 1922.

⑤ Roberta Stewart, *Public Office in Early Rome*, op. cit. p. 17.

（*pilae*）的瓮。① 接着，将瓮放置在一个水平的轴上滚动，使得里面的石头适当混合。最后，打开顶部，取出石头。这个程序主要用于挑选公民陪审员和确定在环形比赛中的战车的位置，但是有时也用于分配官员的职责。图像证据证明了这样的事实，这种机器在拜占庭时代开始之前的大部分帝国历史时期都被使用。②

同选举一样，随着帝国规模和影响的扩大，抽签逐渐失去了政治意义。随着皇帝权力的巩固，罗马政治逐渐变成了纯粹的傀儡运作，对官员的自上而下的任命取代了抽签遴选。但无论如何，传统上根深蒂固的抽签并未彻底消失。

直至帝国历史的很晚时期，抽签一直被用于分配各种职能的执政官和执法官。③ 公元前 27 年，一项改革赋予了奥古斯都（Augustus）对后来被称为帝国行省的一些省份的直接权力，其他被称为公共行省的省份的权力依旧由元老院行使。虽然这项改革在三头政治第一时期和第二时期（the First and Second Triumvirates，开始于公元前 60 年）被取消了，但是奥古斯都在其"恢复共和国"（*restauratio Rei publicae*）计划的背景下，恢复了利用抽签挑选管理元老院辖下的公共行省行政长官的做法。奥古斯都沿用了公元前 52 年通过的《庞培法》（*Lex pompeia*）中的主要条款：元老院中曾担任过执政官或者军事执政官的成员在其任期结束几年后，都可以成为执法官的候选人。除了候选人实际上（de facto）需要得到皇帝的批准外，抽签遴选也是在非常有限的人员中进行的。没有多少人能满足法定要求，有些年份，有法定资格以候选人身份出现的人数很少。只有少数几个前

---

① Julie Bothorel, "Civic Sortition in Republican and Imperial Rome," *op. cit.*

② Claude Nicolet and Azedine Beschaouch, "Nouvelles observations sur la 'Mosaïque des chevaux' et son édifice à Carthage," *op. cit.*; Frédéric Hurlet, *Le proconsul et le prince d'Auguste à Dioclétien*, *op. cit.*.

③ Julie Bothorel, *Le tirage au sort des provinces sous la République*, Rome：Collection de l'Ecole française de Rome, 2022; Virginie Hollard, "Elections and Sortition in Ancient Rome," *op. cit.*, pp. 141*sq.*

执政官符合要求，通常也只有三四个候选人竞争两个省份的职位。事实上，这种抽签最终没有太大意义。① 抽签主要被用于以一种公正和规范的方式，组织有资格成为行政官的个人的轮换，同时象征性地重申政权的"共和"维度。奥古斯都的改革赋予了抽签合法的形式，使抽签可以继续保留两个世纪。但是，抽签已受到帝国越来越严格的控制。它的演变不再是线性的，而是在不同时段内徘徊不前，一会儿是帝国控制加强期［从直至公元68年的尤利安-克劳狄王朝（Julio-Claudian dynasty），到不是那么严格的69—96年的弗拉维王朝（Flavian dynasty）］，一会儿是帝国权力较为谨慎期［96—192年的涅尔瓦-安东尼王朝（Nerva-Antonine dynasty）］，以及抽签流于形式、由皇帝选择候选人成为法律的时期［193—235年的塞维鲁王朝（Severan dynasty）］。最终，只有古代仪式的幌子保留下来。此外，行政官还常常看到他们的任期被皇帝延长，因为皇帝已经无视每年的抽选。与此同时，皇帝逐渐垄断了主持占卜、举行胜利庆典和最高统治权带来的利益。3世纪末4世纪初，戴克里先（Diocletian）的省级改革最终废除了行政官的抽签做法，从而使法律和实践一致起来。②

在这漫长的过渡时期，抽签被皇帝用于对付元老院。不是召开全体大会，而是抽签选出一组议员进行商议：这个人数有限的团体的作用比全体会议的作用小，因而反对皇帝的权力也小。然而，这个小团体的权力最终也被皇帝认为太大，于是皇帝就开始直接挑选议员了。

2. 仪式抽签

在罗马，各式各样的分配抽签与占卜抽签的关系比在古代希腊更为紧密。罗伯塔·斯图尔特（Roberta Stewart）令人信服地论证说，抽签源于一种求预兆即询问神祇的仪式，此种仪式希望瞥见某

---

① Frédéric Hurlet, *Le proconsul et le prince d'Auguste à Dioclétien*, op. cit.
② Ibid.

种征兆或掌控特定之人的命运。① 主持仪式是执政官和高级教士的任务。尤其是在选举地方治安官之前、在新当选的个人就职之前、在当选者之间需要分配各种职责之前，更常见的是，在做出公共决策之前，都必须有这样的仪式来获知吉兆。这种仪式通常在朱庇特神庙（Temple of Jupiter Optimus Maximus）进行；在远古时期这是为了知晓朱庇特的意愿和更有可能是为了获得仪式授权。此外，百人队会议的抽签有助于统治阶层之间建立共识，并赋予这种共识一种仪式的共和合法性。② 如果说这样的抽签还有些民主意义的话，至少它意味着，从所有百人队而不仅仅是上层阶级的百人队中选出优先百人队。据说这是当时任职的盖乌斯·格拉古（Gaius Gracchus）提出的修正建议，其时正值抽签开始政治化的罗马共和国最后一百年。据称，他建议，"所有百人队都应从五个等级中不加区别地抽签选出。通过此种方式，尊严和财富都会得到同等的重视，每个人都会努力在品德上超越同侪"③。然而，这条法律提议最终未获得通过。即使是在部落大会上，在所有部落中进行抽签的平等逻辑因劳动阶级的权重较低而受到影响。况且，这种平等逻辑主要是象征性的，因为部落大会对于决策的影响有限。④

随着罗马社会逐步世俗化，抽签的政治使用已经部分脱离了宗教意义。在政治精英阶层中，相信神会直接干预人类事务的人减少了，尽管此种信仰在下层阶级中依然非常普遍。这使得一些现代学者认为，政治抽签和宗教抽签之间存在明显的差别。⑤ 此外，那些不

---

① Roberta Stewart, *Public Office in Early Rome*, op. cit.
② Christian Meier, "Praerogativa Centuria," *op. cit.*; Egon Flaig, *Ritualisierte Gesten. Zeichen, Gesten und Herrschaft im alten Rom*, Göttingen, 2004, p. 173; Bernard Manin, *Principles of Representative Government*, op. cit.
③ Sallust, *Sallust*, Loeb Classical Library, Cambridge：Harvard University Press, 1921, 引自 Virginie Hollard, "Elections and Sortition in Ancient Rome," *op. cit.*, p. 139。
④ Hubertus Buchstein, *Demokratie und Lotterie*, op. cit., p. 129.
⑤ Victor Ehrenberg, "Losung," *op. cit.*

再相信预兆的人仍然接受将预兆用作通过仪式赋予其合法性的一种附加元素的观念。虽然西塞罗在攻击占卜时也批判了对抽签和预兆的使用,但是他却从马基雅维利式(Machiavellian)的角度为预兆的作用进行了辩护,"我以为,虽然起初占卜法的设立是出于对占卜的信仰,但随后其得以保持并延续下来,则是出于政治便利的考量(*rei publicae causa*)",或者出于对大众迷信的尊重。① 然而,这种仪式的持续流行不能用纯粹的工具或策略原因来解释。② 抽签仪式不仅具有立竿见影的实用功能——在精英同侪中公正地分配责任,同时也减少了冲突——多亏这种仪式维度,抽签具有了强烈的象征功能,这是早期现代历史学家芭芭拉·施托尔贝格-里林格(Barbara Stollberg-Rilinger)在另一种语境下令人信服地证明了的一个传奇性特征。③ 抽签的运用旨在将强大的竞争贵族转变为在行使权力和服务公众方面彼此合作的治安官。抽签也是共和理想的重要组成部分。④ 这就是为什么奥古斯都在为了夯实帝国权威而寻求象征性地恢复传统合法性时,恢复了这种机制。⑤

仪式已经深深内嵌于罗马的政治结构。许多仪式由于被长期使用,成为传统从而具备了合法性。仪式是要遵循的程序的内在组成部分,且其中包含某种理性-法律的合法性(换句话说是一种程序理性,有点类似于我们现代的宪法审查制度)。⑥ 此外,这些仪式通过发挥决定性的象征作用,确立公共领域,以容许精英阶层的冲突得以缓解,从而避免违背共同利益——至少在原则上如此。因此,偶然的仪式具备一个基本的功能;对许多人来说,它们可能仍然与揭

---

① Cicero, *De Divinatione, op. cit.*, Book Ⅱ, XXXV; cf. also Book Ⅱ, XXXVI; XLI.
② Virginie Hollard, *Le rituel du vote. Les assemblées romaines du peuple*, Paris, 2010.
③ Barbara Stollberg-Rilinger, "Entscheidung durch das Los," *op. cit.*
④ Roberta Stewart, *Public Office in Early Rome. op. cit.*, p. 56.
⑤ Frédéric Hurlet, *Le proconsul et le prince d'Auguste à Dioclétien, op. cit.*
⑥ Martin Jehne, "Die Dominanz des Vorgangs über den Ausgang," *op. cit.*

示命运的尝试有关。① 这个复杂的逻辑同样适用于罗马占领下的居民：从公元前 242 年开始，负责统治被征服地区的官员即外省执政官（*praetores peregrinus*），是通过抽签程序选出的，这种程序与罗马各省的地方行政官遴选所采用的抽签程序不同。这种庄严的仪式有着严格的规范。因此，统治不仅仅是基于军事领袖、元老院或者罗马人民的任意决定——"随机分配和仪式抽签，将被征服的人民和各个罗马指挥官之间的个人关系转化为其与罗马的制度关系。"②

3. 圣达修斯的殉道

在分析中世纪和近代早期意大利共和国抽签的作用之前，我们应该先把注意力转向圣达修斯（Saint Dasius）殉道的故事，这个故事讲述了据说发生在罗马帝国晚期的抽签活动。这是农神节（Saturnalia，最重要的罗马节日）中最引人注目的传说之一。农神节有着狂欢性质，在冬至后举行，也就是太阳周期（阳历）和月亮周期（阴历）之间的 12 天里。在这段时间，宴会和狂欢不断，通常的社会规范无须被遵守。包括掷骰子在内的赌博都是被容许的，而这些活动在平时都是被禁止的（虽然人们仍然普遍在玩）。奴隶可以同主人一起上桌吃饭；甚至有时主人要服侍奴隶。自由人可以随意抓阄选出一位农神国王（*Saturnalicius princeps*），由他向臣民发出滑稽的命令。③

后来，由历史学家弗朗兹·库蒙（Franz Cumont）发现，并经过著名的人类学家詹姆斯·G. 弗雷泽（James G. Frazer）评论的希腊

---

① Lily Ross Taylor, *Roman Voting Assemblies*, op. cit.
② Roberta Stewart, *Public Office in Early Rome. op. cit.*, p. 204.
③ Martin Persson Nilsson, "Saturnalia," in Georg Wissowa et al. (ed.), *Paulys Realencyclopädie der classischen Altertumswissenschaft*, Stuttgart：J. B. Metzler, 1923.

资料，描绘了一幅颇具悲剧色彩的农神节庆典画面。① 罗马帝国后期，驻扎在多瑙河沿岸的罗马士兵要对参加农神节庆典的野蛮人加以约束，他们采取的方式是：在农神节来临前，抽签选出一名英俊的青年男子。这个青年男子据说是神的化身，他要身着王室服装在公共场合游行。他的每一个愿望，哪怕是最卑劣无耻的，都会得到满足。然而，他的统治时间很短。在第30日，即农神节结束之时，这个"短命"的国王将被迫在祭坛上自刎了断自己。一年，一个信奉基督教的名为达修斯（Dasius）的士兵不幸被抽中。他拒绝扮演异教之神，并宣称，既然他必须死，他将像一个基督徒那样去死，因此他拒绝在放荡中度过自己人生中的最后几日。他也不为上级的威胁所动——他甚至摧毁了异教神像，并因此受到谴责。11月20日这个星期五，新月之后第24日的第四个小时，圣达修斯殉道——被砍头了。②

人类学家和历史学家都在争论这个故事的真实性，都倾向认为，这个故事更可能是神话而不是历史事实。③ 他们分析了故事中狂欢的社会关系的逆转和伪国王的牺牲，却忽略了对伪国王是抽签选中的且在位时间短暂方面的分析。如我们已经看到的，与统治者的定期

---

① Franz Cumont, "Les Actes de saint Dasius," *Analecta Bollandiana*, 16, 1897, pp. 5-16; James G. Frazer, *The Golden Bough*, 3 vols, 2nd edition, London: Macmillan, 1900.

② Renate Pillinger, *Das Martyrium des Heiligen Dasius*, Vienna: Österreichische Akademie der Wissenschaften, 1988, p. 21.

③ Léon Parmentier, "Le roi des Saturnales," with Franz Cumont's answer, *Revue de Philologie*, 21, 1897, pp. 143-153; Paul Wendland, "Jesus als Saturnalien-Koenig," *Hermes* 33, 1898, pp. 175-179; Andrew Lang, *Magic and Religion*, New York, 2005 (London, 1901); Georg Wissowa, *Religion und Kultus der Römer*, Munich: Beck, 1971 [1912], pp. 204-208; Claude Lévi-Strauss, "Le père Noël supplicié," *Les Temps modernes*, March 1952, pp. 1572-1590 (reprint: Sables: Pin-Balma, 1996); Renate Pillinger, *Das Martyrium des Heiligen Dasius*, *op. cit.*; Francesca Prescendi, "Du sacrifice du roi des Saturnales à l'exécution de Jésus," in Agnès A. Nagy and Francesca Prescendi (eds.), *Sacrifices humains: discours et réalités*, Turnhout: Brepols, 2013.

选举一样，抽签与委任的快速轮换无论是在罗马还是在雅典都是最为普遍的选择方式之一。罗马的农神节庆典是对这一过程的一种远距离讽刺。然而，命中注定要在短暂统治后牺牲的临时国王的代表性与他被随机选中的事实之间，似乎存在某种密切关系。当然，以历史准确性看，必须要谨慎看待对于这种牺牲的描述。① 不管怎样，这种牺牲激发的学术兴趣一直延续到几个世纪以后，并由此产生了数量众多的著作②，也涉及许多不同的宗教（比如基督的形象），涉及幻象般的狂欢节仪式，所有这些都揭示了人类与权力之间关系的深层模糊性。

在我们拒绝不考虑社会历史场景或者所使用技术范围的哲学推测的同时，我们不能简单地对引言中提到的朗西埃关于抽签是民主的本质这一观点置之不理。从人类学角度看，这种观点补充了而不是取代了韦伯式的比较历史社会学观。在形式上，任何领域的抽签——不论其实践的理由是什么——都把随机选择的个人（或者解决方案）置于完全平等的基础上。这种激进平等也适用于那些决定以占卜抽签的方式进行选择的人：神或者超自然力量因此揭示了其选择了谁，但是在抽签进行前，普通凡人是不明了其意志的。在一组人（甚至是一个很小的群体）中抽签选出代言者或者领导者，就意味着承认他们中的任何人都不能声称自己比其他人具有更大或更优先的合法性来代表或者统治这个群体。

如果根据朗西埃所提出的激进解释来理解政治，那么政治就意味着谁都没有无可争辩的权利，来以共同体名义进行发言、判断或统治；无论是财富、知识、性别、祖先、受神庇护还是纯粹的数字，都要经过讨论。任何标准都是有历史条件限制的，因此也都是可以

---

① Agnès A. Nagy and Francesca Prescendi (eds.), *Sacrifices humains: discours et réalités*, op. cit.

② Jean Cocteau, *Bacchus*, Paris: Gallimard, 1998; Pierre Michon, *Le roi du bois*, Paris: Verdier, 1998.

被批判的。这种思维方式沿着合乎逻辑的思路发展下去,随着公民范围扩大到包括所有成年人时民主将达到顶峰。抽签决定公职使政治平等原则更加激进,从仅仅讨论提名个人代表共同体发言、做出判断或决定,转变为实际提名的问题。历史研究表明,归根结底,抽签并不是民主的本质。但可以说,在抽签和激进政治之间存在选择性亲和力。"选择性亲和力"的概念起源于中世纪的炼金术,歌德在其同名小说《选择性亲和力》(Elective Affinities)中使用了这一概念,马克斯·韦伯在《新教伦理与资本主义精神》(The Protestant Ethic and the Spirit of Capitalism)一书中同样使用了这一概念。① 这意味着,抽签和政治平等原则中的某些组成部分相互吸引,当被置于一起时,这两种元素都开始分解并重新组合成一个新的整体。因此,选择性亲和力不是一种线性的因果关系,而是一种循环,两种元素同时互为各自转化的因果。

从这个角度看,我们可以参考皮埃尔·克拉斯特(Pierre Clastres)对狩猎-采集社会的分析。② 在他看来,原始社会的特征在于,该社会拒绝任何赋予个人(或一群人)命令其他人的权力的企图。部落酋长和领导者只能提出建议,他们的建议只有在有说服力时才会被采纳。此外,领导者还要为其所拥有的象征性特权付出很高的代价,如他们要在服务共同体方面做得更多,能够比其他人生产出更多用于共同体分配的产品。克拉斯特还补充说,在权力开始自治时,这种债务关系被颠倒了,共同体不再从领导者那里获得大量的物品,而要向他进贡物品,就好像为了感谢他的服务。或许被牺牲的国王

---

① Johann Wolfgang von Goethe, *Elective Affinities: A Novel*, Oxford: Oxford University Press, 2008; Max Weber, *The Protestant Ethic and the Spirit of Capitalism*, Oxford: Oxford University Press, 2010; Michael Löwy, *Rédemption et utopie: le judaïsme libertaire en Europe centrale: une étude d'affinité élective*, Paris, Presses universitaires de France, 1988; Walter Benjamin, "Goethes Wahlverwandtschaften," in Rolf Tiedemann and Hermann Schweppenhäuser (eds.), *Gesammelte Schriften*. Vol. I, 1. Frankfurt/Main: Suhrkamp, 1974, pp. 125-201.

② Pierre Clastres, *Recherches d'anthropologie politique*, Paris: Seuil, 1980.

的神话所具有的魅力暗示了另一种可能性：一个统治者，不是控制着一个群体且迫使这个群体偿还某种债务，而是对允许他存在的共同体负有债务——以至于这个统治者不得不放弃生命来作为交换。

本章小结

不管是事实还是虚构的，圣达修斯殉道的故事中的抽签，显然与罗马共和国与帝国时期的抽签运用相去甚远。这个故事展示的不是精英之间通过抽签遴选而进行的和平的权力竞争，而是相反的情形。这个故事吸引人的地方在于，依据同样的叙述逻辑将权力债务的狂欢式逆转、临时国王的牺牲和抽签指定国王三者编织在了一起。这个故事指向人类与其领导者之间的模糊的人类学关系和统治者要以"服务人民"来交换其权力的压力。① 抽签选任官职至少以激进民主的方式展示了这种模棱两可的关系的另一面，在这一面，权力被视为一种随机和暂时的属性。

研究者对雅典的抽签做法更为关注，而忽视了对罗马人大量使用抽签做法进行研究。然而，自20世纪末以来，历史学家已经有了重大发现。他们发现，无论是在共和国时期还是在帝国建立时期，抽签的政治运用在罗马都发挥了重要作用。抽签基于一系列的规则，这些规则构成了真正的选择（*ius sortiendi*）。② 尽管如此，罗马的抽签做法及其意义都不同于其雅典前身和西亚的抽签实践。抽签的具体目标不是提名公民填补职位空缺，而是在每年轮换的基础上于精英同侪之间分配责任，确定某些特定的程序问题，例如不同法定团体投票的顺序。抽签最重要的功能是在掌握实权的贵族圈内以非对

---

① Jacques Dalarun, *Gouverner c'est servir: Essai de démocratie médiévale*, Paris: Alma Editeur, 2012; Mao Zedong, "Serve the People," September 8, 1944, https://www.marxists.org/reference/archive/mao/selected-works/volume-3/mswv3_19.htm.

② Frédéric Hurlet, *Le proconsul et le prince d'Auguste à Dioclétien*, op. cit.

抗的方式管理竞争，从而使其具有象征性的共和意味。① 在这种程度上，抽签实践适用于罗马帝国的环境并非太困难。② 抽签没有与民主相结合的事实可能解释了，为何21世纪的政治理论者和实践者忽视了对罗马抽签实践的研究的问题。

当然，雅典城邦国家不是我们现在所说的民主国家，也不同于今日激进民主派的说辞。实际来说，雅典民主将妇女和奴隶排除在了政治生活之外，并运用强力对付与其结盟的城市。然而，在相对狭窄的公民圈内，权力很大程度上是由人民（法定意义上的全体公民）来行使，而不是由选举的代表行使的；领导者的权力受到反制力量的控制。如摩西·I. 芬利所言，要理解这种制度，我们必须超越"民主=选举"这个等式。虽然雅典人并没有消除个人和团体之间为了追求自身利益而展开的斗争——这是一个自古以来就有的问题，但是雅典人重塑了政治，这种重塑体现在公众会就良法或恶法以及重大的集体决策（首先是那些对城邦内部社会平衡产生影响的决策）进行制度化的讨论上。而且，雅典人拒绝政治专业化，认为政治是一项所有人都能够也应该（在一定程度上）参与的活动。③

因此，抽签有助于分配民主的制度化，这种分配民主使得所有公民都能公平分享共同利益、荣誉和责任。平等与公正的抽签机制的结合导致了古代雅典的激进民主。在整个古典时期，抽签的仪式维度一直存在，但抽签并非了解神的意志的主要方式。雅典的抽签实践比西亚的更加世俗化，其中不存在阿奎那后来所称的占卜抽签和分配抽签的区分。从当代的视角看，我们认为政治抽签和占卜抽签是完全独立的实体，而这种当代的视角本身是基于古代希腊或许

---

① Roberta Stewart, *Public Office in Early Rome. op. cit.*
② Frédéric Hurlet, *Le proconsul et le prince d'Auguste à Dioclétien*, *op. cit.*
③ Moses I. Finley, *The Invention of Politics*, *op. cit.*, p. 70; Cornelius Castoriadis, *Domaines de l'homme*, Paris: Seuil, 1986, pp. 282-283; Cornelius Castoriadis, *Crossroads in the Labyrinth*, Brighton: Harvester, 1984.

就已开始的占卜抽签。一种用于司法（或许是政治）抽签的特殊工具即抽签器的发明证实了这种过程。在较小的程度上，尽管抽签瓮不用于占卜，但抽签在罗马也被部分世俗化了。然而，抽签并没有用于平衡阶级之间的权力，因此也没有民主的维度；在抽签程序上，仪式的作用在罗马似乎比在雅典更为重要。

简而言之，我们总结了古代政治抽签的三种不同作用：使选择过程神圣化，确保所有公民或少数精英之间的象征性平等，有助于保持公正。然而，最后要指出的是，作为公共生活以民主为中心并与民主自治理想紧密联系的城邦，雅典是例外的：效仿雅典民主的城市很少。

第二章
抽签的再生：中世纪和近代早期

在 21 世纪之前，欧洲史学研究大多忽视了抽签在中世纪和近代早期政治中的使用。这种忽视在世界其他地方甚至更为严重。现在情形开始有所改变，随着更多研究的开展，很可能有更多的意外发现。例如，直到 21 世纪 20 年代初，抽签在近代早期瑞士的作用才被发现①，抽签在文艺复兴时期前的犹太传统中的作用也才得到系统研究②，抽签很可能在南亚土著部落有广泛运用的事实才得到了重视③。不幸的是，我们只能依赖现有的著作，因此笔者将聚焦那些最著名的案例，以更好地揭示这些案例的意义。

首先应该指出的是，在 16 世纪之前，抽签并非只存在于欧洲。据历史记载，早在 12 世纪初，中国就有一些抽签案例。同样，抽签也出现在印度大陆南部古老的泰米尔地区，即现在的泰米尔纳德邦、喀拉拉邦和斯里兰卡的部分地区。地方村民自治早在第三桑格姆时期（the Third Sangam period）就已开始，即公元前 6 世纪到公元 3 世

---

① Maxime Mellina, Aurèle Dupuis and Antoine Chollet, *Tirage au sort et politique*, op. cit.
② Shraga Bar-On, *Lot Casting, God, and Man in Jewish Literature*, op. cit.
③ Alpa Shah, *In the Shadows of the State. Indigenous politics, Environmentalism, and Insurgency in Jharkhand*, India, Durham/London: Duke University Press, 2010; "What if We Selected our Leaders by Lottery? Democracy by Sortition, Liberal Elections and Communist Revolutionaries," The Hague: Development Change Distinguished Lecture 2020, Institute of Social Studies.

纪。一些史学家声称，这种制度包括地方自治［现代史学家称之为"长老会制度"（panchayat system）］和一种民主君主制，尽管人们对后一种说法仍然存有争议。在同一地区，更为可靠的资料证明地方自治出现在中世纪朱罗时期（Medieval Cholas，公元9—10世纪）。

库达奥来（Kuda Olai）制度（字面意思是"陶罐和棕榈叶"制度）包括抽签，其做法在可以追溯到917年至921年的乌蒂拉梅鲁尔（Uthiramerur）村的庙宇中两个残留的铭文上得到了证实。① 这些铭文描述了村民大会（sabha），大会由被称为"村民大会的长老"的婆罗门组成。管理村庄的三个委员会包括按照确切程序选出的人员。被允许参加竞选的人必须拥有一定财产，缴纳最低额度的税款，年龄在30岁至60岁之间（或者是第二段铭文中提到的35岁至70岁之间），受过良好的教育，并享有良好的声誉。当选者任期为三年，任期届满后可在三年内再次参加竞选；同一家庭的成员不能同时任职。村里的每条街道上都摆满了陶罐，陶罐里装有写着不同家族候选人名字的棕榈叶，然后在村民大会面前公开进行抽选。长老、祭司和国王的一位代表叫来一个"不认识形状"的男孩及其亲属。男孩一张一张地拿起票，交给年纪最大的男人，在拿票之前，这个老人必须"双手举起来，证明手里没有任何叶子"。由他念出写在叶子上的人名，由村民大会中另一位长者和一位年轻成员进行核实。第一段铭文的结语为：

> 按照上述方式，从国王在位第12年起，直到太阳和月亮不再陪伴我们，委员会应该一直通过陶罐-棕榈叶制度组建。村里的长老服从国王的命令，并在国王的代表塔塔努

---

① Vijaya Ramaswamy, *Historical Dictionary of the Tamils*, New Delhi: Rowman & Littlefield, 2017, p. 382.

尔·穆文达维兰（Tattanur Muvendavelan）在场的情况下，做出以上所有的决定。①

乌蒂拉梅鲁尔村的铭文刻画了可以被视为典型的抽签遴选的几个特征，这些特征在欧洲也屡见不鲜。像在罗马或者程度较低的雅典一样，古代泰米尔地区的抽签也是高度仪式化的。同样，其主要目标之一是确保遴选的公正，小男孩的在场构成了一个重要元素，它与抽签的选择性亲和力有关。②另一个目标是在村中不同家庭之间组织权力的和平分配，这种制度将依据部族或街道确定的配额、抽签和公职的轮换结合起来。陶罐-棕榈叶制度与其雅典的前身有些相像，虽然还不清楚选好委员会后的村民大会的作用以及有多少人可以合法地参加选举——是大多数成年男人，还是仅仅一小部分人？陶罐-棕榈叶制度在何种程度上可以被定性为部分民主？宗教是否起着更大的作用，而不仅是使一个主要世俗的仪式合法化？人们有没有看到通过小男孩表现出来的神之手？不管我们关于这些问题找到什么答案，这种制度都很可能不只局限于乌蒂拉梅鲁尔村，因为这种制度是由国王制定的。

抽签很可能在印度也比较普遍。有趣的是，直到 21 世纪，南亚的一些原住民部落随机选出它们的地方主管，其领导力取决于在一个相对平等的框架内说服部落其他成员的能力。这在印度东北部的贾坎德邦州的蒙达（Mundas）部落和奥朗（Oraons）部落（属于表列种姓的两个原住民族群）挑选村长［帕罕人（pahan）和他的帮手帕恩巴拉人（paenbharra）］时比较突出。在这些地方，抽签选出地方官员似乎是非常古老的做法；超自然和政治没有区别，这种"神

---

① *Uttaramerur Inscription of Parantaka Chola*, http：//epgp.inflibnet.ac.in/epgpdata/uploads/epgp_content/S000829IC/P001689/M024922/ET/1510554232P08-M36-UttaramerurInscriptionofParantakaChola-I-ET.pdf, accessed 11/30/2020.

② Yves Sintomer, "A Child Drawing Lots," *op. cit.*

圣政体"体现了诸如平等主义、共识、互惠与互助等价值观。① 类似的做法也存在于尼泊尔的木斯塘（Mustang），特别是在一个名叫特（Te）的村庄②，以及中国一些地方，每年重要的寺庙节日期间，人们都会通过一种碰运气的方式选出香炉的师傅和副手③。

说回我们关于欧洲的讨论。当政治抽签在中世纪被重新发现时，它最初用于安抚人心，大量出现于意大利公社时期，并延续至文艺复兴时期和近代早期。本章主要讨论当时西欧的抽签实践。但是，在欧洲其他地区也发现过少量早期的案例。在诺夫哥罗德共和国（Novgorod Republic，12 世纪至 15 世纪，现位于俄罗斯北部）时期，有时是从人民选出的三名候选人中随机选出大主教的。在这种情况下，占卜抽签与世俗抽选不是截然分开的，这与同一时期的罗马教会不一样。抽选程序以共识为导向，并被赋予了宗教意义："没有竞争，没有争论，是上帝的决定。"④

在近代早期，抽签从意大利蔓延至其他欧洲国家。抽签在西班牙广为流传，尤其是在 16 世纪末到 17 世纪中叶处在黄金时期（*Siglo de Dro*）的阿拉贡王国（Crown of Aragon）。自 17 世纪中叶开始，抽签对瑞士的几个行政区也发挥了核心作用。在稍弱的程度上，抽签也在其他欧洲国家城市公社中得到运用，特别是在 16 世纪开始后的德国和 17 世纪中期的法国。

---

① Alpa Shah, *In the Shadows of the State*, op. cit.; "What if We Selected our Leaders by Lottery?," op. cit.

② Charles Ramble, *The Navel of the Demoness: Tibetan Buddhism and Civil Religion in Highland Nepal*, Oxford: Oxford University Press, 2008, 引自 Alpa Shah, "What if We Selected our Leaders by Lottery?," op. cit., p. 28。

③ Stephan Feuchtwang, "Peasants, Democracy and Anthropology: Questions of Local Loyalty," *Critique of Anthropolog*, 23 (1), pp. 93-120, 2003, 引自 Alpa Shah, "What if We Selected our Leaders by Lottery?," op. cit., p. 28。

④ P. V. Lukin, "Consensus et représentation en Russie, XIIe-XVIe siècles: une introduction," in Jean-Philippe Genet, Dominique Le Page and Olivier Mattéoni (eds.), *Consensus et représentation*, Paris/Rome: Publications de la Sorbonne/Ecole française de Rome, 2017, p. 268.

一、意大利公社：抽签的多重意义

在中世纪的意大利，抽签是如何流行起来的？1200年前后，意大利出现了200个至300个自由公社，但是大多数都在随后的三个世纪中逐渐失去了独立性。从时长和权力角度看，热那亚（Genoa）、锡耶纳（Sienna）、佛罗伦萨（Florence）和威尼斯（Venice）在当时都是表现特别突出的公社。意大利公社的鼎盛时期，即从中世纪到文艺复兴时期，也是政治革新成就突出的历史时期。这不仅体现在政治思想上，而且体现在制度形式和实践经验的传播上。从这个角度看，抽签发挥了至关重要的作用。中世纪的意大利公社都在选任行政官和决策方面展示了显著的多样性，无论是地理层面（取决于城市），还是时间层面（在同一公社里程序随着时间而演变）。但尽管如此，我们仍将简要描述其中的几个共同特征。

（一）13世纪：公社民主的黄金时代

12世纪初，意大利北部和中部的公社开始脱离神圣罗马帝国并获得自治。虽然选举掌管城市政府的执政官成为这种日益独立的象征，但是仅仅这一个方面并不能昭示公社制度的出现，其很大程度上依赖直接民主的形式。在王室圈之外，中世纪盛期出现的第一个政治机构是公民商业协会（*cives*），也被称为行会（*universitas*）、民众大会（帕拉门托，*parlamento*）或者家长会议（阿伦戈，*arengo*）。公社制度的诞生，很可能要归功于其内部萌生的力量。① 这个大会的起源似乎有着基督教特征而非罗马特征，因为信教群体很早就建立了公众集会的传统。很长一段时间以来，由公民大会任命教会和政

---

① Roberto Celli, *Pour l'histoire des origines du pouvoir populaire. L'expérience des villes-États italiens* (XIème-XIIème siècles), Louvain-la-Neuve：Publications de l'Institut d'études médiévales, 2nd series, 3, 1980.

治官员，这两个领域的区分并不明显。决定通过貌似协商一致的方式做出，并通过鼓掌的方式确定：多数时候只是一个取得公众同意的问题，因为精英已经做出了决定。我们对这些大会是如何进行商议的知之甚少：虽然这些大会明显非常受欢迎，但很大程度上只有城市人才有公民身份。① 我们可以肯定的是，在 12 世纪和 13 世纪公民大会逐渐强化了一种直接民主，这种民主让人想起其古代希腊的前身。②

再有，12 世纪下半叶，通过将自身与公民大会区分开来而形成的不同市议会很快增加了数百名成员（如果不是数千名的话），这可是在公民人口总规模相当有限的情况下发生的。这种发展与一个新的社会阶级的崛起同时出现，这个被称为平民（*popolo*）的新阶级组成了国中之国，负责城市经济发展，成为一种制衡传统贵族阶级（军事贵族和世袭大贵族，*milites* and *magnati*）的势力，后者一向垄断着行政机构（公社的主要执行机构）。平民和军事贵族之间的权力斗争持续演变，然而这种斗争总是在将上层平民统合进传统贵族圈和将平民排除在贵族圈外之间摇摆不定，佛罗伦萨就是这种情况。③

在此期间，既依据职位的重要性，也参照各社会群体在城市等级制中的地位，在事实上或法律上对官职进行分配，但是政治和行政职位主要由积极公民轮流担任，与雅典一样。因此可以估算，在 1288 年前后，博洛尼亚（Bologna，一个有着几万人口的城市）每年需要指派 1800 名公职人员。这个任务就落在了由 2000 名（后来扩大至 4000 名）成员组成的市议会身上，这些市议会成员每年由大议会（*Consiglio generale*）和平民大会（*Consiglio del Popolo*）任命，而大议会和平民大会每年各自要选出 800 名成员。这些数字甚至还不

---

① Max Weber, *The City*, New York: Free Press, 1966.
② Jean-Claude Maire-Vigueur and Enrico Faini, *Il sistema politico dei comuni italiani (secoli XIIe-XIVe)*, Milan: Mondadori, 2010.
③ Lorenzo Tanzini, *A consiglio*, op. cit.

包括各种自治的公民和法人团体［如行业公会（guilds）、民兵团（*societates armorum*）等］。①

21 世纪的读者也许会惊讶于过去的这种选举方式与我们今日的方式有多么的不同。除了前文提到的几乎无限多样的各种做法之外，市政和教会职位的选举还普遍存在"妥协投票"的特征，这意味着选举轮次和投票形式成倍增加，还意味着要委托选举委员负责填补公职空缺。妥协投票用于：(1) 限制争夺权力的冲突；(2) 挑选最有智慧的人担任政府职位（其声誉当然是社会所认可的）；(3) 建立一种动态机制，以促进实现共同利益，并阻止"派系"的产生或者特殊利益集团的统治。② 至少在理论上，妥协投票的目标是保持城市的团结，避免城市受到派系斗争的影响。共同体想象的团结无疑起源于宗教③，许多政治程序的运用也与 1100 年前后教会内部选举实践的发展密切相关，并始于多数投票制，这一制度在 12 世纪下半叶之后被许多机构采用④。13 世纪，城镇行政长官（*podestà*，一个临时行使最高权力的地方官，通常来自邻近的公社）的崛起及其职位空缺的填补方式强化了妥协投票的逻辑。然而，投票程序也增添了新的维度，即多轮投票和抽签的系统使用。与选举和各种形式的合议提名相结合，抽签在 13 世纪被广泛运用于较低的职位任命，在 14 世纪开始用于较高职位的任命。依据使用的不同工具［纸卷、金

---

① Hagen Keller, "Electoral Systems and Conceptions of Community in Italian Communes," *op. cit.*

② Ibid.

③ Hagen Keller, "'Kommune': Städtische Selbstregierung und mittelalterliche 'Volksherrschaft' im Spiegel italienischer Wahlverfahren des 12–14. Jahrhunderts," in Gerd Althoff et al. (eds.), *Person und Gemeinschaft im Mittelalter. Karl Schmid zum 65. Geburtstag*, Sigmaringen: Jan Thorbecke, 1988, pp. 573–616.

④ Hagen Keller, "Electoral Systems and Conceptions of Community in Italian Communes," *op. cit.*; Leo Moulin, "Les origines religieuses des techniques électorales et délibératives modernes," in *Politix*, 43, 1998; Edoardo Ruffini, "I Sistemi di deliberazione collettiva nel medioevo italiano," *op. cit.*

球或抓阄（*ad brevia*, *per rodulum et per sortem*, by *tratta*）］，人们用不同的表达来指代抽签程序。相比于法国和德国屈指可数的抽签做法，抽签在意大利非常盛行，这或许是因为，意大利公社日益增长的社会异质性相应地引发了更大的社会冲突。因此，为了制约社会的不和谐，额外的程序工具是必要的。①

有证据表明，博洛尼亚（1245）、诺瓦拉（Novara，1287）、维琴察（Vicenza，1264）和比萨（Pisa，1307）都在制度化地运用抽签。② 佛罗伦萨在1291年引入了抽签的做法③，但是直到1328年，抽签才成为其立法程序的组成部分（并一直存续直至共和国灭亡）。1268年，威尼斯将此前偶尔使用的政治抽签制度化了。在这两个公社——在13世纪和14世纪可以代表西欧最大和最富裕的十个城市的情况，抽签在宗教方面的影响逐渐消失，但在仪式方面仍然至关重要。例如，有时伴随着佛罗伦萨在选举领主（*Signoria*）时的弥撒活动，赋予了重要的政治时刻以庄严性，并增强了仪式化特征，但是这种添加环节已经无关乎神圣意志的发现。正如前文所提到的，在抽签作为政治程序而蓬勃发展时，教会开始禁止出于宗教目的而进行抽签。1223年，教皇洪诺留三世（Pope Honorius Ⅲ）禁止将抽签用于主教提名；两年后，他将此项禁令扩展至其他教职。④ 阿奎那在13世纪60年代末将这个禁令进行了理论化。除了纯粹的神学理由外，这个决定很可能还反映了教会内部等级制度的进一步发展和

---

① Lorenzo Tanzini, "The practices and Rhetoric of Sortition in Medieval Public Life (13th-14th Centuries)," in Liliane Lopez-Rabatel and Yves Sintomer (eds.), *Sortition and Democracy*, *op. cit.*, p. 205.

② Hagen Keller, "Electoral Systems and Conceptions of Community in Italian Communes," *op. cit.*, p. 363.

③ John N. Najemy, *Corporatism and Consensus in Florentine Electoral Politics*, *op. cit.*, p. 30.

④ Hagen Keller, "Electoral Systems and Conceptions of Community in Italian Communes," *op. cit.*

教皇权威的增强，这是 11 世纪格里高利改革（Gregorian Reform）的雄心所在。把政治领域中受欢迎的抽签引进教会，有违教会的主流趋势，故注定不会被接受。在等级金字塔的某一级出现分歧时，诉诸更高权威的原则得到了明确的加强。然而，托马斯·阿奎那倾其所有神学技巧才使宗教抽签和世俗抽签之间的严格区分合法化。

当时人们是如何偶然发现了"抽签"这个概念的，这一问题只能让人猜测。人们至少对古代雅典和古代罗马的抽签实践有一定了解，但是在中世纪，抽签的做法较为罕见，而且其所采用的技能与古代所使用的不同。在博彩中，抽签并不普遍：主要是在被教会禁止的掷骰子游戏中进行，而且骰子也不被用于政治抽签。因此，在政治中重新引入抽签很可能是长期寻找最佳选择方法的结果，最著名的例子是 1292 年 11 月 24 日在佛罗伦萨举行的一场辩论，其间讨论了 23 种不同的领主选举方式。

（二）14 世纪和 15 世纪：日益缩小的权力圈中的抽签

14 世纪至 15 世纪，意大利各城遭受了肆虐整个中世纪晚期的各种经济和公共卫生危机的侵扰。蒙古帝国发起的第一波政治全球化的副产品——黑死病造成的危害最重，它在 1346 年和 1353 年横扫西亚、欧洲和北美。黑死病的反复暴发造成了中世纪晚期的人口急剧减少。在欧洲，意大利公社对来到城市的旅行者和城市里的病人都实行隔离措施。在这种动荡的背景下，出现了对公共参与行为明显的限制举措。① 这种逐渐严格的限制部分是由于独立公社数量逐渐减少，其中多数最终被更强大的邻居所征服（被征服后的自治公社机构以一种明显软弱的方式幸存下来）。同时，许多公社政权开始让位给领主制，即由国王作为城邦的领导者，抽签还在进行，尽管在

---

① Lorenzo Tanzini, *A consiglio*, op. cit.

有些情况下已经被边缘化了。最后，共和公社的市议会规模日渐缩小，与此同时，帕拉门托（民众大会）的规模也急剧减小，直至失去效用。积极公民的各种形式主要体现在邻里社区、行业公会和兄弟会①，权力中心机关越来越被上层平民组成的小圈子所垄断，在某些情形下，这个小圈子还包括那些旧式贵族家庭的后裔。同时，随着市议会规模的缩小，对主要公职的重新分配越来越倚重抽签（通常与其他方式结合使用）。正如在过去的几个世纪里那样，抽签被用于化解派系冲突和挑选致力于共同利益的个人。加上各部门职位的快速轮换，抽签有助于新精英阶层——以及普通公民——达成广泛的共识。②

抽签和妥协投票与当代法学家和哲学家提出的一个新概念有着密切关系："身份代表"（*repraesentatio identitatis*）。③ 在此之前，虽然"代表"这个词已存在，但是还未出现于民法和公法中。我们现在所说的"代表"涵盖了以前分别进行的一系列实践。关于"代表性"的新的法律和政治的概念催生了这样的一种思想，即被代表者在法律上要受制于其代表所做的决定，双方形成了一个单一的（虚构的）法人。"身份代表"概念由帕多瓦的马西略（Marsilius of Padua, 1275—1342）首次提出，随后被塞哥维亚的胡安（Juan de Segovia, 1395—1473）进一步阐发。这一概念主要起源于中世纪法团和公社的权利，公社实为"法团中的法团"。似乎有必要在法律上巩固那些必

---

① Claire Judde de Larivière, *La révolte des boules de neige. Murano contre Venise, 1511*, Paris: Fayard, 2014.

② John N. Najemy, *Corporatism and Consensus in Florentine Electoral Politics*, op. cit.; Piero Gualtieri, *Il Comune di Firenze tra Due e Trecento*, Florence: Olschki, 2009.

③ Hasso Hofmann, *Repräsentation. Studien zur Wort-und Begriffsgeschichte von der Antike bis ins 19. Jahrhundert*, Berlin: Duncker & Humblot, 2003 [1974]. 也参见 Adalbert Podlech, "Repräsentation," in Reinhart Koselleck, Werner Conze and Otto Bruner (eds.), *Geschichtliche Grundbegriffe. Historisches Lexikon zur politisch-sozialen Sprache in Deutschland*, vol. 5, Stuttgart: Ernst Klett, 2004, pp. 509-547; Yves Sintomer, "The Meanings of Political Representation: Uses and Misuses of a Notion," *Raisons politiques*, 2014, pp. 13-34。

须采取长期行动的共同体，因此需要由整体的一部分来"代表"整体。不管怎样，这个概念不同于后来由巴尔多鲁（Bartolus de Saxoferrato，1313—1356）提出的"委托—代理"（或"授权代理"）代表的概念，因为身份代表并不要求被代表者明确地把权威移交给他们的代表。相反，它允许存在一个单一法律和政治体现的集体，而无须进行正式的授权。身份代表是一种借代，即部分可以代表整体。"在某种程度上，就特定行动而言，大会'就是'公社，市议会'就是'教会，尽管这种身份不足以单独界定教会和城市政治共同体。"① 至少在政治上，当与各种形式的妥协投票相结合时，抽签与这种不要求明确同意的政治代表性有着选择性亲和力；因此，抽签和身份代表同时显著增长是合乎逻辑的。

中世纪的实践中有两种不同的政治抽签模式十分引人注意。第一种模式是威尼斯选举官员的模式，即把抽签用于任命一个委员会的成员，这个委员会随后将选出执政官。在中世纪，这种做法通常被称为简约之书（ad brevia），或者说"纸卷"，是指用小纸卷随机抽出人来担任某些官职。② 这种做法在 13 世纪意大利的北部和中部都非常典型，直至 18 世纪末，这种做法在像威尼斯这样的地方依然存在。第二种模式首次被运用是在 14 世纪，且因佛罗伦萨的历史而闻名于世。③ 这种模式被称为抽签（la tratta），表示随机直接选任执政官（不再仅由"选举人"承担这样的责任），但是这种抽选是在候选人数不多时进行的，候选人名单由一个特设选举委员会确定。这两种模式至少部分反映了这两个城市不同的政治动态机制。威尼斯共和国以稳定闻名，而位于托斯卡纳地区的佛罗伦萨的政治则更为动

---

① Hasso Hofmann, *Repräsentation*, op. cit., p. 213.
② Lorenzo Tanzini, "The practices and Rhetoric of Sortition in Medieval Public Life," op. cit., p. 205.
③ Ibid.

荡。在《神曲》(The Divine Comedy)中，但丁(Dante，1265—1321)因与白教皇派*的关系而被流放，该派系在 13 世纪晚期和 14 世纪早期参与了控制佛罗伦萨的争斗。在书中，但丁的描述暗示，10 月通过的法律到 11 月中旬就被废除了：他把自己的家乡比作一个在床上抽搐辗转的病人。① 然而在政治史上，佛罗伦萨的重要性并不逊于它在亚得里亚海的竞争对手威尼斯，毫无疑问，几个世纪的"动荡"成为该城市政治活力的一个标志。还存在第三种比较边缘化的模式，这种模式是通过直接抽签的方式选任大议会的低级职位。曾有少数几个城市实践了这种做法，比如，在 1306 年前后的莫德纳(Modena)，抽签在 1600 名左右的公民中进行（当时该市大约有 2 万人），整个过程令人想起古代雅典的做法。1494 年美第奇家族垮台后，这种做法在佛罗伦萨市重新流行了几年，但是很快就从公共生活中消失了。② 然而，在两种主要的模式中，从 14 世纪开始，抽签很大程度上就被精英阶层控制了。这两种主要模式只是庞大而复杂过程中的例子，并非预示着靠偶然性统治的时代的到来。③

二、威尼斯：确保贵族之间的分配正义

中世纪，威尼斯是一个由一小部分人统治的寡头共和国。为了限制终身任职的总督的权力，12 世纪下半叶成立了一个市议会，负责审查和批准所有主要的立法草案。这个市议会取代了公民大会

---

* 佛罗伦萨的教皇派分为白教皇派（白圭尔夫派，White Guelphs）和黑教皇派（黑圭尔夫派，Black Guelphs），但丁属于白教皇派，所以被黑教皇派驱逐。——译者注

① Dante, *The Divine Comedy: The Inferno, The Purgatorio, and The Paradiso*, London: Dutton/Signe, 2003.

② Lorenzo Tanzini, "The practices and Rhetoric of Sortition in Medieval Public Life," *op. cit.*, p. 205.

③ Ibid., pp. 206ff.

(Concio)。公民大会逐渐没了权力，大议会于 1297 年关闭，权力落在了贵族家庭手里。

（一）总督的遴选

从 13 世纪到"最尊贵的威尼斯共和国"（Most Serene Republic）灭亡的 1797 年，抽签构成了任命总督的复杂立法过程的一个部分，这个立法过程被后世称为"选举技术的杰作"[①]。我们先谈谈洛伦佐·提埃波罗（Lorenzo Tiepolo）的例子，他是总督雅各布·提埃波罗（Jacopo Tiepolo）的儿子，也是锡拉库扎州的唐克雷迪（Tancredi of Syracuse）的妹夫。作为海军指挥官，洛伦佐·提埃波罗在阿克里（Acre）战斗中发挥了很大的作用，并成为受欢迎的英雄。他非常富有，可媲美皇帝。他被提名时，正值总督选举程序达到顶峰。1268 年 7 月 23 日，洛伦佐·提埃波罗当选威尼斯共和国的最高官员，但是他的当选不仅仅基于他的财富、名望和家庭关系。他的当选也要经过被写入《总督誓词》（Promissione Dogale，这是以前通过的宪法）的遴选程序。

这项法律规定，在总督职位空缺时，五百人大议会应该庄重聚集开会。最年轻的议员要在所有人聚齐后离开会议厅，去街上带回一个年龄在 8 岁到 10 岁之间的男孩，这个男孩应是他在街上遇到的第一个符合条件的男孩。在会议厅中间放一个大袋子，里面装的小木球（ballotte）的数量和议员数量一样。其中，30 个木球上印着"选举人"字样。被从街上带过来的男孩将被称为球童（ballottino）（这个仪式因素会令我们想起前文提到的在乌蒂拉梅鲁尔村实行的泰米尔陶罐-棕榈叶制度），他从袋子中取出球，将球一一交给安静地从袋子前排队行走的议员。拿到标有"选举人"字样木球的 30 位

[①] Leo Moulin, "Les origines religieuses des techniques électorales et délibératives modernes," *op. cit.*

议员将留在会议厅,其他人则立刻退出。这是第一步。这30人中不能有来自同一个家庭的成员,彼此也不能有血缘关系。如果有,他们必须放弃自己的角色,由使用同样程序选出的另一个议员所取代。

第二步,运用同样的程序将留下来的30名议员减少至9人;第三步,由这9人通过特定多数表决制从大议会中选出40人;第四步,将这40个选举人通过抽签减少至12人;第五步,这12人再从大议会中选出25人;第六步,将这25人通过抽签减少至9人;第七步,这9人再从大议会中选出45名选举人,将这45人通过抽签减至11人;第八步,这11人(依旧是通过特定多数表决制)选出41人;在第九步也是最后一步,他们组成秘密会议,以25票的特定多数表决制选出总督。① 选举一结束,就在公共广场宣布结果并组织庆祝活动:人群的鼓掌表示了人民的同意。

这与雅典有着很大的不同:任命总督需要整整九个步骤,以及合格多数选举。这一程序包括抽签,但目的显然不是最大限度地让全体公民参与公共生活。为了填补"最尊贵的共和国"的公职空缺,抽签的运用非常频繁,但准确地说,抽签只被用于选举委员的任命,然后由这些委员来实施选举。只有在非政治任命的情形下,如征召公民加入海军,结果才由抽签直接决定。② 与雅典抽签器的比较说明,抽签可能服务于不同的目的。在希腊城邦,抽签使得冲突得到公正解决,其使用已成为常态,以至于四百人大会(寡头在公元前411年曾短暂地推翻了民主制度)在决定谁能进入轮值执政团时不得不使用抽签。③ 不管怎样,在雅典,为确保平等分享权力,抽签主要作为一种民主程序被使用。而在亚得里亚海共和国,抽签主要是

---

① Frederic C. Lane, *Venice: A Maritime Republic*, Baltimore: Johns Hopkins University Press, 1973, p. 111.
② Ibid., pp. 49, 367.
③ Thucydides, *The Peloponnesian War*, op. cit., Ⅷ: 69.

一种解决冲突的技术；任何关于民主的考虑都是次要的。1297年，当大议会的人员名单被"关闭"时（随后名单的扩充只能在个案的基础上进行），其中有532个家族代表。在5个世纪里，75位总督中有70位来自其中的44个古老的家族。①

这种模式一直盛行到1797年拿破仑征服威尼斯。其复杂性使得一些历史学家写道："在现代人看来，这种模式很荒谬。"② 一轮抽签就显然足以打击腐败和各派系的潜在影响，为何还要进行多轮投票？值得注意的是，现代统计学研究已经证明，这种复杂性实际上是非常理性的。当时还没有出现概算，这种理性方法是通过实际的试错发现的。诚然，大议会中充斥着几个大家族之间的阴谋、结盟和背叛，正是这些大家族瓜分了城市的权力。然而，如果不探究数学细节的话，似乎投票回合的次数及其配置事实上限制了战术上的策划。这些投票次数既使得总督能享有足够的人气，又同时保护了少数几个宗派的势力（以这个观点看，10轮投票才是一个最佳选择）。更通俗地说，连续投票次数的增加防止了因为球在瓮中混合不当而出现的结果失真。这种程序的结果之一是选举人日益趋向选择年长者担任总督，这样一来，其任职的时间就会短些：1268年到1797年间，以这一机制产生的75位总督的平均在位时间是6.85年，而1268年之前通过更简单的程序选任的44位总督的平均在位时间是11.35年（同期，英国君主的平均在位时间为19.85年）。③

除了促使大议会成员的选择更为理性外，威尼斯的这种抽签程序还非常具有象征意义。虽然它并非源于占卜抽签，其意义大多是世俗的，但它严肃而复杂的仪式像一种象征性的外衣，是要促使寡头负责任地行事。就像在古罗马一样，它预示着一种政府形式，在

---

① Miranda Mowbray and Dieter Gollmann, "Electing the Doge of Venice: analysis of a 13th Century protocol," IEEE Computer Security Foundations Symposium, 6-8 July, 2007, Venice, Italy.
② J. J. Norwich, *A History of Venice*, New York: Vintage Books, 1982, p. 166.
③ Miranda Mowbray and Dieter Gollmann, "Electing the Doge of Venice," *op. cit.*

这种政府形式中，当选的个人要根据共同利益来进行统治，其他家族也将接受这种统治——这是消灭内部分歧的方式，这类分歧曾破坏其他意大利公社。在这一点上，球童的使用非常重要，并随后在欧洲激发了更多的抽签做法。① 这种抽签方式并不限于选举总督：它也可以被用于金球仪式（*Ball d'Oro*，Barbarella），这标志着某个年轻贵族的政治初秀。② 这种政治初秀首次在1319年被提到，即允许少数年轻贵族在法定的25岁前进入大议会。每年12月4日即圣巴巴拉节（the day of Saint Barbara）举行抽签：

> 有意参加的贵族必须登记他们十八岁以下的合法的儿子。每个候选人的名字被写在一种纸上，并放入一个瓮（*capello*）里。另一个瓮装有与候选人数量相同的球；五分之一的球是镀金球。总督从瓮中取出一个名字，与此同时，一个球童从另一个瓮中取出一个球：如果球是镀金球，那么候选人就获得了提前进入议会的资格。③

(二) 威尼斯的混合政府

抽签在威尼斯公职选任中发挥了重要作用。在近代早期，任期6个月到48个月不等的800个职位都是由抽签分配的。其中，大多数职位都非要职。几乎每个星期日都要重复进行高度复杂的选举。选举的程序如下：（1）选举委员会是在大议会内由抽签选出的，程序类似于对总督的选举；（2）这些选举委员会同时开始工作，且为每

---

① Yves Sintomer, "A Child Drawing Lots," *op. cit.*

② Stanley Chojnacki, "La formazione della nobiltà dopo la Serrata," *Storia di Venezia. Dalle origini alla caduta della Serenissima*, vol. Ⅲ, Rome: Istituto della Enciclopedia italiana, 1997, pp. 641-725, 引自 Claire Judde de Larivière, "Ducal Elections, Institutional Usages, and Popular Practices. Drawing Lots in the Republic of Venice," in Liliane Lopez-Rabatel and Yves Sintomer (eds.), *Sortition and Democracy*, *op. cit.*, p. 229。

③ Claire Judde de Larivière, "Ducal Elections, Institutional Usages, and Popular Practices," *op. cit.*, pp. 219-234.

个职位确定好候选人名单；（3）凡是进入元老院的大议会成员都单独开会，也列出候选人名单［这个过程被称为审查（scrutinio）］；（4）根据这些候选人名单，在大议会中选举官员，进行不记名投票，并为此创设了特殊工具。① 议员之间禁止进行商议，甚至不能就潜在的当选人发表意见。候选人若为获得某个职位而积极竞选，则会被视为太有野心：个人要参加甄选，须由他人推荐提名。球童无论是在抽签中还是在选举机制中都很活跃；文艺复兴时期和近代早期，有段时间内，这类男孩须经过正式提名（16 世纪末，53 人被提名）。比如，用于抽签的玻璃球是由国家专门制造的。应该加以强调的是，抽签使用并不限于大议会：在一些中介机构、行业公会、邻区委员会、平信徒兄弟会和像穆拉诺（Murano）这样的小岛上，抽签都发挥着作用。抽签也被广泛用于某些职业的分配，比如贡多拉船夫或者军火工人。②

然而，我们可以看到，惯例和实际的运作之间存在巨大差异。③威尼斯的贵族发明了许多富有想象力的方法来破坏抽签程序的公正性［其中一种被称为欺骗（broglio）］，从贿赂球童，到派系之间的各种交换，再到把描述潜在的优秀候选人的详细情况写在袖珍本本上等。1496 年，编年史学者多梅尼科·马利皮耶罗（Domenico Mailipiero）④ 描述了这样一个故事：一个扮演过球童角色的店员对老板吹嘘，他和他的朋友"干完了该干的活"，把所有能让人当选的球都放在了瓮的一个角落里。球童的雇主立刻将此不当行为报告给了总督，认为这个球童的行为够得上被绞死的惩罚。在十人会议（Council

---

① Maud Harivel, *Les élections politiques dans la République de Venise* (XVIe-XVIIIe siècle). *Entre justice distributive et corruption*, Paris: Les Indes savantes, 2019, p. 1.

② Claire Judde de Larivière, *La révolte des boules de neige*, op. cit.

③ Edward Muir, *Civic Ritual in Renaissance Venice*, Princeton: Princeton University Press, 1981, pp. 279 sq.

④ Domenico Mailipiero, "Annali Veneti," *Archivio Storico Italiano*, VII, 1843, p. 701.

of the Ten）商议之前，这两个男孩被逮捕了。从这种操纵行为中获利的贵族某位邦（Bon）先生也被逮捕了，他当时正在托斯卡纳海岸的军舰上掌舵。根据编年史学者萨努多（Sanudo）的记载，邦是这个阴谋的策划者。在他否认这项指控时，其中一个球童希罗尼莫·弗里索（Hironimo Friso）说：" 是你让我那么做的。"判处结果很重，邦被驱逐出威尼斯，在法马古斯塔（Famagusta）度过了余生。同样，两个男孩也被放逐到克里特（Crete）岛的雷西姆农（Rethymno），其他几个从犯也被判刑。① 毫无疑问，这种违法行为经常会出现，但罪大恶极者会受到严厉惩处，尤其是当他们来自贵族的下层时。一些著名的审判主要是为了强调理想的标准，并遏制最明目张胆的欺骗行为。② 近代早期，由于地中海在世界贸易中的重要性日益下降，威尼斯开始衰落，因此贵族阶层内部开始出现分歧：有权有势的精英与穷贵族构成的多数人之间产生了裂痕，虽然后者也是大议会的成员，但却无望被选中担任高级职位。迄今为止，至少在一定程度上缓和了个人与派系利益矛盾的共和主义精神失去了影响力：竞选公职与其说是为共和国服务，还不如说是开启或推进政治生涯的一种手段。③

　　直至 18 世纪末，在威尼斯，抽签和选举都是被结合起来使用的。选举总督程序的最大变化是在大议会中引入投票，目的是确认 41 位议员中的每一位，在最后阶段，他们将组成一个秘密会议，选出共和国的主要人物。这是一种减少整个选举过程的不可预测性的方法。在最后一任总督的选举中，这种方法阻止了一个可能赢得了 41 位成员的多数票的同性恋者当选（两名选举人因此被淘汰，被更

---

① *Diarii* 1 col. 303. 此部分，笔者使用了克莱尔·拉里维埃（Claire Larivière）在一份迄今为止尚未出版的手稿中的结论，她很乐意与笔者分享这份手稿。
② Maud Harivel, *Les élections politiques dans la République de Venise*, op. cit.
③ Dorit Raines, "Office seeking, *broglio*, and the pocket political guidebooks in *cinquecento* and *seicento* Venice," *Studi veneziani*, XXⅡ, 1991, pp. 137-194.

"正直"的人取代)。① 在这个最尊贵的共和国中，神圣的意志从未与抽签有瓜葛。威尼斯式抽签是一种世俗的——尽管高度仪式化——程序（当选举结果一致时，人们就会认为是上帝指导了投票者）。威尼斯对共和传统有着巨大的影响，尤其是在佛罗伦萨成为一个君主国之后。威尼斯的一些制度设计启发了西方世界的其他城市。意大利学者，如佛罗伦萨政治作家和剧作家多纳托·詹诺蒂（Donato Giannotti, 1492—1573）、威尼斯的外交官、枢机主教和大主教加斯帕罗·孔塔里尼（Gasparo Contarini, 1483—1542）的著作，极大地促进了有关这个亚得里亚海共和国运作细节的宣传。② 威尼斯人坚信，他们有世界上最好的选举制度，事实上并没有人反驳他们，大多数外国观察家都同意这种说法。

孔塔里尼的书非常有影响力。他的书明确捍卫了把平民即非贵族家庭排除在大议会之外，根据血统和德行而不是财富来定义贵族的观点。他还提出，在威尼斯，大议会就是人民，即全体积极公民——其他居民都是积极公民的私人仆人或公共仆人。根据对希腊三头政治的原初解释，孔塔里尼把"最尊贵的共和国"视为一个混合政府。"作为共和国的最高主权所在"，大议会是大众权威，代表着威尼斯的民众；元老院、十人会议（政府）和首席顾问，即所谓圣贤（savi），代表着贵族的一面；当选的终身总督，承担着体现"王权"的一面。③ 进而，孔塔里尼通过进一步的讨论，细化了这种三头体制，这种讨论涉及程序设计和其中所包含的分配正义。"的确，虽然大议会有着某种大众权威的外衣，但不管怎样，人民都可

---

① 非常感谢莫德·阿里韦尔（Maud Harivel）指出的这一点。
② Donato Giannotti, *Della Repubblica de' Viniziani*, in Furio Diaz (ed.), *Opere politiche*, Milan: Marzorati, 1974 [1526-1533], vol. I, pp. 28-152; Gasparo Contarini, *The Republic of Venice. De magistratibus et republica Venetorum*, Toronto/Buffalo/London: The University of Toronto Press, 2020 [1543].
③ Gasparo Contarini, *The Republic of Venice*, op. cit., I, 2 and I, 5, pp. 16-18, 28-31. 非常感谢莫德·阿里韦尔把笔者的注意力引向这一文本。

以看到，这是一种受欢迎的贵族制度"，因为抽签是一件"受欢迎之事"，原因如下：

> 正义和权利只能通过算术计算来衡量，考虑到……既然贵族中每一位成员都是单一、自由的个体，既然平等的事情应归于平等的个人，那么贵族中每一位成员都应从共和国处获得平等的权利和利益。威尼斯人认为，没有理由让一个贵族成员获得官职的机会多于另一个贵族成员。既然大家不能同时执政，只能轮流执政，他们认为，这种事情就应该交给命运，由那些得到偏爱的人来执政。①

然而，这种"算术"分配只是正义的一面，另一面是几何分配。这才是贵族们加以捍卫的立场：如果"平等原则适用于平等的人"，那么"不平等原则就适用于不平等的人"。如果社会的目标是公民的福利，那么"德行就是区分的唯一合适依据"。因此，虽然"应该赋予在德行和公民热情方面平等的人以同等的荣誉"，但是"那些在德行方面卓越的人"理应"获得国家的最高荣誉"。遵循这样的原则，一种不平等的平衡定义了威尼斯的混合政府：

> 既然大众政府（popular government）应该在选民构成方面诉诸偶然性，那么贵族政府应该通过大议会的判断来选择德行卓越者，拒绝德行败坏者。从这点看，我认为，下面的做法不难理解：在提名和投票的过程中，我们看到了大众政府的表象——结合了有助于贵族政府发挥更大决定性作用的组成部分。由于偶然性在选举人的构成中发挥了更具决定性的作用，因此无价值之人也得以参与对国家权力的运用，与高贵的公民享有了平等的权利。但是，荣誉的赋予不能留给偶然性，一切都取决于选择和判断［……］

---

① Gasparo Contarini, *The Republic of Venice*, op. cit., I, 5, pp. 29-30.

因此，在我们的共和国中，贵族政府显而易见地比大众政府发挥了更大的作用。①

运用这样的推理，孔塔里尼含蓄地提到了亚里士多德反对抽签和选举的著名观点，也提到了亚里士多德在《尼各马可伦理学》(Nicomachean Ethics)第五卷和《政治学》第六卷中的分配正义观点。当然，孔塔里尼延伸了"民主"的概念，重新命名"民主"为"大众政府"，因为大议会只对贵族家庭开放，而且要借助一个对人民来说相当具体的定义，以符合希腊的分类。然而，撇开用词不谈，他的分析深刻且有原创性。大议会选举委员会的抽签确保了所有成员的象征性平等，这些选举委员会对担任官职者的选举则是选出被其公民同胞认可的最适合运用权力的人。从这个角度看，威尼斯可以被视为"分配型贵族制"的典范，这个词是由奥雷勒·迪皮伊(Aurèle Dupuis)在分析近代早期瑞士②时提出的。他说，"最尊贵的共和国"的独特性在于，在分配荣誉时，算术因素的重要性要低于几何因素。这幅图景肯定与事实有些细微差异，因为在大议会外还有一些公民活动，但是这幅图景描绘出了这种政治制度的核心。还应补充的是，贵族因素随着时间的推移在增强——近代早期末期，大议会中许多成员都陷于困顿，而仰赖较富裕成员的庇护，已经失去了得到共和国最显耀职位的机会。

威尼斯将这种模式推广到了受其统治的许多城市。比如，拉古萨(Ragusa)的制度就是对"最尊贵的共和国"的抄袭，但是担任该地最高地方行政官的威尼斯人拥有最后的权力。这些城市的贵族享有地区自治权，并不能直接影响威尼斯的政治，虽然有几个家族逐渐进入了威尼斯贵族圈，但通常是用钱换来的，特别是在共和国的最后两个世纪。另外，意大利北部的许多城市也仿效了威尼斯的

---

① Gasparo Contarini, *The Republic of Venice, op. cit.*, I, 5, pp. 30-31.
② Aurèle Dupuis, "Aristocratie distributive et traditions républicaines," *op. cit.*

模式，包括帕尔马（Parma）、伊夫雷亚（Ivrea）、布雷西亚（Brescia）和博洛尼亚①，这些城市都把抽签引入了选举委员会。有些城市的许多公会也采用了抽签，如锡耶纳。抽签的采用使许多城市减少了几个大家族和政治派系的分权所带来的问题。

在热那亚，即意大利的另一个主要的海上贵族共和国，1528年的总督选举改革产生了一种比威尼斯更为复杂的制度。② 虽然在政治思想史上的贡献有限，但是在彩票风靡欧洲大陆的时期，这个利古里亚（Ligurian）城市对于抽签的普及做出了决定性的贡献。1528年，即美第奇家族影响下的佛罗伦萨共和国彻底崩溃的三年前，热那亚在安德里亚·多利亚（Andrea Doria）的建议下，改革了政治制度，化解了两大家族相互争斗引发的传统冲突。这项改革的内容有：包括总督和首长会议（*Signoria*）成员在内的主要公职的任期由终身制改为任期两年；重要公职实行新老贵族的轮换制；选举和抽签相结合，这一程序比威尼斯的更长、更复杂。这次改革获得了巨大成功，新制度在1797年法国入侵之前一直有效，其间仅有几次修正。

1528年建立的新制度还规定，与总督一起组成首长会议的八个人要每六个月以两人为一组进行一次更新，每人的任期为两年。这些成员选自贵族大议会的120名成员。其抽签程序如下："把所有的名签放入一个瓮之后，我们让一个男孩来掌管圣物，他从瓮中抽出两个名签，或者用于驱鬼或者只是作为装饰。"③ 随着这种做法的普及，120个名签开始被提前印出来，公民就抽签结果下注。在禁止这种赌博的尝试失败后，元老院最终公开批准了这种赌博形式，甚至

---

① Oliver Dowlen, *The Political Potential of Sortition*, op. cit.
② Ann Katherine Isaacs, "Il sorteggio politico negli stati italiani fra medioevo ed età moderna," in Federica Cordano and Cristiano Grottanelli (eds.), *Sorteggio Pubblico e Cleromanzia dall'Antichità all'Età Moderna*, op. cit., pp. 139-153.
③ Gregorio Leti, *Critique historique, politique, morale, économique et comique, sur les lotteries anciennes et modernes, spirituelles et temporelles des états et des églises*, Amsterdam: Chez les amis de l'auteur, 1697, p. 112.

在 1643 年至 1644 年间将其转变为官方的做法，并从中获取了"巨大收益"。① 政治抽签因而变成了抽彩，男孩的形象从一个领域进入了另一个领域。直至 21 世纪，儿童的形象在欧洲抽奖活动中仍然占有重要地位。在这一过程中，热那亚无疑发挥了重要作用。知名作家格雷戈里奥·莱第（Gregorio Leti）在其《对彩票的批判》（Critique des lotteries）一书中，把公民参与和游戏划归为同一类②，这一点很能说明问题。

三、佛罗伦萨：对共识与共和自治的追求

佛罗伦萨的内斗无处不在，造成了主要家族的撕裂，也造成不同社会群体的撕裂。这些群体中有贵族（magnati）、大行业公会（arti maggiori）的资产阶级、小行业公会（arti minori）的小资产阶级，以及还没有被组织起来的工人阶级（il popolo minuto）。通常，分歧的解决靠的是武装冲突。

（一）佛罗伦萨第一共和国的抽签

公社制的起源可追溯至 12 世纪，虽然其间部分因内部的破坏而有过低谷期（主要是美第奇家族在 1434 年至 1494 年以及 1512 年至 1527 年的统治时期），但佛罗伦萨共和国的公社制一直存续至 1530 年。1250 年，资产阶级把自己划分为二十一个政治-军事领土单位，大部分贵族被排除在外。这种所谓的平民首领制（primo popolo）反映了城市经济与社会的变化，其中工匠和商业资产阶级组成的公会

---

① Gregorio Leti, *Critique historique, politique, morale, économique et comique, sur les lotteries anciennes et modernes, spirituelles et temporelles des états et des églises*, Amsterdam: Chez les amis de l'auteur, 1697, p. 140; Cristiano Grottanelli, "Bambini e divinazione," in Ottavia Niccoli (ed.), *Infanzie: funzioni di un gruppo liminale dal mondo classico all'eta moderna*, Florence: Ponte alle Grazie, 1993, p. 43.

② Gregorio Leti, *Critique historique*, op. cit.

逐渐获得了权力。从 1266 年第二个平民政权开始，七个最有声望的行业公会成为城市治理的支柱，其他十四个小的行业公会则处于从属地位。与此同时，贵族失去了公民权，或不得不放弃自己特殊的社会地位来确保公民权。公职和工作在公会之间进行分配，有些根据各行业的重要性分配，有些则基于更为开放的原则分配。非公会的社会群体（贵族、城市工人阶级以及郊区和农村地区的农民）对公共事务的参与被边缘化了，妇女则完全被排除在外。佛罗伦萨统治下的其他托斯卡纳城镇的居民享有一定程度的自治，但是他们无法获得中心城市的公民身份。佛罗伦萨的"平民"包括两层含义：(1) 在法律层面上，它指的是所有因归属一个公会而拥有公民身份的人；(2) 在社会层面上，它指的是小公会的中产阶级和城市下层平民（popolo minuto）中的"民众"。①

自 1282 年起，首长会议成为城市的主要执政机构，接近现在所谓的"市议会"。其成员依据配额来自不同的公会。首长会议包括八名执政官和一名正义旗手（gonfaloniere di giustizia，或城市领袖），和两个分别由 12 名贤人（buonuomini）和 16 名联盟旗手（gonfalonieri delle compagnie）组成的协助委员会。首长会议在外交政策上代表共和国，管理共和国的行政，并做出新的立法提案。它也召集公社大会（Consiglio del Commune）和平民大会开会，这两个立法委员会各自都有几百名成员，理论上由这两个委员会做出最终决定，通过新的法律，就战争与和平问题做出裁决。在若干场合，这两个委员会都丧失了一些权力或者发现自己被绕开了，但是它们始终坚守自己的职能，直至 1494 年一个单一的、有着威尼斯风格的大议会建立。与其雅典前身不一样的是，佛罗伦萨共和国没有赋予公民大会（parlamento）重要的正式角色。这个机构不定期开会，也不受任何正式程

---

① Gene A. Brucker, *The Civic World of Early Renaissance Florence*, Princeton：Princeton University Press, 1977, p. 259.

序的限制，而主要就赞同危机管理措施、政变或者政权更迭进行鼓掌表决。① 虽然这种共和国制度持续在细节层面得到修正，但是直至15世纪末，其总的框架仍大致保持不变。除了顶层家族间的竞争和在外交政策（在战争时期）上的冲突外，政治争论主要围绕着对财富的征税、对不同行业公会公职的分配以及决定选任官员是用抽签方式还是用其他方式展开。

自1328年始，许多政府职责和行政职能都由抽签决定。候选人名签被提前放入一个特殊的皮袋，以备在轮换任期时抽签。抽签也用于挑选主要的首长会议成员，及两个协助委员会成员。② 在共和国时期，绝大多数次要的任命都使用这种方法。抽签也被用于分配立法委员会的位次和选举公会的领导机构。

我们该如何解释这样的情形："偶然性"是谁应领导这个城市的决定性因素，尤其在容易发生冲突的动荡时期？佛罗伦萨共和国并不如雅典城邦那么民主：尽管最高职位也是由抽签决定，但是这并不意味着候选名单包括了所有愿意提名参选的人。同威尼斯的情形一样，这需要经过复杂的选举程序，通常一次抽选要经过四个步骤。③

（1）第一步是确定哪些公民（那些来自二十一个政治上被认可的公会的成员）有资格参选。在每一个城区，专门的委员会依据非常具体的标准草拟第一份名单。起初，这种操作通常不会授权一个普通的民间机构来做；相反，这类事务由各种公会［或者诸如圭尔夫派（Guelph Party）这样的团体，其主要家族在13世纪晚期曾设

---

① Francesco Guicciardini, *Dialogue on the Government of Florence*, Cambridge: Cambridge University Press, 1994.

② Guidubaldo Guidi, *Il Governo della città-repubblica di Firenze del primo quattrocento*, 2 vol., Florence: Leo S. Olschki, 1981, pp. 136–137; Giorgio Chiarelli et al., *Florenz und die große Zeit der Renaissance, Leben und Kultur in einer europäischen Stadt*, Würzburg: Georg Popp, 1978, p. 186.

③ John N. Najemy, *Corporatism and Consensus in Florentine Electoral Politics*, op. cit., pp. 169ff.

法把吉伯林派（Ghibellines）驱逐出去］内部运作。这种体制合法性来源的倍增和随之而来的统一主权的缺乏是中世纪公社的典型特征；这种情形只会非常缓慢地变化，直到 15 世纪末，主要的公职还是依据配额来分配。

（2）第二步时，由大行业公会构成的其他委员会（arroti）审查在第一步中的首长会议所产生的名单，从中选出一个合格的三分之二多数来进行下一轮工作［被称为筛选（squittinio）］，即把他们的名字写在纸片上，再将纸片放入皮袋（imborsazione）。对于有配额限制的职位，来自大行业公会和小行业公会的名签被放入不同的皮袋。

（3）在第三步，由专门指定协调人（accopiatori）进行抽签。这些皮袋被保存在一个安全的地方，例如教堂的圣器收藏室，在抽签前几天再被转移到一个公共场所，然后被送回安全的地方保管，等待另一次选择过程，依此类推，直到所有的名签都用完。通常，在发生戏剧性的事件（如多数派突然改变或通过了新的立法）之后，人们会列出一份新的名单；装着这些名签的皮袋随后会被添加到旧的皮袋中，如果必要的话，就替换掉旧的皮袋。

（4）第四步也是最后一步，即（使用禁止规则）淘汰那些不符合现行标准的候选人。例如，候选人需要及时缴纳税款，不能在最近担任过类似的职位或同时担任其他重要职位，不能有亲属担任类似的职位。这种模式的不同变种见于其他意大利中部城市，如奥尔维耶托（Orvieto）、锡耶纳、皮斯托亚（Pistoia）、佩鲁贾（Perugia）和卢卡（Lucca）。①

这是一场更为复杂的选举仪式的关键环节，这个选举仪式以弥撒开始，以公开宣布选举结果结束。然而，宗教因素并没有妨碍佛罗伦萨进行本质上的分配抽签。从我们所接触到的资料中，看不出人们相信这是神意的显现，也看不出人们认为这揭示了某一种命运：

---

① Oliver Dowlen, *The Political Potential of Sortition*, op. cit., p. 68.

人们从根本上把这个过程看作一个世俗的过程。

抽签因而仅仅是一个较长过程中的一个步骤。不像在雅典——公职的选举要么通过抽签，要么通过投票，佛罗伦萨人将两种方式结合在了一起。在威尼斯，公职官员的任命是通过尽可能折中的方式进行的，从而限制了冲突和权力斗争。而在佛罗伦萨，选举委员会由任命或者选举产生，最终候选人要通过抽签方式遴选出来，也就是说，用与威尼斯相反的方式进行。皮袋中的名字确保了首长会议在三年至五年中有足够的储备人员，每两个月更新一次。当代编年史学者普遍认为，这种制度"良好且公平"，为"后世提供了真正的榜样"，并确保了城市政府"良善、透明、廉洁、免于派系斗争"。① 马基雅维利（Machiavelli, 1469—1527）认同这种观点，但是他指出抽签是权宜之计，并认为1328年改革的目的是避免城市遭受新问题的困扰，结束城邦的乱象，这种乱象源于越来越多的人想获得公职。城市领导者之所以选择抽签，是"因为他们不知道还有什么其他方式可以解决"问题，因此他们未能意识到这种方式潜在的缺陷。事实上，抽签也仅是在一定程度上缓和了既有的权力斗争，实现了期望达到的有限的公正：审查这一步的目的是"将挑选出来的名字装入皮袋"，但是选择的标准显然仍是派系忠诚和社会出身，以及个人品质。②

同样，抽签选出的协调人的角色非常关键，大多数篡改机会的尝试都发生在他们的管辖领域。最终，出于折中的目的，某些职位是给城外的人保留的〔多数可能是负责法庭的地方行政长官，或者

---

① Giovanni Villani, *Nuova Cronica*, Giuseppe Porta (ed.), Parma: Guanda, 2001, p. 661; Marchione di Coppo Stefani, *Cronaca Fiorentina*, Niccolò Rodolico (ed.), Bologna: Zanichelli, 1903-1905, §366. 两者都引自Lorenzo Tanzini, "The Practices and Rhetoric of Sortition in Medieval Public Life," *op. cit.*, p. 202.

② Niccolò Machiavelli, *Florentine Histories*, Princeton: Princeton University Press, 1988, p. 83, 138 (Ⅱ: 28 and Ⅲ: 24).

某个负责特定军事事务的保民官（Capitano del popolo）]。① 是否因此可以假定，佛罗伦萨的抽签就同威尼斯所实行的一样，仅仅是一种处理冲突的手段？其在体制上同古代雅典有着某些惊人的相似之处，比如职位的快速轮换（每两个月就对执政官和联盟旗手进行一次轮换，每四个月就对立法委员会成员进行一次轮换），禁止一人担任多个职务，以及职务任期结束时须提交某种自我评估。我们是不是因此就能够得出结论，佛罗伦萨的抽签的确具有民主的层面？许多因素似乎部分地反驳了这两种观点。1328 年改革的宣言提到，所有的公民都有担任政治职务的同等机会。15 世纪，人们对佛罗伦萨抽签任命高官的"民主"方式的赞美并不鲜见——这种方式与威尼斯选举偏好"贵族"的方式形成对比。② 1439 年，佛罗伦萨共和国的执政官、人文主义者莱昂纳多·布鲁尼，无疑也是当时最负盛名的欧洲知识分子，他的观点与亚里士多德的思想一脉相承，把抽签列为该城市的最重要的民主元素之一，其他元素还包括把贵族排除在外、职位的频繁轮换和作为佛罗伦萨政治体系核心的"自由生活"理想。③ 这种看法在很大程度上有着意识形态的倾向，因为布鲁尼曾经认为，被某种民主氛围错误激发的抽签是非常负面的，因为"多数经抽签选出担任公职的人都没有能力"完成分配给他们的任务。④ 此外，布鲁尼对佛罗伦萨制度的后续赞美出现在美第奇家族对抽签

---

① Guidubaldo Guidi, *Il Governo della città-repubblica di Firenze del primo quattrocento*, op. cit., pp. 153ff.; Bernard Manin, *Principles of Representative Government*, op. cit., pp. 54ff.

② Felix Gilbert, "The Venetian Constitution in Florentine Political Thought," in Nicolai Rubinstein (ed.), *Florentine Studies. Politics and Society in Renaissance Florence*, Evanston: Northwestern University Press, 1968, p. 473.

③ Leonardo Bruni "On the Florentine Constitution" [1439], original in Greek, in G. Griffiths, J. Hankins and D. Thompson (eds.), *The Humanism of Leonardo Bruni. Selected Texts*, Binghamton (NY): Center for Medieval and Early Renaissance Studies, SUNY, 1987, pp. 171-174.

④ Leonardo Bruni, *Historiae Florentini Populi*, 3 vols, James Hankins (ed.), Cambridge (MA): Harvard University Press, 2001-2004, 引自 Lorenzo Tanzini, "The Practices and Rhetoric of Sortition in Medieval Public Life," op. cit., p. 202。

进行操纵，只有代理人和盟友当选的时期。因此，抽签和民主的联系是非常模棱两可的，尽管在一个世纪后，孔塔里尼在分析威尼斯的体制时提到了这种联系。

（二）大众自治的工具？

1494年，随着佛罗伦萨大议会的成立，在若干年里，平民阶层对于分配其成员的职位的方式选择，在自下而上的选举、抽签或两者的各种组合中犹豫不决。寡头失去了对最高层官员提名的控制（传统上曾经能确保其选中的人当选），这意味着第二共和国是佛罗伦萨自治的巅峰时期。① 当时各派的组成也非常不稳定，直到1496年，经过较长一段时间对相对优势的衡量后，受萨伏那罗拉（Savonarola，一位激进的修道士，其用布道将佛罗伦萨人蛊惑，直至他被捕并被谴责为异端）影响的民众运动才选择了抽签——这并不符合大多数上层社会领袖的意愿。② 新的共和国制度是将自下而上的选举与由3000多人构成的大议会的内部抽签结合起来，用于分配关键职位。每一个获得多数蚕豆的候选人的名签都能被放入皮袋。次要职位直接由抽签决定。然而，最富有的公民（ottimati v. popolani）越来越支持选举；1502年，为了促进政治稳定，人们效仿威尼斯总督的模式，开始将正义旗手列为终身任职制。③

历史学家弗朗切斯科·圭恰迪尼（Francesco Guicciardini，

---

① Jean-Louis Fournel, "Du parlamento au Grand onseil florentin (1494-1530). Le passage de la représentation des citoyens d'une place publique à une salle fermée," in Samuel Hayat, Corinne Péneau and Yves Sintomer (eds.), *La représentation avant le gouvernement représentatif*, op. cit., pp. 151-174.

② Giorgio Cadoni, *Lotte politiche e riforme istituzionali a Firenze tra il 1494 e il 1502*, Rome: Istituto storico italiano per il medio evo, 1999.

③ Girogio Cadoni, *Lotte politiche e riforme istituzionali a Firenze*, op. cit.; Nicolai Rubinstein, "The Early Years of Florence's Great Council (1494-1499)," *Revue française de science politique*, vol. 64, 6, 2015; Bernard Manin, *Principles of Representative Government*, op. cit., pp. 59-62; Giorgio Chiarelli et al., *Florenz und die große Zeit der Renaissance op. cit.*, p. 193.

1483—1540）是一位著名的知识分子，是马基雅维利的同时代人——事实上，他通常被人们认为是反马基雅维利的。① 因为，他支持寡头派，且在1512年至1527年间以及1530年后的美第奇家族的统治中发挥了作用。在从理论上对抽签的民主维度和选举的贵族性质进行澄清后，圭恰迪尼指出，如果由简单多数选出的人来进行治理，城市会被治理得"更好"，因此在大议会中获得最多蚕豆数（*per le più fave*）的候选人应该当选。作为精英运动的代言人，他从经济学的角度，为代议制政府提供了最早的一种现代辩护。他的论点是，正如人们可能希望让能干的人来管理自己的私人事务一样，城市也应该由最聪明的人（这些人肯定会在选举中被选出来）来管理。他还指出，"除非过度放任自流，自由政府绝不会遭受混乱，这意味着应放宽许多事，人人对重要的事情都有发言权"②。

为下层公民代言的保民官对上述观点进行了反驳，指出"多数票决制将使公职范围缩小，不利于人民赶走美第奇家族多数派并建立大议会，因为事情不会以一种人人能够参与进来（适合于一个自由的政府体系）的方式开放"③。他们为所有通过皮袋抽签设法获得一半选票加一票的候选人辩护。"所有公民都［应该］享有共和国可能给予的荣誉与利益，……如果利益与荣誉不具有普遍性，那么就意味着，这个城市一部分人在统治，另一部分人在受奴役。"选举和抽签的结合使用达到了"适度的慷慨"，因为它给苦涩的药丸裹上了糖衣。保民官认为，选举自身总是有利于某一类人，因为社会精

---

① 马基雅维利本人并没有仔细研究提名程序，而是首先专注于不同社会群体之间的分权，其次是这些群体在各种机构中可能发挥作用的方式。参见他的"Discursus florentinarum rerum"［1512］，在这篇文章中，他为佛罗伦萨向美第奇家族提出了一种新的政制。但是误译使得奥利弗·道伦使用这个文本为抽签的民主用途进行了辩护。参见 Oliver Dowlen, *The Political Potential of Sortition*, *op. cit.*, pp. 117-23.

② Francesco Guicciardini, "Del modo di eleggere gli uffici nel consiglio grande," in *Dialogo e discorsi del reggimento di Firenze*. Bari: Laterza, 1932, pp. 175-185.

③ Ibid.

英一般不会投政治外行公民的票。佛罗伦萨公民内部的社会分化使得采取某些纠正措施成为必要。不然的话，选举将只认社会地位，而不认个人才干：

> 这样一来，选票的获得靠的不是美德、审慎或者经验，而是高贵的出身、财产和父辈或祖辈的名望；这不利于城市，也不利于大家对公职的控制，政权可能实际上被寡头阶层所掌控。寡头都认为自己是好人，好像我们是习惯抢劫和压迫他人的坏人，就像他们中的许多人一样。如果仅是由这样的人来统治，城市就会分裂。当然，抽签选任公职也可能导致冲突，但是人们宁可忍受这样的混乱，也不愿被永远排除在外，好像我们是这个城市的敌人，或者外邦人，或者是好像——恕我直言——我们就是只知道吃饱喝足的驴子。……如果我们和他们一样都是公民和市议员，那么他们有更多财产、更多亲戚、更多钱的事实并不能使他们比我们更像公民；如果问题是谁最适合治理国家，那么我们的大脑、情感和语言与他们并无二致，或许我们还会比他们少了些败坏人们判断力的欲望和激情。①

因此，在马基雅维利时代，佛罗伦萨的民主派重新发现了两千年前雅典人的观点：当直接在所有公民中进行抽签时，抽签的运用具有平等主义和反精英主义特征。相反，当美第奇家族准备在1512年通过政变夺回政权时，圭恰迪尼却在强烈呼吁选举，他的呼吁比法国和美国宪法的起草者早了近三个世纪。他论证说，就像一个人在看病时，更愿意选择一位良医，而不是庸医，政府应该被委托给最能干的人。虽然选举也可能引起一些骚乱，但是集体治理优于一

---

① Francesco Guicciardini, "Del modo di eleggere gli uffici nel consiglio grande," in *Dialogo e discorsi del reggimento di Firenze*. Bari: Laterza, 1932, pp. 186-195.

人统治。选举也有助于选出最智慧的公民:

> 民众的决定主要受到人们的声誉和对他们的评价的影响;这反映了对声誉卓著之人的普遍看法,而非每个人的认真评价。这种普遍的观点通常没有错,即使有时会出岔子,也并不总是导致严重的后果。①

尽管人民应该选举自己的代表,但是对公共事务的决策应该"由较小的团体,由精明而有经验的人"做出,这是因为由于"缺乏内在的力量,大众从不会自动做事,而总是听从大人物的指导"。因此,人民委托的人应该是最好的。圭恰迪尼进一步论证说,抽签把那些德才兼备的人阻挡在外,而让平庸者和蛊惑者当选。除了这些功能方面之外,大众政府合法性的原则也岌岌可危:只有以次恶的名义,圭恰迪尼才会接受用包括抽签在内的混合选举方式,来填补次要的职位。②

然而,16世纪20年代,圭恰迪尼已经认识到,美第奇家族的第一次衰落(1494)标志着一个重要的转折点:"既然人民已经尝到自由的甜头,尝到自己可以参与政权的甜头,复辟由少数人掌权又不被人民大众所憎恨的时代就是不可能的了。"③ 圭恰迪尼虽然依然向往曾经由上层阶级统治的共和国时代,但他是务实的,且很清楚,世界已经进入了一个新时代。不像马基雅维利建议的那样,寻求赢得人民支持以获得在政府中的一席之地④,圭恰迪尼暗示,美第奇家族如果要继续掌权,就应该使用武力:他们应该把支持该家族的智

---

① Francesco Guicciardini, "How the Popular Government Should Be Reformed," in J. Kraye (ed.), *Cambridge Translations of Renaissance Philosophical Texts*, Cambridge: Cambridge University Press, 1997, p. 207.

② Ibid., pp. 207-210.

③ Ibid.

④ Niccolò Machiavelli, *The Chief Works and Others*, trans. Allan Gilbert, Durham and London: Duke University Press, 1989, vol. II.

者精英团结起来，以便从他们那里获得建议，从而给人民建立一个基于法治和明智的公共财政管理的国家（而不是一种直接的民主代表形式）。①

因此，在共和国的大多数时期，抽签与公职的频繁轮换相结合，使一部分政治活跃的公民得以自治。这与中世纪君主国和公国的一人统治形成了鲜明对比，且随着现代的来临，绝对君主制的兴起似乎不可避免地强化了一人统治。抽签大大削弱了代理权力的影响。1415 年之后，抽签的做法在短暂中断后再次被引入，"对普通公民来说，似乎他们又获得了自由，地方法官的判决不再听从权贵者的意愿，而是遵从他们自己的判断"②。若干世纪以来，政治参与的理想似乎正在阿诺河（Arno）两岸获得新生——这解释了我们在阅读马基雅维利的《佛罗伦萨史》一书或者其他当代佛罗伦萨历史学家的著作时所产生的那种奇特的熟悉感。佛罗伦萨的政治制度促进了公民人文主义的诞生，且间接激发了 17 世纪和 18 世纪的革命。③ 虽然像其他意大利城市一样，佛罗伦萨运行的是一种混合体制，但相比于威尼斯的体制，这种混合体制使公民可以更广泛地参与公共生活。威尼斯主要还是由贵族统治，小资产阶级和工人阶级依旧被排除在政治之外。这就是为何像圭恰迪尼这样最保守的佛罗伦萨人会把亚德里亚海公社（Adriatic commune，即威尼斯）作为榜样向其同胞宣传。

---

① Francesco Guicciardini, "Del governo di Firenze dopo la restaurazione de' Medici nel 1512" [1515] and "Del modo di assicurare lo Stato alla casa de' Medici," [1516] in *Dialogo e discorsi del reggimento di Firenze*, op. cit, pp. 267–282.

② Niccolò Machiavelli, *Florentine Histories*, op. cit., Ⅶ: 2, p. 278.

③ Hans Baron, *The Crisis of the Early Italian Renaissance*, Princeton: Princeton University Press, 1966; Eugenio Garin, *L'umanesimo italiano*, Rome: Laterza, 1993; J. G. A. Pocock, *The Machiavellian Moment. Florentine Political Thought and the Atlantic Republican Tradition*, Princeton: Princeton University Press, 1975; Quentin Skinner, *The Foundations of Modern Political Thought*, Cambridge: Cambridge University Press, 1978.

13 世纪和 14 世纪，两个城市的人口规模大体相当。然而，"最尊贵的共和国"大议会成员 1268 年只有 500 名，1297 年改革后达到了 1100 百名，1460 年为 2000 名，1513 年为 2600 名，与此同时，其城市人口由 14 世纪初的 9 万人，增加到 1575 年瘟疫再次袭来前的峰值 19 万人。几百名资产阶级成员拥有公民权（1575 年有 4000 人拥有公民权，其中包括 2500—3000 名贵族），他们能够担任次要职位。民众大会的作用从一开始就非常有限，最终在 1423 年被废除了，随着大议会规模的扩大，由 100—200 名成员构成的元老院逐渐把权力集中起来。由于市议会和各类公职都要经过选举和频繁轮换，因此狭小的威尼斯公民圈仍然代表了一种自治形式。13 世纪末，全国有 500 个职位可供分配，到 16 世纪末这个数字翻了一番。此时，四分之一到三分之一的贵族都在担任政治或行政职位。公社预算中的十分之一专门用于支付这些人的报酬。但是，这些职位的填补都是通过选举或者提名进行的，而不是通过抽签，抽签仅仅被用于干涉负责进行投票的委员会的组成。①

托斯卡纳地区的佛罗伦萨市的公民圈显然要大得多，政治上认可的公会成员的公民人数在 14 世纪早期就达到了 7000—8000 名，1343 年为 5000 名，而总的居民人口才大约为 9 万人。随后，四分之三的公民都有资格参与筛选，大约 800 人可以通过，且其名签能被装入皮袋，可能获得担任高级职位的资格。1411 年，在公民人文主义的鼎盛时期，5000 多名公民会被提名（*nominati*），1000 多人的名签可以被放入皮袋。这两个数字在 1433 年分别上升至 6354 人和 2084 人，即在美第奇家族首次夺权的前夕，当时的总人口由于持续的战争和黑死病已经由 7 万减少至 4 万。数千公民因此有资格担任市议会成员一职或其他职位，更多的公民还有资格担任其他次要的职位。15 世纪初，如果我们把对佛罗伦萨人征服的土地的管理工作

---

① Frederic C. Lane, *Venice: A Maritime Republic*, 1973, pp. 100, 258ff., 324.

也包括进来的话，那么每年总共有 1000—2000 个领导职位可供分配，城邦、准公共机构和各类行业公会中还有 2000 个次要职位可供分配。从这些数字来看，15 世纪末创设大议会的目的似乎有些模棱两可。大议会成员有 3000 名，多于前几个时期皮袋中的名签数；这个大议会构成了一种统一的政治机构，而不是以行业公会配额为基础的制度，它还赋予了较低级别的行会成员更多的权力。然而，与此同时，公民圈在逐渐缩小，无论是与从前的提名人数相比，还是与从前通过行会成员资格获得公民身份的人数相比。①

以这种观点看，相比于各式各样的君主制，甚至相比于威尼斯共和制（受限制的由贵族控制的政府），佛罗伦萨的政府形式更为包容与开放，它由上层资产阶级统治，但同时也向中下层资产阶级开放。在这些阶层中，每个人都有可能在其生命中的某一时刻担任公职，最富有的公会成员有朝一日担任政治要职的可能性更大些。与妇女和农民一样，城市平民［相对于富有公会中的地位高贵者（*popolo grasso*）的地位卑微者（*popolo minuto* or *magro*）］绝大多数仍然被排除在重要职位之外，不具有公民身份。城市平民无法像雅典的平民那样通过平民大会发出自己的声音，因为平民大会在佛罗伦萨的作用甚微。城市平民因市议会采取的遴选方式而被排除在外，也已经没有了曾经在希腊城市中所发挥的军事作用，因为这方面的职能已经被雇佣军所代替，后者并非无关紧要。② 不管怎样，城市平民在整

---

① John N. Najemy, *Corporatism and Consensus in Florentine Electoral Politics*, op. cit., pp. 177, 275; Girogio Cadoni, *Lotte politiche e riforme istituzionali a Firenze*, op. cit.; Guidubaldo Guidi, *Il Governo della città-repubblica di Firenze del primo quattrocento*, op. cit., pp. 43-44; Giorgio Cracco, "Patriziato e oligarchia a Venezia nel Tre-Quattrocento," in *Florence and Venice: Comparisons and Relations*, Florence: La Nuova Italia, 1979, p. 87; Gene A. Brucker, *Florence: The Golden Age, 1138-1737*, Berkeley: University of California Press, 1998; Gene A. Brucker, *The Civic World of Early Renaissance Florence*, op. cit., p. 253.

② 这是 1439 年莱昂纳多·布鲁尼（Leonardo Bruni）首次进行的分析，这成为马基雅维利思考与行动的中心主题（Leonardo Bruni, *In Praise of Florence*, Amsterdam: Olive Press, 2005）。

个佛罗伦萨共和国史上依然形成了很大的影响,这与威尼斯的情形很不一样,其回响依然显现在当代作家的作品(其中的多数都蔑视"平民")中。

1378年梳毛工(Ciompi)起义是欧洲现代史早期城市阶级斗争的一个体现,或者至少是底层阶级领导的斗争的一个体现。然而,应该指出的是,起义工人的政治诉求更多反映了中世纪行会已经过时的主张,而不是现代资产阶级的要求。1378年夏,在起义高潮时期,三个刚刚成立的公会使公民扩展到13 000多人;其中,6000—7000人(这是以前的两倍还多)获得提名,佛罗伦萨历史上第一次也是唯一的一次,大资产阶级的行业公会没有占到提名的多数。工人甚至赢得了进入首长会议的权利,获得了两个提名。虽然这种增加的进入权是短暂的,新的团体很快被随后的保守措施所解散,但1378年至1382年这一短暂时期无疑标志着佛罗伦萨大众政府的高光时刻,当时大资产阶级仅占首长会议的一半。① 但是,法定平等从未实现,平民大会通过体制外的动员而不是随机的职位分配施加影响。然而,民众确实从低层级的公职分配中获得了微薄的利益。

因此,佛罗伦萨的共和自治制度远非一种民主制度,特别是,在被公民人文主义者高度颂扬的制度所阐述的政治平等原则与日常实践之间存在一条巨大的鸿沟。② 那些希望建立一个更具包容性的政府的人和那些希望建立一个仅由精英把控的有限政府的人(统治大圈 v. 统治小圈)之间的斗争贯穿共和国的整个历史。共和国交替出现在民主化时期——新人(新贵族,*la gente nuova*)和底层行会的

---

① John N. Najemy, *Corporatism and Consensus in Florentine Electoral Politics*, op. cit., pp. 217ff; Gene A. Brucker, "The Ciompi Revolution," in N. Rubinstein (ed.), *Florentine Studies. Politics and Society in Renaissance Florence*, London: Faber, 1968; Alessandro Stella, *La révolte des Ciompi*, Paris: Éditions de l'EHESS, 1993.

② Leonardo Bruni, *In Praise of Florence*, op. cit.; James Hankins (ed.), *Renaissance Civic Humanism*, Cambridge: Cambridge University Press, 2000; Gene A. Brucker, *The Civic World of Early Renaissance Florence*, op. cit.

更多成员有机会担任公职的时期（1343—1348年，1378—1382年的梳毛工起义时期，1494—1498年的伏那罗拉时期，16世纪早期，以及1527—1530年）——和寡头政治严格控制时期。尽管如此，14世纪发展的基本趋势是确定的。托斯卡纳公社的公会法团组织逐渐衰落（缺乏统一的主权和不同行业的分权），朝着有利于更加统一的公民空间发展。这种真正主权和现代意义上的国家的发展（根据马克斯·韦伯的观点，国家是垄断合法使用暴力权的实体）在佛罗伦萨催生了共和制，与大多数绝对君主制国家的发展形成了鲜明对比。这种佛罗伦萨共和形式首先经过公民人文主义者的理论论证，随后由马基雅维利在其《论李维》（*Discourses on Livy*）中进一步阐发，奠定了现代共和与民主思想的基础。

虽然工人阶级有时能从这种发展中获益，但是共和主权构成了最终由少数精英控制的政治制度的基础。正式的共和制越来越多地落入一群全职政客之手。① 这些精英召集的非正式会议对于形成采取行动的政治意愿具有决定性作用。编年史学家乔瓦尼·卡瓦尔康蒂（Giovanni Cavalcanti，1381—1451）曾估计，这个核心集团由大约70人组成，他在临终前不再抱有幻想地总结道："对我来说，共和国似乎实行的是暴政，而非政治，共和政府主要通过宫廷秘密操控来运作……公社的治理主要在餐桌和私人书房内完成；许多人被推选担任公职，但很少人进入政府。"②

然而，政治精英的构成并非一成不变。1282—1399年，不到4%的家庭占据了27%的首长会议职位，10%的家庭占据了近50%的职位。③ 然而，随着时间的推移，古老家族的掌控在减弱，比如1386—1387年，他们只占据了所有公职的约17%。文艺复兴初期，

---

① Gene A. Brucker, *The Civic World of Early Renaissance Florence*, op. cit.

② Giovanni Cavalcanti, *Istorie Fiorentine*, Ⅱ：1, 1944, 引自 Gene A. Brucker, *The Civic World of Early Renaissance Florence*, op. cit., p. 251。

③ John N. Najemy, *Corporatism and Consensus in Florentine Electoral Politics*, op. cit., p. 320.

名签进入抽签皮袋的人数大为增加——这使得广泛分配公职成为可能,从而也确保了对现有制度的更广泛的共识。尽管如此,4个大资产阶级公会仍然提名了近80%的官员(1411年为1069位官员中的884位,1433年为2084位中的1757位)。① 中小资产阶级公会仅有希望得到次要职位。

虽然不同社会团体对竞选某一职位的法律依据和公职的分配争论不休,但是在佛罗伦萨共和国大多数时期,人们一致认为,最好的方法是先由委员会进行分阶段甄选,然后进行抽签。造成这种情况的部分原因在于,"有资格参加抽签者"的名单是保密的,没有人能知道自己是否在名单之列,因为名签放入皮袋的程序不是公开进行的(不像在威尼斯)。② 为了避免毁掉一个人最终获得梦寐以求的职位的机会,似乎更明智的做法是避免"不值得"的行为,也就是说,保持沉默,接受当时实行的程序。莱昂纳多·布鲁尼带有歉意地对支撑这一体制的平等主义和优绩主义(meritocracy)的混合特征进行了描述:

> 在我们这里,人人平等,只遵从法律,无惧人的威胁。只要努力、有才干、过着健康而严肃的生活,你就会有机会获得公职和提升自己。美德和正直是我们对公民的基本要求。任何具备这两种品质的人,都有资格治理共和国。③

值得注意的是,经抽签而参与公共事务并不需要21世纪的读者可能设想的那种商议过程。"商议"(deliberation)一词的含义因语言和语境而异。在英语中,该词通常意味着对一个问题的各个方面的

---

① John N. Najemy, *Corporatism and Consensus in Florentine Electoral Politics*, op. cit., p. 275; Gene A. Brucker, *Florence: The Golden Age*, op. cit.

② Oliver Dowlen, *The Political Potential of Sortition*, op. cit.

③ Leonardo Bruni, "Oration for the Funeral of Nanni Strozzi," (1428, original in Latin) in *The Humanism of Leonardo Bruni. Selected Texts*, Binghamton (NY): Center for Medieval and Early Renaissance Studies, SUNY, 1987, p. 124.

讨论。"商议民主"的概念就是参照这个意思而创造出来的：只有在特定的情况下，商议才必然导致决策。和在古代法语中一样①，在文艺复兴早期的意大利语中，该词有着完全不同的含义，意味着一个集体的决策，即使这个决策未必是集体讨论的结果。比如，圭恰迪尼在1512年写道：

> 我很容易接受法律是由大议会（Great Council, *che la deliberazione ne sia in consiglio*）决定的，因为法律涉及比较普遍的事物，与每一个市民有关；但是我也认同这样的事实，即不可能公开讨论法律，或者只是听从首长会议的命令并支持其提议——因为，如果人人都有自由说服或劝止别人，这将导致巨大的混乱。②

在佛罗伦萨公社，对公共事务的讨论非常活跃，这种讨论对于决策过程非常重要。讨论在哪里进行呢？首先是在非公共场所，比如在城市贵族的宫殿中。这种讨论也可能在私人与公共场合交界的地方进行：贵族宫殿旁的河岸上、露天店铺和店铺走廊中常常会有定期的公共集会。在这方面，佛罗伦萨的中心城市很像雅典的集市或罗马的广场。另外，被称为帕拉门托的民众大会，却从未像在雅典那样发挥作用。民众大会既不定期召开，也不允许商议，通常就只是投投票而已。其次，大量的讨论在各种行会中进行，这是中世纪共和制的一个核心特征。行会可以自己决策，拥有自己的专门机构，可以帮助指定公职候选人。行会会议仅对现有成员开放。文艺复兴早期，行会的影响力明显下降，它让位于一个更加统一的政治团体。形成决策的讨论也发生在数量众多的选举委员会内，这些委

---

① Bernard Manin, "On Legitimacy and Political Deliberation," *Political Theory*, vol. 15, 3, August 1987, pp. 338–368.

② Francesco Guicciardini, "Del modo di ordinare il governo popolare," in *Dialogo e discorsi del reggimento di Firenze*, op. cit, pp. 218–259, 230–231.

员会决定放入皮袋的候选名签名单。如前文所述，除了15世纪末和16世纪初大议会当政的短暂时期外，这些都不是公开的。多数职位——包括最重要的首长会议的——都是合议的，这意味着，即使进行了讨论，讨论也不公开。行政决策都是由在职的官员做出的。两个立法委员会是从比首长会议候选名单多得多的名单中抽签选出的，有权通过或拒绝行政部门提出的法案，但不能自行提出任何法案，且禁止对行政部门所提议案进行批评①，只允许称赞既定措施的发言，前文所引用的圭恰迪尼的话就是针对这种安排的。再次，立法委员会的会议不公开，即不对所有公民开放。最后，更具实质性的讨论在被称为辩论会（pratiche）的咨询团体中进行，这是由首长会议随意决定召开的会议，并由最重要的政治领袖挑选。这些团体的讨论质量很高——但是讨论往往是为了启发公众以达成共识，故不会形成最终的决策，也不会向公众开放。② 文艺复兴初期，这些团体在佛罗伦萨体制逐渐丧失共和的实质中发挥了至关重要的作用，它们预示了全职霸权政治阶层（尤其是在选举委员会中）的出现，这个政治阶层的成员可以定期地从一个公职转换到另一个公职。这种制度团体是因应政治环境持续变化而采取的各种措施的结果：当时政治环境的复杂程度已经不亚于今日了。

总之，佛罗伦萨的历史以及更广泛意义上的意大利公社的历史，证实了我们对古代社会的看法：界定选举或者抽签的基本含义是不可能的。虽然亚里士多德著名的关于选举是贵族统治工具与抽签是民主工具的二分法，在古代雅典是有价值的，但是这种价值不是绝对的。中世纪和近代早期，选举、抽签和其他各种提名方式总与多

---

① 随着对工人阶级公民权的剥夺，布鲁尼在"On the Florentine Constitution"中提到的贵族最重要的特征之一是：立法委员会不能真正讨论或修改首长会议提出的法案，只能批准或否决它们。根据布鲁尼的看法，其他不民主的因素有，议会自己不能制订计划，征兵被一支专业的雇佣军取代。

② Gene A. Brucker, *The Civic World of Early Renaissance Florence*, op. cit.

层次的妥协投票结合起来使用，以遴选出最优秀、最聪慧和最公正的人：那些能够为了共同利益而做出决策的人。① 继梳毛工起义后，在14世纪和15世纪之交的寡头政治时期，抽签的运用相对成功地确保了社会主要阶层之间的共识。② 但是，15世纪60年代，共和制开始挑战美第奇家族的统治，这种挑战本质上不是反对选举，而是反对在可能占据公职的人中进行"精心挑选"；也就是说，由执掌政权的派系审查人进行的纯粹和简单的提名来决定人选。③

此外，我们不应忽视"选举"一词在不同历史时期和政治文化中的不同内涵。现代读者可能把"选举"视为一个过程，借助这个过程，基层社区选出能够代表其利益发言和行动的人。古代雅典人对选举的理解大体也如此。然而，在佛罗伦萨，"选举"大多是一个自上而下的过程，涉及政治精英或者把控政治权力的"核心集团"进行提名共同选出有价值的公民。多数情况下，选举是在选举委员会内进行的，这些委员会的构成也是多样的。这种选举并非要选出竞争同样职位的候选人，而是要选出一份数目有限的候选人名单，这些候选人更像是参加考试而非竞赛。15世纪90年代末，关于选举和抽签的讨论开始类似于亚里士多德的二分法，经过三年的讨论后，大议会依然还没有定论，这就像后来的许多争议一样。事实上，离开实践谈抽签的意义，抽签就同选举一样没有什么"固有"的内涵——如果仅仅从佛罗伦萨历史来看抽签，那么运用抽签的人群可以有很大差异，也将依据完全不同的理由解释抽签。

---

① Guidubaldo Guidi, *Il Governo della città-repubblica di Firenze del primo quattrocento*, op. cit., pp. 136-137, vol. 2; Edoardo Ruffini, "I Sistemi di deliberazione collettiva nel medioevo italiano," *op. cit.*; Reinhard Schneider and Harald Zimmermann, *Wahlen und Wählen im Mittelalter*, op. cit.

② John N. Najemy, *Corporatism and Consensus in Florentine Electoral Politics*, op. cit.

③ Nicolai Rubinstein, "*Florentina libertas*," *Rinascimento*, Florence: Leo S. Olschki, second series, vol., 1986.

四、对政治机会的第一次驯服

在进一步讨论前，我们将分析直到近代前抽签所依据的各种"机会""运气"或者"机遇"（fortune）的概念。在其一本开创性的著作中，科学哲学家伊恩·哈金（Ian Hacking）生动地描述了"机会的驯服"：概率思维的出现和概率作为工具在科学、管理与商业领域中的逐渐运用所产生的革命。① 然而，在"机会"还未被以这种科学的方式驯服前，人们如何看待机会，他们为何要在政治试验中大量使用机会？

（一）从柏拉图到圭恰迪尼：倾向社会学概念的机会

要回答这个问题，我们要先看看柏拉图是怎么说的。在《法律篇》（Laws）一书中，这位希腊哲学家比较了两种不同的运用机会的方式：一种是将任务委托给宙斯；另一种很像雅典民主制度，即在所有公民中分配政治职位。他接下来说，每种方式中暗示着不同的"平等"概念：

> 因为存在两种"平等"，虽用了同样的名称，但是实际上在很多方面几乎是彼此对立的。其中，一种可以毫无困难地被引用，无论是国家还是立法者对于荣誉的分配都如此：这种平等依据的是衡量的规则、权重和数量。但是，另一种"平等"概念更好，也更高级，不容易被人们识别。这就是宙斯的判断……依据这种"平等"概念，更高级的人获得的更多，更低等的人获得的更少，并且与每个人的本性成比例；而且最重要的是，更高的荣誉总是与更高的

---

① Ian Hacking, *The Taming of Chance*, Cambridge: Cambridge University Press, 1990.

美德相匹配，更低的荣誉匹配更低的美德；这种分配与他们各自的美德和教育水平是匹配的。①

从柏拉图提出的这种精英主义视角看，第二种"机会"概念更具有普遍性。这种概念强调的是一些人比其他人更聪明，更有道德或者更高尚；这种概念认为上天注定人各有命（moira），与后世所称的神圣占卜之间有着错综复杂的关系，后者将城市公民分为"平民"和"贤人"。② 不幸的是，为了防止民众造反，必须有所让步，故政治"机会"的第一种概念被接受下来，至少是在次要的层面，即抽签选出官员。这一"机会"概念与民主之间有着内在的关系。只有第一种"机会"是完全理性的，因为其所表达的是神的意愿。对于柏拉图来说，这种"机会"的理性才是权威统治的最正当理由。③ 在柏拉图看来，第二种"机会"的理性完全是工具性的，是万不得已的手段。正如他在其他地方的推理一样，柏拉图显然将其与象征性的雅典民主进行了切割。

这里涉及的问题至关重要。与柏拉图、苏格拉底、色诺芬等精英主义思想家的观点不同的是，雅典民主派要捍卫政治中的随机选择，其理由何在？那时，概率计算还未被人们发现，希腊人却对随机选择过程所包含的激进平等原则有着清晰且实用的直觉。在全体公民中采用这种做法，至少在象征意义上意味着，所有公民都是平等的，都有平等治理国家的能力。因此，亚里士多德写道，激进民主派所提倡的算术平等与抽签之间有着密切关系。④ 从雅典政治的角度看，抽签选任官员因此具有了"世俗"的意义。随机选择不是神圣选择的特征，依据柏拉图式的批判，随机选择与神圣选择是截然

---

① Plato, *Laws*, Ⅵ, 757b.
② Paul Demont, "Tirage au sort et démocratie en Grèce ancienne," *op. cit.*
③ Plato, *Laws*, Ⅲ, 689e and 690a.
④ Aristotle, *The Politics*, Ⅵ：2, 1317a—1318b.

对立（contrario）的。抽签和组织规范的竞争（包括政治竞争，也包括军事竞争、艺术竞争和体育竞争）是同一政治理性化过程的两面。①

因此，我们得以更好地理解为何抽签选任官员会在雅典最著名的时期发挥了作用。两个世纪里，这种理性化形式与跨越许多不同领域的非凡创新是相辅相成的。② 在政治领域，对机会的第一次驯服早在概率计算被发现之前。这是纯粹的实用主义的驯服，正如我们将在接下来的两章中看到的，直到 20 世纪，第二次驯服才成为可能③，这次驯服既是科学的也是实用的。事实上，其他社会领域的发展也是如此：机会游戏和保险公司或者国家机构使用年金来回报公民对国家的资助都不是等到概率计算出现后才出现的。④ 在中世纪和近代早期的意大利，那些捍卫在贵族圈中进行抽签的人也非常清楚抽签与同侪间的象征性的算术平等是密切相关的。

为了更好地理解政治机会的第一次驯服——除了有助于平息冲突外，在某些情况下它是如何成为一种民主或至少是"流行"现象的，那么看看 15 世纪末大议会建立后佛罗伦萨双方对立的争论将是有助益的。如我们已经看到的，这种争论使显贵家族（更青睐选举，所谓数蚕豆程序）与下层公民（更支持抽签）成为对立的双方。根据圭恰迪尼整理出的一段话，下层公民的代言人据说发表了如下声明：

> 我的反对者说，如果通过数蚕豆程序 [也就是说，在

---

① Roger Caillois, *Les Jeux et les Hommes*, Paris: Gallimard, 1967, p. 60.

② Josiah Ober, *Democracy and Knowledge*, op. cit.

③ 这就是为什么笔者不同意胡伯图斯·布赫斯坦（Hubertus Buchstein）在 *Demokratie und Lotterie* 中的观点，在他看来，随机选择对雅典人是不可能的，因为雅典人不懂概率计算。在一群志愿者中，随机选择的象征性平等的民主价值的运用并不必然需要数学验证。只要允许有规则地轮换，每个人都可以进行统治，这是当代人完全知晓的。

④ Gerd Gigerenzer et al., *The Empire of Chance: How Probability Changed Science and Everyday Life*, Cambridge: Cambridge University Press, 1989.

被认可为有足够价值的人选中通过多数票而不是抽签来进行遴选]来分配职位,那么职位将被分配给那些具有双重价值的人,因为那些被最多数人选出的人更有价值。……但是,问题在于这样的一个事实,有一类人在人生游戏中非常幸运,赢了头奖,于是他们就认为国家是自己的,因为他们更富有、更高尚,或者因为他们从父母和祖先那里继承了相当大一笔遗产。而在人生游戏中输得精光的我们就不配得到荣誉,我们只能满足于卑微的地位,继续像过去一样背负着我们的"十字架"。

我的反对者正在思考评估标准和如何区分高薪职位和其他职位。在这些事务上,他们习惯于维护暴政的秩序,以至于对他们来说,继续维护这种秩序似乎是公平的,但对那些不属于这个有限的圈子的人来说,或者对不属于某个高贵到不能被排除在外的家族的人来说,他们就被判定为不配担任公职。换句话说,他们忘了我们也是公民,他们只认为自己比别人更有价值,在选举时,他们相互支持,只会[一致]把白豆①投给我们的人——也就是说,投给那些生活中不幸的人。即使我们中出现了一个美德的楷模,一个亚里士多德,或者一个所罗门,他们依然认为,如果要职被我们的这个模范占据了,就会失去它的威望,就会被玷污。相反,我们并不拒绝把票投给那些迄今为止垄断了政治权力的人。因为,我们中的许多人还没有摆脱过去的观念和习惯,认为荣誉对富人更有用。这就是为何哪怕我们中某人有能力胜任某个职位,但是他无论如何在数蚕豆投票程序中都赢不了,除非偶尔有投票是出于同情或者出了差池。那些获得最多蚕豆数的人,必然是人生机会游

---

① 反对某人投票。

戏中的幸运者,因为他们不仅得到了同侪的票,也拿到了我们的票;而我们最多只能拿到我们自己人的票,最坏的情况是拿到白豆。①

圭恰迪尼在描述那些"人生机会游戏中的幸运者"时,实际上他是在讲,"那些拿到了4、5、6三张同花顺的人"比"那些只拿到了1、2、3同花顺的人"要更幸运。他谈到的是中世纪流行的被称作抢光(la rafle)或新手(le poulain)的游戏。在这种游戏中,一些牌的组合允许玩家"抢光",赢得累计大奖。这个比喻非常有趣,因为它含蓄地反对了机会的不公平,即把政治头奖给予了那些已经是社会赢家的人,并提倡将政治头奖的机会交给"管理良好"的抽签,通过快速轮换的制度在全体公民(或者至少是那些能力事先得到确认的公民)中分配权力职位。在这位民众演说家的这篇慷慨激昂的演说中,柏拉图式的论证已经被彻底抛弃了,亚里士多德提到的激进民主视角得到了宣扬:抽签体现了一种理性的实践,而变化无常的出身和相应的社会特权反映的是掷骰子游戏中同样的非理性机会。

同一时期,马基雅维利也记录了这样一个事实,即激进的反精英主义观点流行在整个佛罗伦萨,人们拒绝相信社会的等级是个人价值的结果,而认为社会的等级源于不正义的环境。马基雅维利再现了150年前梳毛工起义中一位受欢迎的领袖的一次讲话,这位领袖对他的支持者说:

> 不要让他们古老的血统挫伤你;他们总是拿这个谴责我们;所有人都有着同样的起源,同样的古老,都是自然以同样的模式创造出来的。脱下衣服,你会看到,我们彼

---

① Francesco Guicciardini, "Del modo di eleggere li uffici nel consiglio grande," *op. cit.*, pp. 100-101.

此都一样；我们穿上他们的衣服，他们穿上我们的，毫无疑问，我们会显得高贵，他们则会显得卑劣；使双方不平等的是贫穷和富有。①

虽然这种言论仍然是少数，但是它表明，象征性平等取得了相当可观的进展，许多支持这种言论的政治论点并没有提及任何神圣意义。

（二）危机时代的抽签

然而，在另一篇署名文章中，圭恰迪尼对抽签选出的官员进行了尖锐的批判，为此他还抛出了一种新的论点，这种论点将希腊精英主义哲学家的理性与"大众政府"的新概念联系起来，从而预示了18世纪哲学家的视角："主宰应该是人民，而不是机会；对荣誉的分配应该取决于人民，而不是机遇。"② 机会的第一次驯服所遵循的理性被彻底否定了。圭恰迪尼所表达的大众合法性和代表性的观点后来在启蒙时代和法国大革命时代发挥了关键作用——时至今日，这种观点依然潜伏在许多自发反应的背后。他也强调了新颖且相当负面的机会概念，指出机会是缺乏理性的。

很可能是在这个时代，人们开始将非理性的碰运气和抽签联系起来，且用碰运气来批判抽签。马基雅维利在好几个场合都将二者联系起来，且都从负面的角度出发。比如，他在讲述15世纪30年代初科西莫·德·美第奇（Cosimo de' Medici, 1389—1464）与里纳尔多·德里·奥比奇（Rinaldo degli Albizzi, 1370—1442）的争斗时写道，机遇女神福尔图娜（Fortuna）喜欢佛罗伦萨的混乱，故通过抓阄选中里纳尔多的门徒担任执政官。③ 不论是从马基雅维利的怀疑

---

① Niccolò Machiavelli, *Florentine Histories*, op. cit., Ⅲ, 13, p. 122.
② Francesco Guicciardini, "Del modo di ordinare il governo popolare," *op. cit.*
③ Niccolò Machiavelli, *Florentine Histories*, op. cit., Ⅳ, 28.

论角度还是从圭恰迪尼纯粹批判的角度看抓阄，15 世纪晚期佛罗伦萨人将机遇女神与抽签联系起来的观点都标志着时间与人类行为的一种新关系。① 同时期，佛罗伦萨的肖像画中开始出现对机遇女神的一种新的描绘。中世纪，女神的主要特征是轮子，轮子在画面中占据着越来越多的空间。以这种方式描绘的机遇女神形象，毫无疑问成为"中世纪艺术最重要的说教形象"②。数量众多的画作中虽然有着无穷的变化，但其描绘方式都是一样的。比如，来自《卡尔米纳·布拉纳》（*Carmina Burana*）手稿（收集了 1225 年至 1250 年间的世俗和宗教圣歌）的版画：一个轮子，顺时针转动，外部空间被分成了四个方位，分别对应着不同但连续的时间周期，机遇女神庄严地站在中间。在左边，由于车轮的转动，一个人悬挂在轮子上，正向上望着，慢慢上升。在轮子的顶部，这个人头戴王冠，手持权杖，正俯视着教堂。然而，轮子无情地继续向前。在右边，这个人开始下落。他依然坚持着，悬在空中，但我们可以看出，他开始向下滑了，王冠已经从他的头上滑落。在轮子的底部，他躺在那里，一动不动，被命运的脚步碾过。图题一目了然："我将统治，我在统治，我曾统治，我的王国不见了。"（*Regnabo, regno, regnavi, sum sine regno.*）。

这幅画中有着很深的宗教含义。当时，它被教会和教皇用来对抗神圣罗马帝国皇帝和其他国王。然而，这幅画也引发了人们对世俗生活的徒劳（和终结）的沉思，哪怕世界掌权者的世俗生活也是如此，其意义超越了基督教教义。虽然对图中所含意象的解释足够丰富，可以有多种，但是在根深蒂固的流行看法中，中世纪机遇女

---

① Florence Buttay-Jutier, *Fortuna. Usages politiques d'une allégorie morale à la Renaissance*, Paris: Presses de l'Université Paris-Sorbonne, 2008.

② Frederick P. Pickering, "Notes on Fate and Fortune," *in Essays on Medieval German Literature and Iconography*, Cambridge, 1980, pp. 95-109, 引自 Florence Buttay-Jutier, *Fortuna*, op. cit., p. 66。

神的化身说明了一种随四季更替的时间循环模式。这种时间概念与中世纪佛罗伦萨人在政治上使用抽签有着相似之处，因为后者也包含一种受时间制约的轮换，如果这样的轮换能理想地运行，所有合格的公民都将轮流获得公职，在一种无穷的和谐循环中，社会和平得以确保，机会的变幻无常得以舒缓。

虽然机遇女神的这种人物形象在文艺复兴时期并没有完全消失①，但是几十年里，另一种形象逐渐走到前台。伟大的艺术史家阿比·沃伯格首次对这种人物形象的转变进行了研究。② 15 世纪和 16 世纪之交的数十年中，佛罗伦萨出现了新的机遇女神福尔图娜的形象，随后这个形象就传遍欧洲其他地方。不像中世纪描绘的那种固定的有点怪异的形象，新的机遇女神形象带有维纳斯的一些肖像特征，成为一个迷人的年轻女子，还模仿了拉丁女神奥卡西奥（Occasio，时机）形象，该形象原本是对希腊凯洛斯（Kairos）的模仿。"Kairos"是古希腊语中描述时间的两个单词中的一个，是指正确或合适的时刻，即可能性变成现实和一切都发生变化的时刻，是行动和决策的时刻——这不同于"Chronos"（克罗诺斯，计时）这个词，其意指线性的时间，可以通过日子和季节的流逝、生与死来度量。传统意义上，奥卡西奥总是被描述成一种站在圆球上、不戴皇冠、脚上长翅膀的样子。她手持一把剃刀，除了额前有缕长发外，头上不长发。在安德烈亚·阿尔恰托（Andrea Alciatto，1492—1550）创作的《徽志集》（*Emblematum libellus*）一书（该书非常受欢迎，被译成了许多种欧洲语言版本）中，她被描绘成如下模样：

时机来临意味着天时、地利与人和，我们做任何事都

---

① 诞生于文艺复兴之初的占卜用的塔罗牌中，轮子的形象出现在幸运卡上（对于保存最早的塔罗牌，14 世纪 40 年代的 Visconti-Sforza 牌组也是如此）。

② Aby Warburg, "Les dernières volontés de Francesco Sassetti," *in Essais florentins*, *op. cit.*, pp. 167-197.

会成功。这位女神在坚而圆的羽毛上不停地滑行。也有人说，她脚踩着一个不断旋转的轮子，脚上长着翅膀；也就是说，她的鞋子有翅膀，如信使神墨丘利（Mercury）一般：在空中翱翔。她右手持剃刀，显示她锋利无比。仅有的一缕头发垂在前额，显示她靠近人时就会被抓住。前额后的部位则一发不留：一旦有人让她溜走了，他们就再也抓不回她了。总是有一些事，哪怕再诚实而有用，但如果不及时完成，就永失了恩宠。因此，你千万不能让时机溜走。①

福尔图娜逐渐成为一个非常复杂的人物。关于女神的不同画像遍布整个欧洲，画像也越来越细致，其表达的主题一目了然。大约1500年，意大利统治阶级的每个成员都把福尔图娜女神作为其纹章的一个象征；在接下来的几十年里，欧洲其他地方都效仿了这一做法。福尔图娜有着王者般的美德，它可使战胜逆境的非世袭王子的权力合法化。福尔图娜也与死亡（memento mori）联系在一起，是对死亡的反思：这种联系带有虚无（vanitas）的痕迹，让人回想起所有人类努力的脆弱性，并为生活的变动不居提供了一种解释。最后，福尔图娜被用于王公贵族的教育，被视为在获得权力和进行善治时应该考虑的一个因素。②

毫无疑问，马基雅维利对福尔图娜的描绘最令人感到震撼。在《福尔图娜章》（*Capitolo de la Fortuna*）中，他呼应了中世纪的车轮意象，但是赋予了车轮万花筒般的维度，这种维度动摇了传统比喻所暗示的井然有序的环境：

---

① Andrea Alciato, *Les Emblèmes*, French edition, 1615, pp. 26-27 [*Book of Emblems*, http://www.mun.ca/alciato/index.html].

② Florence Buttay-Jutier, *Fortuna*, op. cit., pp. 167ff.

她［福尔图娜］站在最高处，所有人视野所及的地方，刹那间，她翻转腾挪。这个老巫婆有两副面孔，一会儿狰狞可怖，一会儿温婉柔和；一转身，不见踪影，蓦地，她现身来哀求你，忽而又恐吓你。她会曲意迎合任何想靠近的人，但任何想离她远去的人都会招致她的雷霆怒吼；回头之路已被她斩断。在她的宫殿里，无数转动的轮子是任何活着的人想要实现自己的目标都必须攀爬的路径……这里，只有机遇（opportunity）才能找到乐趣，那个头发蓬乱、头脑简单的姑娘总在车轮间蹦来蹦去……在福尔图娜的宫殿中，凡是有幸制订自己计划的人，就都选择了一个合女神愿望的轮子，因为促使你行动的倾向就是你的好运或厄运的原因，只要那些倾向迎合了她的行为……因为当你暂时还被幸福和好运的轮子带着转动时，她却习惯于在中途逆转轮子的方向。如果你无法改变自己的个性，也无法放弃上天赋予你的性情，她就会在中途将你抛弃。因此，如果一个人明白这一点，并牢记在心，他就会从一个轮子跳到另一个轮子，一直与幸福和幸运相伴，但是这种目标被统治我们的神秘力量所阻挡，我们只能听从她的安排。①

在列举了一长串以前的伟大文明和英雄之后，马基雅维利接着写道："从这些人的例子中，我们清楚地认识到，那个推她、搡她、撞她的人，就是取悦机遇女神的人，就是被她接受的人。"他总结说："我们最终明白，在过去的日子里，那些取得成功的少数人，是在轮子还未逆转前，或轮子还未将他们带入轮底前，就已死去的

---

① Niccolò Machiavelli, *The Chief Works and Others*, op. cit., pp. 746-749.

人。"① 依据马基维弗利的描述，时间的循环特征被简化为最简单的维度：个人和国家的生死。然而，这个维度实际就是指时间的不可预测性，它可使所有的成功转瞬即逝，但是也提供了可以被抓住的机遇。在马基雅维利看来，美德（virtù）主要是指在考虑环境的前提下，尽可能地积极行动。他非常悲观地看待人类处境。他对上帝和基督教持现实主义，甚至是几乎完全超然的看法。他认为，世俗的成功绝不是神意拣选的标志，也非对美德人士的奖赏，虽然当时所有王室的徽章都可能暗示了这一点，或者某些新兴的新教派都这么认为。他既不赞成柏拉图式的命运观，也不赞成基督教的命运观。福尔图娜始终被视为偶然性（contingency）的化身。代表巨变、改变事件进程的时刻，是凯洛斯而不是克罗诺斯。② 它反映了人们对时间和人类行为的理解方式的变化，即个人不再仅仅任凭不可阻挡的力量冲击，而按照自己的自由意志行事，人们的行动无惧无法控制的意外情况的发生。③ 这是一个完全不同于中世纪的"历史性制度"。④

佛罗伦萨现实主义思想家，如马基雅维利或圭恰迪尼，对历史偶然性的认识日益强化，这种认识对于教会来说具有颠覆性，因为它不再相信上帝和理性决定了人类命运。这种认识对接下来三个世纪里继续统治欧洲大陆的世袭君主制来说，也构成了挑战，因为根据历史偶然性的观点，人类的行为决定了国家权力的正当性。这种新思潮也拒绝了中世纪公社及其共和主义所持有的典型的时间循环观：不再坚持一个井然有序、允许派系批评、寻求共识和共同利益

---

① Niccolò Machiavelli, *The Chief Works and Others*, op. cit., pp. 746-749.

② Florence Buttay-Jutier, *Fortuna*, op. cit., p. 124.

③ Ernst Cassirer, *Individu et Cosmos dans la philosophie de la Renaissance*, Paris: Minuit, 1983, p. 100.

④ François Hartog, *Presentism and Experiences of Time*, New York: Columbia University Press, 2015.

的政权，反而称赞冲突和（某种程度上"马基雅维利式"的）明智领袖的行动。在圭恰迪尼的笔下，这种思潮指向了某种"大众政府"，在这种政府里，抽签是没有位置的。然而，在随后的两个半世纪里，持有这种想法的人仍然是少数。随着启蒙时代的开启，特别是美国革命和法国大革命的爆发，这种思潮将部分地与一种新的想象相结合，并很快显示与第一次政治对机会的驯服不相容。然而，在我们讨论这个问题之前，我们必须分析欧洲其他地区中世纪后期和近代早期的抽签实践。

五、西班牙：权力斗争的平息（15世纪中期至17世纪）

中世纪末期和文艺复兴时期，伊比利亚半岛的制度也是高度复杂的。半岛由卡斯蒂利亚王国（Crown of Castile）、阿拉贡王国（the Crown of Aragon）和南部的许多穆斯林王国分割而治。转向地中海发展后，阿拉贡王室也兼并了一些自治程度很高的领地：阿拉贡王国、瓦伦西亚（Valencia）王国、马略卡（Majorca）王国以及加泰罗尼亚地区（County of Catalonia）。① 1282年，阿拉贡王国控制了西西里王国（Kingdom of Sicily）；随后于1442—1443年控制了那不勒斯王国（Kingdom of Naples），直至1713年那不勒斯王国一直处于西班牙统治之下。法国积极抵制阿拉贡王国的扩张，这导致了1494年意大利战争的爆发。自中世纪开始，阿拉贡王国统治下城市发展的特点

---

① 1479年，在收复失地运动的末期，通过费迪南二世和伊莎贝拉一世的婚姻，阿拉贡王国与卡斯蒂利亚王国结成了联盟（格拉纳达是半岛上伊斯兰统治的最后堡垒，于1492年被收复）。随着查理五世的登基和哈布斯堡王朝的开启，这个联盟于1516年生效。尽管如此，直到18世纪初，西班牙的两个地区仍然是各自独立自治的政治实体。

更接近欧洲大陆的城市模式，而不是大多数卡斯蒂利亚城市的模式。① 每个自治市都有自己的组织，一地有一地的特征，阿拉贡王室和它所联合起来的王国起到了一定的统一作用。在西西里和那不勒斯被征服后，意大利城市对王国的影响非常明显且日渐增强。

（一）公社层级的抽签

中世纪早期，西班牙有些地方就使用了抽签。比如，1241年，在打败穆斯林并征服科尔多瓦（Cordoba）之后，卡斯蒂利亚的斐迪南三世（Ferdinand Ⅲ）同意让该市实行某种共和制（constitution），这就是科尔多瓦共和国（*Fuero de Córdoba*）。市长一职须每年从四位"名人"（*bonos homines*）中抽签选出，这四位名人是由不同社区轮流选举出来的。② 然而，直到中世纪后期，政治抽签才流行开来。西班牙和意大利半岛日益丰富的交流很可能促进了抽签的普及。正是在阿拉贡王国统治时期，抽签最为普遍，这在逻辑上是完全可以理解的。在阿拉贡的一些地区，已经证实的是14世纪抽签做法的仪式很像威尼斯和佛罗伦萨的做法，尤其是在塞尔维亚（Cervera, 1331）、休塔代拉（Ciutadella, 1370）、马略卡（1382）和列伊达（Lleida, 1386）。③ 与佛罗伦萨的抽签袋机制非常相似，抽签程序在卡斯蒂利

---

① Henri Pirenne, *Les villes et les institutions urbaines*, Paris: Félix Alcan, 1939; Fernand Braudel, *La Méditerranée et le monde méditerranéen à l'époque de Philippe Ⅱ*, Paris: Le Livre de Poche, 1993 (9th edition).

② Joaquín Mellado Rodríguez, "Los textos del fuero de Córdoba y la regulación de los oficios municipales," *Boletín de la Real Academia de Córdoba de Ciencias, Bellas Letras y Nobles Artes*, vol. 61, n. 118, 1990, pp. 9-74; "El fuero de Córdoba: edición citica y traducción," *Albor*, CLXVI, 654, June 2000, p. 191-231.

③ Juan Antonio Barrio Barrio, "La introducción de la insaculación en la Corona de Aragón. Xátiva, 1427 transcripción documental," 1427⟨http://rua.ua.es⟩; Josep M. Torras i Ribé, *Els municips catalans de l'Antic Règim (1453-1808). Procediments electorals, òrgans de poder i grups dominants*, Documents de cultura, 18, Barcelona: Curial, 1983.

亚语中被称为"*insaculación*"①，其字面含义是"把东西放入袋的行为"。然而，在宽宏的阿方索（Alfonso the Magnanimous）②统治时期，尤其是在其征服那不勒斯之后，抽签的主要程序特征才得以确定，作为君主正式授予市政当局的一种"特权"，抽签被纳入制度。1442—1443年，首都萨拉戈萨（Zaragoza）才引入了用抽签来分配特定公职的制度。这个制度随后逐渐在王国统治的其他地区传播开来。经过约翰二世统治期间的一场骚乱（以加泰罗尼亚的农民起义和内战为标志），抽签的普及程度在斐迪南二世在位的1479—1516年间达到了顶峰。除了萨拉戈萨之外，赫罗纳（Girona，1457）、巴塞罗那（Barcelona，1498）、佩皮尼昂（Perpignan，1499）和塔拉戈纳（Tarragona，1501）等城市也都采用了抽签。在整个西班牙黄金时代，抽签构成了阿拉贡王国统治下许多城市政治的基本特征。

这个过程同意大利城市的做法一样复杂，这可以从15世纪中期阿拉贡王国的韦斯卡（Huesca）市的抽签活动中看出来。抽签在一系列的阶段中展开。来自不同社区的代表组成一个大会。志愿者的名签被写在羊皮纸片上，纸片被卷成小卷，用蜡封好，做成小蜡球（*redolino*）[有些像威尼斯的抽签袋（*ballotte*）]。当把名签蜡球放入抽签袋时，候选人的名字会被大声读出来。到随机选择候选人时，将抽签袋中的名签蜡球倒进一盆水中。"随后，让一个七岁的孩子将他赤裸的右手伸进这盆盖着毛巾的水中。这个孩子取出蜡球后，将球放在一个所有参与者都能看得见的架子上。"③ 选中的人被称为"选举人"（elector），并组成选举委员会，负责挑选出担任公职的人。

---

① 加泰罗尼亚的抽签。
② 阿方索五世，也称宽宏的阿方索（1396—1458），自1416年起统治阿拉贡王国。
③ Eugenio Benedicto Gracia, "Documentos acerca del funcionamiento del sistema de insaculación en la aljama judía de Huesca（siglo XV）," *Sefarad*, 66, 2, July-December 2006, p. 311.

从程序上看，这种制度更像威尼斯的做法，而不是传统的抓阄做法，因为其中有一个孩子的仪式化参与，尤其是，抽签只被用来组成选举委员会。然而，在许多市镇，抽签的做法更像佛罗伦萨的模式：抽签直接被用于选出市政官员，而不是仅仅建立一个选举委员会。在靠近巴塞罗那的伊瓜拉达（Igualada）市，市政权力是围绕着代表不同人口阶层的委员制度组织起来的：

> 治理主要委托给 34 人组成的枢密院，这 34 人是从"社区中最明智和最有权威的人"中挑选出来的。把他们的名签放入抽签袋，从中选出四个主要委员。第二层权力圈由城市各种行政职位构成……任职者都是从特别抽签袋中随机选出的，这个特别抽签袋中有由抽签选出的 30 个名签。第三层权力，即大议会，是代表人口中不同社会群体的人进入市政府的第一个层次。进入市枢密院的人都是从大议会成员中选出来的。①

如在佛罗伦萨一样，从抽签袋选中的名签可能因各种问题（impedimentos）而作废，如：有人在前一年担任过公职，或者有人已被选中担任另一个职位，或者有人的财务状况不再满足基本的财产要求；等等。②

14 世纪和 15 世纪，抽签是城市政治现代化的一种手段。③ 城市制度因显赫家族之间的争斗和少数领导者对权力的垄断而日益受到威胁。虽然由普通公民大会直接选举市政官员的制度曾在中世纪实行过，但是这种直选方式早就让位给了两级选举，尤其是公职的提

---

① Josep M. Torras i Ribé, "El procediment electoral per insaculació en el municipi d'Igualada (1483–1714)," *Miscellanea Aqualatensia*, 1983, 3, p. 112.

② James Casey, *The Kingdom of Valencia in the Seventeenth Century*, Cambridge: Cambridge University Press, 1979, p. 169.

③ Josep M. Torras i Ribé, *Els municips catalans de l'Antic Règim*, op. cit.

104 名制。最为重要的是,抽签的引入有助于平息因权力斗争和公职选举程序而造成的冲突:虽然抽签选出的人数相比于佛罗伦萨仍然不多(通常抽签袋中的名签只有几十个,有时甚至更少)①,但候选人总是多于需填补的职位。除了以这种方式引入的随机因素外,所谓的"抽签袋或中彩制度"[regiment de sach e de sort,(加泰罗尼亚语)]② 建立在公社中不同社会群体之间的责任分配的基础上,其中每个群体都有权有自己的抽签袋,每个抽签袋都用于填补某一特定的政府职位或者预先确定数量的市议员或选举人。这种配额制度——超越了单纯的抽签——以微缩的方式代表了共同体。其重要性在于,社会团体的每一个组成部分都依据其在当地权力关系中的权重而有了相应的体现,从而避免了权力的垄断,并重新分配了与不同阶级有关的象征利益和物质利益。③ 在每一个群体内,公职快速和有组织的轮换(当时,任期一般是一年,尽管在接下来的几个世纪里,任期延长至三年)使得最杰出的人有机会担任不同的职位。与 14 世纪和 15 世纪的佛罗伦萨不同的是,这些群体不只是官方的行会。多数时候,这些群体对应的是"庄园"(mans),而这些庄园又是各种社会职业、法规和经济类别的混合体。通过王室及其王国联盟的影响,封建社会的贵族风俗开始与中世纪城市特有的行会习俗发生冲突。在最普通的三重结构中,最高等级(maiores)代表了资产阶级上层和越来越多的贵族(一旦贵族融入了城市生活)④;中间等级(mediores)包括了小资产阶级和工匠的上层;最后是手艺人

---

① James Casey, *The Kingdom of Valencia in the Seventeenth Century*, op. cit., p. 176.

② Insaculación 也被称作"袋和钱包的制度","钱包之路",抽签制,"袋和机会"制度,"抽签袋机制",以及"命定的"选举——碰运气。

③ Josep M. Torras i Ribé, *Els municips catalans de l'Antic Règim*, op. cit., pp. 97ff.,引自 Jaume Vicens Vives, *Ferran II i la ciutat de Barcelona (1479–1516)*, 3 volumes, Barcelona: Universitat de Catalunya, 1936–1937.

④ 像佛罗伦萨一样,贵族在城市景观中不受欢迎,因为其权力起初被认为是封建的,随着其与资产阶级上层的通婚并接受后者的习俗,才逐渐重新进入城市政府。

和体力劳动者组成的下层（minores）。然而，这种划分有许多不同的形式。这种缩影并不是对社会群体中人口权重的反映，而是对现存社会等级阶层的反映。比如，在15世纪末的巴塞罗那，立法会（称为"百人委员会"）的144位成员中有48人来自资产阶级上层，其余的成员则等比例地来自商人、大工匠和下层手工艺人。在城市政府的五人成员中，权力最大的三人［相当于现代的市长，即主要负责人（the conseller en cap）］选自最高等级，第四人来自中间等级，第五人或者来自大工匠或者来自小手艺人（后者人数可能占了城市人口的90%）。① 在佩皮尼昂，自1601年开始，中间等级和最高等级都能分别拥有一个到两个抽签袋，而大工匠和小手艺人只能轮流拥有一个抽签袋。②

这种分配制度甚至比创立大议会前的佛罗伦萨的体制更复杂，也更不平等，它清楚地表明，抽签的政治意义因不同情况而差别很大，完全取决于具体的社会政治状况。套用亚里士多德的话就是，虽然抽签在特定团体的成员之间确立了激进的"算术"平等，但是一个团体的成员和另一个团体的成员的平等可能只是"几何"意义上的，因为抽签是在社会配额的基础上进行的。个体成员则认为，自己应该获得与所属社会阶层的"功绩"或"荣誉"相称的位置。

此外，应该指出的是，在雅典，任何公民都可以自愿成为候选人，参加抽签。与雅典不同的是，阿拉贡王国的大多数城市所进行的抽签要经过候选人的预选（就像佛罗伦萨的做法）。"预选"这第一步甚至比"抽签"本身更为重要，虽然抽签的场面更为壮观，相关的历史记载也更为翔实。③ 在大城市，当首次引入抽签时，通常由

---

① Josep M. Torras i Ribé, *Els municips catalans de l'Antic Règim*, op. cit., pp. 59ff.
② Ibid., p. 87.
③ Ibid., pp. 98ff.

国王任命的一位专员负责。后来，这个制度在提名基础上运行，每个法团和行会都有成员出席市议会，指定各自的继任者。然而，在一些城市，继任者是被直接任命的。在这两种情况下，代表法团和行会的个人都是通过定期选举选出的，通常是每三四年举行一次。选举使用的是黑白蚕豆、纽扣或者其他小物件（白色表示赞成，黑色表示反对）。

在一定程度上，抽签是允许在个人和群体之间有控制地分配权力的工具，从而有助于防止传统精英垄断公职。这一程序是由王室提出并大力推行的，王室扮演了仲裁者的角色，其在平息城市暴乱和限制腐败以便更成功地征税方面有既得利益。① 抽签也得到了中等阶层的支持，他们把抽签视为保证其在社区治理中发挥作用的手段。② 领导阶层也支持抽签，因为这一程序允许其保留大部分权力，并能确保真正的市政自治。两个多世纪里，抽签制度促进了复杂的动态互动，斐迪南二世在评论1501年的阿尔盖罗（Alghero）市所享有的特权时，简洁地描述了这种相互作用：

> 我们由经验可以看出，实行抽签袋和抽签的城市体制比那些仅依赖选举的体制更能促进健康的行政管理和治理。这些体制也更团结、更平等、更和平，且不受激情的困扰。③

在同一时期，卡斯蒂利亚王国的一些城市也开始采用抽签。这个过程开始得很早［比如1435年在毕尔巴鄂（Bilbao）］，但是快速发展时期则是在15世纪最后的几十年，并在16世纪90年代达到顶

---

① Juan Reglá, "Notas sobre la política municipal de Fernando el Católico en la Corona de Aragón," in *Temas medievales*, Valencia: Anúbar, 1972, pp. 129ff.

② Josep M. Torras i Ribé, *Els municips catalans de l'Antic Règim, op. cit.*

③ Juan Reglá, "Notas sobre la política municipal de Fernando el Católico en la Corona de Aragón," *op. cit.*, p. 132.

点。主要受影响的两个地区是：第一，王室的北部地区，尤其是巴斯克（Basque）地区［最重要的是1576年的维多利亚（Vittoria）］和阿斯图里亚斯公国（Principality of Asturias）；第二，1594—1595年的原格拉纳达王国南部地区和大加那利群岛（Gran Canarias）。抽签制度一直延续到16世纪，在一些地方甚至延续到17世纪。两大原因促使西班牙天主教君主引入这种程序。在王室控制的北部地区——就像中世纪和近代早期的其他地方一样，限制公社内的权力斗争至关重要。在南部地区，君主对北部卡斯蒂利亚和阿拉贡的抽签试验有着正面的评价，也想在新征服的地区（以前是穆斯林地区）实行统一的市政体制。抽签这种制度在城市遇到了某些抵制，尤其是来自那些会因此失去权力和财产的人的抵制，但是整体的抵制是有限的。在多数情形下，北方公社请求君主干预，以结束内争。①

在卡斯蒂利亚，抽签程序略有不同，但通常遵循着佛罗伦萨的模式（结合各阶段的提名和选举委员会的选举，从候选名单中抽签选出一年制公职担任者）。在佛罗伦萨的模式基础之上，卡斯蒂利亚增加了由小孩抽签的环节，以及君主拒绝确认最终选中的人的可能性。② 在卡斯蒂利亚的其他地方，城市主要由市政行政机构人员（*regidores*）治理，这些人是由国王直接任命的，越来越多的情况下，这些人"用钱铺路"进入该机构。抽签制度既确保了不同社会群体的平衡，缓和了人际冲突，确保了相对的市政自治以对抗日益增长的专制主义，最终也保护了阿拉贡王国、卡斯蒂利亚王国南部和北部大部分地区，使这些地区免受在1520年至1522年间横扫卡斯蒂利亚城市的反抗查理五世统治的起义（Comuneros）的影响。这些事

---

① Regina Polo Martín, "Los Reyes Católicos y la insaculación en Castilla," *op. cit.*.
② Juan Reglá, *Temas medievales*, Valencia: Anúbar, 1972.

例足以说服许多城市引入抽签,以取代消失的国王治理。①

然而,16 世纪,在整个阿拉贡王国的领地上,抽签开始出现逆转。虽然照原样抽签逐渐被推广到更小的社区,但在大城市,其程序逐渐从里到外被颠覆了。在人口密集的城市,不同层级的法团(coporate levels)的抽签袋之间有了严格的区分,这种区分与社会向上流动的阶段时不时重合在一起(只要贵族阶层不掌权,或者处于次要地位,所有通过婚姻进入贵族阶层的资产阶级个人都会被降级或者排挤出圈)。与此同时,在西班牙的所有地方,曾经活跃的资产阶级逐渐丧失了领地,让位于由少数富裕资产阶级和贵族成员构成的寡头统治,这个寡头在市政中的作用越来越突出。这种趋势在瓦伦西亚王国尤其明显,那里的底层阶级通常都被剥夺了参与抽签的机会。17 世纪,瓦伦西亚一万多家庭的人口中只有 90 人的名签"被放入抽签袋"。卡斯特利翁(Castellón)市的 1200 户家庭中仅有 79 人获得了名签资格;奥里韦拉(Orihuela)市的 2500 人中只有 30—40 人有名签资格。在很多城市,许多获得了资格的人终生享有这种特权。②

最终,君主通过越来越频繁地指定抽签袋人选,开始逐步侵犯市政自治权。从一开始,君主就保留了挑选某些人且将他们的名签放入抽签袋的权利,或者保有否决其他人的权利。尽管如此,只有在经历了长时期的斗争后,这项权利才成为规范,至少在那些控制权构成君主制主要问题的主要城市是这样。以巴塞罗那为例,经过了十二年的反叛,该城在 1621 年投降,之后,君主的这项权利才得

---

① Josep M. Torras i Ribé, *Els municips catalans de l'Antic Règim*, op. cit. 也参照 José Antonio Armillas and José Ángel Sesma, *La Diputación de Aragón. El Gobierno aragonés, del Reyno a la Comunidad Autónoma*, Zaragoza: Oroel, 1991, 引自 Antoine Vergne, *La Lutte contre la corruption internationale grâce à l'utilisation raisonnée du tirage au sort*, Masters thesis from Toulouse-IEP, 2005, p. 91.

② James Casey, *The Kingdom of Valencia in the Seventeenth Century*, op. cit., pp. 174ff.

以实现。王室对城市的接管而引起的城市的反复抗议，特别是在阿拉贡和加泰罗尼亚的挑战，都被王室镇压了下去，王室认为对城市的干预至关重要，其目的是通过定期地修正抽签袋名单确保当地统治阶级对王室的忠诚。

抽签从起初被用来确保社会阶层之间的某种分权和部分市政自治的程序，变成了君主手中对人数日渐减少的统治阶级进行控制的工具。① 这一程序逐渐失去了吸引力。1700年，西班牙菲利普五世成为第一个统治西班牙的波旁家族成员，这遭到阿拉贡王室多数成员的反对，他被迫进行棘手的王位继承战争。作为报复，他在1716年消灭了阿拉贡王室，也借此机会结束了抽签制度，转而由王室对市政官员进行直接任命。②

（二）西班牙议会代表的抽签

在阿拉贡王国的议会层面上，抽签的存在时间更短。如欧洲大陆的其他王国一样，议会主要在君主需要征税时才开会，这是14世纪以来习以为常的现象。早在1446年——征服那不勒斯后的几年，抽签就成为阿拉贡王国指派议会（Cortes）代表的程序（1493年，巴塞罗那的议会也使用了同样的程序）。

议员的选举过程如下：第一，议会成员负责选出其他有能力履行职责的人，通过合议确定一份合格人员的提名名单（libro de matrícula）。一旦这些名签被写在羊皮纸上，羊皮纸就用蜡封好，根据个人所处的社会阶层，其名签蜡球被放入不同的皮袋。1514年，高级教士袋里有20个名签，中级教士袋里有68个名签；上层和中层贵族抽签袋里分别有18个和13个名签；高层贵族军官和低层贵

---

① Josep M. Torras i Ribé, *Els Municips catalans de l'Antic Règim*, op. cit., pp. 105ff.
② Juan Mercader i Riba, "El fin de la insaculación fernandina en los municipios y gremios catalanes," *Actas del V Congreso de Historia de la Corona de Aragón*, 1957, pp. 343-353.

族的抽签袋里有67个和97个名签，萨拉戈萨最上层资产阶级的抽签袋里有59个名签，而其他城市、农村社区和小城镇资产阶级的抽签袋里分别有79个、43个和50个名签。第二，每年从中抽出8个名签，其中从前7个抽签袋中分别抽出1个，从最后3个抽签袋中抽出1个（每隔3年轮流抽1次）。这个程序因此比市政一级的抽签更为复杂。在议会教堂的"圣灵弥撒"（Mass of the Holy Spirit）仪式中开启抽签。然后，一名公证人（此人通常也是由抽签选出）负责打开存放10个抽签袋的箱子。

箱子上的5把锁由王室的4个代表团体（教士、贵族、萨拉戈萨资产阶级、其他资产阶级）的代表和拿着第五把钥匙的公证人同时打开。第一个抽签袋中的名签蜡球都被倒入一个银盆，由一个小孩从中取出一个，这个方法就是前文已经描述的韦尔塔（Huerta）*市所采用的。公证人在重新封上蜡球之前大声读出选中的名字。这个小孩接下来要把蜡球重新数一遍，以确保这个数字与名单上的数字相吻合。然后，公证人把所有的名签蜡球放回抽签袋，再把抽签袋放回箱子。其他抽签袋的程序也都是如此。程序的纯洁性因宗教仪式、孩子所扮演的角色以及清水和银盆的象征意义而得以突显。这个过程也是公开进行的，且由公证人记录下来。①

在卡斯蒂利亚王国，从16世纪起，一些公社就开始引入用抽签来指派代表出席议会的方法。这种职位是非常令人垂涎的，因为出席议会的人可以在宫廷停留一段时间，进而可以与他人建立重要的联系。1538年，国王在与贵族和教士发生冲突后，废除了不同等级（贵族、教士和第三等级）的独立代表权——这三个等级通常被称为王室的三条"手臂"。卡斯蒂利亚议会最终只包括王国的十七八个最

---

* 应该是韦斯卡（Huesca），见第150页。——译者注

① José Ángel Sesma, *La Diputación del reino de Aragón en la época de Fernando II (1479-1516)*, Zaragoza: Imprenta librería general, 1978, pp. 49ff. and 503ff.

大城市的代表，如布尔戈斯（Burgos）、第一首都马德里、塞维利亚（Seville）、格拉纳达、科尔多瓦、萨拉曼卡（Salamanc）、托莱多等。理论上，每个城市都能以自己的方式自由选出两名代表。因此，由少数寡头实行的控制从未受到严重威胁。但是，瓦拉多利德（Valladolid）和布尔戈斯是在寡头这一小圈子里选代表，其他城市则采用了抽签，后者在 16 世纪最为普遍。抽签方式是阿拉贡抽签的简化版本。1575 年 12 月 9 日，科尔多瓦公社行政机构的 24 名成员开会，要从中选出两名代表。他们每个人将自己的名字写在一张纸上，然后将其放入一个小银器件，这个银器件又被放入一个瓷花瓶。首先要倒空花瓶，数数倒出的银器件，确保是 24 个，然后再放回瓶中。一个名叫萨尔瓦多（Salvador）的八九岁男孩在晃动花瓶后，抽出了两个银器件，就选好了两个代表。这个程序具有平息主要家族之间竞争的价值。这种做法至少部分地被保留下来，直到 17 世纪中期，彼时议会已经很少开会，这种做法最终被取消了。然而，只要国王允准选中的人出售其代表权给他人（购买者并不需要住在同一个城市），这种程序的意义就大打折扣了。这种解决冲突的方式从来不具备真正的大众维度。[1]

六、近代早期的分配型贵族制

抽签也传播到了欧洲其他地区，尽管比意大利或西班牙要晚一些。目前来说，历史研究还无法为我们提供一种关于近代早期的抽签传播的系统观点。历史研究仅揭示了，抽签曾在一些欧洲公社被使用过，在某种程度上，这些共同体都是一些小共和国，抽签对 17

---

[1] Thomas Weller, "Repräsentation per Losentscheid. Wahl und Auswahlverfahren der procuradores de Cortes in den kastilischen Städten der Frühen Neuzeit," in Christoph Dartmann, Günther Wassilowsky and Thomas Weller (ed.), *Technik und Symbolik vormoderner Wahlverfahren*, op. cit., pp. 117–138.

世纪中叶以来的瑞士至关重要。几乎所有记录在案的事例都有三个共同特征：（1）抽签存在的理由是需要限制内部争斗和打击腐败；（2）在包括若干步骤的程序中，抽签的运用要结合选举或合议提名；（3）抽签决定了贵族内部涉及荣誉、权力和公共品的分配问题。

（一）英国、法国和德国：比较研究

英国（17世纪）。英国议会尚未采用抽签①，但英格兰的一些小城镇使用了抽签，如在大雅茅斯（Great Yarmouth），当地名为"问询"（inquest）的抽签程序很像威尼斯的抽签，这种做法从1491年延续到了1835年。在公开集会上，在任治安法官的名签都被放入高帽，一顶帽子中装6个名签。由一个"纯洁之人"——通常是一个小男孩，从一顶帽子中抽出3个名签，被抽中的人组成一个选举委员会。这些人会聚集在一个封闭的房间，不能吃、喝、生火或点蜡烛，也不能与外界联系。作为一个整体，他们必须选出新的治安法官，每一位治安法官要求获得9票的合格多数。② 时任罗瑟希特大学（University of Rotherhithe）校长的托马斯·加塔克（Thomas Gataker，1574—1654），曾写过有关于1619—1627年间抽签的论文，在文中，他详细讨论了运用抽签的各个领域，从宗教到政治，再到机会游戏。他在一定程度上模糊了占卜抽签和分配抽签之间的区别，在对政治中抽签的运用进行了一番历史的描述后，他为在一个狭小的圈子内抽签选任的原则进行了辩护，并对欧洲这段时期的抽签做法进行了富有洞见的总结：

> 如果不同的竞争者都同样适合，或者都有一些不错的能力，虽然彼此间有区别，但区别不大，那么无论抽签结

---

① Oliver Dowlen, *The Political Potential of Sortition*, op. cit., p. 143.
② C. J. Palmer, *The History of Great Yarmouth*, Yarmouth/London: L. A. Mead & Russel-Smith, 1856, 引自 Oliver Dowlen, *The Political Potential of Sortition*, op. cit., p. 139.

果如何，它都不会落在一个不合格的竞争者身上 …… 因此，通过在近乎平等的人之间进行抽签分配公职或圣职，是不违法的，尤其是在两边的各色人等可能会为此费尽心思、争得头破血流时。通过这种方式，这些麻烦与争斗都可以被平息，选出或抽中的人并没有给他的竞争对手带来耻辱，也不会让朋友不满。正是出于这个原因，如果在抽签之前经过了选举，且抽签仅在有足够能力者之间进行，那么就可以通过抽签分配官职；抽签［不被用于］要求特殊技能的职位……可以理解的是，人们在生病时，不会抽签选用一名医生，在出海时，不会抽签选用一名海员……①

法国（17 世纪）。法国的一些公社在各个历史阶段都有运用抽签，尤其是在法国南部。比如，《抽签规则》(Le règlement du Sort) 这部法国最重要的关于抽签的文件显示，早在 1385 年，马赛（Marseille）就使用了抽签，该城自那时以来的五条政治规定中有四条包括了抽签。② 自 17 世纪中叶后，抽签的运用更为普遍。在宗教战争之后，君主试图集中更多的权力，地方精英极力抵制这种专制的趋势。抽签是这种抵制的一部分，尤其在里昂和马赛。当时，由于内乱四起，人们普遍对城市政治生活中的阴谋小集团、庇护和腐败持批评态度。至少在一定程度上，权力斗争加剧的事实是由于日益加强的集权化导致公职职位减少。自 17 世纪下半叶起，公职领域腐败滋生。既为了筹集资金，也为了限制地方一级的混乱和竞争，采取的务实举措是国王出售公职，且公职通常是终身的。地方精英曾经为官员的选举辩护，声称这是一种共和精神的体现，这一主张部分受到了意大利政治理论的启发，该理论强调为共同利益做出奉献。

---

① Thomas Gataker, *Of the Nature and Use of Lots: A Treatise Historicall and Theologicall*, Exeter: Imprint Academic, 2008 [1619-1627], p. 68.

② Anonymous, *Le règlement du Sort, contenant la forme et la manière de procéder à l'élection des officiers de la ville de Marseille*, Marseille: Claude Garcin, 1654, p. 3.

然而，面对派系纷争这种琐碎的现实，这种意识形态很难合法化。①

引入抽签是回应这些批评的一种尝试。里昂在1654年使用了抽签。法国抽签的独特性不在于其程序上的特点（使用候选名单，由一个不到7岁的小孩抽签，以及妥协投票，即把抽签与选举人投票相结合，由经抽签产生的选举人进行投票选出候选人，这样将避免从同一个家庭选人，杜绝市政议员选举前进行商议，等等）②，而在于引入抽签及其意识形态框架的过程。一些城市决定收回国王出售的职位，并将其重新纳入遴选体系。对于21世纪的读者来说，这似乎是一种奇怪的选择——鉴于地方精英成员都是公职腐败的受益者。③ 事实上，我们必须从象征意义上来理解这种决策。抽签似乎与公职腐败的利益逻辑相矛盾。与巴洛克时代的代表形式相一致的是，宗教信条取代了旧的共和范式。抽签成为"纯粹的神意"，就像"手握许多骰子的上帝，将骰子投给了他属意的人"，上帝无需人的帮忙而直接任命执政官。④ 中签者表明自己值得上帝提拔：

> 先生们，你们的责任对于维护社会和公民生活最为必要，你们被选中，要脱离孤独寂寞的夜晚，来到荣耀的剧院；你们已经被揭去了面纱，你们那曾隐藏起来的美德已经熠熠发光。你们让这些美德更为醒目和崇高。⑤

因此，占卜抽签和分配抽签之间的新的关联是被允许的，这种新的关联使得官员具有了独立于国王的合法性。那些被选中的人好

---

① Yann Lignereux, "The drawing of lots versus the State: Fate, divine inspiration, and the vocation of town magistrates in 17th-century France," in Liliane Lopez-Rabatel and Yves Sintomer (eds.), *Sortition and Democracy*, op. cit., pp. 235–252.

② Anonymous, *Le règlement du Sort*, op. cit.。

③ Olivier Christin, *Vox populi*, op. cit., p. 58.

④ Ibid., pp. 3, 26.

⑤ *Lyon municipal archives*, BB 197, fol. 206, 引自 Yann Lignereux, "The drawing of lots versus the State," op. cit., p. 245.

像是在"宗教场合"被选中的,是"以一种不受人类的阴谋和诡计影响的方式"被选中的。他们还声称自己是"上帝任命的第一议员,不受人的干预","他们最大的愿望是顺应自己被选中的幸福和纯真"。① 因此,抽签更受到人们的青睐,而不是选举中的"民主"斗争——而且,在含蓄的层面上,也比国王自上而下的任命和用钱买来的职位更可取。抽签具有的安抚美德凸显出来:

> 如此,被选中的人就不会像他被人选举出来的那样沾沾自喜,不会认为自己比其竞争对手更受欢迎;未被选中的人也不会备受煎熬,不会怨恨或报复他人,因为他认为,这不是人的判断,而是命运的安排,这才是他被接受或拒绝的原因所在。②

现实往往更出乎意料。比如,在马赛,随机抽签的执政官来自300人组成的城市议会,这个议会是经过仔细设计的,以保证城市的主要家族占大多数。最终,这种超验的合法性在某种程度上与罗马教会百年来的法律哲学相抵触,并且与国王的专制主义主张形成危险的竞争,于是国王决定废除抽签,恢复买卖公职。

德国(16—18世纪)。在近代早期,抽签在德国也更为普遍。虽然目前这方面的研究中还缺乏系统的综述,但是已经出版了一些专著,尤其是,历史学者芭芭拉·施托尔贝格-里林格提供了一个理论性的概括。③ 总体而言,德国的抽签事例似乎与我们前文分析的总体情况没有太多不同。

一些抽签活动来自中世纪后期的法团,如在罗斯托克(Rostock),

---

① Anonymous, *Le règlement du Sort*, *op. cit.*, 引自 Yann Lignereux, "The drawing of lots versus the State," *op. cit.*, pp. 246ff.

② Laurent Melliet, *Discours politiques et militaires sur Corneille Tacite*, Lyon: Antoine Chard, 1628, p. 782, 引自 Yann Lignereux, "The drawing of lots versus the State," *op. cit.*, p. 249。

③ Barbara Stollberg-Rilinger, "Entscheidung durch das Los," *op. cit.*

抽签被用于填补大学职位。① 还有一些抽签出现于近代早期。马丁·路德（Martin Luther，1483—1546）对于抽签的务实立场促成了这一趋势，路德对抽签的态度不像罗马教会那么抵触。德国著名的法学家、政治哲学家、经济学家和历史学家塞缪尔·冯·普芬多夫（Samuel von Pufendorf，1632—1694）从严格的世俗层面，对各种各样的合法抽签分配的可能情形进行了梳理，如分配遗产、职务任命、解决职位争端、分配救济、挑选在城市工作的医生等。其理由是，当许多人对一物有同样的权利时，那么该物必须被集体使用，或者以轮换的方式使用。假如不可能这么做：

> 最好通过抽签解决，因为在没有更聪明的方式的情形下，没有人该被轻视，或优先于他人，也没有人的尊严该受漠视。②

威尼斯（被广泛视为成功和稳定的贵族共和国）模式的流行可以部分地解释德国对抽签的引入。德国主要在法团和公社层次上使用抽签，而非在王国或者神圣罗马帝国层面上用抽签遴选官员、分配领地或遴选帝国议会成员。然而，许多城市采纳了抽签，如1663年的一些帝国城市，包括汉堡（Hamburg）③、法兰克福/梅茵（Frankfurt/Main）④，和不来梅（Bremen）⑤，这些城市直接受（神圣

---

① André Stappert, "*Organizierter Zufall*" *in zeremonialisierten Verfahren? Das Los bei der Ämterbesetzung an der Universität Rostock in dem Spätmittelalter und Früher Neuzeit*, M. A., Münster: Westfälische Wilhelms-Universität Münster, 2016.

② Samuel Pufendorf, *De jure naturae et gentium libri octo*, 1672, 引自 Barbara Stollberg-Rilinger, "Entscheidung durch das Los," *op. cit*。

③ Gisela Rückleben, "Rat und Bürgerschaft in Hamburg 1595–1686. Innere Bindungen und Gegensätze," PhD thesis, Marburg University, 1969.

④ Friedrich Carl von Moser, "Gebrauch des Looses in Staats-Sachen," *Juristisches Wochenblatt*, August 1774, pp. 615-652.

⑤ Monika Wölk, "Wahlbewusstsein und Wahlerfahrungen zwischen Tradition und Moderne," *Historische Zeitschrift*, 1984 (238), pp. 311-352.

罗马帝国）皇帝管辖，享有很大的自治权，可以自由决定自己选举的机制；其他一些由君主统治的城市，包括 1593 年的乌纳（Unna）[①]和 1721 的明斯特（Münster）[②]。同欧洲其他地方一样，德国对抽签的使用也是同合议提名和选举结合在一起的，是一个多步骤的程序。大多数情况下，抽签被用于选出负责填补公职空缺的选举委员会。抽签被高度仪式化，选举制度总体也是如此。历史学家注意到了这种遴选程序的复杂性与其可预期结果之间的巨大反差：最终的当选者在大多数时候还是人们能预测到的人，抽签的引入并没有在实质上改变官员的社会构成。只有在少数情形下，抽签才会以一种有限的方式扩大潜在的官员范围。[③] 这种并没有实质上改变政治精英的构成格局或者改变很少的复杂设计，为何能够被采用且坚持了数十年甚至数百年？

值得注意的是，抽签的引入通常是在发生了威胁政治秩序的危机之后，其主要官方理由是避免派系之争、限制争吵和打击腐败。如施托尔贝格-里林格所写，抽签的核心逻辑是在一个被视为满足了必要条件的稳定的家族圈中，尝试拉拢并定期更换官员。[④] 这一策略的工具性成功是多方面的：它常常有助于缓和权力斗争，限制主导团体的霸权，减少腐败，并组织官员的定期轮换，但是事实远非总是如此。然而，人们不应该低估这一复杂遴选设计的象征性功能。公平、仪式化的程序，尤其是抽签，不仅有助于具体的选举结果（谁当选）合法化，而且有助于整个政治秩序合法化。在一个被法定

[①] André Stappert, "Aller Unrichtigkeit, Verdacht und Argwohniger Reden vurzubouwen," in Antoine Chollet, Alexandre Fontaine (eds.), *Expériences du tirage au sort en Suisse et en Europe*, *op. cit.*, pp. 91-117.

[②] Uwe Goppold, *Politische Kommunikation in den Städten der Vormoderne. Zürich und Münster im Vergleich*, Köln/Weimar/Wien：Böhlau, 2007.

[③] André Stappert, "Aller Unrichtigkeit, Verdacht und Argwohniger Reden vurzubouwen," *op. cit.*

[④] Barbara Stollberg-Rilinger, "Entscheidung durch das Los," *op. cit.*

团体（行会、法团等）和豪族间的权力斗争所严重分裂的社会中，抽签有表演性效果，起到了把公社视为一个整体、强调共同利益目标的作用。市议会和其他集体机构都是城市的体现，是一种身份代表，其中部分（市议会）能代表整体（公社）。更具体说来，抽签也是一种象征性方式，象征着贵族家族彼此之间的平等，也象征性地加强了他们所组成的团体的团结。①

军事领域内的抽签。在我们进一步分析瑞士的政治抽签之前，有必要简要分析一下另一个涉及抽签的重要社会实践，这便是军事领域的抽签，也恰当说明了程序合法性的重要性。这个领域的抽签显然属于分配抽签。比如，在法国，征兵都是随机选择的：服兵役是一项不受欢迎的职责，被随机选中的富人通常在其领地内购买代理人替自己入伍（他们一开始并不仅仅为了逃避征兵而诉诸腐败）。在军事领域，抽签分配处罚也是一种偶尔为之的做法。这种做法的根源是罗马的"十杀一"法，且被不同的学者如马基雅维利、让·博丹（Jean Bodin，1530—1596）和普芬多夫所证明。直至三十年战争（1618—1648）结束时，在拉丁语国家，这依然不属于实在法，最多是一种特殊的战时做法。② 然而，1590 年，瑞士实在法引入了抽签选择处罚对象的做法。17 世纪 60 年代，包括法国[其中，"三抽一"（*tirer au billet*）程序是用于随机处罚犯罪者的做法，直到 1775 年才被取消]和整个神圣罗马帝国在内的若干国家也效仿了这一做法。虽然最初这是一种例外的做法，但是这种机制后来成为军事法的一个组成部分。

然而，这并不意味着抽签得到了大范围使用：事实上，有记载的案例屈指可数。其中有两个非常突出。第一个是，1642 年 11 月，

---

① Barbara Stollberg-Rilinger, "Entscheidung durch das Los," *op. cit.*

② Barbara Stollberg-Rilinger, "Um das Leben Würfeln. Losentscheidung, Kriegsrecht und inszenierte Willkür in der frühen Neuen Zeit," *Historische Anthropologie*, 2014, 22/2, pp. 182-209.

在对抗瑞典军队的第二次布莱登菲尔德战役（Second Battle of Breitenfeld）中，汉斯·格奥尔格·冯·马德洛（Hans Georg von Madlo）领导的骑兵团因惨败而受到严厉处罚。皮科洛米尼元帅（Marshal Piccolomini）审判并处决了被认为对失败负有责任的军官，其中马德洛上校（Colonel Madlo）和德福上校（Colonel Defour）被砍头。士兵们经过仪式化的解除武器后，按十杀一的比例接受处罚。中签的人都被绞杀。第二个例子发生在1625年5月15日的弗兰肯堡骰子游戏（Frankenburg Dice Game）中。这种做法非常不合常规，以至于该事例在19世纪成为奥地利的民间传说。在上奥地利地区，当地人反对强制重新引入天主教，赫伯斯托夫伯爵决定杀一儆百。在城镇广场上，他将有关的6000人聚集在一起，迫使其中36人玩掷骰子求生游戏，18名失败者中有17人被绞杀。

如芭芭拉·施托尔贝格-里林格所展示的，虽然马德洛的骑兵团和弗兰肯堡的起义农民显而易见遭受的是相似的处罚（一种在一次特别事件后的集体受罚形式，由抽签决定受罚的个人，不涉及任何神意），但是处罚所激起的反应完全不一样。弗兰肯堡事例中涉及的是平民（而不是士兵），这引起许多人的反感，因为那些人是在没有经过正当的程序和仪式的情况下抽中签而被处死的。最令人震惊的是，他们被迫掷骰子。这种反应显示了人们对近代早期运用"十杀一"的合法性底线。这两个事例是特殊状况下的结果，其中抽签的运用基于心理因素而非法律因素，是杀鸡儆猴，而非实施正义。抽签只被用于下等的士兵，而不适用于要经过单独审判的军官，也不适用于平民。"十杀一"的处罚应该遵循一个高度仪式化和"客观"的程序，而不是一种你死我活的游戏，即让潜在的被定罪的人为求生而彼此对抗——这种做法直到18世纪都是被用来惩罚小偷的。①

---

① Barbara Stollberg-Rilinger, "Um das Leben Würfeln. Losentscheidung, Kriegsrecht und inszenierte Willkür in der frühen Neuen Zeit," *Historische Anthropologie*, 2014, 22/2, pp. 198ff.

（二）瑞士：作为分配型贵族制的工具的抽签（17—18 世纪）

在政治上，抽签在 17 世纪的瑞士广为应用，在整个 18 世纪也还是一种常见的做法。瑞士的抽签实践可以大致分为三类。第一类见于诸如伯尔尼（Bern）这类城市，这些城市是包括广大农村地区在内的较大州（canton）的一部分，且由一个稳固的贵族阶层所统治。第二类见于诸如巴塞尔（Basel）这类州城市，这些城市并不民主，但是其政治制度以法团为基础。上述这两类中的政府结构是这样的：一个主要或者完全由精英成员组成的大市议会；一个有着实权的小市议会；一个仿似我们今天所说的政府的"秘密议会"。执政官都是被挑选出来负责特殊事务的。后一个层面也出现在第三种类型中，这在当时的欧洲是非常独特的。在第三种类型的州中，全体公民大会［格拉鲁斯（Glarus）或施维茨（Schwyz）的议会（*Landsgemeinde*），在较弱程度上的日内瓦的大议会］掌握正式的主权，尽管事实上还是由少数精英在主导着政治体制。

在瑞士，抽签的引入显然与圣经、古代雅典和罗马有着亲缘关系。在细节上，深受同时代的威尼斯的影响。抽签被引进到格拉鲁斯（福音派地区是在 1640 年，天主教地区是在 1649 年）、弗赖堡（Freiburg，1650）、伯尔尼（1687）、沙夫豪森（Schaffhausen，1688）、纳沙泰尔（Neuchâtel，1689）、日内瓦（1691）、施维茨（1692）、楚格（Zoug，1694）、伊韦尔东（Yverdon，1712）、巴塞尔（1718）、洛桑（Lausanne，1744）以及若干依靠州权威的小城市。虽然一些抽签试验很快就结束了，如 1706 年的施维茨、1738 年的日内瓦，但是现在组成瑞士的各地区（包括当时的瑞士邦联和当时还未加入邦联的实体，如日内瓦或说纳沙泰尔）是法国大革命前抽签最为普及的欧洲地区。各地的抽签方式各异，且随着岁月的流逝在调整。此外，多种交叉转移的变化也出现了，将瑞士变成了抽签的试验地。

具体的程序相当多。由于这些形式其他地方已有详细介绍①，此处不再赘述。许多经过精心设计甚至是珍贵的工具被专门用于瑞士政治抽签（虽然其中有些也可被用于选举）。② 这些证明了此地区政治抽签的重要性和独创性：在欧洲大多数其他地区，如抽签袋或者盆子等常见物品是仅有的用于抽签的工具。瑞士的抽签几乎总涉及有着复杂遴选过程的一两个步骤，其过程也包括合议提名和选举——正如我们所说的中世纪和近代早期抽签的这一典型特征。抽签可以被用于选举委员会的遴选（如威尼斯的做法），也可以作为一种工具，被用于最后阶段从候选人名单中选人填补公职空缺（如在佛罗伦萨）。然而，无人提起佛罗伦萨对瑞士政治程序的影响（当时，抽签在托斯卡纳城市已经被边缘化了），名签也不是从抽签袋抽出的。相反，每次要填补新的职位时，都要重复一次整个选举过程。因为只有数量不多的家族参与竞争，所以候选人有着合理的希望——尽管不是确定的，即在某个时刻被选中。根据瑞士的文献记载，抽签被用于填补公职或者市议会的空缺。这些混合在一起的设计通常被视为意大利的改进版。如威尼斯旅行家利奥波德·库尔蒂（Léopold Curti）在18世纪末所写的那样：

> 在威尼斯，我们抽签选出选举人，选举人提名他们想要选的人。在巴塞尔，我们选出六个最有价值的人，命运的决定就只在这六个人中。哪种方式更完美？……在巴塞尔，至少可以肯定的是，六个人中的一个会被选中，全民

---

① Antoine Chollet and Alexandre Fontaine (eds.), *Expériences du tirage au sort en Suisse et en Europe*, op. cit.; Maxime Mellina, Aurèle Dupuis and Antoine Chollet, *Tirage au sort et politique*, op. cit.; Aurèle Dupuis, "Aristocratie distributive et traditions républicaines," op. cit.; MELLINA, Maxime (2021), "Le Sort ou la Raison. Persistance et disparition du tirage au sort en Suisse (1798-1831)," 2 volumes, PhD thesis, Lausanne: Lausanne University.

② Patricia Brand and Catherine Guanzini, "Rôle du tirage au sort dans les pratiques électorales au XVIIIe siècle. Le cas d'Yverdon et des villes vaudoises," in Antoine Chollet, Alexandre Fontaine (eds.), *Expériences du tirage au sort en Suisse et en Europe*, op. cit., pp. 145-172.

投票已经宣告了这些人是城市中最有价值者。这里，选择先于命运的决定，盲目之签发现自己在某种程度上被指导着，这就不会犯大错。在威尼斯，抽签先于投票，盲目之签或许会引领着明眼人前行。①

威尼斯的影响在这段时期表达抽签的瑞士词汇中是显而易见的，频繁出现的小孩就是物证。1640 年，格拉鲁斯的福音派公民大会决定，对每一个公职，提名八位公民，然后公开抽签，选出其中一位。"这八位被提名者站成一圈，一个小孩将黑布裹着的八个球一一发给他们，其中七个球是银的，一个球是金的。拿到金球的人当选。"②在 1691 年 11 月重要职位的选举中，日内瓦共和国首次引入抽签，也使用了同样的方式：

于是，所有人都可以看到，六个同样大小、外层颜色相同的球或盒子被放在了托管人面前；其中，两个球的内部是黑色的。一个六七岁的小孩——这次是公诉人让-皮埃尔·特朗布莱（Jean-Pierre Trembley）的儿子小莱昂纳德（Léonard）——一个接一个地从皮袋中取出球，根据他们的等级发给被提名者。每个提名者打开自己的盒子：第一个和第四个盒子里面的球是黑色的，这样雅各布·德拉里维（Jacob de la Rive）和琼·塞尔斯（Jean Sales）就被排除掉了。对其余的四人进行投票，最终安德烈·迪南（André Dunant）和皮埃尔·莱克特（Pierre Lect）当选为审计员。③

---

① Léopold Curty, *Lettres sur la Suisse*, vol. I, Altona: Chez Jean David Adam Eckart, 1797, pp. 152-153, 引自 Aurèle Dupuis, "Aristocratie distributive et traditions républicaines," *op. cit.*, p. 148。

② Eugène Rambert, *Études historiques et nationales*, Librairie F. Rouge, Lausanne, 1889, p. 226.

③ RC 191, 10/31/1691, 11/01/1691, pp. 316-320, 引自 Raphaël Barat, "The Introduction of Sortition in the Republic of Geneva (1691)," in Liliane Lopez-Rabatel and Yves Sintomer (eds.), *Sortition and Democracy, op. cit.*, pp. 260-261。

几乎所有的地方在引入抽签时，都有两个理由。第一个也是最普遍的理由是，要结束四处蔓延的腐败和阴谋，这也是整个中世纪和近代早期最常被提及的理由。通常，在所有的尝试都失败后，抽签作为危机决策而被引入（马基雅维利此前在分析佛罗伦萨的情形时提到了这一点）："如果不是因我们政府的普遍腐败而造成极端必要，我们不会走（抽签）这一步。"这是著名的巴塞尔数学家约翰·伯努利（Johann Bernoulli，1667—1718）在1718年写下的话。①

然而，在瑞士，抽签的引入不仅仅归因于共和的主张，即腐败在道德上应受谴责，政治争斗危及共同利益和共同体的团结。② 在多数州，政治职位都是肥差，选举过程决定了谁买得起公职，而公职反过来又成为这些人的重要收入来源。就职前，那些已当选的人必须花费大价钱，这被视为对于未来收益的一种投资。同样，作为政治共同体的一名成员，意味着他有权分享集体财产，每个人都有机会分得：不是如法国人那样把钱给国王，而是把钱给共和国，即他们的同胞。③ 他们必须支付两次：非正式地支付一次，在选举过程中；正式地支付一次，在当选后，要掏钱买位置。

将公职肥差与抽签正式挂钩是瑞士共和主义模式的一个特色，在那里，抽签是稳定"分配型贵族制"的特权工具。这个概念是奥雷勒·迪皮伊提出的，本书前文用这一词语分析了威尼斯的模式。④ 辩论的双方都认为，仅仅运用选举是危险的。权力就会轻易地被少数精英所掌控，这样就会威胁到那些有资格担任公职的贵族间的平

---

① 引自 Maxime Mellina, Aurèle Dupuis and Antoine Chollet, *Tirage au sort et politique*, *op. cit.*, p. 35。

② Thomas Maissen, *Die Geburt der Republic. Staatsverständnis und Repräsentation in der frühneuzeitlichen Eidgenossenschaft*, Göttingen: Vandenhoeck & Ruprecht, 2006.

③ Daniel Schläppi, "Das Staatswesen als kollektives Gut: Gemeinbesitz als Grundlage der politischen Kultur in der frühneuzeitlichen Eidgenossenschaft," *Historical Social Research/Historische Sozialforschung*, Special Issue, 2007, pp. 169-202.

④ Aurèle Dupuis, "Aristocratie distributive et traditions républicaines," *op. cit.*

等。比如，在伯尔尼，1630 年有 139 个家族可以参与"政权"，到 1701 年就只剩下了 88 个家族。① 同样，候选人之间为当选相互争吵，花费巨大，有时甚至过度了。"据说，一个住在施万登（Schwanden，在格拉鲁斯州）的人，出身名门，赚了大钱，也买了地，但是为了获得提名而大把向公民撒钱，最后沦为赤贫。"格拉鲁斯执政官约翰·海因里希·楚迪（Johann Heinrich Tschudi）在 1714 年这样写道。② 对于有大议会的州来说，尤其如此，因为选举人圈子更大，候选人在选举前为普通公民提供餐食和饮料也是合法的。将"驯化的机会"引入选举过程并没有危及精英阶层的控制，因为抽签在通过选举或者合议提名确立候选名单之后进行，也因为花钱买肥差的成本远不是多数公民承担得起的。抽签限制了竞选活动的费用，也降低了贵族统治转变为小型寡头政治的风险。抽签有助于减少对普通公民的剥削，因为官员不再需要为他们竞选活动中的花费寻求"补偿"。这样的设计似乎允许对集体产品进行"公平"分配。有时，统治阶级会开放一些，如巴塞尔 1740 年改革后，扩大了抽签候选人圈子，但是这种情况在其他城市并不常见。③ 在 18 世纪的伯尔尼，人们曾要求在一个更大的公民圈中抽签选出公职人员，但是修正提案并未获得通过。④ 18 世纪初的日内瓦，当皮埃尔·法蒂奥（Pierre Fatio，1662—1707）领导的民众派呼吁"恢复"民主时，他们捍卫

---

① Nadir Weber, "Gott würfelt nicht. Losverfahren und Kontingenzbewältigung in der Republik Bern（17. und 18. Jahrhundert）," in Antoine Chollet and Alexandre Fontaine（eds.）, *Expériences du tirage au sort en Suisse et en Europe*, 2018 p. 48.

② Johann Heinrich Tschudi, *Beschreibung des Lobl. Orths und Lands Glarus*, Zurich：Lindinners, 1714, pp. 577-578, 引自 Aurèle Dupuis, "Aristocratie distributive et traditions républicaines," *op. cit.*, p. 73。

③ Aurèle Dupuis, "Aristocratie distributive et traditions républicaines：une histoire comparative des usages du tirage au sort en politique dans trois cantons suisses d'Ancien Régime（17ᵉ-18ᵉ siècles），" *op. cit.*。

④ Nadir Weber, "Gott würfelt nicht," *op. cit.*, p. 51.

的是民众大会的作用，无论是代议制政府还是抽签都还不是问题。①

同法国和德国一样，瑞士的抽签也是一种象征性方式，该方式承认贵族在竞选过程中的平等地位，也避免伤及他们的荣誉。因随机抽签而失败要比因失去同胞的支持而失败不那么丢人。正如出访过瑞士的英国辉格党议员亚伯拉罕·斯坦扬（Abraham Stanyan）1714年在《瑞士记录》（Account of Switzerland）中所写：

> 如果有人宁愿选择一个更有资格的人，那就是"命运"女神所选的，无须指责任何人；为了她的荣耀，她已经分配了职位，似乎她所做的，不会比这项机制*引入前的大议会更不平等。②

这一论点非常中肯，因为长期以来，抽签大多出现在新教地区，新教不像罗马天主教那样对占卜和抽签进行严格区分。抽签揭示了，命定论思想在瑞士比在法国更深入人心，更影响深远。1710年伯尔尼的一份官方评估声称，"对上帝的敬畏和对其仁慈祝福的信任"随着抽签的引入将会增长。③ 候选人之间的信件往来也体现了同样的观点。1771年，伯尔尼的内科医生、自然科学家、知识分子、议会成员阿尔布雷希特·冯·哈勒（Albrecht von Haller，1708—1777）写道："让我们顺从主，正是主用这些选票造出金银，他对每一个名签都做了颜色标记，他决定了谁该被选中。""这是从一开始就在每一个细菌上，描绘它所代表的个体命运的同一只手"，自然科学家和哲学家，也是200人市议会议员的收信人查尔斯·邦内特（Charles Bonnet，1720—1793）回答道。哈勒还以更通俗的方式补充道："在

---

① Raphaël Barat, "*Les élections que fait le peuple*," *République de Genève, vers 1680-1707*, Geneva: Droz, 2018.

* 抽签。——译者注

② Abraham Stanyan, *An Account of Switzerland, Written in the Year 1714*, London: Jacob Tonson, 1714, 引自 Nadir Weber, "Gott würfelt nicht," *op. cit.*, p. 56。

③ Nadir Weber, "Gott würfelt nicht," *op. cit.*, p. 50.

我的眼里，上帝自己的声音，比人类的行为更为明显。我的选票颜色没有花我一个子儿。"①

1714年，巴塞尔的八名执政官，同时也是神学家或牧师，写下了一篇辩护词，这可能是对当时抽签的最为精彩的辩护：

> 悲哀的经验告诉我们，人们曾经试图结束阴谋而做的所有行为都产生了非常不利的影响……而且往往对我们来说就如危险的疾病。放任不管只能使病症……恶化。这些有害的阴谋毁掉了许多人，使许多人背离其职业与专业，把许多人从诚实可靠者变成了一文不值的小偷。阴谋阻碍善良，浪费大量的钱财，这些钱财本可以也应该用于上帝的荣耀和国家的福祉。这些阴谋很快会使我们的政权分裂为不同的派系，将自由民的联邦变为一个人们无法忍受的寡头统治，从而几乎完全摧毁我们古老自由、秩序井然、在许多人中实行平均分配的政府形式……上帝是仁慈而耐心的，他一直对我们耐心有加……他为我们保留了补救办法……仁慈的上帝用抽签将我们从亵渎神灵的阴谋污泥中拽出来……在某种程度上，我们可以在选举中加以使用。抽签，不受任何人的控制，只受上帝的控制。抽签，不看任何人的眼色，不依附任何一方，不为阿谀奉承或大话所动，不畏强权威胁。抽签，不接受来自任何人的礼物或者捐赠，也不会因巨大花费而伤害妻儿，不会让任何人破产。抽签，不让任何人成为某一方的奴隶……我要说，抽签不会把诚实者完全排除在荣誉与公职之外，它无情，但只有它能帮助我们。②

---

① Nadir Weber, "Gott würfelt nicht," *op. cit.*, pp. 59–60.

② Anonymous, *Memoriale der Geistlichkeit zu Basel, wegen Einfuehrung eines Looses, zu Hintertreibung der Pratiquen, und Verheutung dess Meineyds dorten vor Raeth und Burger proponirt Anno 1714*, Bern: S. Küpffer, 1720, 引自 Aurèle Dupuis, "Aristocratie distributive et traditions républicaines," *op. cit.*, pp. 96ff.

四年后，抽签被引入巴塞尔的选举制度。在讨论引入抽签时，有关圣经的争论起到了非常重要的作用。其中一个演讲者提到了《新约》与《旧约》在抽签问题上的差异，另一个名为米茨（Mitz）的演讲者，含蓄地提到了第十二个使徒马提亚的任命，他生动地讲道："我们是基督徒，不是犹太人——我们阅读的是《新约》中的《使徒行传》，你会发现，抽签之前要进行明智的筛选（vernünftige Wahl）（这样最后只有两个人合格且被认可）。"①

本章小结

在本章简短分析的最后，关于中世纪和近代早期的抽签和政治，我们能得出怎样的经验教训？我们可以总结出四点。第一，几个世纪以来，抽签非但不是一种例外，反而是可被接受的政府官员遴选制度的一部分。鉴于资料来源的稀少和现阶段的历史研究，目前还不能就抽签在全世界的运用提供一个系统的分析。在西方世界，抽签在古代雅典和古代罗马都扮演了重要的角色，且在中世纪晚期意大利的北部和中部令人印象深刻地复兴。从 13 世纪到至少 17 世纪，意大利公社成为政治抽签的主要试验场。贵族统治的威尼斯城为整个欧洲提供了一个长久的典范。多亏几部畅销书和小册子对威尼斯政治制度的描述，威尼斯模式才影响了整个欧洲（以及北美，如我们将在第三章中看到的）。从 15 世纪中叶到 17 世纪，西班牙诸王国构成了抽签的另一个政治试验场，尽管其影响仅限于伊比利亚-美洲世界。接下来，从 17 世纪到 18 世纪后期，瑞士也成为抽签的另一个试验场。在一定程度上，抽签也传播到了英国、法国、德国及其

---

① Peter Ochs, *Geschichte der Stadt und Landschaft Basel*, vol. 7, 1797, Basel: Schweizhauserschen Buchhandlung, 1817, p. 467, 引自 Maxime Mellina, *Le Sort ou la Raison*, op. cit., vol. 2: *Recueil de sources*, p. 109。笔者要感谢托马斯·迈森（Thomas Maissen）对此文的评论。

他欧洲地区。

第二，抽签主要在我们现在称之为共和的环境下发展起来，包括城邦国家、共和制国家、独立的公社以及自治城市和城镇占主要地位的王国或者帝国。在少数地区，共和政权从未采用过抽签（或许荷兰是一个例子）。相反，中世纪和文艺复兴时期意大利的众多王国以及近代早期欧洲崛起的君主专制国家，对于抽签和选举都是不友好的。共和制意味着一定程度的自我管理，在一个独立或者自治的政权中，积极公民可以行使权力，而不是受专制领导者的统治。《佛罗伦萨的自由》(*Florentina libertas*) 就是关于这种理想的最清晰的一种意识形态表达。然而，大多数情形下，这种自治的运作范围比古代雅典的规模要小得多。中世纪和近代早期的共和制包括领主式、法团式、贵族式和"大众"式等不同版本，但即使是最后一种版本，也排斥底层阶级、妇女和被征服领土的居民参与。没有太多民主生根的事例，也没有把抽签的候选人范围扩大多少：只有13世纪的几个意大利公社，1378—1382年梳毛工起义时的佛罗伦萨，以及15世纪和16世纪之交时的几个小城市和若干法团。17世纪和18世纪，欧洲大部分地区出现了寡头化倾向，激起了民众反抗，这为后来的革命提供了肥沃的土壤。

第三，这期间，多数情况下，抽签同选举和合议提名相结合，形成了一个多阶段的妥协投票制度。两种模式发展起来：（1）先抽签选出选举委员会，再选举官员的威尼斯模式；（2）先选举和提名拟定候选人名单，再抽签选官员的佛罗伦萨模式。这两种模式在无数的混合中产生了多种变体。最常见的情形是，程序因填补的空缺职位的重要性不同而不同。在法团主义背景下，选举和抽签通常不会发生在一个统一的公民团体中，而是发生在组成政治共同体的不同法团中。

第四，抽签固有的偶然性是存在的，但受到了最大可能的限制。① 抽签仅仅是漫长过程中的一个短暂时段，通常发生于相对狭窄的圈子。对机会的第一次政治驯服中也包括另一个因素，这个因素在古代、中世纪和近代早期都是常见的：从公元前 5 世纪的雅典，到 18 世纪的巴塞尔，抽签与务实的（不是科学的）政治制度的合理化相关联。在特定条件下，尤其在一场危机之后或者腐败和内部争斗过于猖獗时，依从特定的方法，抽签似乎为政治秩序所面临的挑战提供了一个合理的应对办法。这种直觉是可信的：雅典、罗马、威尼斯、佛罗伦萨和西班牙在其权力的巅峰时刻都运用了抽签。从雅典的抽签器，到罗马的抽签瓮，再到威尼斯的抽签袋，以及 18 世纪瑞士使用的工具，特定的工具被发明出来促进了抽签的使用。前文所提及的"政治试验场"的概念是恰当的：程序方案被反复讨论与阐述，产生了许多转移和各种混合且导致了新的试验的发生。

中世纪和近代早期，那些维护、引入或者支持抽签的实践者的明确动机是什么？从绝大多数案例分析中可以得出的主要结论是，抽签的使用显然是出于更好地管理政治冲突的愿望，这包括几个方面：限制因对权力、声望和资源的争夺而产生的影响；柔化对落选者的心理打击；减少那些在道德上应受谴责的甚至是非法的操纵行为，比如派系和腐败；减少裙带关系对共同利益主导下的统一的政治共同体理想的负面影响。

一些地方存在抽签由上帝控制或者至少是命定的个人被选中而其他人未被选中的观念，这种观念强化了政治抽签的合法性。在受罗马天主教影响的地方，从宗教上寻求抽签的正当性是困难的，因为这些地方禁止占卜，且受到阿奎那的区分抽签和占卜的观点的影响，这种区分为一系列原本未界定的行为划定了新的界限。在新教

---

① Lorenzo Tanzini, "The practices and Rhetoric of Sortition in Medieval Public Life," *op. cit.*

地区，成为声称上帝是抽签结果的幕后推手并非难事。在天主教地区，除了少数例外，神圣的合法化至多是间接的，比如被包含在举行抽签的仪式中，其中的宗教层面是程序公平的象征性保证。

人们在为抽签进行辩护时，几乎很少是以民主的名义或者是为了反对（贵族）选举。亚里士多德著名的民主与选举二分法可能被一些作者，如莱昂纳多·布鲁尼和加斯帕罗·孔塔里尼肤浅地提及，但这种观点并不是在日常政治生活中被广泛引用的理论。唯一的例外是15世纪之初佛罗伦萨大议会所进行的短暂辩论。这易于理解，因为抽签几乎总是与选举或者合议提名结合起来使用，遴选的圈子通常很小。最为常见的是，改革者并不把抽签视为一项民主议题。当实践者提到抽签时，旨在为扩大抽签的圈子而辩护，借用佛罗伦萨的概念，是要统治"大圈"（*governo largo*）而不是"小圈"（*governo stretto*）。

另外，有些针对抽签的批评确实源自精英主义。除了严格的经验主义论点宣称抽签并不能有效地限制冲突和小团体的形成、不能限制很容易产生的腐败以及欺骗外，其中一个反复被强调的观点是，抽签不是挑选最优秀的人的充分手段。另一个在近代早期很常见的观点是，机会是盲目的，因此抽签是一个非理性的过程。从这个视角出发，政治抽签被视为一种抽彩活动，在理性政治中毫无立足之地。第三个观点尽管由圭恰迪尼首次提出，但是直到18世纪末才流行起来，即抽签与人民的意志不相容。

站在21世纪的有利位置，我们如何来分析中世纪和近代早期抽签选官背后的逻辑？可以得出的第一个结论是，抽签的理性化与仪式化并不矛盾，相反，嵌入抽签的仪式事实上大大有助于政治秩序的合法化。依托德国社会学家尼古拉斯·卢曼（Niklas Luhmann）[1]

---

[1] Niklas Luhmann, *Legitimation durch Verfahren*, Frankfurt/Main: Suhrkamp, 2013 (8th edition).

的研究成果，施托尔贝格-里林格展示了程序合法在政治中的重要性。无论是选举还是抽签通常都无法改变中世纪和近代早期权力的结构等级，这一事实使得许多 21 世纪的评论者蔑视选举程序，或者仅仅把选举程序看作统治阶级的意识形态工具。然而，施托尔贝格-里林格论证说，如果程序被赋予真正的自主性与一致性，那么程序既有工具效应，也有象征效应。①

当然，尽管政治不能被简化为程序，但是缺了程序，政治几乎是不可能的。如果没有社会实践者同时促进或运用政治程序，政治程序也将毫无意义。在中世纪和近代早期，就像今天一样，程序也是一种工具，用来发动战术政变、取消竞争对手的资格或者鼓励某些政治倾向。因此，我们必须谨慎行事，不要将这些程序授权的相互作用解释为其规范性和宪法性理想的直接应用。然而，认真考虑程序的象征维度是非常重要的。程序包含并显示了政治秩序合法性所依赖的规范性框架，以及批评者和辩护者都加以引述的意义库。程序具有自身的逻辑，这种逻辑超越了其各种社会、工具和意识形态方面的用途。程序通常作为游戏的规则而发挥作用，在前文分配型贵族制的事例中，人们必须参考这些规则来使决策合法化。过去的政治如此，现在的代议制政府也不例外——我们已经看到，2020年美国总统选举后，对程序的颠覆可能造成多大程度的精神创伤。

中世纪与近代早期的共和选举程序的一个主要特征在于，这些程序反映了以共识为基础的政治秩序，这种政治秩序以共同利益为理想的导向，在这种秩序下，利益的多元化将被消极看待，内部的冲突将受到谴责。② 然而，归根结底，程序的实际运作与这一高尚理

---

① Barbara Stollberg-Rilinger, "Einleitung," in Barbara Stollberg-Rilinger (ed.), *Vormoderne politische Verfahren*, *Zeitschrift für Historische Forschung*, Beiheft 25, Berlin: Duncker & Humblot, 2001, pp. 9-24.

② Ibid., p. 24.

想之间差得很远。为了获得与官职有关的荣耀和公共物品，派系和精英家族之间斗争不断。但是，在一定程度上，这类冲突受到遏制，争斗被疏导。在这方面，抽签是一个重要的因素：抽签有助于政治共同体超越派系、裙带关系和腐败所引起的分裂。对机会的首次驯服是与官职的轮换结合在一起的，至少象征性地促进了共同体和平有序的权力分配。

再者，共和理想是建立每一个公民都享有平等权利并能积极参与决策过程的共和国。抽签创造了同侪群体，在这个群体内，参与者形式上都是平等的，因此这个群体也是排外的，将那些被视为不适合担任公职的人排除在外。抽签的引入"不是民主化，而是减少已经参与政府一部分的那些家族之间的冲突，并在它们之间更好地分配资源，从而保持贵族共和国的稳定。"① 正是因为抽签在一个小的（或者说相对小的）圈子里进行，所以抽签与贤能者治国的主张是一致的，即由最优秀者治国。如奥雷勒·迪皮伊所解释的，抽签是"分配型贵族制"的工具。②

抽签因此也与特定的"代表"概念有关。抽签在欧洲复兴几十年后，一个新的政治和司法概念"代表"（*repraesentatio*）被发明出来。多亏这个概念的发明，代表实体现在才能够代表其所在的共同体并为共同体做出有约束力的决策。然而，出现在公社、教会或者神圣罗马帝国的选举团的这种代表不是巴尔多鲁或巴尔杜斯·德乌巴尔迪斯（Baldus de Ubaldis, 1327—1400）所理论化的"授权代表"（mandate-representation），"授权代表"在此很久以后的美国革命和法国大革命中开始流行。政治代表并不是一个委托人给予一个代理人代他发言或做决策的法定权利的手段（比如通过选举）。中世

---

① Nadir Weber, "Gott würfelt nicht," *op. cit.*, p. 51.
② Aurèle Dupuis, "Aristocratie distributive et traditions républicaines," *op. cit.*

纪，个人代表他人行事的人格（personam alicuius repraesentare）在私法中至关重要，但在公法中是次要的。在政治领域，由帕多瓦的马西略和塞戈维亚的约翰提出的"身份代表"一词是被运用的主要概念。在一定程度上，这个概念意味着，代表与被代表的群体之间存在某种程度的一致：前者是后者的体现。因此，"身份代表"中的"代表"并不需要得到被代表者的正式授权。抽签与这种形式的代表之间有着选择性亲和力，就像各种形式的"妥协投票"① 与结合选举、合议提名和抽签的遴选机制之间的亲和力一样。其目的不是让一个团体授权，而是构成了最能体现整个政治共同体的部分。② 这种对代表的理解一直流行到美国革命和法国大革命时期。③

总的来说，我们在第一章和第二章中所分析的历史试验表明，抽签在历史上曾有着广泛的政治用途。从历史社会学的角度看，这种初步的分析揭示了三种潜在的理想类型，这些类型通常与具体的历史事例结合在一起，需要通过分析加以分辨。（1）如在古代，当抽签被认为有助于实现神的意愿或揭示命运时，它可以在政治中具有超自然或宗教的维度。（2）抽签也可以构成一个解决冲突的公正程序，尤其是在涉及腐败、危机和对公职的激烈竞争时。（3）抽签可以确保获得政治或司法职位的平等机会。一般而言，抽签的这三个不同层面实际是交织在一起的，后两个层面通常与共和自治联系在一起，表现为"分配型贵族制"（如整个中世纪和近代早期的大多数情形）或者"分配民主制"（如古代雅典和特定时期的一些意大利

---

① Hagen Keller, "Electoral Systems and Conceptions of Community in Italian Communes," *op. cit.*

② Hasso Hofmann, *Repräsentation*, *op. cit.*

③ Barbara Stollberg-Rilinger, *Vormünder des Volkes? Konzepte landständischer Repräsentation in der Spätphase des Alten Reiches*, Berlin: Duncker und Humblot, 1999; Samuel Hayat, Corinne Péneau and Yves Sintomer (eds.), *La représentation avant le gouvernement représentatif*, *op. cit.*; Samuel Hayat, Corinne Péneau and Yves Sintomer (eds.), *Raisons politiques*, thematic issue: *La représentation incarnation*, 72, November 2018.

公社）。抽签对于分配民主的潜力已经被证明是人类学神话的肥沃土壤，神话中的国王是由抽签选出来的，他在短暂的统治后又被杀掉。

我们在第一章开头提到的第一个问题——从古代到近代早期抽签是如何进行的？——已经得到了第一组答案。我们现在必须着手回答第二个问题：为何作为政治工具的抽签，在美国革命和法国大革命时期随着现代代议制政府的出现而几乎完全消失不见了？

第三章
政治抽签的消失：一个历史之谜

从 17 世纪的英国革命到 18 世纪末的美国革命和法国大革命，一种新的政治秩序诞生了，这种秩序与代议制政府的兴起有关。在此期间，没有任何重大政治运动或政党要求将抽签作为一种政治手段。在少数地区，比如在瑞士或者反抗法国的半岛战争（Peninsular War）中的西班牙帝国，当为满足新的要求进行改革时，抽签还会被使用。然而，即使在这些地区，抽签最终也在几年内或者至多在几十年内就消失了。在其他国家，抽签几乎完全从政治中消失，只留下一些微不足道的痕迹，比如在两个赢得同样多选票的候选人之间通过抽签做出选择。代议制政府的逐渐制度化意味着，抽签已被视为远古的遗迹。从基于财产资格的选举权到成年男子选举权，再到全民普选权——体现政治制度真正民主化的一种演变，并没有使抽签遴选政府官员重新受到欢迎。

共和思想与实践的漫长传统中出现的这一重大断裂被遗忘得非常彻底，以至于 21 世纪经选举产生的官员，在有人建议重新引入抽签时，通常会尖叫得要杀人。伯纳德·曼宁是强调这一断裂的第一人。他对这种断裂现象的解释是双重的。第一，直到美国革命和法国大革命前的几十年里，那些思考统治问题的人总是想当然地认为抽签是更民主的，而选举是更贵族化的。然而，18 世纪，两国的开国元勋想要的是选举型贵族制，而不是民主制，因而在为遴选政府官员奠定制度基础时，他们一致倾向选举。他的第二个论点是，自然法的兴起和"同意"概念弱化了抽签的合法性，但为选举的繁荣提供了肥沃的土壤。①

21世纪的抽签倡导者常常宣称，以"真正的"民主的名义进行抽签，具有历史正当性。然而，我们在第一、二章的论述挑战了这种说法的效用，因为从历史上看，抽签主要与分配型贵族制有关，而非与美、法的两场革命前夕的民主有关。此外，这一论点无法解释为何民主行动者没有要求把抽签作为一种特权机制。如果我们考虑到，18世纪的革命者都受到古典文化与共和传统的熏陶——许多人读过亚里士多德、柏拉图、李维（Livy）和马基雅维利的著作——并决意推翻古代政权的贵族统治，这种情形似乎就更为奇怪。再有，抽签的政治机制已经存在，如我们在第二章对瑞士历史背景的分析中所见。还有，抽签是组成陪审团的关键工具，其重要性在美、法革命之后更为显著。因此，谜团在于：为何抽签在流行几个世纪以后会迅速消失，与此同时，新的共和要求越来越受欢迎？如何解释抽签在政治上的彻底湮灭？

一、中国与西方的大分流

如果我们看看中国的情况，在那里，抽签的政治运用在1594年到1911年间经历了一个非凡的时期，这个问题就更令人困惑了。魏丕信（Pierre-Etienne Will）通过其精彩的概述，展示了抽签如何在16世纪晚期成为中国政治制度中具有决定意义的组成部分，使得对通过科举遴选上来的高级官员的职位分配成为可能。抽签的做法一直延续到20世纪初，彼时在西方政治中，抽签已消失了很久。从这

---

① Bernard Manin, *Principles of Representative Government*, op. cit.

个角度看,我们可以转用经济史研究的词语来说,中国与西方出现了"大分流"。① 我们如何理解这种发展?

(一) 中国的科举与抽签 (1594—1911)

目前的史学研究似乎表明,1594 年之前 [即明朝 (1368—1644) 结束之前的几十年],曾零星有过抽签选任官员,但并不系统。主要是在占卜领域,出现了一股强大的力量推动机会的合理利用。然而,从合格的候选人名单中拈阄选任官员的做法在古代文献中得到了证实,特别是在元朝 (1271—1368) 和明朝初期的浙江省。后来,抽签断断续续被用于遴选高级文官和一些大臣级官员,也被用于分配太学生到各地完成学徒生涯。② 中国政治抽签中最有名的例子可能出现在《水浒传》里,这部 14 世纪的中国小说被认为是施耐庵的作品。这部用白话文而不是文言文写成的小说,被视为古代中国文学"四大名著"之一。该小说是根据草莽英雄宋江和他的 107 个伙伴,即"三十六天罡"和"七十二地煞"的故事改编的。这支农民起义军曾活跃于今中国安徽省中北部的淮南地区,并最终在 1121 年归降了宋朝。小说讲述了在起义军首领晁盖死后,宋江如何成为要塞——梁山的首领。为了挑选继承人,起义军决定使用抽签和军事才干相结合的方法。宋江和另一个草莽英雄卢俊义,随机从一堆纸片中抽出几张,选择一个攻击敌人的战场,谁第一个赢,谁就成为新的领袖。"天命",也就是命运,让宋江去攻打东平府。他赢在先,因而成了新的头领。③

---

① Kenneth Pomeranz, *The Great Divergence: China, Europe, and the Making of the Modern World Economy*, Princeton: Princeton University Press, 2001.

② Pierre-Étienne Will, "Appointing officials by drawing lots in late Imperial China," *op. cit.*

③ Shī Nài'ān, *The Water Margin: Outlaws of the Marsh*, North Clarendon: Tuttle Publishing, 2010, chapter LXIX.

这些事例以及抽签可能长期以来就是中国大众文化的重要组成部分的事实表明，掣签既是一种传统，也是一种技术资源。1595年，孙丕扬（1531—1614）出任明朝吏部尚书时曾运用掣签法，这从根本上改革了国家各省高级文官的任用制度。彼时，中国是世界经济和政治上的翘楚。其政府设置无与伦比：通过考试录用高级和初级官员。如我们在第一章所提到的，这种制度直到很晚才被西方引进。再有，几个世纪以来，中国都以郡县制为基础，省督抚和其他高级官员都由皇帝派出，所派往的地方都非他们的家乡，这样就避免了持久的裙带关系或派系的形成。出于同样的原因，官员每隔几年都要更换职位。此外，没有世袭的贵族。这个制度显然非常现代，与封建制度截然不同，远远领先于欧洲的制度。

儒家理想构成中国古代政权的官方意识形态，其与封建主义的决裂是非常明显的。统治者，包括皇帝本人，只要顺从天命，就是合法的。传统上，在中国，关于"天"的概念并不包括拥有自主权力的人格神，所说的"命"是一种和谐地嵌入宇宙秩序的命运，这是全体人类都要服从的宇宙秩序。皇帝必须体现人类的美德，遵从宇宙秩序（根据道家的传统，就是遵从道）。如果统治者"失道"，就会出现自然灾害和人民起义等迹象，这就预示着统治者失去了合法性。天命可以通过人民的感受来理解，统治者必须把人民的福利放在心上。因此，这种意识形态与自治是对立的，自治是一种与国家和人民主权相对立的人权概念。儒家意识形态暗示了一个尊重宇宙秩序的"仁慈统治者"。然而，中国官方儒学与西方共和主义之间有着一些相似之处：在形式上促进官员献身于国家所体现的共同利益，献身于人民的福利，反对派斗、裙带关系、腐败和特殊利益。

同西方世界一样，中国的政治现实与理想相去甚远。尽管相比于西方国家，中国政府的效率相当高，但也被宫廷阴谋、腐败和各式各样的政治斗争所破坏。官职不仅是荣耀的主要来源，也是利益的主要来源,为获得最佳职位而展开的竞争是非常激烈的(省级和省级以下的官职也是如此)。在如此恶劣的高层氛围中,孙丕扬努力大幅改革官职空缺的填补方式。他没有按照由吏部来决定官职空缺的填补的传统做法,而是通过掣签来实现。这次改革以公平和公正决策的名义进行。① 因此,这是一个与因腐败和个人或派系斗争而引起的混乱作斗争的问题——这些混乱对国家有害,与国家原本应推崇和促进的和谐理想相违背。对孙丕扬改革动机的解释如下:

> 吏部掣签之法,始自迩年孙富平太宰,古今所未有也。孙以凤望起,与新建张相,寻端相攻,虑铨政鼠穴难塞,为张所持,乃建此议,尽诿其责于枯竹。初行时,主者既以权衡驰担,幸谢揣摩;得者亦以义命自安,稍减怨怼。亦便计也。②

因此,一种强烈的宇宙观的维度促成了抽签在中国的合法性:抽签被视为天命的反映。如我们前文所提到的,这并不是指某个人格神的干预,而是关于命运的概念,这种概念使得每个人在宇宙秩序中有其正确的位置。让人惊异的是,抽签发生在完全不同的环境——比同时代的欧洲国家更加现代的环境中,但是其引入抽签的主要论点实际上却与欧洲引入抽签的理由大同小异。抽签的引入旨在遏制阴谋和腐败,促进候选人对结果的接受(鉴于这是上天已确认的公正程序),并减少争斗。同样,在中国,抽签也只是在一个小圈子内进行,进入这个小圈子的人已被视为有资格担任官职。二者主要的区别是遴选机制不同:中国通过科举考试,而欧洲体制是将

---

① Pierre-Étienne Will, "Appointing officials by drawing lots in late Imperial China," *op. cit.*, pp. 74ff.
② Defu Shen (沈德符), *Wanli yehuo bian*《万历野获编》, Beijing: Zhonghua shuju, 1997 [1606], pp. 288-289, 引自 Pierre-Étienne Will, "Appointing officials by drawing lots in late Imperial China," *op. cit.*, p. 309。

合议提名与选举结合起来。

实际上，中国式抽签分为两个步骤：第一，先把每个候选人的名字写在一根小棍子上，然后将小棍子放入一个筒（可能是竹子做的筒）；第二，一个接一个地抽签，每个被提名的人必须在第二个筒里抽出他的任命地点（注意，使用小棍子抽签是一种中国经典的占卜方法）。整个过程是公开的。在清朝，抽签要在天坛的大门前进行。根据时间的不同，抽签的进行总是与候选人的等级地位（取决于候选人通过的考试类型）和职位空缺相一致的。

这个制度非常成功，一直沿用了三个多世纪，直到清朝的末日。然而，孙氏推行的改革很快遭到了强烈的反对，反对者包括那些在新制度中损失最大的人，反对的论点主要有三：既有工具上的，也有实质上的。① 第一，抽签可能被操纵，因为程序的复杂性使得过程不透明，为欺诈提供了机会。就如威尼斯以及其他地方一样，总存在这样的流言，说这样或那样的抽签有问题：的确也发生过几次腐败的著名案件，虽然腐败被发现且对卷入者进行了严厉惩罚，但是这些案件还是增强了这类担忧。② 第二，一些人从实用的角度出发，批评抽签没有考虑明朝各地的差异。从前的任命主要把官员派往他们家人不在但与其出生地相似的地方，以便他们能够理解当地的语言和习俗。抽签补缺未能把这个问题考虑在内。虽然，地区差异问题似乎在一段时间内被解决了，但是这一观点引出了一种更触及根本的批评，即以效率和能力为基础的批评（此即第三）。抽签显然背离了"依据才能和功绩选择合适人选的传统"③。这种论点是由当时

---

① Pierre-Étienne Will, "Appointing officials by drawing lots in late Imperial China," *op. cit.*

② 有趣的是，20世纪一些小说的阴谋都侧重在抽签方面即操纵抽签程序的可能性——包括 Philip K. Dick, *Solar Lottery*, New York: Ace Books, 1955; Gérard Klein, *Le sceptre du hasard*, Paris: Fleuve Noir, 1968。

③ Carrington L. Goodrich and Chaoying Fang (1976), *Dictionary of Ming Biography 1368-1644*, New York: Columbia University Press, 1976, 引自 Pierre-Étienne Will, "Appointing officials by drawing lots in late Imperial China," *op. cit.*, p. 308。

有影响力的政治家于慎行（1545—1608）提出的：

> 至于人才长短，各有所宜。资格高下，各有所便。地方繁简，各有所合。道里远近，各有所准。乃一付之于签。是掩镜可以索照，而折衡可以坐揣也。从古以来，不闻此法。……今则一以畀之初释褐之书生，其通晓吏事者十不一二，而软弱无能者且居其八九矣。又不择其人之材，而以探筹投钩为选用之法，是以百里之命付之阘茸不材之人，既以害民，而卒至于自害。于是烦剧之区遂为官人之陷阱，而年年更代，其弊益深而不可振矣。①

这种反对抽签的精英论调在接下来的几十年里反复出现，在欧洲也是如此。虽然存在这样的批评，且吏部也常被冠以"运气部"，但抽签的做法仅被短暂地取消过，即 1623 年赵南星（1550—1628）被任命为吏部尚书时。明朝末年，抽签做法甚至扩大到遴选次要职位和某些军事职位。然而，也同雅典一样，如果有些职位被认为非常重要的话，尤其是在战争或者其他紧急时期，就不会用抽签决定。但与雅典不同的是，中国的这些要职是由皇帝诏令而不是选举任命的。清王朝取代明朝后，依然采用了抽签，希望以此限制高层文官（大多数是汉人）的内部斗争。然而，在抽签之前或之后会有一轮评估，从而为这一程序增加了一个新的步骤。抽签成为惯例，批评声逐渐减少，随着 18 世纪的来临完全消失了。孙铉在 1702 年写的一本地方法官手册中描述了这一程序，他的描述可能反映了当时较为流行的看法：

> 掣签选补者各员亲掣，推荐者司官代掣。其将掣也，

---

① Yanwu Gu（顾炎武），*Rizhi lu jishi*《日知录集释》，edited by Huang Rucheng（黄汝成），reproduction in *Sibu beiyao*（《四部备要》），1834 [1670]，8：23a，引自 Pierre-Étienne Will, "Appointing officials by drawing lots in late Imperial China," *op. cit.*, pp. 317-318。

> 司官取所封之签，搅入其筒其阮掣也。吏书取已掣之签，公拆其纸，某某掣某某签也，尚书照所报之签，亲填其簿，铨法至公，毫无一弊。若以筒内封签，或可讲求，试思以最高之案，置再高之筒，而签之在筒，较筒转缩纹寸，跂足垂手，仅及筒签，亦安所容其摸索？况尚待之威严在上，司官之觉察在傍。唤名掣签之时，稍一迟迴，咤声立至，故打点营谋之说，一切都无所用也。①

由于抽签有助于缓解冲突，因此行政手册把抽签作为一种既定手段接受下来。直到1912年清朝灭亡，抽签才消失。中国对抽签的运用是将机会与考试结合起来，而不是将其与选举或者合议提名相结合。这是一种分配型的帝国官僚体制，而不是分配型的贵族制。在这种形式下，具有中华封建王朝特色的抽签成为延续时间最持久的政治抽签之一。

（二）西方共和传统的中断

在西方，那些对新政治理论及17世纪和18世纪革命有所启发的哲学家，是如何看待政治抽签的？相比于古人，他们没有对抽签进行太多的反思。他们中有些人提到了抽签，但是只赋予了抽签有限的使用范围。如我们已看到的，马基雅维利和圭恰迪尼都对抽签有着相当程度的怀疑。托马斯·霍布斯（Thomas Hobbes，1588—1679）曾评论说，抽签既可以用于贵族制度，也可以用于民主制度。在这一点上，他是正确的，但是他既不认可贵族制，也不认可民主制，因为他支持的是绝对君主制。约翰·洛克（John Locke，1632—1704）是赞成政治同意而非抽签的理论家。那时候，抽签在荷兰共

---

① Sun Hong（孙鋐），*Weizheng diyi bian*（《为政第一编》）（*Manual of Government, First Installment*），1702, 1: 4b-5a, 引自 Pierre-Étienne Will, "Appointing officials by drawing lots in late Imperial China," *op. cit.*, p. 329。

和国的犹太人中是一种常见的做法，巴鲁赫·斯宾诺莎（Baruch Spinoza，1632—1677）描述了古代希伯来人使用抽签的方式。① 他依据其所处时代的具体实例，尤其是威尼斯共和国与阿拉贡王国的事例，把抽签描述为一种程序，认为这种程序在与选举和合议提名相结合时，其本质是贵族化的。② 但是，他的论点相当隐晦。

詹姆斯·哈灵顿（James Harrington，1611—1677）生活在克伦威尔（Cromwell，1599—1658）时代，是促进共和思想在英语世界传播的最大贡献者之一。然而，他在抽签问题上的立场更加让人捉摸不透。他出版了名为《投票的方式与用途》(*The Manner and Use of the Ballot*)的小册子，该册子重印了几版，后来被收入他的巨著《大洋国》(*The Commonwealth of Oceana*)（1656）的主要版本。③ 在对威尼斯模式进行了一番分析后，哈灵顿反对孤立地运用抽签，认为抽签不利于国家对"天然贵族"的遴选。依据一个涉及"投票"的高度规范化的程序，他提倡一种混合的官员任命方式（他称之为"票箱"），这种混合方式将威尼斯选举模式（"行使投票权"）和抽签（"运气"）结合起来。然而，在这里，抽签的作用不是抽取球或者纸条，而是处理委员们放置选票的箱子，把票箱中的选票都倒入摆成一排的盆。值得注意的是，抽签孩童这个人物因此与多数表决结合在了一起。事实上，在威尼斯，球童的作用是抽签，总的来说，就是收集选票。如我们在前一章所看到的，这两个程序是相互联系的，而不是相互对立的。无疑，作为威尼斯模式的狂热崇拜者，哈灵顿遵循了这种传统。17 世纪和 18 世纪，受到哈灵顿著作的影响，英国在北美的各殖民地都试图引入威尼斯抽签模式，用于对选举委

---

① Baruch Spinoza, *Tractatus Theologico-Politicus*, 1670, XVII.
② Baruch Spinoza, *Tractatus Politicus*, 1675-1676, VII, 30 and VIII, 23ff.
③ James Harrington, *The Political Works of James Harrington* (edited by J. G. A. Pocock), Cambridge: Cambridge University Press, 1977, pp. 361-368. 非常感谢拉斐尔·巴拉特（Raphaël Barat）使笔者的注意力转向此点。

员会成员的遴选。威廉·佩恩（William Penn，1644—1718）在为东新泽西（East New Jersey）制定的"基本法"中，也提出了抽签的建议。然而，与在北美许多其他殖民地一样，这种尝试并没有付诸实施。①

就抽签而言，孟德斯鸠和卢梭提供了更为持久的遗产，两人都是革命时代的重要人物。现在，人们认为，他们既反对民主和抽签，也反对贵族和选举。因此，他们传承的是亚里士多德的思想，这种思想的传承一直延续到美国革命和法国大革命爆发，抽签被废除，作为选举型贵族制的代议制政府受到青睐。虽然两人的观点已被反复阐释、引用，但是对他们的著作进行更为细致的分析仍然是必要的。在《论法的精神》（The Spirit of the Laws）（1748 年首次以法文出版）一书中，孟德斯鸠关于抽签的主要观点如下：

> 抽签是民主制的本质，正如选举是贵族制的本质。抽签不冒犯任何人，却让每个公民都充满为国效力的美好愿望。然而，这一方式本身是有缺陷的，故最杰出的立法者一直在努力加以规范与修正。在雅典，梭伦制定了一项法律，规定所有军事职位都以选举的方式任命，但是参议员和法官用抽签选出。他还规定，花销巨大的文官职位以选举的方式选出，其他则抽签选出。然而，为了修正抽签的弊端，他又制定了一项法律，只有自荐的人才有资格当选；当选人应由法官审查，如果他不配担任公职，每个人都有权指控他：这样既是抽签，同时又在选举。任职者任期结束时，必须就其任期内的行为再一次接受审查。完全不够资格的人当然极其不愿意参加抽签。②

---

① Oliver Dowlen, *The Political Potential of Sortition*, op. cit. pp. 152ff.

② Montesquieu, *The Spirit of the Laws*, New York: Hafner, 1949 [1748], Ⅱ: 2.（此处译文和下文有关卢梭部分的译文参考了商务印书馆的译本，但是以本书的英文为主。——译者注）

接下来，孟德斯鸠回顾了命运安抚人心的特征，我们已经看到，这在近代早期是被广为接受的常识。在解释民主的本质时，他专指雅典，但只是重申了亚里士多德的若干观点，没有多少新意。令人吃惊的是，孟德斯鸠没有像他对其他问题的分析那样，从复杂的比较历史社会学角度对抽签进行分析，他缺乏在对雅典的抽签民主与近代早期的分配型贵族制进行比较基础上的更广泛的反思。最后，他并不理解他写作的时代的实际政治，故在讨论贵族的本质时，他写道：

> 在这里，他们并不抽签选任官员，因为那会带来不便。的确，在一个已经存在最令人难堪的等级区分的政府里，即使这些职位都通过抽签选出，也不能减少人们的厌憎：他们嫉妒的是贵族，而不是官员。①

孟德斯鸠绝不是民主派，他强调说，雅典的做法是在一群封闭的自选公民中抽签，这有助于降低由无能之人承担责任的风险。因此，他主张代议制政府，谴责激进民主，因为"大多数公民虽有足够的选择能力，但是不具备被选的资格，因此人民有能力要求别人负责替他们管理事务，但没有能力自己进行管理"②。

在谈及抽签和民主的关系时，卢梭提及并赞同《论法的精神》一书的作者关于"抽签更像是民主的本质"的说法，呼应了孟德斯鸠多少有点墨守成规的理解。他还补充说，在一个真正的民主国家中，"官员不是一种便利，而是一种负担"，所以没有理由选这个人而不选另一个人。对于抽签是一种公正程序，用以解决权力斗争中的冲突的观点，他进行了反驳。在他看来，适用于民主的抽签也适用于对某些职位的强制任命："由于条件对所有人都是平等的，选择

---

① Montesquieu, *The Spirit of the Laws*, op. cit., Ⅱ. 3.
② Ibid., Ⅱ. 2.

不取决于任何人的意志，因此不存在任何特定的应用能够改变法律的普遍性。"① 然而，这种制度很快被否决了，因为真正的民主制注定是不可能的：

> 如果真有上帝的子民，他们就会进行民主的自我管理。这种完美的政府并不适用于人类……抽签在真正的民主国家几乎没有什么不方便的，因为在这个国家，到处都是平等，无论是道德与才干，还是规则与财富，都不例外，选谁都一样。然而，我已经说过，真正的民主只是一种理想。②

卢梭接着说，纯粹的贵族应该是选出来的，从所有公民而不是世袭阶层中选出。在民主制中，人民同时是主权者（立法）和统治者（行政）。然而，行政部门的行动总是与具体的目标相联系，由此带来的混淆有可能损害法律的普遍性。因此，民主自治是一个问题，不如把政府委托于少数人。这就带来了另一个好处，因为一个小团体中的讨论更为容易。最后，重要的是，从所有公民中选出最有智慧的人进行管理。因此，选举型贵族制是可想象的最好的制度：

> 在大众政府中，全体公民生来都是行政官；但在这里，管理仅由少数人负责，这些人是通过选举上来的。通过这种方式，正直、理解力、经验以及所有其他对卓越和受人尊重方面的要求，成为明智政府的进一步的保证……相比于一种无知或者受到蔑视的大众管理，集会更容易举行，事务能被更好地讨论，实施起来更有秩序、更有力。国家的信誉因德高望重的参议员而不是一群无名之辈而在国外得到更好的维护。③

---

① Jean-Jacques Rousseau, *On the Social Contract*, New York: St Martin's Press, 1978 [1762], Ⅳ: 3.
② Ibid., Ⅲ: 4 and Ⅳ: 1.
③ Ibid., Ⅲ: 5.

和孟德斯鸠一样，卢梭提到了抽签具有安抚人心的作用，但是他没有真正讨论中世纪和近代早期关于抽签的主要论点。这多少有些奇怪，因为他所持的是一种共和理想，即坚持摒弃派斗，把普遍利益置于首位。与孟德斯鸠不同，他分析了威尼斯把抽签与选举相结合的情况，但是没有考虑分配型贵族制的理论与经验的可能性。他含蓄地追随孔塔里尼的观点，进而论辩说，大议会事实上就是威尼斯人民。他认识到大批贫困贵族势力的存在，指出混合政府是"最尊贵的共和国"的特征所在，其中抽签代表了民主的维度，选举代表了贵族的维度。最后，卢梭把抽签视为一种不合时宜的手段。

与此同时，面对统治阶级的危机和上下阶级之间日益激烈的冲突，西班牙的波旁王朝重新引入了抽签。如我们已经看到的，18世纪之初，这种程序在西班牙大部分地区已经消失不见。抽签仅存在于少数几个零散的地方，特别是巴斯克地区。在从法国大革命开始到1808年的伊比利亚半岛战争期间，加泰罗尼亚和瓦伦西亚的许多城市重新引入了抽签。官方对重新引入抽签的解释同几个世纪前提出的一样：反对小团体垄断权力、限制选举舞弊、减少腐败和平息内部冲突。抽签仪式的一些基本方面也得到重申，比如将名字写在抽签球上，使用皮袋和瓮，由一个纯真的孩子抽取名签。然而，抽签的政治意义和社会意义都发生了改变。现在面临的不再是一个在构成地方、社区和市政权力的不同社会群体之间建立有机和规范的联系问题。此时，国王的代表负责草拟可放入皮袋的名单，权力因此被托付给了政权的一小部分支持者。因此，每个城市由二三十人轮流担任公职，对政治施加绝对的控制。① 这种设计更像是分配型寡头制，而不是分配型贵族制。虽然这种抽签方式在19世纪逐渐被抛弃，但是它留下了强有力的政治印记。迟至1843年，一些保守理论

---

① Josep M. Torras i Ribé, *Els municips catalans de l'Antic Règim*, op. cit., pp. 357ff.

家还在吹捧其优点，反对已经越来越普遍的以成年男子普选权为基础的自由选举制度。①

1808年到1810年间，反抗法国占领西班牙的群体使用了抽签，在指派美洲殖民地的代表时也使用了抽签。② 起义时期，殖民属地新西班牙（现在的墨西哥）被邀派代表参加首都的最高中央委员会（Supreme Central Junta）。他们将选举和抽签结合起来使用，使用抽签是为了避免"往往主导这类事务的派性"，并"作为社会秩序的最终保障，确保神在人类选择问题上进行干预"。③ 新西班牙的十四个或十五个省都各自抽签选出一名代表，再由总督和最高法院（真正的权力机构，Real Audiencia）从中选出三人进入一份有限的名单。一旦名单确立，名单上的名字就被写在纸片上，丢入一个瓮。一个叫弗洛伦西奥·鲁伊斯（Florencio Ruiz）的小男孩从瓮中抽取一张纸片。纸片上的名字是米格尔·德拉迪萨瓦尔（Miguel de Lardizábal），此人就成为墨西哥派往最高中央委员会的代表。④ 然而，1812年西班牙宪法没有提及抽签，墨西哥在独立后，也只是在候选人经选举未能获得绝对多数的情况下，为了打破僵局，才使用抽签。⑤

在这些事件中，从辩护理由、程序和仪式上看，抽签的方式大多与古代制度的做法一致。那么，问题来了：为什么抽签会被丢入

---

① Magín Ferrer, *Las leyes fundamentales de la monarquía española, según fueron antiguamente y según sean en A época actual*, Barcelona, 1843, 引自 Ibid., pp. 369-370。

② François-Xavier Guerra, *Modernidad e independencias: Ensayos sobre las revoluciones hispánicas*, Madrid: Encuentro, 2009.

③ Ibid., p. 192.

④ Alfredo Ávila, *En nombre de la nación. La formación del gobierno representativo en México (1808-1824)*, Mexico: Taurus/CIDE, 1999, p. 85, 引自 Alexei Daniel Serafín Castro, "Représentation politique et usage du tirage au sort au Mexique (1808-1857)," *Participations*, special issue: *Tirage au sort et démocratie: Histoire, instruments*, théorie, *op. cit.*, p. 288。

⑤ Alexei Daniel Serafín Castro, "Représentation politique et usage du tirage au sort au Mexique (1808-1857)," *op. cit.*, pp. 283-299.

历史的垃圾堆？为什么没有一个持久的政党主张抽签，不论是从分配型贵族制的角度还是从民主自治政府的角度看？

二、大众陪审团的抽签

这个谜团中更让人费解的是，虽然抽签作为政治手段逐渐被抛弃，但是随着陪审团的普及，抽签在司法中的运用却日渐普遍。如我们在第一章中所见，法院随机选择陪审团是古代雅典的一个关键因素，当时陪审团的权力相当广泛。在其他一些古代城市，包括罗马在内，至少部分情况也是如此。消失了几个世纪后，抽签在司法上的运用在欧洲得到了恢复。为什么抽签在从政治舞台消失的同时，却在司法领域扎下根来？孟德斯鸠在批驳政治上的抽签时写道："司法权不应该交给一个常设的参议院；应该交给由从人民中抽签选出的人，在每年一定的时期内，遵照法律规定的形式与方式来行使，他们应该组成一个法院，其存续时间要根据需要来定。"① 卢梭在这个问题上同意《论法的精神》一书中的观点，他还补充说，虽然选举足以选出那些要求"有特殊才能，如军事职务"的官员，但是对于"像司法这类职位，健全的理智、公正和正直就足够了，因为在一个制度良好的国家中，这些品质是所有公民共有的"②。如何理解这种矛盾？

（一）中世纪和近代早期的陪审团

酷刑作为揭露真相的一种方法，在中世纪的英格兰被正式废除，诺曼底登陆后，在斯堪的纳维亚人的影响下，非专业陪审团的形式逐渐在英国普通法中扎根。《克拉伦登宪章》(Constitutions of Claren-

---

① Montesquieu, *The Spirit of the Laws*, op. cit., XI. 6, 修正的译文。
② Jean-Jacques Rousseau, *On the Social Contract*, op. cit., IV: 3.

don，1164）规定，由"十二位宣誓就职的男子组成陪审团，裁决非教职人员和教职人员之间关于土地是属于非教职人员还是属于教职人员的争议"①。两年后，亨利二世（Henry Ⅱ）确立了大陪审团的基础；1176年《北安普敦敕令》（Assize of Northampton）对改革进行了重新修订。调查性司法而不是审问性司法的基础因此确立起来。12世纪，审判陪审团首次被用于民事案件，并在《大宪章》（Magna Carta, 1215）起草时得到了完善，《大宪章》宣布了受审者有权由独立陪审团进行判决，陪审团将根据辩论而不是审问结果做出决定。13世纪，用于刑事诉讼的小陪审团得以创立，到15世纪中叶，这一程序已经具备了今天所具有的主要特征。由非专业法官构成的陪审团的发展因此牢固地扎根于普通法中，陪审团对于宗教裁判所（Inquisition）及其方法的发展构成了最大的障碍。1641年以后，陪审团所起的作用在英国制度中真正得以体现。

在接下来的几个世纪里，陪审团制度被输出到大西洋彼岸，比如，1669年通过的卡罗来纳（Carolinas）的基本法对此有过明确的确认，这部宪法深受约翰·洛克著作的影响。② 殖民地虽然抛弃了政治领域的抽签，但是在威尼斯遗产和主要受哈灵顿启发的理论家的著作的影响下，殖民地把抽签用于遴选陪审员。南卡罗来纳（South Carolina）在1682年把抽签用于陪审制，规定所有有资格成为陪审员的公民，都必须把名字写在纸条上，放入瓮，然后为此选一个小孩来随机抽取。③ 威廉·佩恩在1683年将类似的程序引入了宾夕法尼亚（Pennsylvania）殖民领地。回到英格兰，17世纪革命期间，陪

---

① Leonard W. Levy, *The Palladium of Justice. Origins of the Trial by Jury*, Chicago：Ivan R. Dee, 1999, p. 11.

② Ibid.

③ M. E. Sirmans, *Colonial South Carolina-A Political History. 1663-1763*, Chapel Hill：University of North Carolina Press, 1966, p. 37, 引自 Oliver Dowlen, *The Political Potential of Sortition*, *op. cit.*, p. 155。

审团制度再次得到强有力的重申，因为该制度被视为防止被国家专断权力侵犯的必要保护，是使所有人被同侪公平审判的一种保证。1730 年 3 月，英国通过《更好地管理陪审团法案》(Bill for Better Regulation of Juries)，将随机选择陪审员的原则制度化了。

1731 年，南卡罗来纳确认了"旧惯例"和实施了随机选择陪审团成员。该方法被认为"公平、中立和公正"，是司法顺利运作的保证。在威尼斯传统的影响下，又由一个小男孩（不到 10 岁）来随机抽取即将成立的陪审团的成员名签，随后在查尔斯顿（Charleston）的街道上用大喇叭宣布这些名字。1736 年到 1758 年间，马萨诸塞（Massachusetts）、纽约（New York）、康涅狄格（Connecticut）、新罕布什尔（New Hampshire）都采用了这种模式，新泽西（New Jersey）和马里兰（Maryland）在美国独立至 1800 年间也采用了这种方式。① 19 世纪前夕，威廉·布莱克斯通爵士（Sir William Blackstone, 1723—1780）描述了陪审团制度合法性背后的理论。他在《英格兰法律评论》(Commentaries on the Laws of England) 一书中写道："英国法律的缔造者以出色的预见力设计了……每一项指控的真相……应该由被诉者的十二位与他地位相当的人和邻人来确认，这些无区别抽签选出来的人的一致投票确认，高于一切怀疑。"② 隔了几行后，他补充道："从中产阶层抽签选出的明智正直的陪审员组成一个能力团体，将被视为最好的真相调查者，是公众正义的最可靠监护人。"③ 英国陪审团的原则因布莱克斯通的著作被翻译成其他语言而广为人知，也成为革命时期的法国成立陪审团（jury d'assises）（刑事审判中的陪审团）的主要模板。事实上，制宪会议的成员咨询了英国的法

---

① Oliver Dowlen, *The Political Potential of Sortition*, op. cit., pp. 152-165, 172-178.
② William Blackstone, *Commentaries on the Laws of England*, Ⅳ, Oxford: Clarendon Press, 1765、1769, p. 343.
③ William Blackstone, *Commentaries on the Laws of England*, op. cit. 引自 Leonard W. Levy, *The Palladium of Justice*, op. cit., pp. 62-63。

学理论家，这种渠道比求助古代或者封建司法制度更有启发意义。18世纪的伟大革命强化了大众陪审团在美国的作用，并且也将这种制度引入了法国和欧洲大陆其他一些国家。

（二）英国-美国模式

当然，英国模式的主要特征在于它是一种普通法系。候选陪审员是从有一定收入的产业主名单（人数大约占成人总人口的三分之一）中任命的。依据各种各样的标准，当地治安官从名单中选48人，再将他们的名字写在纸条上，放入瓮。抽出的前12人就组成了陪审团。这种含两个步骤的程序——确认合适的人选名单，然后从中抽签选出陪审员——让人想起近代早期的政治实践。这种做法几乎成为陪审团制度的一个永久性特征，直至20世纪最后30年，尽管遴选人员池的标准以及确切的遴选程序因时期和国家的不同而不同。由同侪而非官员或者政府代表进行审判的原则得以确立，尽管"同侪"的定义依然是模糊不清的。

陪审团意味着要依靠法庭上出示的证据和论据做出裁决，而不是根据中世纪审判时的证据（这曾导致了酷刑）。陪审员最终根据他们认定的事实做出裁决。这一制度的第三个要素是陪审员和专业法官之间的分工，理论上，法官的工作是确定案件的法律框架，在法律适用时，由陪审团在地方治安法官回避的情况下对事实进行审查并商议，最终宣布被告有罪后，做出判决。最后的重要原则是，陪审员的决定必须是全体一致，否则审判就会中止，导致"陪审团僵局"，另一个陪审团将宣誓就职。① 所有这些特征都被法国复制下来，虽然有时会有大的调整，其他欧洲大陆国家以法国为榜样，

---

① John H. Langbein, "The English Criminal Trial Jury on the Eve of the French Revolution," in A. P. Schioppa (ed.), *The Trial Jury in England, France, Germany, 1700-1900*, Berlin: Duncker & Humblot, 1987, pp. 41-74. 法国陪审团最初必须以12票中的合格多数10票做出决定。

也都复制了这些特征。

正是在美国,大众陪审团变得最为广泛,被列入了美国的《权利法案》(The Bill of Rights)。虽然决定一项诉讼是否继续的大陪审团在英国已经过时,但是在大西洋的彼岸却越发兴盛。如在英国一样,普通陪审团("小陪审团"或者"初审陪审团")对民事和刑事领域都有管辖权,且处理许多案件,但在新大陆,这种情形更为普遍。此外,这些陪审团使更多的公民参与进来,对案件的审查更为细致。陪审团的作用如此重要,以至于在 1789 年被写入了美国宪法第六修正案和第七修正案。

陪审团的权力在 19 世纪下半叶开始减弱,因为经由陪审团裁决的案件(尤其是民事案件)数量逐渐减少。然而,陪审团在美国的重要性和受欢迎程度依然比在其他大多数国家要高得多:每年,陪审团裁决的案件在州的层次上有 15 万件,在联邦层次上有 1 万件①,在法国,陪审法庭处理的案件在 1000—2000 件之间。② 每年数百万人被召集进陪审团——这成为"美国最普遍的参与民主制的例子"③。好莱坞拍摄了很多有关陪审团的电影,其中一部是由明星亨利·方达(Henry Fonda)主演的《十二怒汉》(Twelve Angry Men),甚至获得了票房上的成功,这部电影讲述的是一个陪审团开始时以 11∶1 的多数票判决一个有色人种青年犯有谋杀罪,最终却全票一致地判决他无罪的故事。④

---

① 这大约相当于州一级刑事案件的 5% 和联邦一级的 11.5%,以及民事案件的 1% 和 2%。引自 Jeffrey B. Abramson, *We the Jury. The Jury System and the Ideal of Democracy*, Cambridge (Mass.)/London: Harvard University Press, 2003, pp. 251-252。

② Bernard Schnapper, "Le jury français aux XIXe et XXe siècles," in A. Padoa Schioppa (ed.), *The Trial Jury in England, France, Germany, op. cit.*, pp. 165-240。

③ Jeffrey B. Abramson, *We the Jury, op. cit.*, p. 252。

④ Sidney Lumet, *Twelve Angry Men*, 1957。

（三）法国大革命和陪审团的设立

在法国，旧制度连同其司法证据制度和从属法官制度已经名誉扫地，这意味着，陪审团原则立即赢得了革命制宪会议的认可，特别是当制宪会议成员中最有影响力的法律专家之一，阿德里安·迪波尔（Adrien Duport，1759—1798）也支持这种原则时。① 在自由定罪的判决背后达成了巨大的共识，即使对这一原则的解释还处在被热烈地讨论中。② 这场导致 1791 年法律出台的争论还涉及三个至关重要的问题。

第一个问题：陪审团是只适用于刑事案件，还是根据一项最终被否决的提案，也适用于民事案件？第二个问题涉及陪审团的社会构成。虽然大多数人都接受应该由同侪进行审判的观点，但是激烈的争论点在于，"同侪"在实践中意味着什么：右翼支持仅由富人组成的陪审团（由于较高的财产资格要求，其中也包括 40 万符合条件的制宪会议成员），但是罗伯斯庇尔（Robespierre）主张，陪审团应该包括所有公民，无论是积极的还是消极的，或者说应该包括 700 万成年男子。最后的妥协结果是，名义上，陪审团应该由缴纳足够税额的公民组成，他们将成为参议院的选举人，或者根据 1789 年的选举法，由大约 430 万积极公民中的 270 万人组成。③ 如迪波尔所说，不应该让全体积极公民都有进入陪审团的资格，而只有"开明的阶级"才能进入，用一个更宽泛的定义来说就是，陪审员应该来

---

① A. P. Schioppa (ed.), *The Trial Jury in England, France, Germany, op. cit.*; Roberto Martucci, "La robe en question: Adrien du Port et le jury criminel (29-30 mars 1790)," *La Revue Tocqueville*, VIII, 2, 1997.

② 大多数制宪会议议员认为陪审团的几乎所有工作都应该是口头的，而其他人则认为应该要大量使用书面文件。

③ Patrice Gueniffey, *Le nombre et la raison. La Révolution française et les élections*, Paris: EHESS, 1993, p. 101.

自"中产阶级,即任何社会中通常都是最宝贵的那个阶层"①。当然,和在政治上一样,妇女仍然被排除在外。

革命时期的"人头税"要求所有积极公民——所有没有处于仆人那种依附地位的成年男子——都投票。然而,这种权力的扩大因两个阶段的投票制度而被抵消:积极公民不是直接选举代表,而是参加区一级的会议,选出第二层级的选举人(或者简称为选举人,因为当时就是如此称呼的),这正是中世纪和近代早期分级投票机制的反映。接下来,这些选举人在省(département)级或者城市的区一级开会,选出代表参加国民议会(National Assembly),这些代表通过选举来填补官职空缺。选举人必须满足一定的纳税要求,要参选国民议会的话,其纳税要求也更高。同样的原则,在不那么严格的意义上,也适用于定义潜在的陪审员。这令罗伯斯庇尔愤怒:"这就是你们说的同侪审判?"② 事实上,这个问题中的矛盾与将公民分为消极和积极两个部分所隐含的矛盾一样。一只手给予了人们平等,而另一只手又将平等收了回去。

争论的第三个主要问题是,陪审员应该由怎样的名单产生。罗伯斯庇尔提议举行选举,以防止国家对选举过程的干预。但是,最终决定名单由各个省的公诉人来选择,因为他代表主权,且自1789年以后也是被选举出来的。

在这一进程的最后阶段,抽签遴选原则获得了相当广泛的赞同,虽然选举陪审员的建议会时不时被提出来。1791年的法律对起诉陪审团和审判陪审团都进行了规定,这两个程序分别对应英国传统的"大"陪审团和"小"陪审团。起诉陪审团应在551个城区设立,

---

① Adrien Duport, speeches of 29 April 1791 and 5 February 1791, 引自 A. P. Schioppa (ed.), *The Trial Jury in England, France, Germany, op. cit.*, pp. 107, 133。

② Maximilien de Robespierre, *Principes de l'organisation des jurés et réfutation du système proposé par M. Duport au nom des comités de judicature et de constitution*, Paris, 20 January 1791, 引自 A. P. Schioppa (ed.), *The Trial Jury in England, France, Germany, op. cit.*, p. 135。

审判陪审团应在 83 个省设立。每一个刑事法庭都是由公职人员（包括 1 名由第二层级选举人选出的任期为 6 年的一审主审法官和 1 名也经选举获得职位的公诉人）和 12 名陪审员组成。每年在省级层次对有资格担任陪审员的公民进行登记，然后每 3 个月公诉人从名单中抽出 200 人，接着每月第一天从这 200 人中抽签抽出 12 人组成陪审团。如果有人对抽中的人提出异议并被接受，那么有问题的陪审员就会以同样的方式被其他人取代；一旦被任命，每个人都有义务参加陪审团。与此同时，军队中也设立了部分士兵陪审团。总的来说，在考虑了法律所规定的轮换后，公诉人列出的名单上的公民数可能每年高达 13.2 万人（包括起诉陪审团在内）。①

根据候选人名单抽签选出潜在陪审员，这显然源自过去抽签选出政治官员的做法。从民主或甚至是自由的角度看，选择候选人名单的责任当然是整个制度中最薄弱的一环，尤其是在国民大会很快用政府代表取代了公诉人的时候。因为，即使陪审团比人们所希望的更为仁慈②，他们的公正性也长期受到怀疑，特别是在波拿巴（Bonaparte）加强控制后："一切取决于选中的人……好的陪审团都是被精心选出的，而且要靠地方长官来选。"③ 虽然环境变化了，但这种做法与 15 世纪美第奇家族统治佛罗伦萨共和国时所使用的手段并无不同。陪审团的公正性变成了一种幻觉，接下来的几年里发生的一系列负面事件也玷污了这个制度的形象。

---

① A. P. Schioppa (ed.), *The Trial Jury in England, France, Germany*, op. cit., pp. 132ff; Rober Martucci, "larobe en question: Adrien du Port et le jury criminel (29-30 mars 1790)," *op. cit.*, p. 171.

② Elisabeth Claverie, "De la difficulté de faire un citoyen: les 'acquittements scandaleux' du jury dans la France provinciale du début du XIXe siècle," *Etudes rurales*, July-December, pp. 95-96, 143-166; Robert Allen, *Les Tribunaux criminels sous la Révolution et l'Empire, 1792-1811*, Rennes: Presses Universitaires de Rennes, 2005, 引自 Pierre Rosanvallon, *Counter-Democracy*, op. cit。

③ Bernard Schnapper, "Le jury français aux XIXe et XXe siècles," *op. cit.*, p. 174.

(四) 19 世纪和 20 世纪的欧洲陪审团

在接下来的一个世纪里，在法国和其他欧洲大陆国家，陪审团制度引发了持续的政治分歧，这些国家已经采纳或者正在讨论要采纳陪审团制度。保守派抱怨说，陪审团不够强硬，受"恐怖统治时期"（Reign of Terror）的大众正义观念的可鄙影响。依此观点，陪审员"都像智力无能之辈，对法律一无所知，不能权衡不同的动机，最重要的是，丝毫不考虑国家的利益，太轻易地把国家利益等同于现任政府的利益"①。法国保守派政府常常试图废除陪审团制度，他们很快就设法废除了军事陪审团和起诉陪审团。他们也试图驯服审判陪审团，并为此限制抽签的作用，缩小录用陪审员的社会范围，限定陪审员相对于法官的权力，以及限制巡回法庭审理的案件数量。

相反，左翼坚定地维护陪审团制度，并呼吁更广泛、更民主地使用该制度。他们利用每一次革命高潮或者改革动力，使这些问题引起关注。1815 年至 1848 年间，左派把陪审团视为政治自由的象征。在拿破仑下台（1815）后，选举重新被启用，像阿方斯·贝朗热（Alphonse Bérenger，1785—1866）这样的自由派建议，陪审员应该从选民名册中抽签选出，要降低财产资格要求，以使 10 万公民具备资格。② 1848 年，在重新引入成年男子普选权（现在是直接选举）后，左翼提议陪审员应该从 700 万选民中抽签选出。

陪审团制度甚至启发了 19 世纪一条罕见的建议，有人提出应将抽签引入政治领域，社会主义者皮埃尔·勒鲁（Pierre Leroux，1797—1871）在 1848 年革命时期建议，由 300 名公民组成的国家陪审团应该制度化，成员应该从各省和殖民地的"全体公民"中抽签选出

---

① Bernard Schnapper, "Le jury français aux XIXe et XXe siècles," op. cit., p. 165.
② Alphonse Bérenger, De la justice criminelle en France [1818]，引自 Bernard Schnapper, "Le jury français aux XIXe et XXe siècles," op. cit., p. 184.

(但是，他没有详细说明依据何种名单进行抽签)。这个陪审团将对"国家代表机构对自己的成员提出的指控"进行审判，并拥有对危害国家安全的罪行的管辖权。与此同时，国家代表将在法团的基础上由选举产生，以反映国家的职能。①

在这一点上，也同在其他方面一样，社会共和国的希望破灭了，相关建议都被忽视或者彻底否决了。这公开地体现了"对大众的恐惧"②，有人论证说，直接运用抽签"将把社会的最高利益交给盲目的机会游戏……交给那些智力和性格、习惯和行为都无法达到社会所要求的合格标准的人"③。对于占统治地位的阶级来说，抽签甚至比成年男子普选权更危险。部分原因在于，精英很快认识到，普选权并不自动地意味着代议机构会更加民主。社会分化的整体逻辑在继续发挥作用，因此在1871年，国民议会成员中有34%来自贵族，36%来自上层资产阶级，19%来自中产阶级——工人阶级所占的份额最小。1919年，上述三个数字在比例上大致保持不变，分别是10%、30%、35%，而小资产阶级和劳动阶级出身的代表占比分别是15%和11%。④ 虽然财产资格在法律上已被废除，但是它从未停止，而且在以一种几乎不加掩饰的形式发挥作用。⑤

虽然在第二共和国（Second Republic）时期（1848—1852），招募陪审团的社会基础有了相当程度的扩大，但是候选人名单的编制权被交给了按照政府省长命令行事的市长和县级委员会。第二帝国

---

① Pierre Leroux, *Projet d'une constitution démocratique et sociale*, Paris: Gustave André, 1848, pp. 57-59。

② Etienne Balibar, "Spinoza, the Anti-Orwell," *op. cit.*

③ *Esquiros proposal*, *Labordère report*, *Moniteur*, 29 December 1850, p. 3756，引自 Bernard Schnapper, "Le jury français aux XIXe et XXe siècles," *op. cit.*, p. 200。

④ Alain Garrigou, *Le vote et la vertu. Comment les Français sont devenus électeurs*, Paris: Presses de la FNSP, 1992.

⑤ Daniel Gaxie, *Le cens caché*, Paris: Seuil 1978; Pierre Bourdieu, *Distinction: A Social Critique of the Judgement of Taste*, Cambridge (Mass.): Harvard University Press, 1984.

(Second Empire)时期(1852—1870),陪审团的作用受到进一步限制,而专业法官的作用则增强了。① 虽然受到了来自左翼的压力,但是第三共和国(Third Republic,1870—1940)对陪审团制度的改革非常有限,仅在挑选陪审员时,市长(现在通过间接选举当选)的权重比省长大了些。19世纪70年代,像莱昂·甘必大(Léon Gambetta,1838—1882)和乔治·克列孟梭(Georges Clemenceau,1841—1929)这样的激进派呼吁设立民事陪审团,增大陪审团相对于法官的权力,减弱法官审判的作用。但是,这些要求都被拒绝了,同样被拒绝的还有从选举人名册中抽签选陪审员的要求。

对于从选举人登记名册中抽选陪审员,人们提出了三种观点,但在某种程度上,这三种观点相互矛盾。第一种观点论证了这种做法的中立性,这针对的是政府任命方式的固有偏见。比如,本杰明·贡斯当(Benjamin Constant,1767—1830)绝非一名民主派人士,但却宣称自己愿意放下对工人阶级的偏见:

> 当然,如果让我来选择,是让12名工匠来审判,还是让12位最体面的法兰西学院成员来审判,我宁愿选择前者。虽然前者毫无知识,或者说,一字不识,但他们是被抽签选中的,只听从他们自己的良心;而后者都是识字的,且总是以更优雅的方式行事,但他们是由权力机构任命的,荣耀、头衔和薪水萦绕在他们的脑海。②

第二种观点是,抽签当选陪审员的权利和参与选举的权利密切相关:两种权利都是共和或者民主平等的内在组成部分。自由派在

---

① 从第二共和国到第二帝国末期,以陪审团为基础的法庭活动减少了38%;年被告人数从1848—1852年的7000多人下降到1861—1880年的3600人(Bernard Schnapper, "Le jury français aux XIXe et XXe siècles," *op. cit.*, p. 206)。

② Benjamin Constant, *Commentaire sur l'ouvrage de Filangieri, 1822-1824*, II, 3rd part, ch. X, 引自 Lucien Jaume, *L'individu effacé ou le paradoxe du libéralisme français*, Paris: Fayard, 1997。

19世纪20年代持有这种观点，就像19世纪70年代的激进派和所有时期的社会主义者一样。但是，在普选权扩展至所有成年男子后，自由派的热情就冷却了。无论是第二共和国还是第三共和国都未敢冒险从有着"大众"特征的选民中直接抽选陪审员。

第三种观点提出了明确的要求，即作为一种制度，陪审团应该社会民主化。劳工运动分子在这一点上尤其敏感且清楚地看到，几十年来，有偏见的陪审团对侵犯财产罪的判决比对血腥犯罪的判决更为严厉。1901年，社会主义者再次提议，陪审团应该由抽签选出，但又失败了：

> 陪审团的组成人员是老板、商人、工业家、收租者和资本家——简言之，他们都属于一个阶级，即统治和有产阶级……结果，陪审团必然因为这种选择的方式而被迫，只关注影响其所属阶级的罪行……另一方面，如果陪审团由各种各样的公民组成，毫无例外；如果在那些懒惰或者傲慢的富人旁边也有积极的劳动者，那么判决就不会受这些区分的影响。①

正是从这个角度看，扩大陪审团的权限——"法国大革命中最宝贵的改革"之一——具有了充分的意义："专业法官是一个独立的社会阶层，与自己的同胞格格不入，总根据自己所属阶级的利益和特定理念来对待诉讼当事人。"在整个司法领域，无论是民事诉讼还是刑事诉讼，以大众陪审团取代专业的法官被视为加强司法公正的一种手段。

---

① *Allemane* proposal, 21 November 1901, Bernard Schnapper, "Le jury français aux XIXe et XXe siècles," *op. cit.*, p. 236. 事实上，组建同质的资产阶级陪审团并不总是那么容易，19世纪的法官们不断抱怨某些陪审员的无知，参见 Elisabeth Claverie, "De la difficulté de faire un citoyen," *op. cit.*; André Gide, *Souvenirs de la Cour d'assises*, Paris：Éditions de la Nouvelle Revue française, 1930。

因此，法国陪审团制度的社会民主化是一个漫长的过程：直到1944年，妇女才被允许担任陪审员（与此同时，她们获得了投票权），直至1980年，从选民册中随机抽选陪审员的左翼旧观念才被引入。① 在此期间，维希政府（Vichy regime，1940—1944）在1941年引入了一项具有决定意义的改革，即1924年德国发明的混合陪审团原则②：案件商议期间，陪审员应与法官合作。结果，陪审员在做出最终决定时，很受专业法官的影响。无罪判决率从24.7%急剧下降到了8.4%。随后，陪审员和法官的比例多次变化，但是混合陪审团原则从未受到严峻的挑战。③ 因为彼时，普通陪审团只不过是无可争议的社会遗产而已，其处理的案件已非常少了。

像英美陪审团对于英美法系国家一样，法国的陪审团也是全球大陆法系国家的一个主要参照点。陪审团在欧洲大陆的历史没有那么曲折，但仍然沿循类似的过程，只是各个时间段滞后些。意大利就是一个很好的例子。"大众陪审团"的概念在1865年第一部统一的意大利法典中得到了体现，随后经过一些修改，被写入了1913年的刑事诉讼程序，这是意大利自由派的产物。从逻辑上来说，墨索里尼的独裁政权用混合陪审制取代了大众陪审制，在混合制下，专业法官（togati）定下了基调，陪审团相对于司法机构的独立性有所下降。在法西斯主义倒台、各种民主自由得到恢复之后，1946年，5月31日立法法令（所谓解放法，Togliatti decree）宣布要重新引入大众陪审团制度，但是缺乏相应的实施措施意味着这项法律从未得到执行。虽然，在左翼政党联盟的压力下，制宪会议一开始倾向将大众陪审原则写入宪法，但是最后以妥协告终。最初的草案说"人民通过陪审机构直接参与巡回法庭的司法工作"，但是法案的第102条

---

① 1980年12月23日的立法。
② 在接下来的几十年里，一些欧洲国家采用了这种模式。相反，由12人组成的英美陪审团是法官不在场时进行商议，但是最终由法官确定量刑。
③ Jon Elster, *Securities Against Misrule*, op. cit., p. 99.

最终的措辞却是,"可以设立与普通司法机构一道工作、专门处理某些事项的部门,这个部门可以由司法机构之外的合适公民参与。法律应该规范人民直接参与司法管理的案例和形式"①。

实际上,意大利宪法第 111 条规定,必须提供裁决的理由,这违背了大众陪审的原则,因为大众陪审团即使获得适当的援助,也无法满足这一条件。随后的规则再次将混合陪审制推向了前台。在讨论 1951 年的法律(第 281 号)时,左翼坚持"民主等于陪审团的基本原则",宣称"自由的每一次消失都意味着对大众陪审团制度的打压"。反之,"只要存在自由或为争取自由的斗争,人民直接参与司法就一直是一项基本规范"②。但是,大多数人坚持自己的立场。更糟的是,妇女虽然有选举权和被选举权,但是她们却被排除在陪审员候选人名单之外。直到 20 世纪头十年中期,陪审员候选人还必须满足特定的条件:他们必须是 30 岁到 65 岁的意大利公民,具有完全的公民权利和政治权利、良好的道德举止,以及完成初等教育的证书(巡回法庭)和完成高级中学教育的证书(上诉法院)。这些条件让人想起"开明人"概念③,引发了人们的抗议,他们认为,该法正在创造一个"司法阶级":"法官只有从整个劳动阶级中选出,工人与医生、农民与工程师才能并肩而坐,法官才是真正的人民法官。唯如此,人民代表性才真正得到了体现。"④建立在狭窄的社会基础上的混合陪审团逐渐失去了其权威性,最终不可能引起任何民主的激情。

---

① Giovanni Conso, "Séance d'ouverture," *Revue internationale de droit pénal*, 2001, pp. 15-18.

② Onorevole Gullo, in *Atti Parlamentari*, *Camera dei Diputati*, session of 9 March 1950, p. 16040.

③ *Popolo culto*: expression used by Bettiol Giuseppe, President of the Committee, in *Atti Parlamentari*, *Camera dei Diputati op. cit.*, p. 16046.

④ Onorevole Gullo, in *Atti Parlamentari*, *Camera dei Diputati op. cit.*, p. 16040.

毫无疑问，意大利和法国自20世纪末以来陷入政治混乱的表现是，恢复甚至扩大大众陪审团作用的提议来自这些国家的右翼人士。2008年，意大利总理西尔维奥·贝卢斯科尼（Silvio Berlusconi）与意大利的司法部门展开了一场公开的论战，他辩称，非专业陪审员的增加有助于消除政治和司法部门之间的冲突，还能节约经济成本。他实际上想进一步诋毁法官的信誉，法官已被意大利议会（Italian Council）议长视为敌人。①

2011年，法国总统尼古拉·萨科齐（Nicolas Sarkozy）通过了一项法律，以增加大众陪审团的司法管辖权，与此同时，通过减少参与巡回法庭的陪审团数量，缩小了非专业人士干预司法的有效范围。该法律背后的逻辑相当矛盾：同意大利一样，大众陪审团被用作抵制广泛的司法独立运动的武器。但事实上，这一新机制最终限制了陪审团在法庭上的影响力。陪审员总是被认为比专业法官更为严厉，历史地看，这体现了一种悖论，因为多年来当局对陪审员的过度宽容提出了大量批评。具体来说，2011年的法律引入了要求陪审团说明其判决理由的条款，这种限制是欧洲人权法院（European Court of Human Rights）2009年1月的一项强制性要求。它要求主持审判的法官写下所引用的理由。更为重要的是，陪审员人数在初审法院从9人下降到6人，在上诉法院从12人下降到9人。此外，包括3名陪审员在内的简易巡回法庭只能对可判处15—20年监禁的犯罪行为进行审判。专业法官对陪审员的影响因此相应地得到了加强。与此同时，2名被称为公民评审员的非专业陪审员被引入了惩戒程序，以协助3位专业法官。然而，这些公民陪审员只能就针对人身的犯罪行为进行裁决，不能就白领的职务犯罪行为进行裁决，尤其是不能对金融犯罪行为进行裁决——或许是因为害怕这种犯罪最终可能会受到更

---

① Francesco Verderami, "Giustizia, piano di Berlusconi: giuria popolare nei casi gravi," *Il Corriere della sera*, 8 February 2008.

严厉的处罚。尽管由陪审团参与审判的案件数量大幅上升，但陪审员的权力却变得越来越模糊不清。

（五）黑格尔、陪审团和市民社会

为什么抽签伴随大众陪审团的出现而在司法领域如此普遍，却被排除在政治领域之外，尽管民主的历史与陪审团的历史似乎很大程度上相辅相成？我们将求助于黑格尔（Hegel，1770—1831）来澄清这个悖论。这位德国哲学家对他那个时代的欧洲大陆立法者（至少是那些在法国大革命以后提出设立陪审团的立法者）的推理进行了严谨的分析。他的理论也帮助德国朝着有利于设立陪审团制度的趋势转变，从而使得德国在1848年革命时期部分地引入了陪审团制度。

法国的制宪会议成员把英国陪审团制度正式成立所依据的事实与法律之间的区分推向了极端。在他们看来，法律对于所有人都应该是一样的，法庭仅仅适用法律，甚至没有必要进行解释。多年来，全国判决的一致性成为负责陪审团管理的当局关注的重点。① 一方面，引述孟德斯鸠的名言，法官只是"宣读法律辞令之口，仅是被动的存在，既不能调整法律的威力，也不能调节法律的僵硬"②。在大众陪审团制度下，法官的任务就是充分解释法律的框架，如迪波尔在提到《论法的精神》时所说。另一方面，陪审团负责确认关涉被告有罪或无罪的事实，把判决留给法官。不同的人有不同的作用——法官对法律进行充分的解释，而陪审团来确定事实，是避免特殊性与一般性相混淆的最好办法。③

黑格尔显然承袭了当时盛行的这一思路，并将其纳入自己对于

---

① Elisabeth Claverie, "De la difficulté de faire un citoyen," *op. cit.*
② Montesquieu, *The Spirit of the Laws*, *op. cit.*, XI. 6.
③ Roberto Martucci, "La robe en question," *op. cit.*, pp. 39–41.

政治秩序合法性的哲学思考。虽然他对法的一般性和事实考量的特殊性之间的区分让人想起卢梭，但是他显然限制了抽签可以合法适用的特定或者具体的领域。对于卢梭来说，民主国家的行政部门或者说政府任务都属于特定的领域，但对于黑格尔来说，只有刑事审判这一个方面属于特定的领域。

黑格尔的基本思想是，陪审团负责的刑事审判方面——"案件事实的知识"——是"任何开明之人都可以获得的知识"，因为"证据不取决于推理的对象或者理解的抽象，而取决于单纯的细节和环境，即感官直觉的对象和主观确定性"。因此，这种知识是政治外行公民可以获得的，或者至少是素质较高的公民可以获得的；黑格尔在这里支持法律行为能力理论。由于确认事实的依据与其说是严格的逻辑证明，不如说是"主观的信念和良知"，因此它不需要具有普遍性。① 事实上，法庭活动属于市民社会领域，而法律本身，尤其是公法和立法活动则是国家的事务——也就是说，代表着普遍性的事务。②

普通公民通过陪审团制度参与司法不仅是合法的，而且是有益的，因为它使得市民社会成员可以了解、践行并拥护法律，审判同侪，也由同侪审判，而不是"成为法律职业的受监护人，甚至某种意义上的担保人"③。但是这种推理仅适用于主观层面；非法律专业的公民不能在法律的客观层面上做决定，这被法国共和党人运用不同的概念框架，称为"普遍利益"。④

---

① Georg Wilhelm Friedrich Hegel, *Philosophy of Right*, London: Oxford University Press, 1952 [1821], §227, p. 143.
② Georg Wilhelm Friedrich Hegel, *Philosophy of Mind*, London: Oxford University Press, 1971 [1830] [*Enzyklopädie* §227], pp. 261ff.
③ Georg Wilhelm Friedrich Hegel, *Philosophy of Right*, op. cit., §228, p. 145.
④ 在这一点上，黑格尔的观点非常明确，部分与法兰西共和国的精英支持者是一致的（Georg Wilhelm Friedrich Hegel, *Philosophy of Right*, op. cit., §314-320, pp. 203-208）。

黑格尔的方法帮助我们理解了陪审团在现代社会中的特殊地位。他暗示，劳动分工碰到了一个障碍：存在一个既不动员专业能力也不动员抽象判断的领域，在这个领域中，常识使个人能够仅凭他自己的主观推理就对事实做出判断。不为这种非专业能力留有空间——一个人试图站在他人的角度，通过反省来权衡支持或反对的证据——将对司法机构的合法性和顺利运作产生反作用。这一论点在19世纪后期受到了实证主义思潮的猛烈抨击，尤其是意大利学派，他们认为，陪审团与"人类普遍的专业法则"相抵触，只代表"卡迪正义"（Cadi justice）。[①] 马克斯·韦伯参与了在德国的争论，而在法国，加布里埃尔·塔尔德（Gabriel Tarde，1843—1904）对陪审员大加讽刺，说他们唯一的优点就是他们的"无能"。[②] 这种攻击加速了陪审团制度在法国一些地区的消失，这在整体上，有利于法庭的专业化，加速了陪审团制度的边缘化。但是，就司法程序进行的一些细致入微的社会研究解释了，陪审团不仅成为陪审员真正"民主转向"的场所（包括法国这样的混合陪审团），也代表了被告的一种"奢侈正义"。[③] 事实上，法国陪审团判决的无罪释放率高于专业法庭的判决，这个事实无疑有利于这种解释。

　　然而，在黑格尔的分析框架中，陪审团制度中的同侪审判应该与国家所代表的普遍利益完全区分开来。这种分析模式极大地降低了历史上古代雅典人赋予普通判决的地位，剥离了其严格的政治特性。因此，在司法领域为抽签选出的陪审团进行辩护，同时否认抽签在政治中的任何作用，二者是一致的。

[①] Bernard Schnapper, "Le jury français aux XIXe et XXe siècles," op. cit., p. 220.

[②] Georg Wilhelm Friedrich Hegel, Philosophy of Right, op. cit., § 227, p. 220; Yves Sintomer, La démocratie impossible? Politique et modernité chez Weber et Habermas, Paris: La Découverte, 1999.

[③] Celia Gissinger-Bosse, Être juré populaire en cour d'assises. Faire une expérience démocratique, Paris: Éditions de la Maison des sciences de l'homme, 2017.

(六) 托克维尔: 作为自治工具的陪审团

黑格尔的论点出现之后的十年间, 受到的最大攻击来自阿历克西·德·托克维尔 (Alexis de Tocqueville, 1805—1859)。从美国回到法国的托克维尔认为, 陪审团是一项"显著的政治"制度。他感兴趣的主要是, 陪审团的作用远远超出了司法领域。当然, 对于英美陪审团制度的教育影响, 他似乎与黑格尔有了共鸣, 认为这种制度教导了公平的做法, 并使得个人对自己的行为负责。最为重要的是:

> 陪审团制度迫使人们将注意力从自己的事情转向其他的事情, 克服了造成社会锈蚀的自私自利。陪审团对判决的形成和人民智力的提升贡献良多。在我看来, 这是陪审团制度的最大优势。这一制度应当被视为始终开放的免费公立学校。①

然而, 在其他方面, 托克维尔与黑格尔的观点是不一样的。首先, 他强调, 在美国, 陪审团制度从刑事法庭 (如在欧洲) 扩展到民事法庭, 其影响增强了; 市民社会不仅因此可以接近国家水平, 而且能更好地理解国家的规则与紧急情况。托克维尔几乎完全忽略了事实事务与法律事务之间的规范性区别, 他精辟地评论道, 陪审团制度可以是贵族性质的, 也可以是民主性质的, 主要"取决于陪审员所属的社会阶级"。但是, 他立即补充说, "陪审团总是具有共和的特征, 因为其将对社会的直接指导权交到了被统治者手里, 或者部分被统治者手里, 而非政府"。他并不关注陪审团的遴选, 而关注陪审团自治的一面。他说, 在美国, "每一个公民都有资格成为选

---

① Alexis de Tocqueville, *Democracy in America*, vol. 1, New York: D. Appleton, 1899 [1835], p. 305.

民、陪审员，都有资格担任公职。陪审团制度……在我看来……似乎是作为普选权的人民主权的最直接的结果，也是最极端的结果"。因此，他郑重地得出结论："因而陪审团制度，是让人民实施统治的最有力手段，也是教人民如何统治的最有效手段。"①

虽然托克维尔的观点非常极端，但是这种观点在当时并非他一人持有。此外，陪审团商议的实际动态表明，法律和事实之间的严格区分在很大程度上是虚构的。因此，法国1832年4月28日的法律提出了一项折中方案，改变了陪审团的作用：一方面，该法律允许陪审团确认可以减轻处罚的情况，从而决定是否尽可能充分地适用法律；另一方面，该法律试图一劳永逸地终结陪审团试图使法律无效的任何企图。事实上，陪审团利用对这种公共事务的犹豫不决，判决许多公开发表意见的人无罪，这些人被控告表达了被当局认为不合法的意见。在19世纪接下来的时间里，批评者对此大加挞伐。比如，1889年，加布里埃尔·塔尔德指责陪审团是"我们遭受的最严重的罪恶之一"，要对新闻业变得"无所不能"和使新闻自由等同于"不负责任"② 这一事实负责。这就是为什么19世纪后来的继任政府都努力不让陪审团参与涉及新闻或政治腐败的案件。③

（七）英美陪审团制度的黄金时期

然而，主要是在英国，陪审团经常性地突破旧的法律，在美国更是如此。虽然也以事实与法律之间的区分为基础，但是英国陪审

---

① Alexis de Tocqueville, *Democracy in America*, vol. 1, New York: D. Appleton, 1899 [1835], pp. 302, 303, 307.

② *Le Temps*, 13 April 1889, 引自 Bernard Schnapper, "Le jury français aux XIXe et XXe siècles," *op. cit.*, p. 214。

③ 自由中间派与共和左派，在第二共和国垮台之前，都要求陪审法庭再次对涉及媒体和政治的案件拥有管辖权，但是在他们上台掌权后，热情就不那么高了。1897年后，陪审法庭已经丧失了主要的政治作用（Bernard Schnapper, "Le jury français aux XIXe et XXe siècles," *op. cit.*, pp. 209-215）。

制度涉及陪审团与法官一定程度上的合作：这一务实的做法比欧洲大陆的教条主义更适合实际的法庭程序。虽然在这个问题上存在共识，但是几个仍然具有传奇色彩的审判案例揭示了"全能"陪审团的"危险"：无论是在实践中，还是在理论上，始终有流派声称，陪审团有权在良心的支配下制定法律。

在这一制度下，陪审团在法律和催生法律的共同体的价值观之间进行着调节。普通法传统使得这种调节变得更加容易，因为普通法就代表着一整套规范（习俗、理论和法律），而不是使一个机构（立法部门）成为所有法律的来源。从法律的角度看，关于陪审团的实践有好几个版本。① 第一个版本最初是由英国革命时期最激进的平等派（Levelers）提出来的，该版本认为，法律和人民的权利都来自共同体，无论是议会还是司法机构都无权力对这些权利发表意见。的确，在最重要的案例中，责任主要由陪审团承担。第二个较温和的版本由后来的平等派和教友派（贵格会）提出，这个版本承认议会有权立法，法官有权向陪审团提出建议，但是依然认为，如果陪审员认为法官曲解了法律，就可以重申自己的自主权，并从公正的利益出发，推翻法官的建议。② 陪审团因此有权解释法律，也有权解释人民的权利。这两个版本之间的折中版本认为，虽然陪审团通常来说应该遵循法律，听从法官的建议，但是在特殊情况下，陪审团可以决定不适用被认定为不公正的法律，这种判断的依据是更高的标准，即神圣法、自然法或者说宪法。

这三个版本都暗示，政治外行公民有能力解释法律，这就突破了黑格尔强加的限制：这是 17 世纪政治和宗教少数派的战斗口号。

---

① 英国法学家因"法的发现"来描述这个等式的一边。参见 Thomas A. Green, "The English Criminal Jury and the Law-Finding Traditions on the Eve of the French Revolution," in A. P. Schioppa (ed.), *The Trial Jury in England, France, Germany*, op. cit.

② Thomas A. Green, "The English Criminal Jury and the Law-Finding Traditions on the Eve of the French Revolution," op. cit., pp. 65ff.

最有名的一个审判案例是威廉·佩恩及其教友派同伴的审判，他们因在伦敦街道传教，而于1670年被控犯有煽动和扰乱公共秩序罪。当时，反教友派的镇压达到了顶峰。威廉·佩恩的辩护策略不是否认事实，而是坚持——无视法律对煽动性活动的明确禁令——认为，英国法律不可能将为上帝荣耀而和平传道视为非法行为。当法官声称只有他们才拥有解释法律的技术能力时，威廉·佩恩回答说："如果普通法如此难以理解，那就远非普通法了。"① 陪审团判定威廉·佩恩在街上演讲有罪，但是不愿意宣称他的演讲有煽动性或者扰乱了公共秩序。法官随即向陪审团施压，要求澄清这种非正统的判决，威胁说要将陪审员关押起来，对其断水、断粮和断烟草，直至他们屈服。陪审团坚持自己的意见，两天后最终做出了无罪判决；为此，这些陪审员后来都被罚款，理由是他们拒绝适用法律。

在美国独立后，"陪审团否决权"（jury nullification）原则传播得非常广泛。一些州确认——甚至写入其州宪法，如1777年的佐治亚州和1790年的马里兰州——"陪审团应该既就法律也就事实进行判断"。1853年，马萨诸塞州制宪会议也通过了类似的一项修正案。在会上，为回应那些主张只有专业法官才能决定法律要点的人，代表凯斯（Keyes）回答说："普通法是理性和正义之科学，一个能说出什么是正义的人，也能在几乎所有案件中说出什么是普通法，并且他裁决案子的能力同法官相当。"② 常识论证被扩展到对法律和人民权利的解释中。在某些判例中，这种主张甚至更为激进。比如1851年5月，在波士顿，为被控帮助奴隶逃跑——1850年法案中禁

---

① "The Trial of William Penn and William Mead, at the Old Bailey, for a Tumultuous Assembly," *Howell's State Trial*, 6: 958 [1670], 引自 Jeffrey B. Abramson, *We the Jury*, op. cit., p. 70。

② *Official Report of the Debates and Proceedings in the State Convention to Revise and Amend the Constitution*, Boston: White and Potter, Boston, 1853, 3: 443, 引自 Jeffrey B. Abramson, *We the Jury*, op. cit., p. 83。

止的行为——的三人进行辩护的一位律师提醒陪审员,他们既要对法律也要对事实做出判断。这位律师慷慨激昂地劝说陪审员,如果他们真的相信1850年法案是违宪的,他们就必须遵守自己的誓言,"无视法庭可能给予他们的任何相反的指示"①。从判断某些法律是否合宪的角度看,这给了地方一级的陪审团类似最高法院的角色。

托克维尔描述的杰克逊式的美国不仅是当时世界上最民主的国家,而且在政治权利和社会取向方面也处于民主历史的高峰(这是对白人男子而言——妇女依然被排除在政治之外,相对于男子来说处于法律的少数地位,奴隶制依旧很普遍,对美洲原住民的种族清洗行动在持续强化)。陪审团的权力仅是理想自治的一个方面,市政会即公民定期参加的决定公共事务的大会,是自治的另一个方面,这在新英格兰尤为突出。这与当时普鲁士实行的那种政治非常不同,我们可以理解为什么印象深刻的托克维尔最终能够为一个关于陪审团的观点辩护,而这个观点比黑格尔的更为激进。

然而,也正是在这个时期,陪审团在美国的受欢迎度开始下降。上诉法院越来越倾向禁止陪审团就法律问题发表意见。陪审团否决权的支持者的信誉因南方的陪审团实践而部分地受到损害,在南方,完全由白人组成的陪审团可能会利用这一原则,宣告被控在废除奴隶制后(甚至迟至20世纪60年代)对黑人施行私刑的其他白人无罪。最后,1895年,最高法院宣布,陪审团对法律问题发表观点是违宪的。最高法院声明,法律使得平等地保护全体公民成为可能,如果陪审团不受任何固定的法律规则的约束,"'法治政府'将会面临成为'人治政府'——由十二个未经选举且不负责任的人组成的政府的危险"②。

---

① *24 Fed. Cas. at 1043*,引自 Jeffrey B. Abramson, *We the Jury*, op. cit., p. 81。
② 156 U. S. 51 [1895],引自 Jeffrey B. Abramson, *We the Jury*, op. cit., p. 87。

三、对抗"盲目的机会"

我们似乎又回到了起点。抽签从未被遗忘,实际上,像威尼斯和瑞士这样一些近代早期的共和国一直在使用抽签。抽签不仅在陪审团制度中扮演着重要角色,而且也在其他领域中扮演着重要角色,如在法国大革命时期的征兵、博彩业和伐木权(允许租客从公地上采伐林木)方面,抽签曾被广泛使用。无论是法国,还是美国,都有一些知识分子和政治家(如托克维尔)认为陪审团制度具有政治功用。因此,如何解释从未有人提议将抽签用于现代政治制度的政府或对立法职位的分配?前文对抽签发展历史的分析显示,用于遴选陪审员的合议提名和抽签的混合制与近代早期的政治抽签形式非常相似,这种形式也被视为妥协投票的一种变体。陪审团制度的民主化是一个漫长的过程,这一过程在一些国家至今仍未完成。人们围绕赞成或反对在政治外行公民中抽签选择陪审员,以及是否扩大抽签候选人范围展开争论的同时,精英党派和民主党派在走向普选权的艰难道路上展开了政治争论。自18世纪以来,民主的历史在很大程度上始终与陪审团制度的历史交织在一起。为什么政治领域没有关于抽签的争论?为什么抽签的作用没有扩展到司法领域之外?依据哪一种合法性标准,遴选政治决策者被认为需要通过选举,而可能决定监禁或处死其同侪的人却要由抽签决定(这两种情形都是先从一小群精英开始,然后逐渐扩展至所有的公民,至少官方层面上如此)是可以接受的?

要理解这一点,我们必须借助历史学家莱因哈特·科泽勒克(Reinhart Koselleck)所提出的"经验空间/期待视域"的双重概念[①]。

[①] Reinhart Koselleck, *Futures Past. On the Semantics of Historical Times*, New York: Columbia University Press, 2004, pp. 255-275.

在科泽勒克看来，每一个人类社会都有一种经验的生活空间，在这个空间，过去的事物没有被忘记，或者依然保留在当下；而期待视域则是面向未来的。任何行动都与这两个因素紧密相关。当某些特定事件或者经历深刻地改变了特定人群的经验空间时，其期待视域会随之被打开，允许出现新的想象。科泽勒克在分析法国大革命时详细阐述了这一概念。我们可以用他的推理来解释抽签的消失。一些资料表明，抽签越来越被视为一种过时的做法，孔多塞（Condorcet，1743—1794）为此写道：

> 在几个现代共和国中……通过将选择和命运混合，人们相信会避免由［第二层级］选举人腐败引起的不便，且部分保留人们希望能从启蒙中获得的好处。但是，这些在人们有心理策略但还不开明的时代想象出来的手段，一定会被本世纪更好的组合方式所取代。①

有时，人们会基于宗教理由批评抽签的做法。正如我们所看到的，在天主教地区，占卜抽签和分配抽签之间的严格区分，限制了抽签对上帝之手的借助。在新教地区，诉诸神意更为容易，虽然这一情况并没有系统地发生。人民主权也使这种宗教辩护失去了信誉。然而，这个论点并没有被明确表达出来；再者，宗教因素是微不足道的，也可用于反对选举，在旧制度中，选举通常也被视为上帝意志的反映。那么，什么是这种"期待视域"的最显著特征？

（一）瑞士政治试验室（1798—1848）

为了回答这个问题，我们要再一次转向瑞士这个政治试验室。正如我们所看到的，在美法革命前夕，赫尔维蒂邦联（Helvetic Confederacy）是欧洲最常使用抽签的地方。当革命浪潮席卷欧洲，摧毁

---

① Condorcet, *Sur les e'lections et autres textes*, Paris: Fayard, 1986, p. 441.

旧制度时，这里的抽签的做法并没有消失。恰恰相反，新的赫尔维蒂共和国（1798—1803）成立后的十年是政治抽签的黄金时期；普遍使用抽签的做法大体持续到 1831 年。马克西姆·梅利纳（Maxime Mellina）对抽签的这一发展、大革命时期及其后的抽签支持派与反对派的热烈讨论进行了详细分析，从一个远远超出瑞士历史范围的角度，提供了对抽签消失的第一个令人信服的基于原始资料基础的系统性解释。① 笔者将主要凭借他的研究来阐明一些宝贵的经验教训。对这一整段历史时期的详细阐释超出了本书的范围，由动荡的事件导致政权和宪法发生了许多迅速的改变，瑞士制度中极端分权的特征要求对每个州进行具体说明。但是，我们可以集中讨论瑞士在建立赫尔维蒂共和国期间及其后十年中抽签的主要特征。

在 1789 年的余波中，仅靠几个曾在巴黎流亡的瑞士革命者，新的理想像野火一样从法国自然而然地燃到了邻国瑞士。1798 年，法国的入侵使得瑞士建立了第一个统一政治结构的国家，这个国家以前是由准主权的各州松散结合在一起的邦联。赫尔维蒂新的宪法主要是由彼得·奥克斯（Peter Ochs，1752—1821）起草的，他是来自巴塞尔的地方法官，与法国当局合作共同起草了该宪法。该宪法确立了中央两院制立法机构，包括一个大议会（Grand Council）（每州有八名议员）和一个参议院（每州有四名议员）。冠名为督政府（Directory）的执行机构，如同法国一样，由五人组成。该宪法还规定了瑞士的公民身份，而不仅是出生所在的州或者州首府的公民身份，从而大大增加了公民人数，确保了不同州的平等。该宪法废除了封建和法团的残留特权，使得瑞士行政管理实现了现代化与合理化。这标志着一个现代共和国瑞士的诞生。

赫尔维蒂宪法也确立了一种复杂性可与曾经的威尼斯制度相媲美的选举制度。这个选举制度把间接选举与抽签结合在了几个步骤

---

① Maxime Mellina, *Le Sort ou la Raison*, op. cit.

中。概述抽签作用的条款至少有 23 项，抽签被用于减少第二层级的选举人和代表人数、规范两院的作用。① 督政府成员的选举程序是典型的妥协投票——让人吃惊的是，在法国监护下起草的瑞士第一部现代宪法，竟然严谨地遵循了这一模式。② 当然，法国第一共和国时期曾出现几种形式的妥协投票，间接选举调和了成年男子普选权，间接选举选出的第二层级的选举人将选出代表。③ 新的美利坚共和国也引入了选举人团的妥协投票。事实上，直至今天，由于选举人团的存在，美国总统依旧是间接选出的。然而，在大多数选举中，间接投票在几十年内让位于直接投票，抽签在这两个国家的作用要么极其有限（督政府时期的法国），要么几乎消失不见（美国）。相反，在瑞士，妥协投票和抽签作为政治的核心因素一直存续至 19 世纪 20 年代。

接下来的几次政变破坏了赫尔维蒂共和国的稳定。共和国的中央集权制度与传统的州自治截然对立，后者是保守派贵族阶层要维护的。为了结束内部纷争，拿破仑成为第一执政（First Consul）后，就实施了调解法（Act of Mediation）（1803），恢复了联邦制度，同时保留了大部分革命成果。抽签在州的新宪法中有着重要作用。新宪法中有 9 项条款都提到了抽签，多数情况下，要将抽签同各种程序的选举结合起来使用，这些程序也体现了妥协投票的典型特征，比如从候选名单中选代表，或者撤换（取消）一些当选过的人。1815 年拿破仑倒台后，复辟政府（Restauration）中虽然有一些旧式保守的精英和机构，但是该政府很大程度上还是保留了革命后的启蒙心态。形式上，抽签依旧延续了一些早期的功能，但不再是一种

---

① Maxime Mellina, *Le Sort ou la Raison*, op. cit. vol. 1, pp. 123, 147.
② "Loi sur le Mode d'élection des Directeurs, 15 Juin 1799," in Maxime Mellina, *Le Sort ou la Raison*, op. cit., vol. 2, pp. 33ff.
③ 孔多塞（Condorcet）在其文章中为间接选举辩护，"Sur la forme des élections" (1789), in Condorcet, *Sur les élections et autres textes*, Paris: Fayard, 1986, pp. 437-474。

高度仪式化的程序（宪法中有详细描述），现今看起来很像是过往时代的遗物。与法国所发生的情况类似，1831 年的革命在瑞士建立了自由政权，1848 年的革命则导致了由激进政党（一个左翼但非社会主义的政党）主导的共和国的建立。随着自由派政权的上台，1814年，巴塞尔、沙夫豪森和苏黎世废除了抽签，1818 年纳沙泰尔废除了抽签，1830—1831 年索洛图恩（Solothurn）、阿尔高（Aargau）、伯尔尼、弗赖堡、日内瓦、圣加尔（Saint-Gall）、图尔高（Thurgau）、楚格（Zug）和沃州（Vaud）废除了抽签。1836 年，格拉鲁斯——其制度仍然以公民大会为基础——成为最后一个放弃抽签的州。1848 年，像法国一样，瑞士全国实行了成年男子普选。抽签甚至在宪法讨论中都不被提起。似乎抽签的做法完全被遗忘了。① 几百年来第一次，选举彻底与抽签脱钩：选举现在构成了代议制政府的支柱。

为本书目的所限，我们的重点不是革命时期瑞士所运用的抽签程序：这些程序主要还是旧模式的变体，包括由一个"机灵孩子"②进行抽签的做法。然而，瑞士政治试验室的独特之处在于，当革命基本上摧毁旧的共和制度，并从根本上改变人们期待视域之时，人们却对抽签的合法性与非法性进行了广泛的讨论。那些参与这些讨论的人往往都是才华横溢的知识分子，他们了解古典，并精心阐述了复杂的论点。自法国占领瑞士直至 1814 年，法国共和派已经接触了瑞士知识分子的思想，他们的分析为理解政治抽签的最终消失提供了经验基础。

（二）彼得·奥克斯：抽签的最后一搏

彼得·奥克斯领导的抽签的最后一搏就发生在这个时期，作为

---

① Maxime Mellina, *Le Sort ou la Raison*, *op. cit.*

② "Loi sur la Sortie de la moitié des électeurs nommés par les Assemblées Primaires, 3 septembre 1799," in Maxime Mellina, *Le Sort ou la Raison*, *op. cit.*, vol. 2, p. 53.

一名杰出的政治家，他帮助起草了1798年赫尔维蒂宪法和1799年选举法。奥克斯在旧政权时期曾有过直接的抽签经验：很不幸，他从未被抽中。他是一位著名的爱国者，一名亲法的革命左翼人士，同时他也保护农村精英和开明的城市资产阶级。他撰写了令人印象深刻的巴塞尔历史，其著作与行为显示了他对于18世纪末的抽签潜力的深刻理解，他的论述比前文讨论的孟德斯鸠和卢梭关于抽签的零散且有时不合时宜的论述更为复杂严谨。在他的信件中，人们发现了一份非常简洁的"抽签使用说明"，这份说明可以追溯到1802年，当时抽签受到了几位奥克斯的反对者的攻击：

> 在瑞士，用抽签对选举进行干预，非常必要。抽签本身就可以保障平等权利，把人民团结起来，缓和党派之间的纷争，安抚公民。以下是我的理由：
>
> （1）格拉鲁斯、伯尔尼和巴塞尔州等有着大量的抽签试验，支持了上面的这个建议。
>
> （2）抽签不像阴谋、偏见、派系和裙带关系那般盲目。
>
> （3）抽签使真正的功德有机会战胜表面的功德。
>
> （4）抽签遏制了那些靠着财富或者党派影响力认为自己高高在上的人的傲慢与自负。
>
> （5）抽签给人带来的不确定性足以使人在邪恶行为面前三思而后行。
>
> （6）抽签使得几个派别都满意成为可能，它们只能抱怨运气、接受结果，而不会对投票人或者抽签选中的人心怀怨恨。
>
> （7）抽签引导人民学会顺从，甚至提升了他们的信心，因为它让人民相信，在没有其他手段的情况下，我们才求助于命运，在共同利益遭受危险时，善意之神不会放弃命

运的安排。①

奥克斯的话是对近代早期共和主义者关于抽签合法性的精彩概括：抽签的"盲目"特征被视为相当合理，因为它是一个公正的工具，鼓励精英达成共识，促进人民产生信任。此外，奥克斯提到了瑞士新教背景下特有的一种思想，即上帝之手会在抽签中发挥作用。在这些传统观点的基础上，他还增加了两个更现代的观点——"平等权利"的观念和"精英统治"的替代概念，我们将在后文谈及它们。

然而，在有影响力的政治家中，奥克斯几乎是唯一主张在新共和环境下继续运用抽签的人。当赫尔维蒂共和国成立时，他的论证成功了，因为他能够说服法国当局与他的大多数共和派同胞。抽签的做法一直持续到1831年，因此他的论点也被长期的实践所证实。然而，1799年以后，他的政治影响力急剧下降，抽签再也得不到来自重要人物的支持。与此同时，当代的资料显示，当时的一些知识分子开始从理论层面对抽签展开批判。让人吃惊的是，这些批评来自所有的政治派别。另一位有影响力的爱国者，来自沃州的弗雷德里克-塞萨尔·德拉哈普（Frédéric-César de La Harpe，1754—1838），也像孔多塞一样认为，抽签已不适用于新时代了。② 来自苏黎世的保罗·乌斯泰里（Paul Usteri，1768—1831）是代表城市贵族的温和共和派的最重要人物，其早在1798年就发表了一篇批评抽签的文章③，直到后来成为自由派领袖，他始终保持着对抽签的批评立场。1831

---

① Peter Ochs, "Note sur l'intervention du sort" [1802], in Gustav Steiner (ed.), *Korrespondenz des Peter Ochs (1752-1821)*, vol. 3, *Ausgang der Helvetik, Mediation und Restauration. 1800-1821*, Basel: von Emil Birkhäuser & Cie, 1937, pp. 73-75, in Maxime Mellina, *Le Sort ou la Raison*, op. cit., vol. 2, p. 82.

② Maxime Mellina, *Le Sort ou la Raison*, op. cit., vol. 1, p. 337.

③ Paul Usteri, Hans Conrad and Escher de la Linth, "Soll, um Intrigen zu vermeiden, das Loos bei einigen der wichtigsten Wahlen eingeführt werden?," *Der schweizerische Republikaner*, vol. 1, January 1798, pp. 58-59, in Maxime Mellina, *Le Sort ou la Raison*, op. cit., vol. 2, pp. 16ff.

年自由派者掌权后，他们都对抽签充满敌意并予以打压。例如，在日内瓦，由温和自由派的皮埃尔·弗朗索瓦·贝洛特（Pierre François Bellot，1776—1836）教授主持的法律委员会撰写的选举报告，明确表达了对抽签的反对态度。① 偏左的自由派的记者亨利·德吕埃（Henry Druey，1799—1855）19世纪40年代成为沃州激进民主派的领袖，对抽签有着一样的厌恶。② 同样，1848年取代自由派的激进派甚至都懒得屈尊讨论抽签这个问题。一些著名的保守派人士也反对抽签：1818年，纳沙泰尔选举委员会废除抽签的提议获得了通过③，复辟时期的主要法哲学家伯尔尼法学家卡尔·路德维希·冯·哈勒尔（Karl Ludwig von Haller，1768—1854）坚决谴责了抽签这一程序。他以自己的方式重新包装了马基雅维利的著作中一个古老的论点：尽管抽签可以奖赏诚实，但是抽签有可能破坏自我提升的意愿，且助长"懒惰"。他解释道："抽签的引入否定了付出的努力和效仿榜样的尝试，本质上它是用较大的恶取代了较小的恶，把很少发生的事当成了普遍的原则。"④

（三）选举型贵族制对民主抽签

一方面，一些批评在本质上是务实的，呼应了一个世纪以前中国封建王朝曾开展的辩论——认定抽签无助于阻止争吵和阴谋。另

---

① State of Geneva archives, Rigaud 57/24, "Rapport sur les projets de Lois au sujet des élections par M. le Professeur Bellot," Geneva, 1831, 引自 Maxime Mellina, *Le Sort ou la Raison*, *op. cit.*, vol. 2, pp. 134ff。

② Henri Druey, "Essai sur les nouveaux principes politiques," *Le Nouvelliste Vaudois*, no. 40, 05/16/1828, p. 165, 引自 Maxime Mellina, *Le Sort ou la Raison*, *op. cit.*, vol. 2, pp. 134ff。

③ Neuchatel city archives, B 201.07.002, "Conseil et charges: Rapport de la commission chargée de la révision des règlements relatifs à l'élection des Membres du Grand-Conseil" (1818), 引自 Maxime Mellina, *Le Sort ou la Raison op. cit.*, vol. 2, pp. 112ff。

④ Karl Ludwig von Haller, "Fortsetzung der Constitutions-Gesetze 3. Kluge Wahl-Formen," in *Restauration der Staats-Wissenschaft oder Theorie des natürlichgeselligen Zustands der Chimäre des künstlich-bürgerlichen entgegengesezt*, Winterthur: Steinerischen Buchhandlung, vol. 6, 1834, 引自 Maxime Mellina, *Le Sort ou la Raison op. cit.*, vol. 2, pp. 122ff。

一方面，一些人还争论说，为提高公正性，从而遏止阴谋集团的形成和腐败，可利用的工具多种多样：如秘密投票，这种做法在威尼斯和罗马天主教会已经实行了很长时间（但直到 19 世纪晚期才成为欧洲政治选举的规则）①；公民宗教，这种做法被认为重振旧的共和主义的美德；公共商议，这种做法被视为推动所有党派达成了共识，走向共同利益。然而，仅仅这些经验主义的观点不足以表明废除根深蒂固的抽签传统的理由：必须有更充分的实质性理由。

如瑞士的政治试验室显示的，第一个反对抽签的概念性论点是精英治理的观点。这使我们想起了伟大的中国政治家于慎行 16 世纪末对抽签的批评，他认为，抽签决定官职，违背了依据才能和功绩选人的原则。18 世纪末 19 世纪初，欧洲存在哪些精英治理标准？在何等程度上，这种标准与抽签相抵触？

在法国，妇女、仆人和穷人都被排除在积极公民圈之外，因此能从普选权中受益的成年人口比例几乎不高于实行奴隶制的雅典人，即使不把法国的殖民地考虑在内的话。此外，那些来自工人阶级或中产阶级的人即使取得了积极公民资格，也不会被选入国民议会，因为他们缴纳的税款不够多——这一规定的废除花了数十年的时间。《人权和公民权宣言》(Declaration of the Rights of Man and the Citizen) 赞同这种精英主义观点，宣言的第六条规定，所有公民在法律面前一律平等，"他们都能**按其能力**担任一切官职、公共职位和职务，**除德行和才能上的差别外不得有其他差别**。"德才兼备的共和主义精英观是为了反对旧式贵族特权，它赞美智慧、教养、爱国和献身公益的精神，但是这种观点却与"财阀"概念相伴相生：当时，"能力"（*capacité*）一词是指一个人所接受的教育和纳税的能力。在美国，情况并没有本质上的不同。

如我们所提到的，曼宁首次把抽签的消失归因于美国革命和法

---

① Alain Garrigou, *Le vote et la vertu*, op. cit.

国大革命旨在建立的政府制度的性质。这两场推翻旧政权的革命目的不是实现民众的自治，即"真正的民主"，而是建立"代议制政府"，这个政府将由经过选举而非凭借高贵地位当选的"最优秀者"来统治。如西耶士所承认的："二者之间的差别是巨大的。"① 其目标是"选举型贵族制"，这是卢梭所创造的概念，虽然自 1789 年后，"贵族"一词不再可以毫不受限地使用：这是一种新形式的贵族，它反对其世袭的前身。这个制度与古代中国德才兼备的精英主义之间的区别也很重要，因为古代中国通过科举来遴选最优秀者。

在革命期间和革命之后，优绩的定义因政治倾向而有所不同。保守派把它与法定特征联系起来，比如贵族血统。新崛起的精英则强调金钱的重要性：那些缴纳足够税款的人表现出他们能明智地管理自己的个人预算，因而也具备了处理公帑的能力（如韦伯所证明的，在一些新教地区他们也被视为上帝的选民）。革命共和派认为，公民美德和爱国主义是优绩精英治理的核心要素，这两种要素在人民之间的分配相当不平等。从启蒙的角度看，优绩精英治理与教育密切相关，大多数提倡普及大众教育的左翼人士也认同这种推理。当欧洲国家从古代中国引进公务员考试制度时，优绩精英治理越来越多地被从智力和学习两方面来定义了。19 世纪后期至 20 世纪，许多社会主义者、共产主义者和无政府主义者都强调先锋队的作用，因为他们是理性的行动者，比人民更知道什么对人民是有益的。此外，几乎所有的行动者都持有基于如性别和种族等"自然"特征的偏见。总的来说，强调担任公职者的个人优点与在所有公民中实行抽签遴选是格格不入的。1818 年，建议在本州废除抽签的保守的纳沙泰尔委员会以优绩精英治理的名义对抽签进行了明确的批评，他们写道："执政者不是被盲目选出来的，不然，更无知的人会比更能

---

① Emmanuel-Joseph Sieyès, "Dire sur la question du veto royal," in *Ecrits politiques*, *op. cit.*, p. 236.

干的人更受欢迎。"① 同样，1828 年，沃州的左翼自由派和后来的激进派亨利·德吕埃写道：

> 宿命和作为宿命工具的抽签导致了这个荒谬且无法避免的后果：在全国的所有居民中进行抽签，立即组成政府，不分年龄、性别或能力！我不会对我们州的抽签支持者说，你们想要引入这样的暴民制度，但是我要告诉他们，你们启用的抽签原则将把你们推入深渊。②

现代西方"优绩精英主义"的概念，使得民主的雅典式抽签几乎不可能实行。唯一有报道的在全体公民中抽签的事例是格拉鲁斯所谓的抽签桶（Kübellos）。公民大会一直是该州政治制度的核心所在。受到法国大革命的平等主义理想的鼓舞，1791 年，该州用抽签彻底取代了选举。然而，新制度远非民主的：普通公民一旦抽签当选，他们就立即将这项特权卖给更富有的人——那些支付得起这项投资成本的人，因为官场依然腐败，而且在上任之前，当选者需要向政府支付一大笔款项。抽签桶制度因此是一种民主抽彩：这种制度象征性地承认平等权利，并像在机会游戏中那样分配一大笔金钱，但实际上没有改变统治政治集团的精英结构。1836 年，这种做法被彻底废除了。③

虽然，对大多数 21 世纪的读者来说，优绩精英治理与抽签的这种对立似乎相当直观，但是我们需要将这种对立置于历史背景下进行详细的分析。在瑞士，1799 年共和政府的竞选宣言明确提出了优绩主义的立场。该宣言敦促其追随者参加第一层级的大会，这个大会向所有积极公民开放，其任务是提名第二层级的选举人，随后由

---

① Neuchatel city archives, B 201. 07. 002, "Conseil et charges," *op. cit.*, p. 114.
② Henri Druey, "Essai sur les nouveaux principes politiques," *op. cit.*
③ Eugène Rambert, *Études historiques et nationales*, *op. cit.*, pp. 276 – 277; Aurèle Dupuis, "Aristocratie distributive et traditions républicaines," *op. cit.*, chapter 4.

他们做代表：

> 挑选出你们中最诚实、最见多识广者，他们远离派性纷争，全心全意爱国；他们勇于拒绝诱惑，知道如何拒绝把票投给野心且自私之人；他们还具备以尊严履行使命的坚定意志，因此具备了这一使命所需要的基本品质；只有那些能代表你们的人，才有资格参加选举的重要工作。①

针对第二层级选举人，宣言还补充道：

> 在你周围，信任你们的人民在看着你们。他们期待从你们的手中选出最有智慧的立法者、忠诚的公务员、正直廉洁的法官，他们应公正无私，尤其是敢于正视任何恐吓与脸色；你们唯一的愿望与担忧就是，寻找并选出你们中最有价值、最优秀之人……明智和开明的向导。②

但是如我们已经知道的，一旦当选，第二层级选举人中的一半靠抽签淘汰，接下来结合选举来决定督政府的五名成员。当抽签被用作一种补充程序时，选举型贵族制因此与抽签是相容的。来自沃州的牧师弗雷德里克·莫内龙（Frédéric Monneron），是除奥克斯以外为抽签进行了最明确辩护的人，其对赫尔维蒂共和国精神进行了很好的总结。1800 年，莫内龙主张建立融合选举和抽签的混合政府，认为前者可以使民主优绩治理繁荣发展，后者可以阻止阴谋集团的形成：

> 世袭、抽签和选举是人们所知的政府填补职位空缺的三种方式。世袭，不容于人民的自由，在任何共和国都是

---

① "Proclamation du 13 septembre 1799. A l'époque des Assemblées primaires et Électorales," in *Bulletin officiel du Directoire helvétique & des autorités du Canton du Léman*, vol. 1, pp. 193-195, in Maxime Mellina, *Le Sort ou la Raison*, *op. cit.*, vol. 2, p. 57.

② Ibid.

行不通的……选举具有民主精神，抽签也不反对民主。抽签遏制阴谋，选举要求功德……把两者明智地结合起来，将为明智的人民提供全部的好处，这些好处是可以从一个稳定和有益的政体中预期到的。普通人只知道"贵族"和"民主"这样扎眼的词，而不能想象几乎没有哪个政府能够精确地被置于这两面旗帜之下……这两个词只是一大堆政治组合中的两个极端而已……毫无疑问，我们的古代形式和现代形式之间存在一些可能的组合，这些组合一定会比前者更有利于人们的自然权利，比后者更有利于共和国的宁静。无疑，我需要回答这些组合是什么，我会说，是所有按人民意愿行事、有助于设立执政官，同时又不让人民被阴谋侵害的组合。①

有意思的是，牧师莫内龙对抽签和选举的描述，比孟德斯鸠、卢梭等许多哲学家更为准确。他的观点与曼宁正好相反，他明确指出，选举/抽签与贵族/民主的划分是清晰的。直到19世纪20年代末，瑞士的一些保守州，比如日内瓦，实际上非常欢迎抽签。② 更为重要的是，从未发生过为政治抽签进行的民主辩护，无论是在革命时期还是在革命后接下来的几十年中。曾领导瑞士左翼共和派的彼得·奥克斯谈论过，抽签可能承认"平等权利"和"真正的贤能"，但是他的推理并不只限于抽签，而同样适用于成年男子普选。实际上，奥克斯只是在重复当时的一个共同观念，这最终导致政治权利的扩大：扩大被视为有能力经票选担任官职的人的圈子，意味着要放松由传统社会精英施加的控制。19世纪上半叶，当瑞士下层民主

---

① Frédéric Monneron, *Essai sur les nouveaux principes politiques*, Lausanne: Chez Henri Vincent, 1800, 引自 Maxime Mellina, Ibid., pp. 59ff.

② Irène Herrmann, "Genève (canton). La vie politique à Genève aux XIXe et XXe siècles," in *Dictionnaire historique de la Suisse*, Hauterive: Gilles Attinger, 2006, pp. 460-465, 470-473.

派越来越活跃时，他们对政治程序并没有产生特别的兴趣：他们从未提及抽签，而是将行动集中在经济和社会问题上。在法国，18世纪90年代后期，后来被马克思视为第一个共产主义运动的"平等派密谋"（Conspiracy of the Equals）运动［其中最突出的人物是格拉古·巴贝夫（Gracchus Babeuf，1760—1797）］明确为民主而战，但并未提过抽签。该运动只倡导回归1793年雅各宾派宪法，该宪法将选举与人民对代表的严格控制结合起来运用。① 在19世纪的大多数欧洲国家，民主派在为扩大政治权利和限制代表权力而斗争，但他们从未支持过抽签。

（四）现代民族国家的政治

第二个反对抽签的概念性论点源自现代民族国家规模的不断扩大。从古代到近代早期，第一次驯服机会意味着，将抽签和快速轮换相结合，所有参与抽签的成员都可以有朝一日担任官职。贵族式、"大众"式和"民主"式的理想共和国之间存在巨大的差异，但是在很大程度上，这三个版本都依托同样的自治与"分配共和"的概念。在18世纪革命浪潮建立起现代共和国时，这个问题多少有些不一样了。新共和承认积极公民的象征性平等与法定平等（至少"依据他们各自的能力"）。但是，无论是从人口还是从地理上看，现代政治共同体的规模都比古代、中世纪或者近代早期的要大得多。古代民主雅典的25万—30万居民中，只有3万—5万公民。1789年，法国的2700万居民中，有430万积极公民，而英国的居民中则有850万，即使有着较高的财产要求，选民人数仍然达到了33.8万——这约为古代雅典的10倍。② 1783年，美国人口大约是350万，包括

---

① Philippe Buonarroti, *Gracchus Babeuf et la conjuration des égaux*, Paris: Armand Le Chevalier, 1869 [1828].

② Patrice Gueniffey, *Le nombre et la raison*, op. cit., p. 97.

50万奴隶和大约75万成年及以上的自由人。选举资格因州而异，但是各地都有超过一半的自由人能参加选举议员的投票，这个比例有时会上升到80%以上（如在新罕布什尔州或者南卡罗来纳州），因此有投票资格的总人数或许在50万上下。进而，法国、英国和美国在地理规模上也比以前的共和国大得多。甚至美国的大多数州比古代阿提卡（大约2500平方千米）、佛罗伦萨共和国［大约3500平方千米，不算其城市占领地，因为占领地居民不是佛罗伦萨公民；如果我们减去农村（contado），其规模会更小，因为农民人口被排除在公共机构之外］、欧洲公社和近代早期的瑞士各州都大得多。

在18世纪后期，如果在全体积极公民中实行抽签选任议员和中央政府官员，即使与快速轮换制度结合起来使用，那么也只有少数的几万公民有望在有生之年任职。例如在法国，如果一个积极公民有平等参与机会的话，最多也就是1%的概率，远远低于孟德斯鸠所说的"服务祖国的合理机会"。古代共和国抽签的部分合法性在现代政治生活中找不到立足点。当代哲学家和政治家不厌其烦（ad nauseam）地一致重申，由于规模的不同，古代的共和国与现代的共和国之间有着质的不同。在如此大的民族国家里，很难理解在所有公民中进行抽签的意义。事实上，几乎没有关于抽签的建议。1792年9月，泰奥多尔·勒叙厄尔（Théodore Lesueur），这位深受哈灵顿影响的科尔德利耶俱乐部（Cordelier Club）成员，对雅典和威尼斯制度很感兴趣，并提出了一份将威尼斯制度的设计民主化的宪法草案，要求在每个有1000名公民的选区，抽签选出100名第二层级选举人。①1793年2月，国民议会成员弗朗索瓦-阿涅丝·蒙特-吉尔伯特

---

① Théodore Lesueur, *Idées sur l'espèce de gouvernement populaire* [1792], 引自 Oliver Dowlen, *The Political Potential of Sortition*, op. cit., pp. 196-199; Rachel Hammersley, "The Commonwealth of Oceana de James Harrington: un modèle pour la France révolutionnaire?," *Annales historiques de la Révolution française*, No. 342, 2005, pp. 3-20。

（François-Agnès Mont-Gilbert）也引述孟德斯鸠的话，批评选举的贵族特性，含蓄地为抽签辩护：

> 没有理由选择这个公民而不是另一个公民担任官职，因为除了特权之外，对美德或者才干的偏爱总会引起危险的比较，使人民习惯于相信这个人比另一个人更有价值。①

再一次，这种观点被置若罔闻。蒙特-吉尔伯特自己也承认，令人满意的抽签运用的先决条件——一种强大的公民文化的发展——还未出现。即使从激进民主的角度，也很难想象这样一种原则：依据这种原则，这一群公民而不是另一群公民获得了随机参与统治的机会。既然必须有人被赋予权力，挑选最能干、最爱国或者最有美德的人就更符合逻辑，即使社会精英对"最好"的定义经常引起争议。这或许是为什么激进民主派为普选权和小自治政治共同体联邦以及公民投票和公民倡议辩护，但他们从不提倡抽签。

然而，很难找到明确基于政治共同体规模日益扩大而提出的反对抽签的观点。此外，没有什么可以阻止在被选的少数人中把抽签作为一种公正的程序使用。在这种背景下，美国和法国都出现了一些孤立的正面谈及抽签的声音。托马斯·潘恩（Thomas Paine, 1737—1809）曾提出抽签选国会议长的建议。然而，这些努力都无果而终，最后抽签完全让位于秘密投票。抽签只是苟延残喘存活下来——例如，在1777年第一部北美联邦宪法中，抽签曾作为一种解决久拖不决的争议的手段出现。② 在费城会议（Philadelphia Convention, 1787）上，美国开国元勋之一詹姆斯·威尔逊（James Wilson, 1742—1798），明确援引威尼斯模式，建议美国总统应由从国会议员

---

① François-Agnès Mont-Gilbert, *Avis au peuple sur sa liberté*, 引自 Patrice Gueniffey, *Le nombre et la raison*, op. cit., pp. 119-120。

② Oliver Dowlen, *The Political Potential of Sortition*, op. cit., pp. 152-165。

中抽签选出的选举人团选出。① 此提议没有经过任何真正的讨论就被否决了。虽然英语词 ballot（"不记名投票"或"选举"）受到威尼斯一词"*ballottino*"（球童）的启发，最初指抽签或选举，但是最终这个词仅被用于指选举。

在 1789 年以前的法国，西耶士就曾设想用类似抽签的方式取代公民选举第二层级选举人的初选。根据近代早期的传统智慧，他设想这种方式可能会减少阴谋，而阴谋往往会将初选变成血淋淋的赛场。但是，这个想法从未付诸实施。② 1789 年，为避免出现地方派系，负责修改宪法的不同委员会是从制宪会议成员中抽签选出的。很久以后，到 1870 年第三共和国成立时，这个制度被恢复，用于抽选临时职位，这些临时职位是为了随后选出议会委员会的成员。这种妥协投票倾向选择议会中年轻的中产阶级成员而不是有影响力的精英。③ 尽管这个制度延续到了 1910 年，但其整体重要性是有限的。在发表于 1792 年 9 月的一篇文章中，革命家弗朗索瓦-格扎维埃·兰塞纳斯（François-Xavier Lanthenas，1754—1799）引述孟德斯鸠提倡的一个论点，说在所有公民中进行抽签是一个坏主意，但选举后在三位排名最靠前的候选人中实行抽签可能会起到安抚效果，有助于冲突的解决。④ 1792 年 12 月，在巴黎的一次选举会上，一个选民提出，省政府的 36 个官职都应该从依据正直、爱国和能力标准选出的公民人选中抽签选出。但是他被告知，法律禁止此种方法，因为抽签不符合对公民和代表之间关系的要求。⑤ 吉伦特派（Girondin）的宪法草案（1793）也提到了使用抽签来防止大会主席团成员任命

---

① Bernard Manin, *Principles of Representative Government*, op. cit., p. 80.

② Patrice Gueniffey, *Le nombre et la raison*, op. cit., pp. 120-121.

③ Alessandra Cirone and Brenda von Coppenolle, "Bridging the Gap. Lottery-Based Procedures in Early Parliamentarization," *World Politics*, 2019, pp. 1-39.

④ Lanthenas, *La chronique du mois, ou les cahiers patriotiques*, September 1792, 引自 Patrice Gueniffey, Ibid., p. 120。

⑤ Patrice Gueniffey, Ibid., p. 124.

或在其中设立分组时发生冲突。然而，这些想法都没有产生多少作用。在法国督政府时期（1795—1799），抽签却被制度化了，但主要是作为一种次要的手段。抽签是复杂过程的一个组成部分，这个过程包括由初级议会选出选举议会，再由选举议会选出代表，这些代表经抽签进入两个委员会，最后由两个委员会选出五名督政府成员。

更为重要的是，1798年，赫尔维蒂共和国展示了抽签在民族国家中的全部潜能。有史以来第一次，在这个有着170万人口和33万可以参加初级议会的积极公民的地区，诞生了统一的政治机构。抽签被用来将第二层级选举人从3300人减少至1650人；抽签在两个立法议会中也发挥了作用，且被用于选出政府成员。[1] 正如瑞士的这个案例所显示的，抽签能够在较大规模的新的现代民族国家中成功运作。

此外，抽签也可能在这些新的民族国家内的较小规模群体中被使用。在法国，制宪会议创造了120万个票选职位，其中包括大多数公务员职位。只有缴纳足够税款的260万积极公民具有资格。每两年，这些积极公民中的50%就有望担任职位，因为多数职位的任期都很短。[2] 以这样的数字看，抽签似乎更为自然。同样，在美国较小的州，如罗得岛州（迄今仍是最小的州，只有3200平方千米），或者瑞士的一个州，抽签原本可以被作为民主自治的工具。我们已经看到，即使在像格拉鲁斯这样的例外情况下，由于公民大会的存在，它曾有过直接的人民主权的制度，抽签也只被用于博彩，并在随后的几十年里被废弃。因此，虽然多数行动者都认为代议制政府符合现代民族国家和联邦扩大的新现实，但是新共和国的规模或许

---

[1] Maxime Mellina, *Le Sort ou la Raison*, op. cit., vol. 1, p. 276.

[2] Patrice Gueniffey, *Le nombre et la raison*, op. cit., p. 421.

只是一个间接的因素，规模本身不是抽签从欧洲政治中消失的决定性原因。①

（五）人民主权与授权代表

抽签消失的第三个潜在原因与"人民主权"和"代表"这样的新概念有关，这些新概念是与社会契约论一起出现的。在基督教世界，"主权"概念源于神学，多亏了让·博丹（Jean Bodin, 1529—1596）的《共和六论》（*The Six Books of the Republic*）（1576）和绝对君主制的兴起，"主权"概念才被世俗化了，国王取代了上帝。如果一个实体是某一特定领域内的唯一合法权力来源，则该实体就被视为主权。18世纪，人民主权又向前迈进了一步。根据卢梭和其他哲学家发展的理论，人民而非国王才是主权者。法国大革命为这一理想提供了宪法支持。在接下来的几十年里，"人民主权"的概念与几个更为古老的政治观点结合起来，产生了混合体。其中一个传统来自古希腊，依据这个传统，"权力"是一种潜在的分权概念，是在多数（民主）、少数（贵族）和一人（君主）之间进行划分，三者混合的政府制度是最好的制度，因为混合制度有助于平衡三种不同势力的优劣势。英国政制就是这种混合制度的典范：英国政制包括下院、上院和君主。欧洲大陆和北美洲的混合政府也与"人民主权"概念结合起来进行重新构建，因此多数（全体积极公民）必须选出少数（他们的代表），由这些选出来的少数进行立法，在某些情形下，由一人（共和国总统）作为行政部门的领导人代表政治共同体。

另一个概念的设想来自教会内部的一个古老争论，这是中世纪和近代早期的教会所面对的一个艰难挑战：在意见不一致时，谁有决定权，是最明智和最健康的元素（*sanior pars*），还是数量最多的

---

① 笔者在 *Le pouvoir au peuple* 中提到这个假设，就现有的研究状况来说，还无法进行更多的论证。

元素(maior pars，或大多数)？通常会出现一些妥协，比如教皇既不是由所有天主教徒选出，也不是由所有教职人员选出，而是由主教选举枢机团（教会中最明智的部分）选出的，枢机团需要以特定多数（主教中的多数）选出至高无上的教皇。在某种程度上，选举型贵族制也可被视为人民主权概念和大多数人/最明智者二分法的综合体：前者（积极公民）有权选出后者（他们的代表）。

在对抽签的消失进行解释时，曼宁给法国与美国共和国的开国元勋所捍卫的区分原则增加了第二个维度：被统治者的"**同意**"。这个概念当时已经广为人知，与立法和统治者的任命都有关联，该概念是对罗马法原则"关乎众人之事，应经众人同意"（quod omnes tangit ab omnibus approbari debet）的再阐释。这个概念深深植根于现代自然法中，肯定了人与人的象征性平等，这种平等超越了他们多方面的经验性不平等，这种不平等本身不能赋予一个人统治他人的权利。①

一些重要的设计虽然把妇女、穷人和被殖民的人口排除在外，但是这种对位于社会契约核心的新型关系的解释力无疑是很强的，尤其在与"人民主权"概念结合起来使用时。当然，这个原则经过了一些实用和理论的调适。在英国，转变不像法国那么激进，因为混合政府论更加流行且持久：无论是君主还是上院都不是被选举出来的。在美国，制衡的实施限制了人民主权，司法起着关键的作用（多数法官是被选举出来的，这一事实多少弱化了这种限制，但是制衡制度带来的多元化也使"人民主权"成为一个相对的概念）。不管怎样，在整个西方世界，代表被认为是合法的，只要他们获得了被代表者的授权，即拥有最终政治权力的人的授权。这种观点越来越有吸引力，且被认可。这与自然法的兴起有关，也与社会契约论日益增长的霸权地位有关，而且更持久。自由意志和契约思想因此

---

① Bernard Manin, *Principles of Representative Government*, op. cit., p. 157.

既是市民社会也是国家的合法性基础。

然而，仅是"同意"的概念可能太狭隘了，无法给我们呈现一幅完整的画面。在社会契约中，被代表者和代表者之间的确切关系始终是一个有争议的话题。精英主义思想家声称，人民对统治者的认可是最重要的，要严格区分选举（由人民进行）和决策（由代表做出）。自由主义者安托万·巴纳夫（Antoine Barnave）等许多人认为，人们应该警惕"用一切最可憎、最具颠覆性和对人民本身最有害的东西，来代替代表权、代表最完美的政府：无中介地行使主权或民主……人民就是主权。但是，在代议制政府中，人民的代表就是人民的导师，可以独自行动，因为人民自身的利益几乎总与政治真理联系在一起，但人民对这些政治真理缺乏清楚或深刻的认识"①。相反，激进派坚持直接或完全的公民权，而非同意由他人来统治。这种思想反映在《人权和公民权宣言》中的第6条："法是共同意志的体现。每一个公民都有权利亲自或通过他的代表参与法的创立。"这种自治理想在美国革命期间以及后来的劳工运动中也很普遍。就像之前的卢梭那样，其他人则认为代表只是人民意志的工具，因此人民可以而且应该控制代表。洛克从理论上赋予反抗压迫以合法性，从而防止人民和代表之间的信任因为压迫性政府遭到破坏。山岳派的《人权和公民权宣言》（The Montagnard Rights of Man and of the Citizen Declaration）（1793）甚至走得更远，其中第35条规定："如果政府侵犯了人民的权利，起义就是为了人民，为了每一部分人民最神圣的权利和最不可或缺的义务。"

然而，整个政治光谱中，都未出现呼吁使用抽签的领导人。瑞士的案例表明，关于社会契约的新想象提供了一个反对抽签的主要论据。在这一特定的背景下，"同意"的思想似乎并不普遍，反而人

---

① Antoine Barnave, 31 August 1791, A. P. vol. XXX, p. 115, 引自 Pierre Rosanvallon, *La Démocratie inachevée. op. cit.*, p. 200。

人张口闭口都在说"自由意志"。最早对抽签进行批评的人中有温和的共和派乌斯泰里和埃舍尔·德拉林斯（Escher de la Linth），他们在1798年声称，抽签破坏了自由选择和自由选举（die freie Wahl，德语的"选择"和"选举"是同一个词语），削弱了政治家对公共舆论的责任心（这种责任心是防止阴谋的最好保证）。① 一年后，在修改宪法过程中，著名的法学家与共和派政治家伯恩哈德·弗里德里希·库恩（Bernhard Friedrich Kuhn，1762—1825）抗议说："任命的共和国官员不应该是抽签选出的，而应该是公民自由选举选出的。"另一个代表金哈特（Genhart）进一步批评道，抽签会削弱立法机构的代表性，因为"整个共同体得不到代表"。亨利·文森特·卡拉德（Henri Vincent Carrard，1766—1820）律师以宪法委员会的名义说："在代议制共和国中，人民最美好的权利是选择权威机构的权利。根据我们的宪法，这种权利的行使是赫尔维蒂人民展示其主权的唯一行动。"然而，对第二层级选举人的取消选举资格事实上剥夺了一半赫尔维蒂人民的这项"美好特权"。抽签因此"背离了共和制度"和"人民主权"。② "自由人选择自己的权威机构的权利"，这在当时是一种被广泛接受的理想，因而人们被广泛动员起来反对抽签选择。自由选择对立法选择来说也是至关重要的。1818年，保守派主导的选举委员会废除纳沙泰尔州的抽签的提议获得了通过，该委员会曾写道：抽签剥夺了市议会"通过自由选择来任命其成员的权利"。这就是该委员会在要求废除抽签时，"向市议会提出的唯一建议是要求收回一项权利"的原因。③ 1825年，保守派法学家冯·哈勒尔称赞"投良心票"，而如果采用抽签，就不可能了。从孔

---

① Paul Usteri, Hans Conrad and Escher de la Linth, "Soll, um Intrigen zu vermeiden, das Loos bei einigen der wichtigsten Wahlen eingeführt werden?," *Der schweizerische Republikaner*, vol. 1, January 1798, p. 58, 引自 Maxime Mellina, *Le Sort ou la Raison*, *op. cit.*, vol. 2, pp. 17-18。

② *Actensammlung aus der Zeit der Helvetischen*, vol. 4, July-September 1799, pp. 1344-1346, 1364, 1382, 引自 Maxime Mellina, *Le Sort ou la Raison*, *op. cit.*, vol. 2, pp. 47, 49。

③ Neuchatel city archives, B 201.07.002, "Conseil et charges," *op. cit.*, p. 117.

167 多塞的观点出发,他补充说,由"真正的""实际的""绝对的多数"决定投票的结果是至关重要的,而被用于减少第二层级选举人或代表的抽签,剥夺了公民的投票权利。① 19世纪20年代,在这个问题上,开始出现了跨党派的共识,因为温和自由派与激进派也赞成多数原则、选民和投票的平等,最终主张直接投票,这意味着人民和其代表之间的直接关系。② 在一个比以往更加个人主义和平等的社会中,法定区分已经被取消——至少在排他性的积极公民俱乐部内,无论是在私法领域与他人签订合同还是在政治领域进行投票,所有个人都能表达其自由意志这是至关重要的。这意味着所有形式的妥协投票的终结,妥协投票只能在相对较小的范围内幸存下来,而这些范围与通过抽签填补公职空缺几乎不兼容。

所有的政治声音,从保守派到最民主的,现在都论证说,合法的代表需要人民的授权,这意味着某种形式的正式权威与问责。几个世纪以来,基于具象化的"代表"(embodiment-based representation)的古老概念是政治秩序合法性的关键。正如我们在第二章所见,这种概念与抽签、传统共和主义的复杂选举系统有着密切的选择性亲和力。然而,在新的代议制政府的几种不同情形下,基于具象化的代表却处在危险之中。③ 其一,积极的选举人应该"成为"人民,一个代表整体的部分,无须由人民进行选择——即使他们仅仅是人民的一小部分。其二,人民的选举产生了一个统一的机构,即由代表组成的议会,该机构实际上体现了"民族国家",带有制宪权力的外

---

① Karl Ludwig von Haller, "Fortsetzung der Constitutions-Gesetze 3" *op. cit.*, pp. 393-398, 引自 Maxime Mellina, *Le Sort ou la Raison*, *op. cit.*, vol. 2, pp. 126-128。

② 比如,参见 Henri Druey, "Essai sur les nouveaux principes politiques," *op. cit.*; State of Geneva archives, Rigaud 57/24, "Rapport sur les projets de Lois au sujet des élections par M. le Professeur Bellot," *op. cit*。

③ Samuel Hayat, "Incarner le peuple souverain: les usages de la représentation-incarnation sous la Seconde République," *Raisons politiques*, 72, November 2018, pp. 137-164.

表，可以自称"我们人民"。这种观点在法国的共和主义脉络中影响更深，因为法国共和传统不赞成赋予司法机关以实质性权力，强调国家统一不可分割，认为立法机关是唯一被允许界定普遍利益并因此为共和国进行决策的部门（以各个选民能够说明各自的特殊利益为条件）。共和国总统也是另一种具象化代表的形式，有时与立法部门进行竞争。在这个意义上，代表权只是授权某些人并委托他们代表选举他们的人行事的问题。在英国，伯克（Burke）为另一种特定版本的具象化代表辩护，他论证说，代表（下院、上院、法官和国王）都是人民的受托人。① 在法律上，英格兰的主权属于议会，而不是人民。除了这些国家的不同形式，这一政治共同体的新体现形式总体上与代议制政府是同质的。② 这解释了为什么由选举上来的票选代表具有德国政治理论中所说的"自由授权"：这是一个自相矛盾的说法，意味着一旦获得了授权，票选代表就可以合法执政，就不必遵守他们的选举承诺，也不必理会大多数人的实际意愿。③

无论怎样，基于具象化的代表同授权代表日益结合起来，这就正式保证了代议制政府的合法性。几十年后，这两种代表性概念似乎融合起来：选举，且只有选举，才能合法体现人民（以议会或者总统的形式），因为选举是集体组成人民的个人表达其自由政治意志的唯一方式。这种新的政治合法性基础意味着抽签时代的结束。法国1848年革命期间劳工运动典型的——也是血腥的——惨败，也说

---

① Edmund Burke, "Speech to the Electors of Bristol," 3 Nov. 1774, in *Mr. Burke's Speeches at His Arrival at Bristol and at The Conclusion of the Poll*, London: J. Dodsley, 1775 (2nd edition); "Thoughts on the Cause of the Present Discontents," 1770, in *The Works of the Right Honourable Edmund Burke*, London, Henry G. Bohn, 1854-1856, vol. 1, pp. 347-349.

② François Guizot, *Histoire des origines du goulvernecmant représewtatif en Europe*, Paris: Didier, 1821.

③ Yves Sintomer, "The Meanings of Political Representation: Uses and Misuses of a Notion," *Raisons politiques*, 英文版, 2014, pp. 13-34。

明了这种转变：劳工运动在声称比新选出的国会更能代表共和国时，遭受了死亡和镇压的打击。①

（六）从抽签到机会

第四个也是最具决定性的因素解释了抽签的消失：与启蒙运动有关的一种新的推理形式虽然有许多变体，却在很大程度上征服了19世纪。施托尔贝格-里林格是第一个提出这样假设的人，即将抽签排除在选举之外，与其说是因为一种政治上的转变，还不如说是一种文化上的转变：新的期待视域是敌视抽签的。② 马克西姆·梅利纳的研究使我们能够系统化理解这一假设。他在瑞士的历史背景下发现的主要资料揭示了一个可能适用于该地理区域之外的推理。18世纪和19世纪之交，关于抽签的词汇发生了很大的变化。近代早期，人们谈论"抽签"（法语是"*sort*"，有时写为"*Sort*"，第一个字母是大写的，似乎赋予了该词神圣的特征；德语是"*Los*"/"*Loos*"，所有表示抽签的词的第一个字母都是大写的）。二三十年后，人们开始把"抽签"与"偶然性"（法语是"*hasard*"，德语是"*Zufall*"）联系起来：该词已经具有贬义，因为"偶然性"被视为无法驯服的，与"理性"截然对立。这种新的含义在法语中得到强化，因为"*sort*"一词具有双重含义，可以被翻译为英语的"lot"（签）（既有抽签的意思，也有人的运气的含义）和"命运"（fate）或者"机会"（chance）。

在法国马赛，1654年发表了一份为近代早期抽签进行辩护的最重要的文献，该文献宣称，把抽签引入市政宪法的提议来自"一群精挑细选有资格和有智慧的人……他们是一群有能力且有经验的

---

① Samuel Hayat, *1848. Quand la République était révolutionnaire. Citoyenneté et représentation*, Paris: Seuil, 2014.

② Barbara Stollberg-Rilinger, "Entscheidung durch das Los," *op. cit.*

人"。该文献还补充道：

> 多亏抽签，我们才是自由与独立的，事务才归于有序，我们的生活才趋于安静，免受麻烦的侵扰，我们才有理由希望，这样的抽签规定得到了神的批准……将在未来愉快地引导他，进行非常好的与有利的选举。①

在瑞士，彼得·奥克斯给出了更多的世俗理由："我们准备承认抽签是盲目的，但是阴谋设计、熟人圈子和亲属关系甚至更为盲目……多数派往往只代表最强者的权利。"奥克斯接着说，抽签是一个"公正的第三者"，"可以在少数与多数之间做出决定"。② 这种说法是为近代早期的抽签辩护的典型理由：抽签程序的引入往往被作为限制争吵和腐败的最后尝试，通常被视为对权力竞争合理化的一种手段。只要这个程序是合理的，它就可以根据地区的不同持续几十年或几百年。

到了18世纪末，越来越多的实践者和理论家不再把"盲目的机会"视为对公正的保障，而是视其为一种非理性的机制。抽签现在被看作"反复无常"和"武断"的。③ 这一程序完全背离公民"自由和开明的选举权"，正如自由派主导的日内瓦官方委员会雄辩地论证到的。这些自由派在1831年提议废除抽签，且获得了通过。④ 人们越来越感受到一个新的时代将来临——一个不再适合抽签的时代。在最终导致1803年调解法出台的瑞士代表与拿破仑举行宪法谈判期

---

① Anonymous, *Le règlement du Sort*, *op. cit.*, pp. 7-12.
② Peter Ochs, *Geschichte der Stadt und Landschaft Basel*, vol. 7, Basel: Schweizhauserschen Buchhandlung, 1797, p. 466, 引自 Maxime Mellina, *Le Sort ou la Raison*, *op. cit.*, vol. 2, p. 108。
③ Neuchatel city archives, B 201.07.002, "Conseil et charges," *op. cit.*, p. 116. Karl Ludwig von Haller, "Fortsetzung der Constitutions-Gesetze 3.," *op. cit.*, p. 397, 引自 Maxime Mellina, *Le Sort ou la Raison*, *op. cit.*, vol. 2, p. 127。
④ State of Geneva archives, Rigaud 57/24, "Rapport sur les projets de Lois au sujet des élections par M. le Professeur Bellot," *op. cit.*, pp. 8-19, 引自 Maxime Mellina, *Le Sort ou la Raison*, *op. cit.*, vol. 2, pp. 142-149。

间，法兰西共和国派往赫尔维蒂共和国的全权大使（Minister Plenipotentiary）公民莱因哈德（Reinhard），引用了孔多塞的一句话："由于激情，抽签可能在今日还十分有用，但是不久后，将一文不值。"① 三十年后，一份日内瓦委员会的报告补充说，是时候用代议制政府即"开明理性的民主"，来取代"处于幼年时期的社会民主"即"直接行使虚幻的主权"了，这种动议之所以可能，是因为"传统的枷锁已经被打破"。瑞士因此"可以自由地在新的地基上建造大厦"。② 这份报告还引述了法国保守派哲学家和政治家安东尼·德斯蒂·德·特拉西（Antoine Destutt de Tracy，1754—1836）的话，他在《评孟德斯鸠论法的精神》（*Commentaire sur l'Esprit des lois de Montesquieu*，写于1802年，发表于1819年）一书中，声称"基于人权的政府原则是**理性**"③。

又一次，对这个问题的跨党派共识令人震惊。当时流行的思想是，开明的公民，无论是以精英主义还是以更民主的方式来定义的，都可以通过逻辑和判断做出理性的决定。理性被认为是反对偏见的，也是反对偶然的。现在是时候让人们摒弃迷信，用清澈的眼睛来看世界，用理性把控自然、自己的命运，以及其他低等人类——根据他们的性别、肤色，或者其文明的起源来判断低等与否——了。进步是这一新的"历史性体制"的口号。④ 人们经历了经验空间的彻底转变，用科泽勒克的概念来说，他们的"期待视域"因此而根

---

① Victor Monnier and Alfred Kölz, *Bonaparte et la Suisse: travaux préparatoires de l'Acte de Médiation (1803): Procès-verbal des assemblées générales des députés helvétiques et des opérations de la Commission nommée par le Premier Consul pour conférer avec eux*, Geneva: Helbing & Lichtenhahn, 2002, p. 115, 引自 Maxime Mellina, *Le Sort ou la Raison*, op. cit., vol. 2, p. 84。

② State of Geneva archives, Rigaud 57/24, "Rapport sur les projets de Lois au sujet des élections par M. le Professeur Bellot," op. cit., pp. 8–19, 引自 Maxime Mellina, *Le Sort ou la Raison*, op. cit., vol. 2, pp. 142–149。

③ Antoine Destutt de Tracy, *Commentaire sur l'Esprit des lois de Montesquieu*, Paris: Th. Desoer, 1819, Book 3.

④ François Hartog, *Presentism and Experiences of Time*, op. cit.

本不同于过去。抽签被视为过时的遗留机制，这种机制或许在遥远的过去（在古代分配型民主制的背景下）或者稍近一些的时代（比如分配型共和贵族制的近代早期）曾经有效，但是现在已经失去了效用。

先是左翼自由派、后变为激进派的联邦政府中的代表亨利·德吕埃在其发表于1828年的一篇文章中，把这种新的时代精神概括为："随机选择是纯粹的偶然，是一种盲目的没有自我意识的物质力量……而主动选择则完全相反，它是智力的功能，要设计、区分、比较、判断、抉择或者表达喜好，理解且也意识到所做之事。"① 德吕埃通过诉诸自由意志来解释这一广为接受的观点："人们会根据自己的内在信仰而偏好随机选择或主动选择。只有两种可能的选择：要么相信宿命，要么承认自由意志。"只有那些偏好随机选择的人，才会希望继续把抽签作为一项重要的宪法程序，因为抽签是"最纯粹的宿命形式"。抽签"仿佛来自某个源头，但因为是宿命的，所以就是来自星宿"。德吕埃补充说，在所有居民中进行抽签是荒谬的，这将导致暴民统治。反过来，他以优绩精英主义的名义，对抽签进行了有史以来最明确的谴责。他满怀激情地写道，我们必须承认，"负责指导公共事务的人需要智力、审慎和智慧，因为他们的任务就是根据必要性、人民的利益、时代的影响、文明的进步以及国内外的安全、国家的现在和未来来决定"是否必须进行宪法变革。在这项新制度中，"出于道德自由的考虑"，选举不应该是"命运"的产物（如已提及的，"sort"在英语中更倾向指命运而非抽签）。随机选择"既不明智，也不自由"。主动选择"只能交给人类，因为他们具有天赋的知识和意志"。德吕埃接下来继续赞美人民主权和代议制政府：

---

① Henri Druey, "Essai sur les nouveaux principes politiques," *op. cit.*

> 国家要么可以在不给自己带来麻烦的情况下做出所有的选择，要么不可以。如果国家可以，如果国家足够成熟，那么所有的选举都必须是直接的。如果不方便把所有的选择交给人民，那也不应该留给命运（sort），因为听天由命无关乎道德自由，而是要留给挑选出来的人。一旦我们认识到有挑选的必要，我们难道能否认，挑选出来的人的选择比人人都不加区别地参与的选择更好吗？难道我们能否认，我们选中来领导社会、照护社会最大利益的人，不正是我们主动选择出来的能做出卓越选择的人吗？①

德吕埃继续用其毁灭性的批判，彻底否定了上帝对随机选择的干预：

> 命运（sort）是理性不共戴天的敌人，因为它取代了精神，取代了自由的智力，是一种没有智力和自由的无机影响力；这种彻头彻尾的异教原则与我们的宗教是对立的，我们的宗教要求劳作和启蒙的信仰；与道德是对立的，道德谴责盲目的宿命导致的惰性和自满。命运与自由不相容：它践踏国家或其代表，迫使他们放弃其高贵的权力。政治和历史告诉我们，随机选择就像投胎一样反复无常；抽签无法确保持续的精神和保存的原则，因为抽签是通过盲目的组合，把众多新人和无经验之人同时引入共和国的议会。②

正是由于这些反驳奥克斯 1802 年以来的观点的说辞，抽签在政治上的使用已经走到尽头。不到三十年，一种新的思维方式已经让大众视抽签为一种非理性的和过时的机制。

---

① Henri Druey, "Essai sur les nouveaux principes politiques," *op. cit.*
② Ibid.

四、抽签和描述性代表

我们现在可以更好地理解，为什么人们在政治领域抛弃了抽签的做法，这涉及两个关键因素。以人民主权为基础的新的"代表"概念被视为公民与其代表之间的一种社会契约，意味着选举成了一种核心工具和关键仪式，因此比以往更难与抽签搭配使用。这种观念又被一种新的理性主义精神所强化，该精神用自由意志来强烈对抗机会。其他因素也起了作用。新型共和国的规模与占主导地位的精英主义虽然没有排除把抽签作为分配型贵族制的工具，但是并不欢迎把民主抽签运用于全体公民。抽签至多能在某些情况下被作为一种技术工具，但不再能被作为一种确保政治秩序程序合法的仪式使用。在很大程度上，前两个论点（关于"代表"和"主权"的新概念与一种新的推理形式）在 21 世纪对抽签的批判中仍然发挥作用。此外，今日的批判通常仰赖优绩的层面，认为抽签使得无知之人而不是选举产生的最优秀之人为政治共同体进行商议与决策。然而，在我们探讨的这个阶段，依然存在三个问题。第一，为什么对于司法领域与政治领域之间的明显区别存在着普遍的共识，在司法领域，可以将抽签与合议一起使用形成陪审团制度，而在政治领域，选举则成为唯一有效的程序？第二，为什么新的理性主义者持之以恒地反对抽签？毕竟，如今由抽签选出微众的提倡者经常提到孔多塞对于陪审团制度的反思，并且把抽签视为一种非常合理的机制，以获得一个比大多数选举议会更好地在社会学意义上反映人民多样性的群体。第三，为什么最积极参与社会和政治民主化的行动者甚至不曾考虑在政治领域重新引入抽签？在某种程度上，抽签在政治领域不被制度化，这是可以理解的；但是，无人呼吁将抽签作为一种政治机制予以复活，这是相当令人困惑的。

在美国宪法辩论期间,反联邦主义者代表了政治光谱上的左翼,至少部分地继承了公民共和主义的传统,激烈地反对这种司法和政治上的区分。相反,他们接受了统治者和被统治者是一致的观念,汉娜·皮特金(Hannah Pitkin)称之为描述性代表。① 布鲁图斯(Brutus)——其中最有影响力的一位作家的笔名,论辩如下:

> "代表"这个词本身意味着,为此目的而当选的人或者机构应该像任命他们的人——美国人民的代表,如果他是一个真正的代表的话,就必须像美国人民……这样一来,被安置的代表应该具有与人民一样的理智与情感,受与人民利益一致的利益的支配,换句话说,代表应该与他们所代表的人非常相像。②

反联邦主义者的领袖、后来的美国总统约翰·亚当斯(John Adams, 1735—1826),补充说,代议制议会"应该至多就是广大人民真实写照的缩影。这个议会应该像人民一样思考、感觉、推理和行动"③。对于这一思想流派的追随者来说,显而易见的危险在于,只有富人才会当选,而中小农场主的利益将被损害。选举会有利于基于出身和受教育水平以及财富的精英阶层当选,这样最终就无法反映国家的多样性。因此,反联邦主义者主张缩小选区,以利于来自中产的人当选。在这一点上,他们被联邦党人打败了。事后来看,他们建议的工具是否有效似乎令人存疑,尤其是如果与抽签相比的话。北美领导人,包括反联邦主义者,都把陪审团视为保障公民自

---

① Hannah F. Pitkin, *The Concept of Representation*, Berkeley/Los Angeles: University of California Press, 1972.

② Brutus, *Essay* Ⅲ, quoted in Bernard Manin, *Principles of Representative Government*, op. cit., p. 110.

③ John Adams, *Adams Papers*, Ⅲ. *Thoughts on Government*, April 1776, https://founders.archives.gov/documents/Adams/06-04-02-0026-0004.

由的主要机制。① 像亚当斯这样的革命者了解抽签曾被用于近代早期共和国,且相信这种机制是避免内部冲突的合理方式。亚当斯的结论是:"相信天意比相信自己更安全。"② 那么,为什么反联邦主义者没有利用这一机制的政治潜力呢?

描述性代表的问题也在大西洋的另一边被提起。法兰西共和国1800年1月派驻赫尔维蒂共和国的全权公使勒德雷尔(Roederer,1754—1835),于一年后描述了法国制宪会议中大多数成员的主流观点,他写道:"卢梭五十年前所说的选举型贵族制,就是我们今天所称的代议制民主。"③ 但是,其他人赞成著名的革命者米拉博(Mirabeau,1749—1791)的观点,他早在1789年1月就论证说,议会应该"为国家提供一幅依据自然面积而画的微型地图,无论是部分还是全部,其副本应该总是与原件具有相同的比例"④。那么,为什么不用抽签的方式来绘制这幅人民地图呢?

(一) 概率演算、统计学和政治多元主义

抽签在今天与"代表性样本"的概念有着密切联系,"代表性样本"经常被用于社会科学、统计调查和民意调查。概率演算使得这种做法成为可能,大体的思路是,当从一个瓮中取出不同颜色的球的样本时,这个样本将反映瓮中球的整体构成。样本越大,就越有代表性:随机抽取的 1000 个人,将提供微众的人口构成,其误差率只有几个百分点。18 世纪革命时期的情形如何?以布莱兹·帕斯卡(Blaise Pascal,1623—1662)为首的法国数学家,在 17 世纪概

---

① Leonard W. Levy, *The Palladium of Justice. op. cit.*, pp. 85–86.
② 引自 Patrice Gueniffey, *Le nombre et la raison*, *op. cit.*, p. 121。
③ Pierre-Louis Roederer, speech of 13 Ventôse, Year IX (4 March 1801), in *Œuvres* VII, p. 140, 引自 Pierre Rosanvallon, *Le peuple introuvable*, *op. cit.*, p. 52。
④ Comte de Mirabeau, "Discours devant les états de Provence," 30 January 1789, in *Œuvres* VIII, p. 7, 引自 Pierre Rosanvallon, *Le peuple introuvable*, *op. cit.*, p. 17。

率微积分的发明方面发挥了重要作用。18世纪后期,这一新的数学分支出现了引人注目的繁荣发展,并被用于审判陪审团。1790年,迪波尔在提出建立陪审团制度时,引述了被他称为"我们这个时代最伟大的数学家"的孔多塞的专业知识。概率演算在当时被用于计算司法出错的风险、最佳陪审员人数、最有可能得出最佳裁决的合格多数门槛,以及通过让陪审员回答一组在分析上截然不同的问题,而使判决更为合理的方式。许多数学家参加了辩论,这种辩论至今仍有回响。① 然而,关于代表性样本的思想尚未出现。

要理解这种情况,我们需要转向统计学的历史。这个领域当时发展迅速。1662年,通过威廉·配第(William Petty, 1623—1687)和约翰·葛兰特(John Graunt, 1620—1674)的工作,人口学作为一门国家科学诞生了,而统计学受到关注则得益于诸如法国政治家沃邦(Vauban, 1633—1707)等人的推动,他们致力于提高政治和行政工作效率。人口学和统计学隐含一种"政治算术",这种政治算术把个人视为同样的人——这是超越对社会成员的单纯罗列、"把他们视为一个整体进行统计和操纵"的先决条件。② 在法国大革命前夕,这些学科尽管都已建立起来,但是并没有采用概率演算,也没有如我们今天所知的这样,运用统计上的代表性抽样。

当时,概率演算的社会用途非常有限。虽然概率演算被用于研究机会博弈,但是即使新兴的保险公司都不大使用。起初,在威廉·配第和约翰·葛兰特的死亡率表中,统计学主要依赖一个典型(而不是代表性)样本,然后"根据这个人口样本与每年出生人数之间的比率(据说全国范围内是一致的)"推断出整体人口——

---

① A. P. Schioppa (ed.), *The Trial Jury in England, France, Germany, op. cit.*; Alain Desrosières, *La Politique des grands nombres. Histoire de la raison statistique*, Paris: La Découverte, 2000.

② Hervé Le Bras, *Naissance de la mortalité. L'origine politique de la statistique et de la démographie*, Paris: Gallimard/Le Seuil, 2000, p. 127.

"这个比率是在几个教区里测得的"。① 阿道夫·凯特尔（Adolphe Quetelet，1796—1874）在把统计学运用于道德和政治科学方面做出了重要的贡献，其曾于1825年尝试着用典型样本来估计全荷兰的人口。但他随后放弃了这种典型样本法。因为，高级官员巴龙·德·科沃伯格（Baron de Keverberg，1768—1841）指出，全国各地的出生率差异很大，不可能以少数几个地区人口数推算出全国人口数，直到19世纪末，统计学家才开始提倡人口普查，质疑前两个世纪里政治数学家的推断。

当然，到了19世纪中期，统计科学不止简单再现启蒙时期的观点。凯特尔与孔多塞的不同之处在于，他提出了"有关社会及其不透明性"的问题，而他的前辈则试图"解释开明之人（enlightened man）进行选择的理性标准，因为开明之人本身体现了基于理性的普遍人性"②。凯特尔阐述了非常独特的社会学意义上的统计平均值，他合并了曾经被分开的两个概念，即"客观平均值"和"主观平均值"。前者由对同一个对象（比如一个城镇的人口）的一系列测量得出，从而抵消了由于观察不周全而产生的不规则现象；后者代表一种中心趋势，经验案例围绕这一趋势分布（比如一种钟形曲线、适用于某一特定人口的身高分布等现象）。然而，凯特尔拒绝算术平均值，即纯粹计算的结果，因为这种结果将使得不围绕中心趋势构建并且似乎不符合理想逻辑的社会事实同质化（比如一个高度不平等的当代社会中的收入）：他因此将算术平均值视为纯粹的虚构。

虽然两人之间存在差异，但是孔多塞的开明之人和凯特尔的平均之人（average man）都是常态的形象，也是衡量变态和病态的参考模型。开明之人完全掌握理性；平均之人则很容易被等同于中产。但是，这种常态不再适合革命之后的政治，因为政治的分裂和变动

---

① Alain Desrosières, *La Politique des grands nombres*, op. cit., p. 111.
② Ibid., pp. 98-101.

以及不可预见的事件导致了极化或者重大倒退,而这些不能基于理性个体或者中心化趋势来理解:意见的分布很少呈现为钟形曲线的形式。对于国家的团结可以进行庄重的庆祝,但是真正的政治必须考虑不可化约的意见的多样性,即使只是从地理因素出发也是如此,故要避免落入与"恐怖统治时期"相同的陷阱。中世纪和近代早期比较典型的统一的城市理想,此时已经失去了部分合法性。政治分裂日益严重和革命运动日渐兴盛,意味着舆论不再能够被引导为开明或者平均的化身:只有冲突常在。引用前文的区分来说,平均的化身充其量只代表一个"算术平均值",因此也是不合法的。

这种多元性总是被旧式共和主义否定,后者坚持共和国的政治统一,把派系视为共和国面临的最大的恶。激烈的冲突使许多城市分裂,政治野心无处不在,这些都被官方意识形态视为负面因素。例如在威尼斯,很多时候,公开竞选官职或者某一政治运动都是被禁止的。马基雅维利是少数几个肯定这类政治冲突的人之一。对政治多元主义的接受是渐进的,直至多元主义成为代议制政府尤其是自由主义的中心特征。在美国宪法的辩论中,"多元主义"是开国元勋鼓吹的一个关键概念。在法国大革命的最初几年里,至少在罗伯斯庇尔下台之前以及法兰西第一帝国(1804—1815)期间,多元主义在法国也是一个被争论不休的话题。拿破仑下台后,多元主义受到了严格限制,如新闻自由无从谈起,革命因素受到压制,对体制内政治的参与仅限于很小一部分人。不管怎样,在这些限制中,多元主义仍然被视为新秩序的一个构成因素。19世纪20年代,弗朗索瓦·基佐(François Guizot,1787—1874)——他后来成为七月王朝(July Monarchy)(1830—1848)的保守派领袖——在他关于代议制政府的开创性著作中提出了多元主义的理论。① 对于基佐而言,新政权

---

① François Guizot, *Histoire des origines du gouvernement représentatif en Europe*, Paris: Didier, 1821.

既可以代表市民社会的多元性，也能组成一个选定的代表机构，体现国家的统一。

在这方面，瑞士的情况非常有趣：19世纪头20年里，随着公共领域出现越来越多的意见冲突，政治竞选的合法性逐渐增强。日内瓦委员会已经得出了一个明确的结论：1831年，该委员会建议废除抽签，完全使用选举。① 委员会成员写道，在广大观众面前公开对话是避免争吵的最佳方式，因为派系很可能来自较小的圈子，正如威尼斯的案例所证明的。新政治的反对者争辩说，公开讨论就是派系的体现。委员会回答，如果所谓的"阴谋"是"这些坦率和公开的讨论，候选人为获得选票借此公开宣称他们的服务、他们的政治原则和他们所有的头衔，有什么问题吗？这种政治行为方式丝毫没有"排斥理性，或者会引起恐慌"：

> 选民大会中，总会存在常识、无私、秩序与正义的精神，这种精神使得大会成为各个候选人的相对优劣势的最公正和最知情的法官。杰出的宣传人物如马基雅维利和孟德斯鸠，都对人民能够做出好的选择的能力进行了赞美。对自由公民来说，这种技能仅仅是他们对理性的运用，出于维护他们自己真正利益的本能。②

抽签不再被视为适应这一新的政治现实的合适机制。相反，无论是孔多塞的"开明之人"还是凯特尔的"平均之人"都能适应陪审团制度，这两个概念都没有以往的偏见，没有意识形态的分歧，他们无需专业技能：只要有常识。虽然在法国大革命期间，对如何实现最佳统治，数学层面的思考也有相应的发展，但是陪审团要求

---

① State of Geneva archives, Rigaud 57/24, "Rapport sur les projets de Lois au sujet des élections par M. le Professeur Bellot," *op. cit.*, p. 28, 引自 Maxime Mellina, *Le Sort ou la Raison*, *op. cit.*, vol. 2, p. 155。

② Ibid.

的意见一致或者绝对多数的事实却因此有了一个特定的论据。意见一致是可能的，因为它产生于人人都能做出判断，这种一致确保了正确地进行审议且得出符合逻辑的结论。从这一意义上——而且从理论上讲，陪审员无须为自己的意识形态或者物质利益辩护——它使得审判公正、公平。这种适用于中世纪和近代早期的政治妥协投票的理由，现在被用来解释陪审团的工作。

因此，18世纪晚期到19世纪中期，概率演算、统计学和陪审团制度的社会运用共享着"正常推理"的概念。这呈现为几个变体：与财产资格有关的精英逻辑只赋予社会中最富有或者说最开明的阶层以完全理性的规范性，而统计学中的常态思想则促进了中小资产阶级的发展。对民主派而言，常识是所有公民共有的东西。然而，在把"正常推理"用于陪审团时，这些变体都有一个共同点：正是因为个体似乎可以互换，所以抽签是一种有趣的工具；相反，当重点是代表政治观点的冲突时，抽签似乎就不再是一种适当的工具了。

（二）抽签和机会游戏

在这个阶段，涉及抽签的机会游戏经历了真正的爆炸式发展，矛盾的是，似乎这使抽签在政治领域变得不那么可信了。最初，掷骰子游戏至少可以追溯至公元前3000年（甚至或许可追溯至公元前5000年），但是纸牌游戏在14世纪后期像野火一样从中国传播到了欧洲。很长一段时间里，教会和官方伦理都谴责这样的游戏，因为其中的任何获利都是"不应得的"，人们参与机会游戏的动机往往与占卜密切相关，而远离正统。作为社会动荡的一种根源，对机会游戏的热情导致了极端事件的发生，既有害于游戏者，也有害于其家庭。只有对于最富有的人，尤其是王室贵胄，玩游戏才是"无辜的"，他们的收入和受教育水平会使他们免受激情的驱使和随之而来的后果。① 虽然控制机会游戏的社会影响的尝试仍在继续，甚至随着一个渴望传授理性和道德指导的国家的出现而不断增多，但是对占卜和不应得利的谴责声音却随着概率演算（部分原因在于人们渴望回答机会游戏所提出的问题）的问世而变得越来越弱。

事实上，新的数学推理形式确立了客观衡量赢的概率的规则，因此机会游戏也涉及一种契约，即参与者了解自己正在冒险。中世纪，用于掷骰子的一种务实的数学方法开始发展起来，虽然这种方法仍然处在边缘，我们在前文分析了托马斯·加塔克对政治抽签的看法，但是他在《抽签的性质和用途》（*The Nature and Use of Lots*）（1627）一书中没有提概率演算。② 不管怎样，一个世纪前，文艺复兴时期著名的数学家、医生和星象学家吉罗拉莫·卡尔达诺（Gerolamo Cardano，1501—1576）率先将理性计算系统地运用于人们所喜爱的机会游戏中。③ 自那时起，欧洲各地，尤其是那些不再满足于对纸牌游戏征税的国家，开始发展自己的彩票。据记载，中国早在汉朝（公元前 206 年到公元 220 年）就有了国家经营的彩票，而国营彩票在古罗马时代也很普遍。但是，国营彩票都在公元 220 年前后消失了，直到大约 15 世纪才重现于西方世界。④ 彩票随后迅速在欧洲蔓延开来，从荷兰和意大利北部公社流行地区扩散到欧洲各地，这两个地区当时在贸易和金融方面是最先进的。彩票在威尼斯和热那亚尤其受欢迎，那里的彩票业通常是由私人管理的：这是现代彩

---

① Ulrich Schädler, "Von der Kunst des Würfelns," in Badisches Landesmuseum Karlsruhe, *Volles Risiko! Glücksspiel von der Antike bis heute*. Karlsruhe: Badisches Landesmuseum Catalogue, 2008, p. 21; Annette Köger, "Spielkarten und Glücksspiel," in Badisches Landesmuseum Karlsruhe, *Volles Risiko! Glücksspiel von der Antike bis heute op. cit.*, pp. 62ff.

② Thomas Gataker, *Of the Nature and Use of Lots*, *op. cit.*

③ Maria Dagmar Schumacher, "Würfelglück im Mittelalter," in Badisches Landesmuseum Catalogue, *Volles Risiko!*, *op. cit.*, p. 42.

④ Esuirou de Pardieu, *Trattato delle imposte considerate sotto l'aspetto storico, economico e politico in Francia ed all'estero*, Turin: Stamperia dell'unione tipografico-editrice, 1865, p. 759.

票的前身。正如我们在第二章所看到的，就首长会议未来成员的名字下注是热那亚国家彩票业的起源。英国在 1567 年将彩票业制度化了。

1656 年以后，法国也紧随其后，当时国家垄断了高利润的彩票业。在革命爆发前不久，法兰西皇家彩票（*Loterie royale de France*）项目启动。在 1777 年到 1781 年间，彩票带来的收入超过了教职人员的缴税额。彩票是根据"玩家实际获得的奖励金总额与事先精心计算出的数学概率对应的奖金总额之间的差额"而精心设计出来的。① 它通过降低最小赌注鼓励大众参与，皇家彩票被证明是非常成功的。为了确保人们的信任，对抽签的程序采取了一系列预防措施。每月公开抽奖两次。在巴黎，抽奖既隆重又有仪式感：

> 抽奖要在警察局长、财政总长、税收官和部长助理的监督下进行。在指定的日子，一名官员把九十个大小、形状和重量都相同的小盒子放入一个大幸运轮，这些小盒子里装着事先仔细展示给公众看的数量相同的带编号的牛皮纸方块。在这些小盒子在轮子里被充分混合后，五个中奖号码被抽出来了。②

毫无疑问，因为缺乏互动，彩票不像掷骰子或纸牌游戏或轮盘赌一样受到严厉的谴责。轮盘赌出现于 17 世纪的意大利，随后很快传遍整个欧洲。然而，彩票无法获得开明舆论的好评。不仅参与者的动机会受到怀疑，而且彩票也被视为社会失序的根源之一，代表着一种隐性税收。在被重新打上国家彩票烙印一段时间后，彩票最

---

① Alan Wykes, *Gambling*, London: Aldus Books/W. H. Allen, 1964; Elisabeth Belmas, *Jouer autrefois. Essai sur le jeu dans la France moderne (XVIe-XVIIe siècle)*, Seyssel: Champ Vallon, 2006, pp. 308–328; Ulrike Näther, "'Das Große Los'-Lotterie und Zahlenlotto," in Badisches Landesmuseum Catalogue, *Volles Risiko!*, *op. cit.*, pp. 99ff.

② Elisabeth Belmas, *Jouer autrefois*, *op. cit.*, p. 331.

终在1793年被废除,当时议会把彩票描述为"一种邪恶的专制发明,用事实上加剧人民不幸的希望来欺骗人民,使得人民对自己的悲惨现状保持沉默"①。尽管在督政府时期的1797年(赫尔维蒂共和国成立前一年),国家处于灾难性财政状况,因此重新引入了彩票业,但这种基于"运气好坏"的社会习俗,很难给标榜美德和榜样行为的政治制度以启示。此外,代表权被定义为一种政治契约,在这种政治契约中,一些人有幸获得奖励,而其他人则不幸,这是一种奇怪的观念,难以在政治领域实行。随着彩票和机会游戏成为抽签最引入注目的体现,抽签在政治领域中信誉扫地。

(三)劳工分离

在法国大革命期间及随后的几十年里,大规模的抽签遴选成为理论上可行的技术,但实践中难以找到其合法性。没有哪个重要的政治团体或运动参与了这项事业。一旦陪审员的服务能力被核实,由抽签产生陪审团就是合理的,因为这些陪审员的常识性判断是可以互换的。但在政治世界中似乎无法获得类似的合法性,因为各种意见和利益经常相互冲突。鉴于当时尚未发现"代表性抽样"的概念,政治行动者并不认为抽签是呈现思想和意见多样性的好方法。同样地,抽签遴选也被视为非理性的,这是抽签在政治多元主义背景下消失的关键原因。

正如我们所看到的,民主代表是人民的"缩影"或镜像的思想,在美国革命和法国大革命时期就已经出现了。然而,由于不能利用"统计抽样"的概念,那些拥护这种观点的人不得不放弃抽签,转向了其他工具。反联邦主义者提倡建立可能有利于工匠和农民的小选区,这一提议在政治领域遭到了否决,而且其技术效果也令人怀

---

① Paul Henriquet, *La loterie et les emprunts à lots*, Paris, n.d., 引自 Elisabeth Belmas, *Jouer autrefois*, *op. cit.*, p. 334。

疑。另一种可行的选项是，涉及社会有机体的不同组成部分拥有各自的法团式（corporate-style）代表。因此，在1789年的三级会议（Estates-General）上，一群妇女宣称："正如贵族不能代表平民、平民也不能代表贵族一样，一个男人无论多么诚实，都无法代表一个女人。代表者和被代表者之间必须存在完全统一的利益。"① 然而，这种选项太容易让人联想到旧制度，因此很难在激进民主圈里产生影响力。

享有更多特权的社会阶层实际上控制着政治代表权，这一认识意味着，社会群体代表权的观念在政治辩论中经常被重新审视。在这方面，法国最著名的事例之一是支持工人候选人的《六十人宣言》（Manifesto of the Sixty），由蒲鲁东（Proudhon）的追随者在1864年2月17日公开发表。他们的论点很简单。现有候选人的社会特征意味着，劳工实际上被剥夺了代表权。因此，工人应该将自己与"上层"阶级区分开来，并维护自己的自主权。通过在劳工已经被边缘化的政治空间推选自己的候选人，工人阶级可以让过往不为人知、有着不可替代的社会经验的人物脱颖而出，以对抗以前支配选举的关于社会差别的逻辑。19世纪中期的这一宣言让人想起了古代雅典的克里昂："此外，难道选举人的选票不比最著名的演说家的话更权威吗？当选者在前一天越默默无闻、越不为人所知，这些起源于民众的选举的意义就越引人注目。"②

通过强调这种无差别的理想，宣言的作者发现，自己在很多方面与古代民主抽签的做法是一致的。工人在1848年革命期间有时也会随机选择他们自己的代表。劳工行会持续以世俗的方式使用这种

---

① Silvia Vegetti Finzi, "Female Identity Between Sexuality and Maternity," in G. Bock, S. James (eds.), *Beyond Equality and Difference*. London: Routledge, 1992, pp. 126-148.

② "Manifeste des Soixante," *L'opinion nationale*, 17 February 1864, 引自 Pierre Rosanvallon, *Le peuple introuvable*, op. cit., pp. 76-89。

方法，因为简单，也避免了潜在的冲突，所以是一种"兄弟般的和平等的"工具。因此，在同质群体中使用抽签被视为合法的。循着这样的逻辑，在1848年3月20日巴黎工人大会期间，简单的抽签被改用作对不同职业的一种配额制。① 然而，一旦一个政治机构包括不同的阶级，抽签就不再被视为一种有效的工具，因为无法获得作为概念参照的代表性抽样，这意味着，政治行动者不能设想抽签选中的代表如何能自动确保劳工占一定的比例。

19世纪60年代，《六十人宣言》中提出的解决方案被证明在技术上存在缺陷，而且蒲鲁东主义的工人候选人方案最终与反联邦主义者鼓吹的小选区一样收效甚微。自治的理想因此最终体现为劳工政党的历史形式，劳工政党代表了工人阶级的利益，但是也包括来自其他阶级的个人——即使这随后引起了"无产阶级化"运动，以抵制"自然"选择的激进分子，特别是来自富裕阶级的知识分子在党内发挥领导作用。

"代表性样本"概念在20世纪后半叶才随着社会科学的兴起而发展起来。激进分子起初并没有想到利用统计抽样。雅典和佛罗伦萨似乎已遥不可及，当时的历史参照不是古代或者文艺复兴时期的共和国，而是法国大革命和巴黎公社，以及不久之后的俄国革命。结果，"先锋队"成为当时的流行词。直至21世纪初，总体而言，激进左派对抽签仍持怀疑态度。社会民主政党和共产主义政党对欧洲的政治民主、福利国家的建立发挥了重要的作用，但是他们自视为另一类政治精英，因对历史和社会有着理性甚至科学的理解而获得了合法性，有时会出现在再熟悉不过的戏剧性的画面。与此同时，在某些（如瑞士和美国西部的）事例中，公民倡议和公民投票有助

---

① Rémi Gossez, *Les ouvriers de Paris. Livre premier. L'organisation*, 1848-1851, Imprimerie centrale de l'Ouest: La Roche-sur-Yon, 1967, pp. 241 - 243. 十分感谢塞缪尔·哈亚特（Samuel Hayat）把笔者的注意力引向此方面。

于发展建立在普遍参与决策基础上的部分自治。①

(四) 政治的劳动分工

与此同时,精英主义一方认为,当共同利益受到威胁时,挑选出来的公民团体可能做出比人民自身更好的裁决,虽然这一思想植根于古代,但是现代支持选举型贵族制的论点却披上了新的外衣。统治阶级的必要性不再只与血缘、财富或者道德有关。教育——其重要性源于启蒙运动思想——现在被视为至关重要。另一种标准也逐渐发展起来,这种标准得到了来自政治经济学新观念的支持,即进步在功能上与逐渐被强化的劳动分工密切相关,后者必然会影响包括政治在内的现代社会的方方面面。在法国大革命期间,西耶士提出了这一思想,但无人应和,因为任何有关政治劳动分工的观点都受到严重的怀疑。为避免公共事务中出现专家阶级,许多立法者都建议通过选举来选拔人员承担主要的行政和政治职务、缩短代表任期以及禁止连任,理由是轮换原则会自然而然地建立起来且越来越多的公民将熟悉公共事务的运作方式——这个观点早在英国内战时期就引起了很多争论。在技术上,轮换原则被证明是失败的,因为当那些不能再次当选同一个职位的人继续竞选另一个职位时,官职就开始在一个相当有限的公民群体里轮换。② 然而,在接下来的几十年里,人们经常表达出限制甚至阻止政治职业化的愿望。一些巴黎的无套裤汉 (sans-culottes) 要求,如果人民不能直接统治,那么至少人民要有"监督和发表意见的权力",这被定义为"平等地属

---

① Bernard Voutat, "A propos de la démocratie directe, L'exemple helvétique," in Marie-Hélène Bacqué, Henri Rey and Yves Sintomer (eds.), *Gestion de proximité et démocratie participative*. Paris: La Découverte, 2005; Yannis Papadopoulos, *Démocratie directe*, Paris: Economica, 1998; John Allswang, *The Initiative and Referendum in California, 1898-1998*, Stanford: Stanford University Press, 2000.

② Patrice Gueniffey, *Le nombre et la raison*, op. cit.

于所有人"的第四种权力,"无需代表即可自行行使",并且这种权力是国家主权的一个重要组成部分。① 为什么那时无套裤汉没有提议用陪审团的抽签监督政治领导人的工作,就像古代雅典的做法那样?正如我们所看到的,抽签甚至都没有在这样的激进圈子里被提起。相反,虽然一个政治阶级已经开始发展②,但是其针对职业政治的广泛且明确的辩护还未出现,在政治阶级对职业政治的描述中也从来不反对抽签。

然而,几十年内,"劳动分工"的概念已经在很大程度上征服了人们的头脑和心灵。本杰明·贡斯当在《古代人的自由与现代人的自由》(*The Liberty of the Ancients Compared with the Moderns*)中给出了一个著名的政治表述。他认为,在古代世界,自由意味着直接由集体行使主权,或者至少是部分主权,这要归功于全体公民在"集体权力"中的"积极和持续的参与"。这种自由只在具有道德同质性的小共同体内才可能实现,在这种小共同体内,奴隶制使得公民能够致力于公共事务,并且共同体始终处于战争状态。在现代世界,国家的规模更大,随着文明的进步,国家总体趋于和平与贸易通商,并且抛弃了奴隶制,自由人不再有闲暇不间断地从事政治。现代人的自由在本质上是消极的。这意味着,在追求个人的事业时,个人受到保护,免受国家的不当侵害;它建立在人身保护(*habeas corpus*)、言论、结社和迁徙的自由以及财产权的基础之上。当然,其中也包括通过选举和舆论影响代表的自由,但是它的主要目标是尽可能留出时间,让人用于"安静地享受个人独立",这就需要将政府职能外包给拣选出的少数人,因为多数公民不希望直接负责公共事务。

---

① Nicolas Bonneville, *La bouche de fer*, 1 October 1790, 引自 Pierre Rosanvallon, *La Démocratie inachevée. Histoire de la souveraineté du peuple en France*, Paris: Gallimard, 2000, pp. 43-44; Pierre Rosanvallon, *Counter-Democracy*, op. cit。

② Patrice Gueniffey, *Le nombre et la raison*, op. cit.

在这种条件下，贡斯当承认，主权的行使本质在很大程度上是虚构的。①

19世纪后半叶，随着政治本身成为一种职业，这种观点逐渐完善起来，因为那些从事政治的人，用韦伯的名言来讲，不仅**为**政治而且**靠**政治而活。② 可以肯定的是，大众政党的发展削弱了贡斯当关于社会地位与政治地位重叠的观点；部分政治精英现在从"自然贵族"之外，尤其是产业工人中招募。但受过高等教育的工人往往向上流动，在大众政党中担任要职③，这些新的精英很快就变得和资产阶级同行一样专业。夹在日益增强的政治职业化和普遍受欢迎的选举之间，政治抽签很大程度上被束之历史的高阁。现代共和国，即使是那些倾向温和的优绩精英政治的共和国，也没有采用革命前共和主义典型的选举和抽签相结合的方式。然而，令人惊讶的是，贡斯当居然支持将这种制度用于遴选陪审团，但反对将其用于遴选政治官员；虽然反对由政治外行公民组成陪审团的论点在很大程度上未能说服大多数人，但是政治抽签却完全没有被讨论过。政治分工并不是政治抽签消失的直接原因。然而，随着时间的推移，当它成为大多数行动者普遍认可的现实时，这有助于强化一种心态，这就是即使被提到，抽签也被认为是不可能的。

本章小结

在本章，我们试图回答一个令人困惑的问题：为什么几个世纪以来被视为非常适合共和政府——无论是民主的、"大众"式，还是

---

① Benjamin Constant, "The Liberty of the Ancients Compared with the Moderns," in *Political Writings*. Cambridge: Cambridge University Press, 1988, pp. 309-328.

② Max Weber, *Political Writings*, op. cit., p. 318.

③ Bernard Pudal, *Prendre parti. Pour une sociologie historique du PCF*, Paris: Presses de la FNSP, 1989.

贵族式共和——的抽签遴选技术，在几十年内几乎完全从欧洲政治中消失了？这个答案复杂且原因有多重。

抽签虽然被遗忘了，或者不再适用于更大的政治共同体，但是在18世纪革命之后并没有消失。相反，在瑞士，直至美国革命和法国大革命前夕，抽签始终是一种充满活力的存在，一直持续到1831年。再者，一些法国革命者是了解邻国的这种政治情况的。此外，抽签的做法在很大程度上促进了司法领域中的陪审团制度的发展，无论是在英美还是在欧洲大陆。抽签也被大规模地用于机会游戏，特别是国家彩票业。选举与抽签的成功脱钩因此是一种主动选择，尽管在大多数国家，这种选择似乎是如此显而易见，以至于根本不值一提。

与伯纳德·曼宁的辩护观点和21世纪人们普遍相信的神话相反的是，抽签的消失并非因为抽签是民主的而选举是贵族的，美国的开国元勋之所以捍卫后者，在于其想要建立的是选举型贵族制而不是"真正的"民主制。孟德斯鸠和卢梭在此问题上的看法，只是对亚里士多德或者至多是孔塔里尼所提出的古老思想的注解，而不是对其所处时代的政治实践的创新性反思。毫无疑问的是，代议制政府的胜利宣告了古老的共和思想学派中的精英政治与哲学思潮的重生。从这个角度看，在所有公民中进行民主抽签的做法被摒弃了，精英主义者都明确地批判了抽签。然而，毫无争议的是，美国的开国元勋都不是民主派，但他们并不反对结合使用抽签与选举，因为近代早期共和国都曾使用过抽签；抽签并非一种纯粹的民主程序，而是分配型贵族制的一种工具。18世纪末，抽签的运用只出现在少数地方，并不普遍。令人惊讶的是，在19世纪的第一个十年之后，没有任何重要的精英人物曾为作为次要方式且结合选举使用的抽签进行辩护。抽签原本可以作为用来取消代表，从由公民选举出来的候选人名单中选出公职人员、组成议会，且将代表机构分成两个议会的一种手段——所有这些在近代早期，以及较低程度上在赫尔维蒂共和国，都是普遍的做法。在使用抽签的这一方向上，法国和美国都有一些建议，但是总体上，人们没有对这些建议进行认真考虑，或者这些建议的实践都很短暂。

与此同时，从 18 世纪革命到"短暂的 20 世纪"的最后几十年，在很大程度上，人们不是把抽签作为一种民主实践来为之辩护的。虽然我们可以找到 19 世纪后期的一部字典，其中曾把"民主共和国"定义为一种"由各种条件的人抽签或者选举产生统治者"的制度①，但是这只证明了这一规则的例外（应该注意的是，这一词条指古代和现代民主制，而非当时的争论）。如果抽签被广泛认为是民主的，为什么人们没有将其作为一种激进或者革命思想进行鼓吹呢？为什么激进派完全忽视了这种程序，尤其是在古典文献和哲学被视为政治文化的重要组成部分，而雅典依然是民主参照点的时期？答案只能到其他地方去寻找，而不是在民主抽签和贵族选举的对立之中寻找。

政治共同体逐渐扩大的规模也不是抽签消失的原因。的确，规模通常被视为古代共和国与新的共和国之间的一个重要区别。例如，在选举全国代表时，规模越大，越可能使在所有公民中进行民主抽签变得困难。然而，前文讲述的瑞士的事例表明，抽签可能很容易被用作缓和票选代表之间竞争的辅助工具，在赫尔维蒂共和国时期和稍弱程度上的法国督政府时期，情况也是如此。此外，在地方或者州一级，抽签本可以用作一种自治的工具。事实上，虽然明确的基于规模的论点反对直接民主和公民大会，但是直接民主和公民大会从未被视为抽签的不利因素。规模可能会产生间接的影响，特别

---

① *Dizionario della lingua italiana*, Livorno: Fratelli Vignozzi e nipote, 1843, Entry "Repubblica democratica."非常感谢奥利维尔·克利斯坦（Olivier Christin）引起笔者对这本词典的关注。

从长远来说，但是似乎从未在抽签的演变中发挥主要作用。①

与抽签消失有关的第一个决定性因素本质上是政治因素。"人民主权"概念和授权代表的新愿景，标志着与基于具象化的代表的彻底决裂，后者运用了各种形式的妥协投票，盛行于中世纪和近代早期。现在，所有的积极公民都应该表达他们的个人意愿，特别是在选择自己的代表时，这时选举被认为是完成此项任务的合适方法。精英主义行动者希望把公民权简化为同意被治的行动，而民主主义行动者则要争取更积极的公民权和对代表的更严格控制。但是，即便民主主义行动者也并不反对选举，且从未主张把抽签视作一种有效的政治工具。代议制政府意味着，一个被选中的公民团体可以代表人民或者国家，但是这个团体只有得到选民的明确授权才是合法的。连同"人民主权"概念，这种基于授权和具象化的代表的新组合，在两个世纪里非常成功地运行着。自由意志在私法和政治中都被认为是必不可少的。现代国家的开国元勋试图创造一种新的选举型贵族制，以取代旧的分配型贵族制。最民主的积极分子主张人民主权和授权代表权以及普选权和参与式公民权，但是他们没有转向抽签。选举是一种新的仪式，这种仪式赋予政治秩序以程序合法性。

第二个决定性因素是文化的，也是跨党派的因素。如施托尔贝格-里林格率先论证的，以及梅利纳对瑞士的研究所显示的，启蒙时期和19世纪的思想家所提倡的理性主义因素对抽签极不友善。数个世纪以来，抽选一直被许多人视为一种理性的工具，因为这种工具有助于减少腐败和精英之间的内部争斗，同时又能展示进行抽签的人之间的象征性平等。随着美国和法国两场革命的爆发，抽签理性突然遭到鄙视，被视作过时和落后时代的遗迹。在新的政治想象中，抽签是一种非理性的行为。政治人物现在都主张开明的自由意志，

---

① Maxime Mellina, *Le Sort ou la Raison*, op. cit., vol. 1.

用一种在 19 世纪的文本中反复出现的表达方式，诋毁抽签中发挥作用的"盲目的机会"。

有趣的是，无论是在军事领域还是在刑罚领域，18 世纪后半叶，惩罚已经逐渐个人化，尤其是"十杀一"的做法已经失去合法性。在法国大革命前夕，在"十杀一"的背景下抽签起到了威慑作用。① 抽签不再是一种仪式，充其量只是一种内在合法性不高的程序。在新理性主义形式的助力下，进步的当代想象已经把抽签视为旧制度的遗产。这种转变类似于 6 个世纪前托马斯·阿奎那和基督教会采取的措施，当时他们开始诋毁占卜抽签，把占卜抽签视为旧约的遗迹，只在基督教兴起时才有效，最终占卜抽签在 13 世纪成为一种危险的迷信形式。随着 18 世纪几场革命的爆发，分配抽签——至少在政治上——开始被视为遥远和非理性过去的遗迹。对自由意志的诉求既反对"历史性制度"②，也反对旧制度。这种对自由意志的诉求也不同于 16 世纪初马基雅维利阐述的"自由意志"概念，当时他是在赞美贤能的政治领袖可以在确定的时期采取果断行动。这种马基雅维利式的推理，与认为先锋队可以依靠对以进步为导向的历史的科学理解的后启蒙思想一起，要到很久以后才会再次出现，例如出现在列宁关于无产阶级革命的概念中。这些思想对于作为资产阶级共和主义工具的抽签来说是陌生的。

然而，中国并不存在促使抽签从欧洲消失的这两个决定性因素。正如我们所见，中央之国的"天命"不来自人民而来自"天"，更侧重命运的安排，而非人的意志。进而，中国的理性支配不同于欧洲的理性支配。由科举和天人合一决定的贤能政治，不限于个人的理性意志，还包括了形而上学领域。"盛世""中兴"和"复兴"的

---

① Barbara Stollberg-Rilinger, "Um das Leben Würfeln," op. cit.
② François Hartog, Presentism and Experiences of Time, op. cit.

比喻居于主导地位,虽然"复兴"是展望未来的,但并不意味着要通过西方式的革命和进步与过去彻底决裂。这些不同可以解释两大文明在政治抽签上显现出的大分流。

第三个因素解释了为什么抽签在政治上被视为完全不理性的。在 19 世纪末之前,"代表性样本"的概念还不为人知,抽签与描述性代表之间缺乏科学的联系。许多行动者批评代议制政府,因为主导集团垄断了权力,起初妇女、穷人、奴隶和殖民地居民都被剥夺了投票权,其后普选权才出现。他们发展了不同的方式来实现描述性代表权,但是从未想到要把抽签作为一种可以潜在地创造缩微版的人民的工具,以恰当地代表团体、利益和价值观显著的多元性。旧的共和主义传统可以通过配额和不同法定团体各自的代表来体现社会的多样性,同时试图减少政治冲突,促进政治制度的统一。妥协投票是实现这一目标的重要工具,抽签往往是其中的关键部分。新的"公民身份"概念更趋向平等主义,至少对被这个专属俱乐部接纳的人而言,除了在地理上代表国家的不同部分之外,其他单独的选举已不再被接受。但是,政治冲突和利益多元性现在被视为政体的正常维度,无论是自由派还是激进民主派和社会主义者都持这样的观点。现在,人们把竞选官职、创立政党和公开为政治选项辩护视为一种常态。由于缺乏利用代表性抽样的可能性,政治的多元性与竞争性的维度似乎与抽签不相容。抽签因此被与选举拆分开来,选举从而成为核心的政治机制。

然而,在司法领域,情况就完全不同了。特别是,陪审团涉及主观判断,而普遍性属于国家的权限。许多人认为,司法领域的具体决定并不需要专业能力,但需要同侪的判断。同样,也有人论证说,陪审团激发起关于开明之人或者平均之人的常识,这类人是可以互换的;因而,他们可以做出公平公正的判决。多元主义和辩论并没有受到威胁。恰恰相反，达成共识才是目标，英美陪审团制度要求全体一致，而法国等大陆法系国家的陪审团制度要求特定多数。在威尼斯，如在罗马天主教会一样，全体一致是上帝指导选举的一种迹象。在陪审团中，共识是以常识为基础的商议取得成功、正义得以彰显的标志。对于把陪审团制度视为民主重要的内在组成部分，托克维尔是正确的。他并不赞同黑格尔的二分法：国家和普遍性为一方，而市民社会和特殊性为另一方。因此，他认为，陪审团制度是一种政治制度。事实上，陪审团一直是培训公民的学校。此外，直到19世纪上半叶，陪审团宣布法律无效（陪审团否决权）的可能性才在总体上得到了捍卫，甚至在英美法系的国家中得到了实现。然而，即使在美国，作为人民化身的陪审团，在面对立法机构时，也逐渐在丧失其合法性，因为立法机构被视为基于授权和具象化相结合的代表的高级形式。如果法律受到了威胁，那么宣布法律无效原则就失去了立足之地。再者，这样的政治实践依靠的是常识，只有在一致同意的情况下，才会使用无效原则。几十年来，大西洋两岸都采用从候选人名单中抽签选陪审团成员的做法，这不是偶然的——这种程序可以被比作一种特定的妥协投票。尽管19世纪出现了要求陪审团更具社会包容性的呼声，达成一致的目标和常识的作用也并未受到挑战。陪审团的合法性非常强大，足以抵消那种主张用专业法官来取代陪审团的声音，这种呼吁废除陪审团的背景是：劳动分工日益成为一种政治趋势。

前面的章节已经把抽签在古代、中世纪和近代早期的共和国中的意义讨论得很明白了。我们看到了这些政治机制与我们今天通常所认为的抽签和代表性样本的差异所在。这为我们提供了一些思路，以回答本书开头提出的第三组问题：为什么抽签会在政治中卷土重来，我们又该如何解释抽签的这次复兴？

第四章
抽签的回归：商议微众

　　20世纪70年代早期，几乎同时在德国和美国出现的公民审议团（随机选择12名到30名公民组成的小组，向当局传达公众如何看待一个特定问题）标志着抽签回归政治。20世纪80年代后期，在丹麦举行了由随机选出的15名或更多的非专业人士组成的共识会议，讨论一般科学和技术的问题。与此同时，有关某些问题涉及数百名公民的商议民调的想法在美国流行起来，在接下来的十年中，形成了更具体的形式。在澳大利亚，一些工会试验随机选择一些会议和工作小组，以发展新的组织形式和制定新的活动规则。①

　　在接下来的几十年里，这些工具传播到了其他国家，并有了更多的新试验。所有这些手段都是更广泛的民主创新趋势的一部分，这种创新趋势将公民参与和商议置于舞台的中心。② 然而，这些手段的独特之处在于依赖随机选择的政治外行公民。这些手段不同于涉及自愿公民的参与式机制；不同于主张通过非体制的公民动员自下而上实现社会转型的社会运动；不同于依靠市民社会组织的民主机制（例如自第二次世界大战以来，发挥重要作用并且在参与治理上展现新面貌的新法团主义机构）；也不同于全体公民在公民倡议和全

---

① Lynn Carson and Brian Martin, *Random Selection in Politics*, op. cit., p. 76.
② Graham Smith, *Democratic Innovations*, op. cit.

民公决中做出的决定。在被大多数政治行动者和观察家遗忘或者视为过时近两个世纪之后，我们如何解释抽签这种令人印象深刻的卷土重来？我们应该如何理解这种复兴？什么样的民主岌岌可危？

一、代表性样本：机会的第二次驯服

21世纪初，抽签可能出现于获得了普选权的全体公民中。我们在前面的章节中已经看到，政治领域内的抽签既意味着可能被抽签选中的人之间的象征性平等，也暗示着抽签圈内外的人之间的区分。抽签俱乐部将所有愿意加入的成年人都纳入其中，这在历史上是前所未有的。与此同时，部分因为政治共同体规模的扩大，部分由于支撑这种民主试验的政治概念，这种公民参与形式不再被政治团体的所有成员视为有利于政府。更确切地说，这个想法是用缩样来代表人民，创造一个"微型人民"（the people in miniature），用罗伯特·达尔（Robert Dahl）① 创造的术语来说，就是"微型大众"（minipopulus）。"微众"（minipublic）是今日更常用的说法，是由一些被抽中的个人组成的，这些人应该像作为整体的人民一样思考、讨论和发表意见，只要他们获得了适当的知情权且具备了讨论的适当条件。微众因此可以被分析为一种新型的具象-代表形式，与中世纪和近代早期至少部分通过抽签组成的集体机构很像。然而，其中一个因素是全新的：抽签现在被视为确保这种代表的"描述性"特征的最佳工具，这种工具在社会学意义上充分反映了社会的多样性。让我们来看看抽签的这种发展是如何实现的。

---

① Robert A. Dahl, *Democracy and Its Critics*, New Haven: Yale University Press, 1989, p. 340.

(一)民意调查的胜利

基于纯粹随机选择的第一个代表性样本,可以追溯至1895年的挪威,当时该国尝试通过计算概率来提升统计学。这两个学科在以前的几个世纪里各自发展,最终在代表性样本这一问题上会合在一起。随后,这项技术经过了相当大的改进。机会再一次被驯服,但这次是从科学上进行的。同时,代表性抽样没有限于官方的统计,而是扩展到了私人营销技巧领域,通过间接的民意调查,从那里扩展到选举政治。政治领域内的首次使用是在1936年,当时民调机构盖洛普(Gallup Institute)使用"配额取样"预测罗斯福将在总统选举中获胜,而久负盛名的《文学文摘》(*Literary Digest*)用其创立已久的对数百万读者的"非正式民意调查",或称非正式投票(straw poll)错误地预测罗斯福的对手会赢。然而,经过了很长时间,抽样方法在美国才被完全接受,在欧洲花费的时间甚至更长。引人注目的预测失败经常发生,该方法因其薄弱的科学基础而经常受到批评。

卢瓦克·布隆迪奥(Loïc Blondiaux)为基于代表性抽样的民意调查如何最终在所有代议制政府的国家获得了现在无可争议的政治地位,提供了一个具有启发性的说明。① 虽然民意调查从未受益于一尘不染的科学声誉,但民意调查能够依靠主要学术人物的支持,并与在社会和经济科学领域占据国际主导地位的方法论的个人主义精神保持着良好的一致。多年来,民意调查机构提升了其形象和专业知识,从而获得了一定程度的可信度。调查机构可以依靠数字手段,这些手段已经完全改变了抽签运行的物质方式——对于这种改变,

---

① Loïc Blondiaux, *La fabrique de l'opinion. Une histoire sociale des sondages*, Paris: Le Seuil, 1998.

唯有雅典发明的抽签器可以与之相提并论。① 最为重要的是，民意调查逐渐获得了相当高的政治合法性。在代议制民主的框架内，民意调查似乎在两次选举之间一直在为公众意见发声。报刊专栏或在抗议和总罢工的背景下表达的意见总是来自某个特定的公民群体。但是，民意调查表面上允许人人参与进来，基本上已被接受为对全体选民进行意见调查的最可靠方式，同时也是尊重普选权所体现的民主平等原则的最可靠方式。更准确地说，民意调查比其他方式更能成功地反映舆论，现在对舆论的定义与启蒙时期的资产阶级或者19世纪动员起来的群众的公众意见是完全不同的。然而，民意调查之所以能够成功，是因为特定的行动者非常热情地予以采用。媒体一直是宝贵的盟友，经常用民意调查来质疑政治领导人的合法性，而政治家也越来越多地利用民意调查指导选举策略，或者在民意调查有利时，用其作为竞选（连任）的论据。这种趋势在最近的几十年里一直在增强。

在有关"新公共管理"的大量文献中，对公共服务用户的随机抽样调查，在一些国家已经扩大，特别是美国、英国和斯堪的纳维亚国家。有些技术来自市场营销监控满意度和期望的调查，例如满意度调查、公民小组（定期通过问卷咨询数百人的代表性样本）和焦点小组（讨论某一特定主题的十人或十人以上的代表性样本）。其中一个主要的争论涉及配额的使用：怎么做才是更可靠的？是直接从人口名单中抽签，还是建立诸如性别、年龄、教育程度、居住面积和收入水平等标准，然后根据先前公认的人口统计重要性，抽签来填写这些方框，从而实现所谓的"分层"代表性样本？前一种方法似乎更为客观，至少在理想的条件下是如此。自然科学和医学科

---

① Dimitri Courant, "From Kleroterien to Gryptology: The Act of Sortition in the 21st Century, Instruments and Practices," in Liliane lopez-Rabate and Yves Sintomer (eds.), *Sortiton and Democracy*, *op. cit.*, pp. 343-371.

学采用的随机抽样方式有时也用于社会科学，或者用于选取微众。然而，这种运用面临一些问题，诸如缺乏详尽的名单，有些联系人拒绝答复，以及难以接触到抽签选中的一些人。再有，随机抽样的统计概念只有在样本足够大（至少有几百人）时才有意义。如果一个样本只有几十个人，样本就可能显示无代表性的不对称性，例如男性和女性之间的不对称性。在任何情况下，目标都仍然是获得一个多样化的样本，而不是一个严格的代表性样本。相反，配额取样方法包括精心设计分类来抵消纯粹的数学概率演算。这意味着是从社会群体而不是个人集合的角度来思考社会。民意调查者选择这种方法而不是另一种方法，完全取决于不同的国家。

民意调查一再受到政治家和学者的严厉批评。最常见的反对意见——"民意调查总是搞错"——也是最肤浅的。这种反对意见无助于削弱一种测量工具，虽然这一工具不够完美，但是在许多国家总体上是可靠的。然而，更多的技术性批评可能是对的，民意调查者应该更为严谨。例如，调查显示，除2%或3%的纯数学误差——这适用于基于概率演算的理想随机选择——之外，在调查的环境中还可能出现其他扭曲，比如随机选中的人不合作或者不可用，隐瞒答复（这需要民意调查机构进行"修正"），或者时不时要制定相关的标准来确定分层样本。民意调查者应该更明确承认其工作中的不确定性，并努力使数学误差幅度相对化。

20 世纪 60 年代，一些美国学者从认识论的角度和政治的角度对民意调查展开了最激烈的批评。皮埃尔·布迪厄（Pierre Bourdieu）及其同事在法国从不同的角度对民意调查进行了批评，如他在一篇著名的文章中所写："公众意见并不存在。"① 布迪厄认为，这种方法没有考虑到不回应的问题，这在不同社会群体中的分布是不均衡的，意味着关键的社会信息被忽视了。这也可能导致人们认为，每个人

---

① Pierre Bourdieu, *Sociology in Question*, London: Sage, 1993, pp. 149-157.

对每件事都有预先形成的观点。民意调查的主要问题是，被询问的公民要即时回答那些他们自己从未想过的问题——他们不能在回答之前与其他人进行讨论，甚至不知道他们信任的人的观点。这导致了启蒙思想家所说的"公众意见"的反面：一种开明的意见，应该能够在各种政治环境下，为君主提供建议或者控制君主（开明专制或者议会君主制），或者完全取代统治者（人民主权）。因此，民意调查的舆论是人为的，只有行动者相信，这种舆论才是真的。

这种批评受到公众的广泛关注，因为事实上民意调查机构本身也开始怀疑其工作的可靠性，部分原因是越来越多的人不回应，但也是因为难以在更大程度上考虑公众辩论的可预测影响的同时，始终如一地监测民意。① 然而，批评者并没有提出一个简单的替代选项，其中不仅有认识论的原因（社会科学使用的范畴本身都是人为的，即使具备了更高的严谨性和理论深度，也只有在相关行动者实际使用的情况下，这些范畴才具有可操作性），而且有重要的政治原因。只要社会学批评者提不出其他类型的公众意见，那么他们就会被指责是在质疑普选权的根源，比如宪法原则，即不论人们的背景或知识程度如何，每个人都应有平等的投票权。这是否意味着，公众意见（尤其是来自底层阶级的意见）是一种虚幻的概念，只有拥有科学工具的社会学家才能获得真相，发现真正的问题，并将真相和问题传达给普通人？

（二）小陪审团的遴选革命

在民意调查取得胜利的同时，小陪审团的遴选也发生了翻天覆地的变化。1880 年，当美国最高法院不得不就弗吉尼亚州一个县的非洲裔美国人多次缺席陪审团做出裁决时，它驳回了申诉，因为缺

---

① Loïc Blondiaux, *La fabrique de l'opinion*, op. cit.

乏证据表明这是由歧视造成的。① 然而，一旦代表性抽样的概念出现，情况就开始改观了。陪审团中明显的少数族裔代表不足不再被视为偶然，而是种族歧视做法的显著后果，特别是因为概率演算规定了，随机选择将使不同社会群体都能得到与其人口比重一致的代表。越来越多的行动者开始意识到，非多样化的陪审团只能是一个被操控的陪审团。因此完全由白人组成的陪审团的合法性，尤其是在经常披上"法律无效"外衣的美国南部，可能会受到法律的挑战。

美国最高法院在1935年开始承认统计学的论据，并在1940年涉及种族的一个案件中，第一次援引了陪审团应该"真正代表社会"的要求。② 在接下来的时间中，最高法院通常以陪审团成员组成有偏见为由，支持对判决提出的质疑，但是判例法成为规范还是花了很长时间，白人陪审团一直延续至20世纪60年代。直到民权运动到来，美国才迎来了巨大的改变。在几十年内，美国社会的面貌真正发生了变化，陪审团的组成彻底得到了纠正，代表性抽样的科学基础还不够：社会行动者必须加以运用才能带来实际的变革。

1968年，美国国会通过了一项法案，要求在所有联邦审判中，从广泛的名单（比如选民登记册）中随机选择陪审员。原则上，这项法案废除了使用完全由社区"名人"组成的陪审团的做法，满足了长久以来的民主要求：每个人现在都有权由共同体的"公平横截面"（fair cross-section of the community）③组成的陪审团来进行审判。然而，这种"公平横截面"的选择方式仍是不确定的，直到1975年，最高法院才将此原则纳入宪法，并推广到各州，男女的平等代

---

① *Virginia vs. Rives*, 100 U. S. [1880], 引自 Jeffrey B. Abramson, *We the Jury*, op. cit., p. 105。

② *Smith vs. Texas*, 311 U. S. [1940], 引自 Jeffrey B. Abramson, *We the Jury*, op. cit., p. 115。

③ "The Jury Selection and Service Act," 28 U. S. C., secs 1861-1869, 引自 Jeffrey B. Abramson, *We the Jury*, op. cit., p. 100。

表权也作为陪审团选择的不可撼动的原则被固定下来。这一变化是一个漫长的过程：女权主义者对平等陪审团的要求可追溯至19世纪晚期的妇女参政权论者，1870年怀俄明（Wyoming）州出现了历史上第一个男女混合的陪审团。然而，这次改革并未令少数族裔和底层阶级中的最激进分子满意，因为这些人多数都不在抽签的选民登记册上，有几项立法举措采纳了这种观点，规定从更有代表性的名单，例如机动车辆管理局名单（DMV）（注册者为拥有驾驶执照的个人，这是美国人身份的主要证明）中或电话号码簿中抽签。

走向从以民主方式确立的个人名单中选陪审员的运动，从美国传播到了其他几个国家。1980年，法国放弃了为此而专门制定的"名人"名单，转向从选民登记册中选陪审员。财产资格的时代就这样走到了尽头。

二、第一波：作为反事实的舆论的商议微众

如果没有这样的背景，我们就不可能理解为什么在20世纪70年代抽签会重新回到政治舞台。在分析自那时以来的政治抽签试验时，我们必须辨析两波独立的浪潮，这两波浪潮基于不同策略，有着不同的社会动力机制，并指向不同的民主风格。在很大程度上，政治抽签的理论基础在第一波浪潮和第二波浪潮之间发生了变化。第一波试验包括公民审议团、商议民调和共识会议的试验，延续直至21世纪初，都激发了民主的抽签想象。这波浪潮持续几十年后，余波未尽时，出现了更为多元化的第二波浪潮，我们将依次分析这两波浪潮。

除了"代表性抽样"的概念之外，还必须结合20世纪60年代、70年代的社会动荡以及对民主变革的更广泛推动来理解抽签的回归。

对参与民主的想象激励了美国的积极分子,且得到了来自学术界的支持。① 这些积极分子详细阐述了关于代议制民主精英主义特征的旧论点,并对现行政治制度提出了指控。但是,他们没有提到抽签。第二波实践者和学者同样未提到抽签,20世纪90年代,他们追随阿雷格里港的参与式预算试验的脚步,主张在南方推行参与民主。这些人更感兴趣的是与对底层群体的社会动员或者对现存秩序的挑战密切相关的机制和过程。总体而言,尽管参与民主制倡导者关注新参与过程的商议质量,但是其中许多人受到德国哲学家尤尔根·哈贝马斯的影响,他们主要把这些程序视为服务于社会变革的工具。他们对以抽签为基础的机制持相当怀疑的态度,因为从性质上来说,抽签机制很少能为公民动员提供机会,而且主要是自上而下地推行。②

专注于抽签的政治运动只是逐渐吸引公众的注意,部分是因为它们与草根民主保持了距离。这种政治运动关心的是从制度上表达对代议制民主的批判,但是比激进的左翼团体退后了一步,这些激进团体的想象模本是巴黎公社(Paris Commune)或者1905—1920年的工人委员会(这种机构是一种金字塔结构,由大会选举出接受有约束力的或半强制性授权的代表,组成委员会或苏维埃,再由后者选出代表进入更高一级的委员会)。因此,抽签继续吸引着政治外行公民,伴随着对先锋主义的迷恋的减弱,基于先锋的"权威"概念的变体失去了信誉,抽签的吸引力逐渐增强。捍卫在政治中广泛使用抽签的思想的第一部书的书名《革命以后?》(*After the Revolution?*)非

---

① Carole Pateman, *Participation and Democratic Theory*, London: Cambridge University Press, 1970; C. B. MacPherson, *Life and Times of Liberal Democracy*, Oxford: Oxford University Press, 1977.

② Archon Fung and Erik Olin Wright, *Deepening Democracy*, op. cit.; Tarso Genro and Ubiratan de Souza, *Orçamento Participativo*, op. cit.; Boaventura de Sousa Santos, *Democratizing Democracy*, op. cit.

常具有启发性。①

选择一小部分公民在规范的程序框架内进行商议的想法，也与 20 世纪 70 年代的想象背道而驰，当时大会被视为民主的最高体现。在接下来的几十年里，权力关系在组织或大会中复制的方式越来越受到密切关注。从这个意义上说，公民审议团、商议民调和共识会议都是参与式实践中"商议转向"的一部分，因为人们更加关注辩论的质量和让人民以公平与平等的方式发挥作用的制度工具。然而，与阐述的阿雷格里港的参与式预算不同，这种程序的兴起并非出于社会运动的需要，而是出于知识分子的试验性智慧，并最终吸引了正在寻求新方法以确保合法性的公共当局的注意。

政治抽签的想法在德国也得以独立重现，1969 年被彼得·迪内尔称为"规划小组"（*Planungszellen*）的政治抽签首次于 1972 年至 1973 年冬季进行了测试。在美国，受到审判陪审团的影响，内德·克罗斯比 1974 年创建了类似的被称为"公民审议团"的组织。随后，"公民审议团"概念更广泛地流行起来，而"规划小组"仅局限于德国。② 1988 年，詹姆斯·费什金发明了商议民调，并于 1994 年在英国进行了首次测试。这三个人都是社会科学家，他们起初没有得到某个运动、政党或者机构的支持，三人各自在努力创建一个机构来传播影响——或者实际上对费什金和迪内尔来说，就是对他们的概念进行商业推广。三人很快就得到了专利权，即使曾受到 20 世纪 60 年代社会运动影响的内德·克罗斯比也从更为积极的角度来持续开展工作。这些人缓慢发展联系了起来：直到 1985 年，彼得·迪内尔和内德·克罗斯比才第一次见面，令双方高兴的是，他

---

① Robert A. Dahl, *After the Revolution?*, op. cit.
② Peter Dienel, *Die Planungszelle*, op. cit.; Ned Crosby, *In Search of the Competent Citizen*, op. cit.

们都意识到彼此的方法非常相似。① 然而,在公民审议团的"正统"倡导者和商议民调的支持者之间,往往存在一定程度的不信任(甚至敌对)。独立于这些试验之外,丹麦技术委员会(Teknologiradet)在1987年决定召开向"非专业"公民开放的共识会议,这种共识会议已在美国的医学界使用了一段时间。直到20世纪90年代后期,政治和学术人士才意识到共识会议、公民审议团和商议民调是大体趋同的程序,并首先采取措施来促使这些程序在概念性和经验性上相结合。自那时起,数千个公民审议团、数百个共识会议,以及数十次商议民调开始在全世界铺开。②

与此同时,虽然对政治抽签的概念性辩护与试验的推动力紧密相关,但是一个更具理论性的反思过程已经蓄势待发。20世纪90年代以来,三股快速独立发展的潮流各自为这些程序赋予了理论上的合法性,先是间接的,随后是更为直接的方式。其中的一种趋势大量借鉴约翰·罗尔斯(John Rawls)和哈贝马斯的著作,将商议民主在政治中的实践理论化。③ 在把商议民主理论与政治抽签试验联系起来方面,费什金的工作和行动都至关重要,因为商议民主理论的主要作者起初并没有谈论抽签。④ 现有文献的另一个方面,特别是在科学、技术和社会领域(STS),聚焦于技术和科学领域的广泛民主

---

① Lynn Carson and Brian Martin, *Random Selection in Politics*, op. cit., p. 67.
② Simon Joss, James Durant (eds.), *Public Participation in Science. The Role of Consensus Conference in Europe*, London: Science Museum, 1995; James Fishkin and Cynthia Farrar, "Deliberative Polling. From Experiment to Community Resource," in John Gastil and Peter Levine (eds.), *The Deliberative Democracy Handbook*, San Francisco: Jossey-Bass, 2005, pp. 68–79.
③ Jürgen Habermas, *Between Facts and Norms*, op. cit.; John Dryzek, *Discursive Democracy. Politics, Policy and Political Science*, Cambridge: Cambridge University Press, 1990; Jon Elster (ed.), *Deliberative Democracy*, Cambridge: Cambridge University Press, 1988.
④ Julien Talpin, "Does Random Selection Make Democracy More Democratic? How Deliberative Democracy Has Depoliticized a Radical Proposal," in Liliane Lopez-Rabatel and Yves Sintomer (eds.), *Sortition and Democracy*, op. cit., pp. 442–464.

化。① 虽然规模不大，但一些捍卫或间接支持在政治中重新引入抽签的书籍和文章，有助于进一步引起人们对这一话题的兴趣。②

第一章讨论了，20 世纪与 21 世纪之交，在西方国家民主祛魅浪潮达到顶峰时，政治上运用抽签的机制已经超越了孤立的试验水平：这些机制提供了一系列经过尝试和被检验过的技术，并具有一定程度的科学合法性。一些寻找创新解决方案的社会行动者、基金会和政治领袖将这些机制从边缘地带引入核心。至关重要的是，抽签的拥护者利用了议会外运动对更大民主的需求，将其整合进了通常是自上而下的制度机制中。为此，他们依靠的是促使陪审团的组成更具代表性的变化，对民意调查的政治和认识论的批判，以及新法团主义参与形式的科学创新。

（一）公民审议团

我们现在来更具体地描述抽签回归政治的第一波浪潮中出现的三种主要手段：公民审议团、商议池（deliberative pool）和共识会议。公民审议团（或者"规划小组"）是第一个面世的，也是迄今为止最普遍的一个以抽签为基础的政治机制。这种机制一经采用，几乎立刻就在运用的地区成为一种标准程序。③ 公民审议团的成本并

---

① Richard Sclove, *Democracy and Technology*, op. cit.; Michel Callon, Pierre Lascoumes and Yannick Barthe, *Acting in an Uncertain World*, op. cit.

② Benjamin Barber, *Strong Democracy*, op. cit.; John Burnheim, *Is Democracy Possible*, op. cit.; Ernest Callenbach and Michael Phillips, *A Citizen Legislature*, op. cit.; Lynn Carson and Brian Martin, *Random Selection in Politics*, op. cit.; Robert A. Dahl, *After the Revolution?*, op. cit., pp. 45-59; John Gastil, *By Popular Demand: Revitalizing Representative Democracy through Deliberative Elections*, Berkeley: University of California Press, 2000; Barbara Goodwin, *Justice by Lottery*, op. cit.; Yves Sintomer, *Le pouvoir au peuple*. op. cit.; Hubertus Buchstein, *Demokratie und Lotterie*, op. cit.; David Van Reybrouck, *Against Elections*, op. cit.

③ Joan Font, *Ciudadanos y decisiones públicas*, Barcelona: Ariel, 2001; Jordi Sanchez (ed.), *Participació ciutadana i govern local: els Consells Ciutadans*, Barcelona: Mediterrània, 2000.

不高：在西班牙，成本平均为1.4万欧元（21世纪头十年），通常，几个公民审议团并行工作；然而，在德国，成本要高得多，因为在一个标准的程序中有四个公民审议团同时运作，花费为10万欧元（21世纪头十年末）。在基本模式中，公民审议团由一小部分公民组成（德国平均为25人，西班牙平均为15—50人，英国和美国平均为12—14人）。这些人是从当地居民名单或者选民登记册中随机选出的。这种公民审议团的目的是为公共政策所引起的特定问题寻找解决办法。最常见的问题与城市规划有关，但公民审议团也可能要处理社会和生态问题，甚至选举过程本身的问题（如美国的情形）。公民审议团通常是在公共当局的要求下召集的。只在少数情况下由非政府组织或者社会运动发起，甚至在更少的情况下由非国家机构发起。因此，公民审议团并不能控制自己的议程，也不能处理召集公民审议团来讨论的问题以外的其他问题。

在20世纪70年代的新背景下，彼得·迪内尔的基本思想是找到一种程序，这种程序能够解决政治制度的合法性危机，减少与公共行动的官僚化有关的问题，使公民能够真正参与政治。一个能够解决这些问题的机制必须满足四个条件：（1）为参与者提供适当的信息；（2）基于充分的动机；（3）受到保护，不受私人利益的影响，并充分代表社会的多样性；（4）大规模应用的成本不高。如果我们审视这些标准，那么会发现所有传统的参与形式都有缺陷，只是严重程度不同而已。

小组讨论鼓励人人表达自己。公民审议团有时以全体会议的形式工作，有时以小组的形式工作。为此，懂得如何保持讨论活跃度的协调员会对团员加以引导。小组总是因能产生合理的论点、提供相互倾听的氛围、确保人人参与的比较平等的基础而引人注意。虽然一个人数最多不过几十人的小组永远不可能具有统计学意义上的完美代表性，但是公民审议团的社会多样性明显高于仅基于自愿参与的倡议。公民审议团的会议是闭门会议。负责组织的人独立于会议召集机构之外，善于领导和保持团队活力，与讨论的问题没有利害关系；一般来说，很难对程序进行操纵。这有助于会议的合法性。公民审议团会听取专家和利益相关者（非政府组织、政治家等）的意见。他们的工作通常持续两到三天，但是整个过程可能持续相当长的时间——例如，按照程序发起人的建议，就同一个问题召集了不止一个公民审议团。

挑选人员的方式通常为以下两种方法中的一种。第一种是随机列出数千个家庭的名册，向这些家庭发出邀请信，根据社会人口标准先对肯定回复进行分类，然后进行基于配额的抽签。第二种是直接通过基于配额的面试进行筛选。① 另外，还设计了一些有利于抽签的措施：和参与者本人联系；根据权威机构的说法对其作用进行象征性评价；参与者会得到日津贴（21世纪头十年末，在西班牙为30—60欧元，在德国和美国数额几乎翻了一番）；必要时提供特别帮助（例如儿童看护或雇主需求）。公民审议团会就讨论的问题发布一份报告。一旦会议结束，公民审议团就解散。公民审议团工作对决策的影响因具体问题而异：如果其正式组织倾向审判陪审团的模式，那么通常公民审议团会向当初设立该团的权威机构提供咨询意见，而不是具有法律约束力的决定。

德国可能是公民审议团经验最持久也是最连贯的国家。彼得·迪内尔的儿子汉斯-利德格·迪内尔（Hans-Liudger Dienel）在父亲退休时接过了火炬，同时各种咨询机构进一步发展了该模式。在某些情形下，公民审议团的报告会直接影响公共决策。因此，1991年，德国邮电部（Postal and Telecommunications Ministry）采纳了由22

---

① Lynn Carson and Brian Martin, *Random Selection in Politics*, op. cit., p. 89; Richard Kuper, "Deliberating Waste: The Hertfordshire Citizens' Jury," *Local Environment*, 2 (2), 1997, pp. 139-153.

个召集来的规划小组提出的一些建议,特别是关于个人数据保护的建议。① 由于公民审议团在美国的影响,1996 年,公民审议团被禁止参与评估政治竞选中的候选人,理由是,这违反了关于非营利组织参与选举活动的规定!事实上,这类有趣的倡议第一次出现于 1976 年杰拉尔德·福特(Gerald Ford)和吉米·卡特(Jimmy Carter)二人竞选总统期间,其他几次出现于 20 世纪 90 年代初。正是在美国,公民审议团的建议多数直指中心政治议题,比如 1993 年的联邦预算(这是第一次在联邦层面召集公民审议团)或者同年的克林顿总统计划的医疗保健体系改革。诚然,克罗斯比的杰弗逊中心(Crosby's Jefferson Center)缺乏赞助人和对于公共政策的影响力,为避免被要求组织低质量的公民审议团,于 2002 年关闭,最终只限于维护其网站,但这并不意味着公民审议团在美国的终结。② 2021 年,该中心实际上改名为"促进新民主进程中心"(Center for New Democratic Processes),恢复了运作。

2007 年,欧盟首次尝试在所有成员国同时召集公民审议团讨论同一问题,然后在欧盟层次上召集公民审议团——这种程序被经济合作与发展组织(OECD)视为"好做法"的范例。法国很晚才发现这种机制,但是很快赶了上来,2015 年之前已经有过上百次的试验。2008 年春,法国社会党(French Socialist)领袖塞戈莱娜·罗亚尔开始将自己的提议付诸实施,通过组织公民审议团来评估她管辖的普瓦图-夏朗德(Poitou-Charentes)地区的公共政策。2010 年之前,日本召集了 150 个公民审议团,其使用的程序以简化的德国模式为基础。

---

① Peter C. Dienel and Ortwin Renn, "Planning Cells: A Gate to 'Fractal' Mediation," in Ortwin Renn, Thomas Webler and Peter Weidemann, *Fairness and Competence in Citizen Participation-Evaluating Models for Environmental Discourse*. Dordrecht: Kluwer Academic, 1995.

② Ned Crosby and Doug Nethercut, "Citizens Juries: Creating a Trustworthy Voice of the People," in John Gastil and Peter Levine (eds.), *The Deliberative Democracy Handbook*, op. cit.

其中最引人注目却又模棱两可的发展在英国。在德国和美国试验的启发下,英国公共政策研究所(Institute for Public Policy Research)于 1994 年开始为普及公民审议团理念打基础。1996 年,该研究所〔与国王基金政策研究所合作(King's Fund Policy Institute)〕在健康问题上开展了第一轮试验,与此同时,地方政府管理委员会(Local Government Management Board)与地方政府合作,就城市复兴问题设立了公民审议团。① 1997 年,在布莱尔(Blair)政府赢得大选后,公民审议团创设运动经历了一个指数级增长的时期。到 2006 年为止,英国已召集了大约 200 个公民审议团,就毒品使用、回收利用、城市管理、信息社会的挑战、电视色情以及寿险公司的基因检测等各种各样的问题进行讨论。议题的这种扩大往往伴随着方法规则的松懈,因此公民审议团的招募有时不是随机的,甚至是由有关机构直接组织的,而不是求助第三方(来选择公民审议团和引导讨论)。② 然而,政治试验中这种大爆炸式增长的代价是招致某种程度的警惕和怀疑:公民审议团在一定程度上失去了信誉,这种试验的步伐慢了下来。

(二)商议民调

虽然"公民审议团"的概念似乎主要来自审判陪审团(名称本身已经表明了这一点,英国和美国的陪审团人数通常设定在 12 人的事实也表明了这一点)。商议民调则源于对民意调查的批判。费什金发明并发展了这一工具,此工具也遵循一种非常正式的模式,但也

---

① John Stewart et al. (1994), *Citizens' Juries*, London: Institute for Public Policy Research, 1994; Anna Coote and Jo Lenaghan, *Citizen's Juries: Theory into Practice*, London: Institute for Public Policy Research, 1997; Marian Barnes, *Building a Deliberative Democracy. An Evaluation of Two Citizens' Juries*, London: Institute for Public Policy Research, 1999.

② Graham Smith and Corinne Wales, "The Theory and Practice of Citizens' Juries," *Policy & Politics*, 27 (3), 1999, pp. 295-308.

在一些案例中进行过重要的调整。① 商议民调背后的基本思想非常简单，但是它的实现需要高度复杂的工具：

> 从全国范围内随机抽取选民样本，把这些人从全国各地带到同一个地方。通过阅读精心平衡的简报材料，小组进行深入讨论，并有机会向意见不同的专家和政治家提问，以熟悉问题。经过几天面对面梳理问题后，详细调查参与者的意见。最终的调查结果反映的是公众深思熟虑后的判断。②

无论是在认识论上，还是在政治上，商议民调都迥异于传统的民意调查，后者仅仅是"模糊印象的统计汇总，大部分形成于不了解截然对立的观点的情况下"。商议民调意在告诉我们："如果有更好的机会考虑争论中的问题，公众会怎么想。"③ 因此，从这个角度看，其目的是要阐述一种在政治上比传统民意调查结果更合理的舆论。

商议民调与公民审议团有些相似。但是，二者首先在规模上就有区别，商议民调通常涉及几百名随机选出的参与者（必要时进行配额修正）。这使得商议民调的对象更像人口中真正具有代表性的一部分。此外，商议民调的成本不可小觑。例如，2002 年，在耶鲁大学进行的一次小型商议民调花费了 25 万美元——大多数用于支付同

---

① James Fishkin, *Democracy and Deliberation*, New Haven/London: Yale University Press, 1991; *The Voice of the People: Public Opinion and Democracy*, New Haven/London: Yale University Press, 1995; *When the People Speak: Deliberative Democracy and Public Consultation*, New York, Oxford University Press, 2009; *Democracy When the People Are Thinking: Revitalizing Our Politics through Public Deliberation*, Oxford/New York: Oxford University Press, 2018; 也参见商议民主中心（the Center for Deliberative Democracy）网站上的许多文本。

② James Fishkin, *The Voice of the People*, op. cit., p. 162.

③ Ibid., pp. 89, 162.

意投入大约18个小时参与试验的人的津贴,每人200美元。① 基于此,商议民调通常在国家一级进行,但是有些调查仅限于一个特定的地区或城市,还有在欧盟一级进行的一个调查。商议民调涵盖的议题非常广泛,从社会或生态问题到安全事务,乃至欧元的引入和城市生活中的文明问题。为了使样本更具代表性,实践者对该程序做出了很多适应性调整。例如,在美国,当研究者随机拨打一个电话时,他们可能会要求与即将过生日的人通话,以避免接电话者总是一类人(多数是妇女)。如果答案是不确定的,研究者就会打出后续电话,鼓励那些通常不接受此类调查的人参与,其中大多数是文化资本低或有外国背景的人。21世纪的头十年里,大约每天100美元的补偿也同样是为了鼓励人们参与。②

商议民调使用的大多数技术类似于标准公民审议团,但是,后者在工作开始后才获得相关信息(以便参与者处于平等的地位),商议民调则须事先提供信息。这种商议通常是公开进行的——事实上,为了提高其影响力,人们尝试以典型的代表大会的方式,将全部或部分内容通过电视转播出去。在标准程序中,这一做法不是为了得到一份达成一致意见的书面报告,而是要对无法避免的不同意见进行量化评估,并在事前和事后运用问卷的形式来检测这些意见在商议过程中可能发生的变化。

商议民调声称传承自古代雅典(抽签)和18世纪新英格兰的城镇会议(面对面的商议),因此也比共识会议或公民审议团对民主试验的科学兴趣更为浓厚。这种民调的目的是打开商议的"黑匣子"③,以搞明白在多大程度上、在何种情况下,政治外行公民能够

---

① Joseph Straw, "Se discutono e leggono i dossier cambiano idea," *Reset*, 71, May-June 2002, p. 16.
② James Fishkin and Cynthia Farrar, "Deliberative Polling," *op. cit.*, p. 74.
③ Julien Talpin, *Schools of Democracy. How Ordinary Citizens (Sometimes) Become More Competent in Participatory Budgeting Institutions*, Colchester: ECPR Press, 2011.

对复杂事务深思熟虑，如有必要，还能在讨论中改变主意。在大多数有记录的评估中，这些方面都得到了强调。这反映了商议民主研究看好的一个前景方向，该方向旨在衡量从议会到自发公民大会和商议微众等不同圈子的辩论的商议质量。① 费什金把商议民调视为趋近民主理想的一种方式，在这种民主理想中，公民消息灵通，并积极参与城市的政治生活。然而，对这种开明的舆论如何能够在决策中有效发挥作用，在很大程度上仍然不清楚，特别是，费什金及其团队不愿意将评估委托给外人，而且一般也不让其他学者获得他们的原始数据去进行核实和比较。

2001年2月16—18日，建国已有一百年之久的澳大利亚举行了一次具有重大政治影响的商议民调。在关于原住民状况的全国性辩论日益激烈的背景下，由随机选定的344人就非原住民与原住民的和解问题进行商议②，他们需要从历史的角度和21世纪之初可能采取的实际措施两个方面来考虑问题。整个活动由擅长商议民调的一家非政府组织来负责，从事和解问题的国家机构、各研究所和大学加以协助配合。负责程序的指导委员会由国家公认的政治人物组成。正如1999年就是否由君主制转向总统共和制问题，澳大利亚进行的第一次商议民调，两个国家电视频道播出了当时大部分的讨论。

调查开始前，在堪培拉的旧议会大厦，原住民人口较多的地区进行了一年的"微型会议"。参加这些会议的104人是由抽签选出的，包括了数量可观的原住民。最终，样本中增加了另外240人，这是在全国范围内随机选出的。仅占总人口2%的原住民的过度代表

---

① 参见安德烈·巴赫泰格和于尔格·斯坦纳（André Bächtiger & Jürg Steiner）及其团队就话语质量指数［Discourse Quality Index（DQI）］概念所做的工作，比如，André Bächtiger and Jürg Steiner, "How to Measure the Quality of Deliberation? The Discourse Quality Index (DQI) as a Possible Tool," in Stephen Coleman, Anna Przybylska and Yves Sintomer (eds.), *Deliberation: Values, Processes, Institutions*, op. cit。

② 参见 https://cdd.stanford.eda/mm/2009/jimenez-australia-deliberates.pdf。

性，被视为能够确保"被偷走的一代人"的观点真正得到重视，同时对原住民也进行了"传统的"民意调查，以补充调查结果。结论很有意思。参与了商议民调的人，特别是来自非原住民地区的人，大大改变了自己对于所商议问题的看法。因此，认为和解是一个重要的国家问题的人的比例上升了一倍，从将近30%上升至60%，在讨论前后发生了显著变化。同样，认为原住民与其他人口相比处于不利境地的人的比例从51%上升至80%。一般来说，此次商议民调之后，非原住民之间的意见分歧减少了；大多数人认为，澳大利亚是在最初没有得到原住民同意的情况下被占领的，原住民才是国家的第一居民，因此他们理应得到一个公开的道歉。但是，关于通过订立契约来界定原住民和非原住民各自权利的观点仍然存在较大争议。总而言之，这次商议民调在很多重要方面促进了公众辩论。① 这次民意调查标志着一个转折点，促使澳大利亚政府在几年后，为欧洲殖民者及其后代的可怕行径向原住民公开道歉。

（三）共识会议

在抽签回归政治的第一波浪潮中，第三个涉及随机选择的公民参与的程序是共识会议，这一程序的根源与我们前文刚讨论过的两个程序不同。1977年，美国国家卫生中心（U. S. National Institute of Health）首次就预防乳腺癌召开了会议。会上，医生小组对专家进行了两三天的质询，以起草一份共识报告，概述医学界的改进措施和认可的做法。其出发点是，现有做法过于多样化，就治疗的效果来说缺乏合理性，而且要实现改变，应该通过医学行业内部的自我监管，而不是武断地自上而下强加规范。自此，世界各地召开了数百

---

① Kimberly J. Cook and Chris Powell, "Unfinished Business: Aboriginal Reconciliation and Restorative Justice in Australia," *Contemporary Justice Review*, 6 (3), September 2003.

次这类医学会议。① 值得注意的是，这些会议部分模仿了审判陪审团。参与者通常被称为陪审员，从事先征集的志愿者中经抽签选出。

考虑到有这样的先例，由丹麦议会设立，旨在评估技术问题并促进公众对技术影响的辩论的技术委员会，于 1987 年发明了有政治外行公民参加的共识会议。与此同时，活跃在科技事务的社会和政治层面的各种运动，也呼吁举行更加民主的共识会议。这些运动的影响力越来越大，新的会议形式赋予了它们重要的制度合法性。出席这些会议的不是医生小组，而是由 15 名左右的公民组成的小组。这些小组的讨论并不局限于医学问题，还涉及从遗传修饰生物体（GMOs）、核能到臭氧层、克隆、大气污染和食品生物技术等领域的各种话题。

共识会议模式也是非常正式的。共识会议通常分两个阶段进行，长达数月。第一阶段，公民审议团要用两个周末的时间开会，在培训人员和讨论负责人的帮助下，小组成员要熟悉会议的主题，形成一系列问题，并选择将回答这些问题的专家。第二阶段包括会议本身，持续 3—4 天时间。在最初的两天里，专家回答收到的问题，公民小组成员则时不时停下来，对其中的一些问题加以澄清，或者准备新问题。然后，小组进行闭门讨论，在一些秘书的协助下，出具一份 15—30 页的报告。"共识"一词在这里有点误导的意思，因为尽管在某些情况下，共同的方向清楚明了，但是丹麦的试验（被普遍视为权威性的）迄今一直小心翼翼地为少数人的意见留有空间。最后，公民小组先将结果呈现给媒体，再将结果转发给不同的受众，如议员、利益团体和科学家。②

---

① Dominique Bourg and Daniel Boy, *Conférences de citoyens, mode d'emploi*, Paris: Charles Léopold Mayer/Descartes & Cie, 2005, pp. 20-22.

② Frank Fischer, *Reframing Public Policy*, Oxford/New York: Oxford University Press, 2003, p. 212.

因此，参与这个复杂过程的有几类人。① 共识会议通常有一个赞助方，或者来自官方（政府部门、地方或地区当局），或者来自民间（专业机构、媒体），这会影响指导委员会的组成。后者由会议方法专家或相关的科学领域的专家组成。从公民中招募小组成员，拟定需要咨询的专家名单，雇用培训人员向"外行"介绍具体问题。还要雇用一个专业的协调人团队来确保辩论的高质量，并处理可能出现的任何冲突。

在共识会议中，抽签的作用是什么？和公民审议团一样，抽签方法也包括几种。一般来说，先拟定一份公民名单，接着根据社会人口标准和对会议主题的意见选出最后一个小组。在最初的试验中，在媒体发布招募志愿者的通知后，先初步拟定一份名单，接着每个志愿者必须提交一封信，介绍自己的兴趣，然后参加遴选面试。为了避免这个过程中出现问题，特别是过度遴选具有高文化资本的参与者，通常要求民意调查研究机构从选民登记册或者电话号码簿中编制初始名单。② 与公民审议团一样，其目的不是获得一个具有严格代表性的样本，而尽可能使小组成员多样化，无论是在社会人口特征方面，还是在关键问题上的不同意见（对指导委员会、培训人员和咨询专家也有同样的要求）。③

原则上，共识会议是一种咨询机制，跨领域的研究很少能够说明其对决策过程的影响。④ 丹麦无疑是该机制发挥作用最大的国家，

---

① Dominique Bourg, Daniel Boy, *Conférences de citoyens, mode d'emploi*, op. cit., pp. 71-88.

② Ibid., p. 80.

③ Carolyn M. Hendriks, "Consensus Conferences and Planning Cells," in John Gastil and Peter Levine (eds.), *The Deliberative Democracy Handbook*, op. cit., p. 96; David H. Guston, "Evaluating the First U. S. Consensus Conference: The Impact of Citizens' Panel on Telecommunications and the Future of Democracy," *Science, Technology, & Human Values*, 24 (4), 1999.

④ Simon Joss and Sergio Bellucci (eds.), *Participatory Technology Assessment: European Perspectives*, London: Center for the Study on Democracy, 2003.

它在共识会议方面有着丰富的经验，而且其技术委员会的重要性和合法性意味着，他们能与议员和各个委员会有许多的接触。丹麦共识会议提出的某些建议似乎直接影响了议会在卫生和环境等领域的决策（例如对私人车辆的征税和拒绝资助动物基因工程研究）。①1989年，在关于人类基因组测序的共识会议后，丹麦决定，禁止雇主要求雇员或求职者提供基因健康档案。②然而，由于执政多数的改变，进入21世纪第二个十年，技术委员会大大减少了在该领域的活动。

在其他国家，这种影响不常见，或者根本不存在，共识会议的主要贡献是象征性地承认了各种科学或技术问题的政治和社会层面的重要性，以及使这两个问题民主化的合法性。此外，共识会议可能有助于发动或丰富大众对有争议的技术问题的公开讨论，甚至可能对少数与会者产生长远的影响。然而，对于后一点，不应夸大，因为对基本技术选择的真正讨论通常更多地来自大众动员，而不是共识会议。③法国遗传修饰生物体（GMOs）的案例是这方面的一个典型：1998年就此问题举行的共识会议肯定令人着迷，但是其确切的效果不那么容易确定。2009年就气候变化问题在38个国家同时举行了共识会议，其效果似乎也是如此。在从医学共识会议到由政治外行公民参与的共识会议的过程中，自我监管的理想往往逐渐迷失。④

---

① Carolyn M. Hendriks, "Consensus Conferences and Planning Cells," in John Gastil and Peter Levine (eds.), *The Deliberative Democracy Handbook*, op. cit., p. 91; Frank Fischer, *Reframing Public Policy*, op. cit.

② Ida-Elisabeth Andersen and Birgit Jaeger, "Danish Participatory Models. Scenario Workshops and Consensus Conferences: Towards More Democratic Decision-Making," *Science and Public Policy*, October 1999, p. 335.

③ Christophe Bonneuil, "Cultures épistémiques et engagement public des chercheurs dans la controverse OGM," *Natures Sciences Sociétés*, 14 (3), 2006, pp. 257-268.

④ Yves Sintomer, "Prendre les décisions autrement. Réflexions à partir des conférences de citoyens," in Pierre Rosanvallon (ed.), *Science et démocratie*, Paris: Odile Jacob, 2014, pp. 239-263.

(四)八个共同特征

除了差异之外,第一波抽签回归浪潮中的三种方式还有八个共同特征。(1)构成微众,即随机选择的代表性样本,至少是共同体的公平横截面。在大多数情况下,为提高代表性,微缩样本是由分层抽签获取的。① (2)这些试验大部分是自上而下的。这些试验都是由公共机构,或者在某些情形下,由基金会联合社会科学家来召集的。它们与社会运动没有联系,甚至反对"草根"民主或直接民主,或者反对各种社会运动。(3)这些方式是欧洲人所称的"原产地名称保护"(protected designations of origin,PDO):精心设计,严密监控,并且通常由其发明者持有专利权。这些方式都运行良好,对于科学分析政治外行公民之间的普通商议非常有意义。"原产地名称受保护"的负面影响是,实践者的政治想象力是有限的,因此阻碍了传播。(4)这些方式大部分是一次性活动。与召开过一两次小型公共会议的机构相比,召开过几次小型公共会议的机构数量相当有限。最重要的例外是丹麦的技术委员会和由它召集的共识会议。即使是在这种情况下,微众也没有成为"宪法"的一部分:在进入21世纪第二个十年的丹麦,试验大体上已经结束。(5)随机抽取与高质量的商议有关。微众是一个可以进行商议的场域,在商议时,组织者会提供精心平衡的消息简报,有小组和大会的密集讨论,有协调员确保平等和包容性的讨论,并有机会质询观点不同的专家和政治家。(6)大多数方式仅是咨询的。通过这些方式,参与者向公共机构提供建议,或者提供某种反事实的公众意见,这种意见与民意调查所衡量的更广泛的公共领域不同,因为此种意见是"开明的"。这些方式是对代

---

① 尽管如此,在某些情况下,纯粹的随机选择更为可取;而在其他情况下,抽签的重要性反而下降了,因为是在提前选定的公民中进行抽签,这些人以前有过参与普通商业民调的经验,尤其是在没有居民名单的情况下(Facrnian 2020, pp. 372—399)。

议制民主的补充。其目的不是做出决定,而是用一种能够让政治外行公民进行复杂商议的手段来改善决策过程。正如费什金所写,微众让组织者知道:"如果有更好的机会考虑争论中的问题,公众会怎么想。"① (7) 这些微众并不融入日常的社会和政治生活。公民之间没有联系,也没有被组织或者动员起来。他们的讨论是在一个人们特意创造的机构中展开的。(8) 这些方式是商议民主的具体表现,在多数政治理论的教科书中,商议民主和参与民主是有差异,甚至相互对立的。

(五) 对照雅典

一般来说,公民审议团、商议民调和共识会议的支持者都认为,公民参与政治对于政治制度的健康运行至关重要。正如我们在引言中所看到的,他们主张一种被视为根源于古代雅典传统的机制。他们很少提到中世纪和近代早期运用抽签的实践。现在,我们来对这种"发明的传统"进行一番仔细的审视。② 即使我们不谈现代民主国家和古代雅典在社会、政治、经济和制度环境方面的明显且重要的差异,难道就可以说我们正在见证雅典激进民主理想的部分复兴?

在第一章,我们分析了抽签和雅典民主之间的密切关系。我们也看到了随机抽签和商议之间的关系实际上非常复杂:公共商议曾出现在安提卡城许多不同领域,但在法庭上,陪审团必须听取各方意见后,不经商议形成自己的意见。抽签与轮换权力职位的结合有助于防止政治活动的职业化,而且,除了公共奴隶的存在之外,还有助于避免专家对权力的垄断。虽然一些领导人比普通公民有更大的影响力,但是普通公民对立法也有直接的发言权,并且在很大程

---

① James Fishkin, *The Voice of the People*, op. cit., p. 162.
② Eric Hobsbawm and Terence Ranger, *The Invention of Tradition*, Cambridge: Cambridge University Press, 1992.

度上可以参与自治。

如果只关注程序要素，那么古代做法和现代做法之间确实存在相似之处。两者都提及了微众的公正性，同样强调被选中参与商议的平等机会。然而，雅典抽签与现代做法的关键不同点在于：代表性样本。在雅典，由抽签进行职位分配和职位的快速轮换，使得公民轮流成为统治者与被统治者。因此，根据古典政治思想，抽签往往与民主制相关，而选举则与贵族制联系在一起。与现在的代议制民主相比，雅典实行的是一种激进民主形式。当代微众则非常不一样。微众背后的理念是用抽签创造公民的一个缩影：一个具备与公民相同的特征和多样性的群体，但规模较小。由随机选中的数百名公民组成的群体往往是整体人口统计上的代表性样本。由十二人到二十五人组成的小群体不大可能具有真正的代表性，尽管这个小群体也含有一些人民的多样性。这两种类型的小组都支持和鼓励描述性的代表制。

正如我们在本章前文中所看到的，由于几十年来统计学和民意调查的广泛应用，"代表性抽样"是 21 世纪的读者非常熟悉的概念。这就是为什么"把抽签视为一种实现描述性代表的手段，似乎是相当合理的"①。然而，"代表性样本"是 19 世纪晚期的一个发明。在雅典，抽签与描述性代表之间不可能存在关系，因为统计学意义上的随机抽签而产生的人口样本的观点在当时还没有得到科学证明。机会还没有被科学驯服。② 我们分析了在美国革命和法国大革命时期，描述性代表的推动者如何还不可能利用"代表性抽样"的概念，因此忽视了抽签，提出了其他技术解决方案。"代表性抽样"还没有发展起来，虽然概率和统计学已经成为公认的学科，但二者尚未结合，这一事实是抽签立法在现代民主国家注定失败的一个重要原因。

---

① Peter Stone, "The Logic of Random Selection," *Political Theory*, 37, 2009, p. 390.
② Ian Hacking, *The Taming of Chance*, *op. cit.*

相反,在"短暂的 20 世纪"末期,抽签的回归与"代表性抽样"有关。在大多数情形下,抽签只要被用于政治,就与代表性抽样密切相关。然而,一个民众的公平横截面的商议并不等同于民众自治。抽签给予每个人被选中的机会;但是,机会很少,并不允许所有的公民轮流担任公职。它反而导致了微众的创建,一个反事实的观点代表了更广泛的舆论的**潜在想法**。这是现代做法与雅典的第二大不同点。在安提卡城,没有人认为在议事会(Boule)或民众法庭(Heliaia)和公民大会(Ekklesia)之间有潜在的分歧。相反,由抽签选出的一小部分公民进行高质量的商议,会造成微众的开明意见和广大公众的意见之间的紧张关系。描述性代表和人民之间的统计相似性只是一个起点。一旦被选中,微众的成员可能会像人民一样思考、感受和推理,正如约翰·亚当斯在为微观代表性辩护时所说。但是,微众必须商议,在这个过程中,人们可能会改变想法。微众可能开始以不同的方式思考,这正是商议的附加价值所在。①

三、第二波:走向赋权的微众

第一波商议微众的发明者曾希望,这些技术或早或迟能被普遍运用,但是直至 21 世纪,他们仍然没有看到这个目标的实现。根据德国公民审议团首席专家汉斯-利德格·迪内尔的观点,这在一定程度上是由于商议微众的拥护者对维护这种程序的"纯洁性"和严肃性的关切:

> 我不知道,商议民主的倡导者以其特有的社会方法、学术和意识形态文化,是否会成为公民审议团和其他直接商议工具大规模运用的主要障碍。他们或者我们,是否真

---

① Yves Sintomer, "Random Selection, Republican Self-Government, and Deliberative Democracy," *Constellations*, 17/3, 2010, pp. 472-487.

的想离开这个小圈子,加入新的联盟,以促进商议民主工具的广泛运用?①

第二波试验改变了这种局面。第一波中的三种"经典"手段依然很受欢迎,推广这些手段的一些核心行动者,特别是著名的克罗斯比和费什金仍然投身其中。而且,第二波正在利用第一波的成就和教训:协调政治外行公民进行良好商议的技巧;证明这些政治外行公民在适当条件下能够被组织起来进行理性商议;培养与政治抽签相关的公平和平等价值观;通过基于代表性样本或者民众的公平横截面的抽签来实现认知多样化。再者,第二波试验的参与者比第一波的更为多样化:无论是直接还是间接地,学术研究都培养了积极分子的视角。"抽签积极分子"已经发表了为政治抽签辩护的论文,记者范雷布鲁克的小书《反对选举》(Against Elections)② 被译成多种文字,成为全球畅销书。为"草根"民主辩护的社会运动和组织采纳了这项建议。随着第二波的到来,"抽签"的概念不再只限于学术界和制度改革者的小圈子,虽然后者依然在发挥着核心的作用。

此外,第二波浪潮正在促进选项多样性的扩展。更多的试验出现了,这些试验越来越融合与多样。两种抽签形式已经形成(这是第二波的明显特征,但又超越了第二波)。一种形式被用于选择大会、委员会、公民审议团或者微众的参与者。这是第一波现代试验的特征,并且在第二波中仍然处于中心地位。第二种形式被用于抽出公职担任者。在中世纪和近代早期,我们看到了选举、合议提名和抽签经常被结合起来,用于确定公职担任者。这种混合模式在现代第一波试验中并未出现。然而,在第二波中,已经有人尝试将随

---

① Hans-Liudger Dienel, "Les jurys citoyens: pourquoi sont-ils encore si rarement utilisés?," in Marie-Hélène Bacqué and Yves Sintomer (eds.), *La démocratie participative inachevée. Genèse, adaptations et diffusions*, Paris: Yves Michel, 2010, p. 105.

② David Van Reybrouck, *Against Elections*, op. cit.

机抽签和选举结合起来。我们先来审视一下抽签在政党政治中的作用，再更详细地分析新的微众。

（一）政党政治的抽签

在19世纪的政党政治中，抽签并没有完全消失，但只在一些边缘的情况下被使用，正如我们所见，被用于打破两个候选人势均力敌的僵局。在独立后的印度，抽签有时也用于分配"保留"给达利特人、少数族群和较低种姓的席位（在一些选区，只有来自这些群体中的人才被允许作为候选人）。相比之下，21世纪初，一系列创新试验将抽签选出政党候选人带进了竞争性政党选举的情境。2006年，雅典郊区的一个中型城镇马鲁西（Marousi），进行了第一次这样的试验。由随机抽选的131名公民投票，以决定由泛希腊社会主义运动党（PASOK）提出的市长候选人。① 他们花了一整天时间听取各种参选人的演讲，在全会和小组之间穿梭工作，当晚最终选出了一个那天早上还刚好最不为人知的人。这是由当地社会党所召集的，并在泛希腊社会主义运动党领袖、时任社会党国际主席乔治·帕潘德里欧（George Papandreou）的要求下进行的。这次创新的"初选"受到了商议民调的启发，且得到了来自费什金的积极协助。乔治·帕潘德里欧认为，随着当代民主参与需求的日益增长，古代雅典能够提供宝贵的专业知识；再有，抽签能够确保这方面的平等机会。此外，费什金发明的程序为真正的代表性抽样和开明舆论的形成提供了科学的支持，如果说其修辞的灵感来自古代雅典的话，那么其实际的运作则更接近威尼斯共和国，其选举委员会成员部分是由抽签任命的。类似的试验也出现在欧洲一些小政党中。例如，进入21世纪第二个十年，法国绿党（Green Party）的地方支部

---

① Mauro Buonocore, "Un weekend deliberativo all'ombra del Partenone," *Reset*, 96, July-August 2006, pp. 6–8.

梅茨（Metz）分会从其成员中随机选出了地方和立法选举的候选人。那些从未参加过党内竞选和选举竞争的人事实上成了候选人。在民意调查中，随机选出的候选人的得分与其他通过内部选举选出的候选人相当。其中，一个具有社区组织背景的候选人在描述这一试验时解释说："抽签允许我们告诉那些一辈子从政的人，那些认为政治是自己专属权限的人，他们错了。"①

然而，正是在墨西哥，人们见证了最雄心勃勃的抽签变体形式被用于选择选举候选人。这一做法在学术界和政治界被热烈讨论了好几年。这是由后来的左翼总统曼努埃尔·洛佩斯·奥夫拉多尔（Manuel López Obrador）所属的国家复兴运动党〔(*Movimiento Regeneración Nacional*（*Morena*）〕提出的。② 该党决定在 2015 年 6 月 7 日，使用选举和抽签相结合的方式选出三分之二的立法选举候选人（剩下的三分之一席位要保留给非该党党员的外部候选人）。在每一个选区，由党的支持者开大会选出 10 人（5 名男性和 5 名女性）；然后，通过一个巨大的抽签系统选出候选人——这个方法很像古代抽签袋的做法。奥夫拉多尔接受了这次选举的结果，他说："机会为我们做决定，而不是裙带关系。领导人的亲属不再自上而下地推荐，从抽签袋抽出的人是来自人民的男人和女人，是我们确信没有不法行为的公民，是忠于国家的好公民。"这项试验在拉丁美洲第二大国产生了重大影响，允许那些不可能经投票当选的局外人成为候选人，且其中多数人有可能成为国家和地区议会或市议会的成员。更多来自工人阶级和下层群体的人能被选出来。在通过这一程序选出一名议员的选区，国家复兴运动党在 2021 年议会选举中获得了更好的结果，当时重申了这一做法。有意思的是，这些抽选上来的新人通常在他们选区的协会和非政府组织中非常活跃：他们不是职业政治家，

---

① Yves Sintomer, *Petite histoire de l'expérimentation démocratique*, op. cit., p. 179.
② José Antonio Aguilar Rivera, "Las razones de la tómbola," *Nexos*, 1 April 2015.

但与随机选择的微众不同的是，他们没有被从有组织的市民社会中分离出来，因为党的基层必须首先在抽签选出的候选名单中选出他们。① 这些体现了将选举民主、商议民主和随机抽选相结合的描述性代表。与此同时，这种做法也强化了有超凡魅力的奥夫拉多尔的权力，削弱了党内派系的作用。但是目前这个阶段我们还很难对其最终的政治效用做出最终的结论。

这种抽签与选举相结合的方式类似中世纪和近代早期的选举过程。但是，历史上尚未出现将抽签用于选举党代会和中央委员会成员的先例。在西班牙，"联合左翼"（Izquierda Unida）和"我们能"（Podemos）党的地方党组织也在其内部程序中使用了抽签。在安达卢西亚，"联合左翼"随机选出了2017年代表大会中的15%的代表。在瓦伦西亚和穆尔西亚（Murcia），"我们能"党的常务委员会成员中的17.5%来自抽签。该程序也蔓延到了巴利阿里（Baleares）群岛和阿拉贡。在法国，2017年，新任总统马克龙的政党"共和国前进党"（République en marche）（现改名为复兴党）的中央委员的25%是从党员中随机选择的。极左翼政党"不屈的法兰西"（Les Insoumis）也用抽签选出了1200名代表参加2017年全国大会，且在随后的几年中继续使用这种方式。一些规模较小的政党也随机选择了立法委员候选人或者常务委员会委员。

（二）商议微众和参与民主

关于民主的想象如此丰富多样，因此这里不可能将自21世纪以来采用随机选择微众的不同方式一一描述出来。但不论怎样，我们都可以大致总结出五类试验：（1）商议和参与民主的混合；（2）商

---

① Mathias Poertner, "Does Political Representation Increase Participation? Evidence from Party Candidate Lotteries in Mexico," *American Political Science Review*, Vol. 117, No. 2, 2023, pp. 537-556.

议微众和直接民主的结合；(3) 新的公民大会模式的出现；(4) 抽签选出最高法院的提议；(5) 在机构或协会内抽签产生常设委员会。

第一组创新是将随机选择微众和更大的参与动态机制，特别是参与式预算相结合。正如我们已经看到的，虽然参与民主制的倡导者一直关注商议程序的质量，但是他们最初对随机选择微众持忽视或者说相当怀疑的态度。21世纪初，阿雷格里港召开了一次市议会，以评估头十年里的参与式预算，并公布了会议记录，但只有一篇法国学者写的文章提到了将最初的参与式预算和抽签相结合的可能性，这篇文章在另类全球化运动的首都并没有得到回应。①

然而，进入21世纪，在其他地方，参与民主和商议民主的差异在变小。柏林的公民审议团在2001—2003年间首次召开会议，这是其中最有趣的事例之一，特别是在这些公民审议团被以一种有趣的方式与迪内尔的规划小组混合在一起时（迪内尔本人对这一创新方式并不满意）。在首都的17个联邦重建区中，每一个区都会向本区的一群居民免费提供50万欧元的项目资金来完成振兴规划。② 柏林公民审议团与古典模式之间有三点不同。第一，它们要开15次会，每次会开两到三个小时，这与更常见的连续开三天会的方式形成鲜明对比，这种方式允许成员熟悉信息，并勾勒出有朝一日成为一个常设机构的框架。第二，一半的团员抽签自居民名册，另一半来自该地区的活跃公民。第三，这也是最重要的一点，这些公民被赋予了决策权，地方当局在其管辖范围和立法范围内，会尽量听从他们的建议。

---

① Yves Sintomer, "Empujar los limites de la democracia participativa?," in João Verle and Luciano Brunet (eds.), *Construindo um Novo Mundo. Avaliação da experiência do Orçamento Participativo em Porto Alegre, Brasil*, Porto Alegre: Guayi, 2002, pp. 57-67.

② Anja Röcke and Yves Sintomer, "Les jurys de citoyens berlinois et le tirage au sort," in Marie-Hélène Bacqué, Henry Rey and Yves Sintomer (eds.), *Gestion de proximité et démocratie participative, op. cit.*, pp. 139-160.

随着这些公民审议团的成立，曾是柏林特征的许多社会运动——比如占屋运动——的影响力逐渐下降，参与仍然是一个重要问题。新的联邦城市政策创造了政治和行政机会之窗，通过这个窗口，可以创建公民审议团；当地人民的参与被宣告为一项战略目标，在英美传统的影响下，社会鼓励向权力最小的那些人赋权。最后，在柏林采取措施的这些城区能够从一个更广泛的地方政府改革（*Neues Steuerungsmodell*）趋势中获益。地方政府改革，即一个新公共管理的社会民主版本，试图跨越传统的界限，孵化更具有目标导向的行动，促进各级行政部门的开放、监督和责任，以拆除等级结构。1999 年，受到城市政策影响的地区设立了地区管理人员，其责任在于既鼓励对社区赋权，也鼓励行政现代化。

把积极分子纳入柏林公民审议团的做法被吹嘘为鼓励有组织的市民社会和政治外行公民之间的合作，抽签被视为扩大日常所涉及的公民圈并使其多样化（从年龄、性别和国籍来看）的工具。虽然青年代表有些不足，辍学者和移民在某种程度上的代表性也不足，但是这一缺陷不像在基于自愿参与的机制中那样明显。城市管理者在组成公民审议团、积极筹备会议、协助保持讨论活跃度，以及监督产生的项目等方面发挥着关键作用。注册的非政府组织也发挥了积极的作用：它们提出了三分之二的公民审议团的商议项目；将近一半的团员是从非政府组织的队伍中招聘的；它们还执行了最终被接受的大多数项目。相比较而言，政治外行公民的权重较小；虽然他们占了团员中的近半数，但他们很少提出项目，对项目的实施贡献则更小；他们的作用主要体现在讨论中。至于经选举当选的市议员和城市官员，他们的干预作用主要发生在公民审议团程序启动之前或结束之后。

公民审议团的核心价值在于公民对于地方项目做出决策的能力。虽然涉及的数目仅占柏林预算中很小一部分，但并非微不足道。多亏这种决策能力，柏林公民审议团事实上更接近参与式预算机制。在公民审议团成立的头两年里，共有 700 个项目以这种方式得到部分或者全部资助，其中大多数用于帮助儿童或青年。虽然这一程序实施得很成功，但是仅限于微观层面，并未允许居民和政治家进行多少对话。

一个潜在的政治层面出现了。一些公民审议团要求超越限定的角色（就像审判陪审团时不时"废除"法律一样），但这显然超出了官员准备接受的范围。一些团员后来加入了市民社会组织，非政府组织也从他们的经验中获益。然而，封闭会议的事实无疑降低了其对当地社区的影响，因为多数居民并不知道它们的存在。这个过程大多是自上而下的：社会运动对进程没有控制权，项目只能对当地的某些负面倾向进行些微纠正。最终，试验逐渐消失，未能激发更强烈的公众反应。

在荷兰，分别于 2017 年和 2018 年启动的两次试验似乎正朝着类似的方向发展。格罗宁根（Groningen）和鹿特丹（Rotterdam）两个城市的市区议会现在都由抽签而不是选举和提名产生。他们有权为邻里层次的社区项目提供资金，每两年发放 20 万欧元或每年发放 5 万欧元。① 其他混合过程也值得关注。其中最有趣的一项是一些参与式预算中使用抽签的方式。比如，新民主基金会（New Democracy Foundation）在澳大利亚推行了一项试验，该基金会是抽签政治最著名的倡导方之一。位于悉尼（Sydney）大都会的加拿大湾市议会（The City of Canada Bay Council）决定抽签选出参加参与式预算会议的公民，虽然市民仅有咨询权。② 21 世纪的头十年里，在柏林的利希

---

① Paul Lucardie, "Sortitionist Experiments in the Netherlands: From Noncommittal Advice to Modest Decision-Making Power," Paper presented at the conference "Le tirage au sort en politique: état des lieux et perspectives contemporaines", Lyon, 11 October 2019.

② Nivek K. Thompson, "Participatory Budgeting—The Australian Way," *Journal of Public Deliberation*, 8 (2), 2012, Article 5.

滕贝格（Lichtenberg）区，以及德国西部的埃姆斯代滕（Emsdetten）镇，公民都被随机邀请参加关于地方政府财政和服务的预算会议：抽签被当地视为有利于体现社会代表性的参与，是使人民参与的一种手段。①

　　德国、西班牙和法国的其他一些城市的参与式预算也使用了抽签。从2001年到2008年，法国勒蓬德克莱（Le Pont-de-Claix）小镇[位于格勒诺布尔（Grenoble）郊区，有1.2万居民]直接学习柏林公民审议团的经验，使用了抽签。在七年时间里，当地议员的名签都是从抽取彩票号码的碗中抽出的，这主要是因为在公共节日抽彩很常见；因此，人们既知道这种方法的运作方式，也知道在哪里进行。勒蓬德克莱开发了一个涉及两个步骤的程序。在社区一级，委员会对任何希望出席且每三个月可开一次会的人开放。他们的主要活动是分配市议会用于当地小规模改善项目的资金（每个地区1.6万欧元）；在镇一级，由50名成员组成的预算咨询委员会每年举行几次会议，包括从选民登记册中随机选出的公民（25岁以下的公民实行配额）和每个社区委员会的两名代表。这个程序避免了金字塔系统，即镇一级委员会只由社区的代表组成，就像阿雷格里港那样。然而，在当地政治多数改变以后，这个试验就消失得无踪影，被其他形式取而代之。2014年，法国南部的普罗旺斯地区萨隆（Salon de Provence）成立了一个公民审议团，以透明和公正的方式分配社会福利住房。同样，2013年，一些法国议员成立了公民审议团，来分配他们可以合法使用的议会资金，因为在前一年，对上述资金的任意使用事件一直处于丑闻的中心，一些代表须与同事保持距离变得至关重要，同时他们表达了希望建立一个参与性系统的愿望。

　　2005年，中国温岭（一个人口超过100万的中国东部城市）的

---

① Yves Sintomer, Carsten Herzberg and Anja Röcke, *Participatory Budgeting in Europe*, op. cit.

泽国镇甚至将参与式预算与商议民调结合了起来。① 一大群随机选出的市民就市一级提出的各种项目进行讨论，并在商议后，对如何确定项目的优先次序进行了投票。市政委员会的成员可以参加大会，但禁止其进行干预；他们在参加完大会后，再自己开会；他们的决定通常会遵循市民提供的建议。② 后来，政府设立了配额，以允许有更多的企业家代表，因此这个对当地经济发展起着重要作用的社会阶层，可以发挥比其人口权重所允许的更大的影响力。温岭预算改革试验（在中国被视为典范）的创新之一是，允许地方立法会议影响预算的讨论。③ 泽国镇是当时中国唯一尝试过抽签的小镇，并且取得了一定的成功。无论是泽国镇还是勒蓬德克莱，都将一种彩票游戏用于随机选择参与者（虽然中国使用的是一种非常现代的工具），这非常有意思。

（三）商议微众和直接民主

在第三波试验中，创新使得抽签产生的商议微众和直接民主结合起来。④ 这方面的第一个试验是加拿大不列颠哥伦比亚省的公民大会（2004），接下来就是次年安大略省的试验。前者已经成为其他地区灵感的来源。在爱尔兰，在学者和一个直接受到不列颠哥伦比亚省试验启发的名为"我们公民"（We the Citizens）的团体发出倡议

---

① James Fishkin et al.,"Deliberative Democracy in an Unlikely Place: Deliberative Polling in China," *British Journal of Political Science*, 2010, pp. 1-14.

② Baogang He, "Participatory budgeting in China. An overview," in Yves Sintomer, Rudolf Traub-Merz and Junhua Zhang (eds.), *Participatory Budgeting in Asia and Europe. Key Challenges of Deliberative Democracy*, Hong Kong: Palgrave, 2011, pp. 89-101.

③ Joseph Cheng, Yu Sheh and Fan Li, "Local Government's Consultative Budgetary Reforms in China: A Case Study of Wenling City," *China International Journal*, 13/1, April 2015, pp. 115-118.

④ Marco R. Steenbergen et al., "Information, Deliberation, and Direct Democracy: Evidence from the Swiss Expulsion Initiative," in Stephen Coleman, Anna Przybylska and Yves Sintomer (eds.), *Deliberation: Values, Processes, Institutions*, op. cit., pp. 187-204.

后，一个由 150 人组成的公民大会在 2011 年召开了会议。该团体提出了宪法改革的建议，且被媒体广泛报道。2011 年大选后，新政府接受了这种想法，在大多数党派的支持下，召开了制宪会议，100 名成员中有 67 人是从选举登记册上随机选出的。其余人则是政治家，为的是避免来自政党的负面反馈，这种负面反馈曾使不列颠哥伦比亚省或者安大略省的公民大会的建议的通过变得困难。制宪会议产生了几个提案，其中一些最终被政府和议会采纳。最重要的是旨在使同性婚姻合法化的宪法修正案提案，该提案最终在 2015 年 5 月的公民公决中获得通过。虽然另一项涉及总统任期限制的修正案提案被拒绝了，但是将商议民主和直接民主结合起来的最野心勃勃的尝试，仍然可以视为取得了巨大的成功。① 这一程序在 2016 年至 2018 年又进行了一次，针对堕胎问题，2020 年至 2021 年进行的一次则针对性别平等问题，这两次大会的与会人员全部都是被抽签选出来的。② 这类话题非常重要，尤其是在一个天主教信徒占人口多数的国家。

公民审议团最有趣的试验之一被称为"公民倡议审查"（Citizens' Initiative Review），是在俄勒冈（Oregon）进行的。在呼吁将商议民主与现有的直接民主方式相协调的"草根"运动出现后③，且在公民审议团的发明者内德·克罗斯比的参与协助下，来自两党的政府成员决定将随机选出公民审议团制度化。2011 年，"公民倡议审查"正式获得通过。其原则如下：一旦投票前收集的签名达标，将召集

---

① Jane Suiter, David Farrell and Clodagh Harris, "The Irish Constitutional Convention: A Case of 'High Legitimacy'?," in Min Reuchamps, Jane Suiter (eds.), *Constitutional Deliberative Democracy in Europe*, Colchester: ECPR Press, 2016, pp. 33ff.

② Dimitri Courant, "Citizens' Assemblies for Referendums and Constitutional Reform: Is There an 'Irish Model' for Deliberative Democracy?," *Frontiers in Political Science*, 8 January 2021.

③ John Gastil, *By Popular Demand: Revitalizing Representative Democracy through Deliberative Elections*, Berkeley: University of California Press, 2000.

公民选民小组开会,以讨论和审查有关的投票措施。选民小组之后要与公民分享其决定,还要分享日常分发的信息材料(来自该倡议的支持者和反对者双方的意见)。通过这样的程序,商议民主不是绕过直接民主,而是增强了直接民主的理性成分。此外,应该指出的是,在商议结束时,公民审议团要对多数立场加以澄清,而不是寻求达成共识。因此,提交给公民审议团和公众投票的提议涵盖了范围广泛的话题:引入强制最低刑(显然是为了遏制犯罪),医用大麻药房合法化,非部落赌场合法化,公司税改革,等等。对该程序的评价基本上是积极的:总体来说,公民审议团商议的质量受到称赞①,公民审议团的意见对投票的影响不容忽视。"公民倡议审查"在国际上引起了广泛关注。美国其他州已经开始引进类似的形式。2020年,一个试点项目在瑞士瓦莱州(Valais)首府锡永(Sion)进行了测试,目前世界范围内瑞士的直接民主最为发达。②

(四)公民大会:公正的陪审团抑或政治的集会?

在若干重要的试验中,公民大会因此与直接民主结合起来。在其他情况下,除了公民审议团、共识会议和商议民调外,公民大会只是一种代表模式而已。正如我们所看到的,发生于加拿大面积第三大省不列颠哥伦比亚省的是第一次试验。这次试验的灵感来自司法的大众陪审团和商议民调。然而,名称的变化揭示了目标的转变:

---

① Katherine R. Knobloch et al., "Did They Deliberate? Applying an Evaluative Model of Democratic Deliberation to the Oregon Citizens' Initiative Review," *Journal of Applied Communication Research*, 2013, 41 (2), pp. 105–125; Katherine R. Knobloch et al., *Evaluation report on the 2012 Citizens' Initiative Reviews for the Oregon CIR Commission*, State College: Pennsylvania State University, 2013; Katherine R. Knobloch, John Gastil and Tyrone Reitman, "Connecting Micro-Deliberation to Electoral Decision-Making Institutionalizing the Oregon Citizens' Initiative," in Stephen Coleman, Anna Przybylska and Yves Sintomer (eds.), *Deliberation: values, processes, institutions, op. cit.*, pp. 21–40.

② www.https://demoscan.ch.

会议不再是一种"民意调查",因为其目的是代表人民,并提出将被直接纳入决策过程的解决方案。这个试验在规模上是史无前例的:其不仅要讨论而且要制定一项政府曾经承诺提交全民公决的提案。现代民主国家里此前还从未有过由抽签选出的公民团体承担起如此重大的责任。

这个过程比普通的商议民调要耗费更多的人力。在加拿大的试验中,要根据年龄和性别配额,向每个选区随机选出的200名选民发出邀请函。从接受邀请函的选民中,再随机选出10名男性和10名女性参加分散的信息会议,然后从每个选区随机选出1名男性和1名女性。除了158名与会者之外,还增加了2名参加会议的美洲原住民——这两人不是抽选出的,这似乎是需要纠正的一个重要事件。整个过程要支付所有人参加活动的费用(包括儿童看管费),外加每人每天150加元的津贴。① 会议召开是在2004年的1月10日到3月21日的六个周末,这些会议后紧接着数十场分散的会议。到这个阶段结束时,一份"对不列颠哥伦比亚省人民的初步声明"总结了正在商议的备选方案,以及公民捐款的可能性。在夏季休会后2004年9月和10月间的三个周末,"公民大会"在温哥华(Vancouver)中心的大厅里完成了工作;对会议进行了电视直播,受到了相当大的关注。公民开始面临两个可能的选项:第一个选项是仿照德国制度,提出将由选区直选出来的代表与其他从政党名单中选出的代表结合起来,以确保比例代表制;第二个选项非常复杂,即每个选区按比例选出2—7名(视规模而定)代表,通过避免名单制来使政党的作用最小化。鉴于公民对政党的不信任,绝大多数公民选择了第二个选项("单一可转移票制"),也就不足为奇了。这个提案在2005年5月17日交由全民公决,政党都宣布要在此事上保持中立。该提案

---

① Henry Milner, "Electoral Reform and Deliberative Democracy in British Columbia," *National Civic Review*, Spring 2005, pp. 3-8; Amy Lang, "But Is it for Real?," *op. cit.*

要生效，就必须赢得全省至少60%的选票以及在60%的选区至少赢得50%的选票。虽然几乎在所有的选区都获得了通过，但是该提案却仅得到57.69%的省一级选票。因此最终未能改变选举法。投票方法的复杂性被认为是这个令人失望的结果的一个主要原因。

尽管这种相对的失败也反映在相邻的安大略省，但是这个试验产生了重要的连锁反应。公民大会的方法现在已经被确立为一种模式，可以在加拿大全国范围以较小的规模复制。这种方法具有咨询公民审议团的形式，现在已被经常采用，虽然是以一种简化的形式。不列颠哥伦比亚省试验的影响已经越出了加拿大国境。荷兰也召开了公民大会，虽然是以一种修正的方式，大会只有纯粹咨询的性质。在澳大利亚，这个试验在2009年催生了"澳大利亚公民议会"（Australian Citizens' Parliament）。[①] 在国际层面上，一个激进的公民新试验网络也已出现。21世纪20年代初，该模式的受欢迎程度呈指数级增长，许多欧洲国家召开了公民气候会议，这一想法正获得越来越多人的支持。

这种发展中的一个重要因素是，在某些事例中，会议是自下而上召集的，其中最著名的是比利时的G1000。[②] 包括范雷布鲁克在内的一群公民和知识分子决定召开一次公民大会，以解决由弗拉芒（Flemish）和瓦隆（Walloon）两地人的深刻分歧导致的国家政治瘫痪。在2010年联邦选举后，政府谈判用了500多天。在这个权力真空期，一项名为"G1000"的公民倡议被启动了。2011年11月11日，1000个比利时人聚集在一起，开了一天会，讨论了三个重要话题：社会安全、移民和金融危机。除了自下而上，这一试验的独创

[①] Lyn Carson et al. (eds.), *The Australian Citizens' Parliament and the Future of Deliberative Democracy*, University Park, PA: Pennsylvania State University Press, 2013.

[②] Didier Caluwaerts, *Confrontation and Communication: Deliberative Democracy in Divided Belgium*, Brussels: European Interuniversity Press, 2012.

性还在于，它的主要推动力不是学者的科学兴趣，而是普通公民的关切。① 试验的整个过程分为三个步骤：（1）在线商议确定公民需要讨论的话题；（2）公民大会本身，即 1000 个公民经过广泛讨论，提出了进一步的指导方针，并得到了媒体最广泛的报道；（3）从 G1000 中随机选出一类公民审议团，一年后举行会议，并提交了一份载有会议建议和材料的报告。② 因为倡议来自市民社会，所以这个会议原本应该产生直接的制度效果，但是这次试验仍然只是一个重要的媒体事件。从中长期来看，这次试验有助于普及这样一种思想：公民无须总是等待政府主动，公民大会可以运行良好，并产生比代议制民主更合理的结果。③

在冰岛，公民大会的另一种形式被发明了出来，加拿大不列颠哥伦比亚省的试验至多对其有间接的影响。2008 年经济危机后，冰岛国家几乎破产，改变政府和政治格局的愿望被以大规模街头抗议的形式表现出来。前总理最终因玩忽职守在 2012 年 3 月和 4 月受到审判。2009 年，在公民组织的倡议下，冰岛成立了一个由抽签选出的 1200 人和几百名符合条件的人士组成的公民大会，以明确国家赖以重建的价值观，这个试验在 2010 年 11 月再次进行，且得到了政府的支持，其目的是通过一部新宪法。第二届公民大会紧随第一届会议的步伐，其任务是要确定构成新宪法体系的主要原则。不久，人民选出 25 名政治外行公民组成了宪法委员会。523 名候选人都是个人参选：禁止国会议员参选，竞选活动被合法地减至最少，为的

---

① Vincent Jacquet and Min Reuchamps, "Les 'méthodologues' de la démocratie délibérative. Entre activisme citoyen et recherche scientifique au sein du G1000 et du G100," *Participations*, 2016/3, 16, pp. 45-65.

② Inge Henneman et al., *G 1000, le rapport final. L'innovation démocratique mise en pratique*, Brussels: Fondation pour les générations futures, 2012.

③ Vincent Jacquet et al., "The Macro Political Uptake of the G1000 in Belgium," in Min Reuchamps, Jane Suiter (eds.), *Constitutional Deliberative Democracy in Europe*, op. cit., pp. 53-74.

是与政治阶级（现在已经名誉扫地）的习惯做法相区分。2011年的春夏，宪法委员会起草了一部新宪法。最重要的创新是，彻底改革了不同政府权力之间的平衡，提高了决策过程的透明度，扩充了参与民主和直接民主的手段，以及更多地考虑了环境问题。草案条款一经撰写就被传到了网上，公众可以通过委员会在脸书（Facebook）、推特（Twitter）和雅虎网络相册（Flickr）上的网页进行评论和提出建议。拟议中的宪法于2011年夏天被提交给议会，并在2012年进行了全民公决。这实际上是几年内国家进行的第三次全民公决，前两次（2010年3月和2011年4月）促使冰岛人拒绝了政府同意的偿还因银行倒闭而产生的债务的计划。冰岛的政策基本上延续了一个福利国家的政策，并已开始对经济模式进行部分重新定位。宪法改革的要点得到了绝大多数人的赞同，且达到了足够的法定人数。①

然而，冰岛宪法试验仍然遇到了一些阻碍。② 仅36%的登记选民投票支持宪法委员会的选举。再者，法律问题使试验的操作更为复杂。宪法委员会的提案与2010年公民大会曾经的贡献、议员对宪法改革报告的建议，以及公民在网上提交的意见之间的关系不清楚。另外，从社会学角度看，宪法委员会的成员不具有代表性，除了一开始就强调的两性平等和代表全岛所有地区外，其中存在成员受教育程度高于平均水平的个人代表性过高的问题。最终，2013年赢得立法选举的保守派多数决定不进行宪法改革——根据现有立法，对基本法的任何修订都必须由议会多数通过。在接下来的时间里，没

---

① Hélène Landemore, "Inclusive Constitution-Making: The Icelandic Experiment," *The Journal of Political Philosophy*, 23 (2), 2015, pp. 166-191; *Open Democracy: Reinventing Popular Rule for the Twenty-first Century*, Princeton: Princeton University Press, 2020, pp. 152-190.

② Lionel Cordier, *Crise démocratique et mutations contemporaines de la représentation politique: l'exemple islandais (2008-2017)*, PhD thesis, University Lumière Lyon 2/University of Iceland, 2020.

有一个联合政府愿意或者能够重启宪法改革进程。① 尽管如此，冰岛试验仍然是民主历史上宪法改革中最有趣的事例之一，因为这项试验在社会动员、公民参与和高质量的商议的背景下，将抽签、选举和全民公决结合了起来。

正如我们所见，2015年，由政府召集的爱尔兰公民大会提出了一项全民公决支持关于同性婚姻合法化的议案，成功地完成了2009年首次启动的自下而上的公民大会的进程。第二次试验，处理堕胎问题，也取得了成功，因为公民大会的主要提案获得了通过。现在，21世纪20年代初期，这一模式似乎正处于制度化的过程中：第三次公民大会正在召集，几乎所有的政治光谱都接受了这一工具。因为有着这样的成就，爱尔兰公民大会成为其他国家试验的参考。2020—2021年法国总统马克龙召集的法国公民气候大会就是一例，这显然受到了爱尔兰试验的启发。然而，除了形式上的相似性和明显的模仿外，爱尔兰试验和法国试验实际上体现了两种不同的公民大会模式。

二者的第一个主要差异是，头两次爱尔兰公民大会都寻求在已经提出的两个选项（同性婚姻和堕胎合法化与否）中做出决定，而法国公民气候大会的任务是拟定一系列提案，以回应代表官方目标的问题，即"如何本着社会正义的精神，把法国的温室气体排放量至少减少至1990年的40%"。为此，大会成员必须依靠专家提出的各种解决方案②，在这些方案中做出选择，并以一种连贯的方式对这些方案进行排序。这个问题涉及范围之广、解决之复杂性，都远超爱尔兰公民大会处理的问题〔更像冰岛全国论坛（Icelandic National

---

① Valur Ingimundarson, Philippe Urfalino and Irma Erlinsdottir (eds.), *Iceland's Financial Crisis: The Politics of Blame, Protest, and Reconstruction*, London/New York: Routledge, 2016.

② Selma Tilikete, *Entre technique et politique: la fabrique des propositions de la convention citoyenne pour le climat*, Master's thesis, EHESS, Paris, June 2020.

Forum），该论坛提出了一种包罗万象的方案，远不如法国公民大会的最终提案那么连贯]①。

二者的第二个可能更显著的差异与各个公民大会的政治动态机制相关。② 在爱尔兰，政府召集大会的目的是做出公正的决策，因而它体现了在整个历史上始终占据中心地位的抽签的特征。尽管不完美，但是这种方法经过了精心设计，且让中立机构来组织和协调大会，提供给公众机会以听取来自正反两方的专家和利益攸关者的意见，禁止公民在会议期间或会期间隙与活动家、游说者进行信息交流。召集公民大会是打破僵局的一种方式：这个天主教国家似乎足够成熟，可以将同性婚姻或堕胎合法化，政府支持这一动议，但是需要更多的合法性才能向前迈出一步，因为政府的反对者充满敌意且已经被动员起来，主要政党在这一问题上仍然存在分歧。

理论上，类似的事情也应该出现在 2019—2020 年的法国。大多数公民认为，应对气候变化是当务之急，政府也正式承诺要大量减少法国的温室气体排放，但是强大的游说团体"捍卫"现状，阻止了最大胆政策的出台。然而，事情的进展出人意料地走上了另一条道路。法国政治制度的结构高度集权化、权力制衡弱，总统握有大部分的权力。由于缺乏一个强大政党的支持，马克龙在当选后，将这种家长式作风发挥到了极致，他停止了与工会、地方政府、议会，甚至与议员的个别对话。这种做法遭到了强烈的反击。2018 年秋，在几个月时间里，起初是为了抗议社会不公平的碳排放税，"黄背心"运动发起了激进但无党派性质的抗议，最后这一运动使国家瘫痪，

---

① Lionel Cordier, "Échapper à la conflictualité? Le tirage au sort comme outil de management et d'union nationale," *Raisons politiques*, 82, May, 2021, pp. 91-105.

② Dimitri Courant, " Des mini-publics délibératifs pour sauver le climat? Analyses empiriques de l'Assemblée citoyenne irlandaise et de la Convention citoyenne française," *Archives de philosophie du droit*, 62, 2020, pp. 487-507.

将总统逼到了墙角。① 为了找到出路，总统在 2020 年 1 月到 3 月期间发起了一场"大辩论"（Great Debate），包括在全国各地举行的公开会议、一个在线参与平台，以及在法国 18 个地区举行的周末公民集会。这场大辩论仅是咨询性的，其组织方式使得规模的扩大或者程序的综合都不可能实现，平行进行对话，很少关注商议的结果。因此，总理和总统可以宣称，他们是唯一可以得出结论的合法人士：这恰好符合他们之前的选举计划。来年春天，这个虚假的商议活动，从政治上来说，在某种程度上是成功的：加上对"黄背心"运动的严厉镇压，这有助于转移议程和稳定局势。然而，代表性危机依旧存在。"黄背心"运动的主要民主诉求是将公民倡议引入法国政治制度，在较小的程度上，创造一个永久性的公民大会以"捍卫人民的利益"。一些生态主义运动的目标也包括了公民大会。普丽西莉亚·卢多斯基（Priscillia Ludosky），"黄背心"运动中最引人注目的人物之一，曾与生态主义活动家西里尔·迪翁（Cyril Dion）一起建立了一个新组织："公民背心"（Gilets Citoyens）。他们与主张抽签的公共知识分子一道，要求组建公民大会，以应对气候变化。如迪翁所说：

> 如果我们想实现所有人共享的结果，我们就需要重新分配权力，并让代议制民主和直接民主互补。这种公民大会，不是像大辩论那样要发动政变的问题，而是要证明，我们可以将这些机制永久地融入我们的民主制度。②

如果没有"黄背心"运动和马克龙的话，公民气候大会就不会

---

① Laurent Jeanpierre, *In Girum: Les leçons politiques des ronds-points*, Paris: La Découverte, 2019.

② Cyril Dion, "Le grand débat, ce n'était pas vraiment de l'intelligence collective," *Le Monde*, 13 April 2019.

召开：这个自相矛盾的结合是很有趣的。① 这位法国总统此前一直在环境问题上直言不讳，但并不十分活跃，这次他抓住机会展开了进攻。他拒绝将公民倡议制度化，决定召开一次公民气候大会，并承诺会将大会的建议"不经任何筛选"地提交全民公决，或者提交议会投票，或者，交由政府直接监管实施。此外，这次事件还产生了另一项提案，即改革宪法和将旧式的新法团主义机构——经济、社会和环境委员会（Economic, Social, and Environmental Council, CESE）——转变为公民参与机构,这一机构将包括通过抽签选出的公民以及有组织的市民社会。在这种背景下，来自强有力的总统的政治意愿的支持，官方承诺的背书，500 万欧元的预算②，以及一个重要欧洲国家未来生态转型计划的重要使命，使公民气候大会似乎成为目前为止最有影响力的基于抽签选择的试验。

很快就召开了会议，政府管理部门并不知道该如何运作，因此实际的运作依靠像"开放民主"（Open Democracy）这样的公民组织与总统、生态部、"黄背心"运动及经济、社会和环境委员会的商议，大会的组织结构相当奇特。因此，大会具有了一定的即兴特征，这有积极的一面——为创新开辟了道路，不仅仅是现成模式的复制；但也有消极的一面——一些决定并不是在充分知情基础上选择的结果。管理委员会的两位联合主席分别是蒂埃里·佩克（Thierry Pech）和劳伦斯·图比亚纳（Laurence Toubiana），前者是中左翼智库"新土地"（Terra Nova）中心的主任，曾参与马克龙的总统竞选；后者曾任法国气候变化大使和 2015 年巴黎气候变化大会

---

① Léo Cohen, "Ils réussiraient là où nous avons échoué," Revue XXI, 52, Fall, 2020, pp. 118-131; Thierry Pech, *Le Parlement des citoyens. La convention citoyenne pour le climat*, Paris: Seuil/La République des idées, 2021.

② 最终的费用估计为 6 655 000 欧元（Dominique Gillier et al., *Rapport et recommandations du groupe de retour d'expérience de la Convention citoyenne pour le climat*, Paris: CESE, March 2021, p. 18）。

（2015 COP21）的特别代表，也是最终达成的《巴黎协定》（Paris Agreement）的主要设计师。管理委员会的一些成员来自公民气候大会、学术界、非政府组织与经济、社会和环境委员会。活动家迪翁是三名保证人之一。一个常任专家群体对于大会来说是很重要的，这个群体自2019年10月就存在了。由于事情的复杂性，150位公民被分成了5个专题小组，分别举行平行会议，再定期合并开会。传统商业游说团体成员、大多数前"黄背心"运动积极分子、政治反对派人士，以及一些环保非政府组织成员，对这次大会持怀疑态度，要么因为他们认为这受到总统的操纵，要么因为他们拒绝接受抽签选出的微众的合法性，要么因为他们强烈地怀疑大会的潜在效率。相反，大多数生态主义者和倡导抽签的活动家，少数前"黄背心"运动人士，一些公共知识分子和商议民主倡导者，却对在抗击全球变暖和追求民主两方面取得突破真正抱有希望。大会在法国公众中赢得了显著的知名度，故以前的商议微众不能与之相提并论。

然而，大会很快就遇见了意想不到的情况。2019—2020年的冬季，铁路和地铁工人因反对养老金制度的改革而发动了大规模的罢工（在这一问题上，法国政府像对待其他问题一样，不倾向进行协商），这使得在巴黎的会议更加困难。接着是新冠疫情暴发和2020年春季的封锁。结果，大部分工作被延迟，且不得不在网上进行。代表传统工业的利益攸关者并不拿大会当回事，因此公共听证会的天平向生态主义者倾斜，尤其是在环保主义的主要人物尼古拉斯·于洛（Nicolas Hulot）被邀在大会上发言后。迪翁的积极参与，以及关于对立观点的辩论不是重点的事实，也强化了这种趋势。尽管如此，工作还是在深化审议中继续快速进行。

2020年4月初，政府准备了"一揽子"的刺激方案，以应对疫情引发的经济危机，丝毫不再关注生态转型问题。因此，大会似乎面临变成对重要决策毫无影响的陪衬的风险。为了避免这个结果，部分管理委员会的成员建议大会将一系列提案公之于众，不必等到整个计划完成。绝大多数大会成员赞成这项提议，这导致管理委员会中出现了严重的分歧。① 一些人认为，大会超越了其角色，颠覆了公民大会和民选当局的劳动分工，前者应该完成后者授予的使命，后者则提供了唯一合法性的法律来源。这样一来，大会成为一种新的政治角色，有着一定程度的自治，是与下院和上院一样的第三议会②；因此大会比经济、社会和环境委员会（这一抽签机构在某种程度上与有组织的市民社会在合法性上产生了竞争）得到了更多公众的认可。这种政治化进程只因激进生态运动的存在而得到强化，后者认识到了正在发生的事情的重要性，并抓住了机会与大会成员进行联系，邀请他们参加活动，从而间接影响了商议③——这在爱尔兰是被禁止的。因疫情而被推迟的大会干涉了地方选举，介入了总统和总理之间的冲突——后者反对大会，但是2020年6月被解除了职务，这个时间恰好是大会结束之时。大会以绝对多数通过了其小组的150项提案中的149项。整体的结果相当有意思，因为一些提案最终不如其他提案连贯，而且核能等一些问题被议程忽视了。无论怎样，随着法国须至少减少40%温室气体排放量的大会目标的确立，事实逐渐证明，大会比法国政府之前采纳的任何政策都更具雄心和影响力。

马克龙公开宣布接受149项提案中的146项，其中包括一项宪法修正案提案：主张维护宪法中规定的"权利、自由和原则""不能危及环境保护、人类的共同遗产"。虽然总统宁愿将一系列提案提交

---

① Thierry Pech, Le Parlement des citoyens. *La convention citoyenne pour le climat*, op. cit.
② Jean-Michel Fourniau, "Gouverner une Assemblée citoyenne?," op. cit.
③ Maxime Gaborit, "The French Citizens' Convention on Climate in Its Ecosystem. Climate Democracy and Social Movements," 2021年2月15日博士和博士后研讨会，题为"政治中的排序：历史、社会学、哲学"，牛津。

公投，但是鉴于参议院的敌意，他被迫放弃了这一选择，因为政府是少数派。同时，公投的想法也因以下的事实而搁浅：大会的大多数成员认为，很大程度上人民不会同意他们的建议，因为这些建议对于没有经历商议过程、没有经历寻求足够的党派盟友的公民来说，太过激进了。然而，事实上，后来的民意调查显示，大会的大部分计划获得了大多数人的支持。大会结束之后，其中一些成员同意与制定立法提案的国会议员进行讨论。他们还成立了一个协会以跟进，并就采取何种必要的政治立场展开了艰难的辩论。此外，一些前大会成员参加了抗议活动，甚至加入了反对派的政党。微众之间的紧张关系是一种常见的现象，且随着群体规模的扩大和议事程序的增多而增强。在法国的背景下，政治化进程显著加剧了这一紧张关系，一些公民放弃了在大会中的工作。此外，如果抽签承认所有公民平等，那么一个被选中的人因为媒体和涉及的问题的重要性而受到高度关注，由先前的"无名之辈"一跃而成了"名人"，这加剧了他人格中的冲突，使他回归"正常"生活变得更加困难。① 由于议会和政府削减了更为雄心勃勃的建议，因此形势变得更加困难：所谓"不经任何筛选"就提交全民公决的承诺最终被证明是黄粱一梦。政治多数派没有预料到这样一个减少温室气体排放的激进计划的出台，因而不知道如何应对这一计划。传统的经济部门原以为大会就是一个幌子，并在会后游说反对。相反，2021年"全球气候大罢工"（Global Climate Strike）期间，大会却成了几乎所有环保非政府组织、左翼政党、活动家，以及在政府合法性受到右翼政党强烈挑战时的政府批评人士的试金石。② 2021年2月28日，在大会最后一次半官方

---

① Thierry Pech, *Le Parlement descitoyens. La convention citoyenne Poui le climat*, op. cit., pp. 65ff.

② "110 organisations interpellent Emmanuel Macron sur la loi climat," *Lemonde. fr*, 9 February 2021.

会议上，这种情绪达到了顶点：大会的 96 名成员就其建议的成效给了反馈，平均得分仅 3.3 分（满分为 10 分），显示了对议会和政府的相当负面的评价。"政府的决策在多大程度上与大会的最初建议一样？"这个问题的回答平均分甚至更低（仅 2.5 分，满分为 10 分）。①

在本书的写作背景中，法国政治的复杂与波折不是特别重要；然而，值得注意的是，虽始于爱尔兰模式，但法国公民气候大会最终更接近另一种不同的模式。大会在负责提出打破僵局的建议时，未能保持好一个公正机构的形象，而成为一种新的政治行为体，即一个声称拥有某种形式的合法性的公民大会，这种合法性可以反对传统的经选举产生的权力机构，成为潜在的新的制衡体系中的一部分。大致说来，法国公民气候大会遵循的是集会的模式，而不是陪审团的模式。② 这两种模式都可能受到赞扬或者批评，各自的具体试验过程远非完美，但是新试验的出现值得关注。是否由于其潜在的公正性，抽签必然服务于实现中立的商议？反之，是否商议微众以其独特的特征（成员无须捍卫自己的政治生涯，不存在有组织的利益集团，可以确保高质量的商议）可以成为一个政治参与者，与社会运动结盟，参与政治对话？右翼政党和传统商业组织都批评法国公民气候大会带有偏见。如果影响来自工商业游说团体，那么环保主义者和左翼运动者会说些什么？这种情况是否可能发生，或者商议微众与共同利益之间是否存在足够的亲和力，以使公民大会或多

---

① "La convention citoyenne pour le climat se sépare sur une note sévère au gouvernement," *Lemonde. fr*, 28 February 2021；"Le projet de loi n'est pas à la hauteur: à Paris ou Lyon, des manifestants pour le climat déçus à la veille de l'ouverture du débat parlementaire," *Le Monde*, 29 March 2021.

② Thierry Pech, *Le Parlement des citoyens. La convention citoyenne pour le climat*, op. cit.；Jean-Michel Fourniau "The Selection of Deliberative Minipublics: Sortition, Motivation, and Availability," 引自 Liliane Lopez-Rabatel and Yves Sintomer（eds.）, *Sortition and Democracy. op. cit.*；Yves Sintomer（2022）, "Un Parlement des citoyens pour la démocratie du 21e siècle," January 10, https://tnova.fr/democratie/nouvelles-pratiques-democratiques/un-parlement-des-citoyens-pour-la-democratie-du-21e-siecle/.

或少地免受特殊利益的侵害？

（五）抽签产生的最高法院

在关于公民倡议的讨论中，也可以找到公正和政治化的潜在权衡，该倡议旨在随机选择瑞士联邦最高法院的法官。虽然21世纪20年代初的抽签试验数量太多，我们无法提供一个详尽的概述，但瑞士这个事例所展现的讨论规模和质量仍然值得分析。瑞士最高法院由38名法官组成，他们都是经议会司法委员会提名，在上、下两院联席会议上经选举产生的，任期为六年。瑞士"协调制度"的特征是基于议会中政党比例的代表制，即一个包括所有主要政党的联邦政府和根据主要大党政治倾向分配的最高法院法官的数目，大致相当于各政党在下院的议席数目。想要进入最高法院的法官通常会在选举前加入一个政党，以便获得该党的提名候选人资格，成功进入者将把一小部分薪酬捐给该政党。联邦最高法院是瑞士第三个最值得信赖的机构（信任率2020年为63%），仅次于警察（72%）和联邦政府（68%），但是高于政党（大约52%，相比瑞士的邻国，这一比例是很高的）。[①] 2018年，自由派大亨阿德里安·加瑟（Adrian Gasser）决定发起一项公民倡议，以修改法官提名制度。2019年8月，他已经收集到一定数量的签名，足以使该倡议具有法律效力。加瑟提议，由一个政府委员会仅根据法官的专业技能选出一份候选人名单，从中抽选出最高法院的法官。这一倡议是针对政党影响司法的激烈批评，并主张使用抽签工具来确保司法的独立和公正：

> 联邦法官必须能够在不受利益冲突和政治影响的情况下做出决定。这在今天是不可能的。联邦议会选出法官，候选人必须具有事实上的政治联系，且与决策者保持良好

---

① Crédit Suisse, *Sorgenbarometer 2020. Wiederbelebung der Willensnation. Schweiz in Zeiten der Krise*, Bern: Crédit Suisse, 2020.

关系。这种关系网络在其当选最高法院的法官后仍然存在，并且影响法官的判决。此外，后者可能会面临解雇的威胁和压力。这就是为什么应该基于律师的专业技能来选法官……联邦公民倡议的"由抽签任命联邦法官"将有助于实现这些目标。候选人可能基于其专业和个人资格参与抽签。这一程序保证了联邦最高法院的公平成分，且无须考虑可能的政党身份影响。抽签选出的法官可以任职至其退休。①

224　　联邦政府和下院拒绝了此项提议，随后在2021年，该提议被提交给了人民。瑞士议会就此问题展开的对话是当代最有趣的关于抽签的辩论之一，这场辩论涉及政治领域的各种各样的角色。虽然议会少数派承认，司法制度可以改善（比如，禁止法官连任，延长法官的任期，或者改革政党的公共财政），但没有一位经选举任职的官员支持这项倡议。其中一些理由是从务实的角度出发的：政府委员会能够影响最终候选人名单的选择；没有证据表明大法官受到了政治压力；联邦最高法院享有很强的合法性，如果大法官由抽签选任，这种合法性可能会被削弱。其他议员则激烈反对抽签，用两个世纪之后的见识回应了法国大革命时期的辩论。其中一些人认为，政治或司法中的抽签原则非常荒谬：它好像"抽彩"一样，不适用于这两个领域。中间派，尤其是自由-激进派人士——那些一个世纪前抛弃了抽签的人的继承者——在这个问题上的态度最为尖刻："简而言之，最高法院不是赌场，其法官不是我们可以下注的赛马。"其中一个议员说道。另一个补充说："抽彩！你没听错，抽彩。我问你：你希望通过抽彩来选择一个联邦议员、一个公司总裁，甚至你的人生

---

① https://www.justiz-initiative.ch/startseite.html.

伴侣吗?"① 一直以来,整个政治光谱上的发言者都表示,抽签的想法与政治体系格格不入,但是再一次,自由-激进派人士最尖锐。他们的论点让人回忆起 19 世纪的那些论点:

> 抽签……基本上是对民主的否定。民主,在选举时,是一种选择。不仅是一种对形象的选择、专业的选择、技能的选择,而且是对角色、人格的选择……如果该由命运来挑选我们的最高权威,联邦的最高权威,那么最终等于就我们国家的未来进行抽彩。②

民主意味着人民的选择和责任,直接或者通过中介代表,"联邦法官的选举与我们的民主实践相一致;通过上下两院选举当选的人代表人民最大限度地参与进来"③。国家-民粹主义右翼以精英统治的名义参与了这场大合唱:"我们想要……联邦法院的最好法官?或我们想要'最幸运者',那些由抽签而获得晋升机会的人?"④

更有趣的事实是,一些政治参与者不反对使用抽签原则。一些社会党人,尤其大多数绿党人士就是如此,他们曾在 2020 年提议建立第三议会,即气候委员会:以公民气候大会的模式为基础,其成员将通过抽签选定。然而,这些政治参与者拒绝将抽签扩展到联邦法官的选任。在全体公民中抽签选出的第三议会应该反映人民的多

---

① MPs Vincent Maitre and Philipp Matthias Bregy, in National Council, Springtime session 2021, third session, March 3, 2021 08h00, Bestimmung der Bundesrichterinnen und Bundesrichterim Losverfahren (Justiz-Initiative). Volksinitiative, https://www.parlament.ch/fr/ratsbetrieb/amtliches-bulletin/amtliches-bulletin-die-verhandlungen? SubjectId=51845#votum2.

② MP Damien Cottier, in National Council, Springtime session 2021, *op. cit.*

③ MP Christoph Eymann (自由激进党), in National Council, Springtime session 2021, *op. cit.*

④ MP Lars Guggisberg, in Conseil national, Bestimmung der Bundesrichterinnen und Bundesrichter im Losverfahren (Justiz-Initiative). Volksinitiative, 3 September 2021 (Fortsetzung-Suite), https://www.parlament.ch/fr/ratsbetrieb/ amtliches-bulletin/amtliches-bulletin-die-verhandlungen? SubjectId=52166.

样性。但是，反过来说，法官的情况就不一样了，法官是从预先选定的一小群人中选出的。所有政治议会团体共享了两点理由，包括完全拒绝抽签的人，也包括只接受将抽签用于某一特别政治机构的人。第一个常用的论点是，寻求基于专业知识的中立是徒劳的。法官不但是法律的代言人，他们还必须解释法律，并弥补法律制度中的缺陷。虽然他们必须具备很高的素质，但是任务的完成不只在于技术官僚层面。任何专家，不管多么优秀，都有政治信念。他们最好使这些公开化，而不是装作纯粹的中立。如果考虑到第二个论点，即法官或多或少地反映人民的构成——不仅从语言、性别、年龄和区域分布上，而且从政治倾向上，这一点就更为重要。虽然瑞士的协调制度就是如此，但是如果从政府委员会制定的候选名单中选出法官，其在统计上是不可能具有代表性的。绿党议员极其清楚地表达了这两种观点：

> 过度强调法官的去政治化，将使我们忘记，法官也是公民，像其他人一样，因此也是受信念和意识形态驱动的"政治动物"，撇开政党和只靠概率将会产生两个重要的影响：（1）因此，政治倾向在司法制度内长期得不到体现，这种风险在统计上可能很明显；（2）这种任命方法依靠候选法官的构成和人口的构成完全匹配，这是一个严重的错误。一个多世纪以来，社会学一直在告诉我们，政治观点因社会-职业领域的不同而不同。因此，不引入政治配额就从中直接抽选法官，如此我们最终肯定会过度代表某些政治潮流——你们可以想象有哪些政治潮流，对于一个本应代表全体人口的机构来说，这当然是不可取的。①

2021年11月，瑞士公民以压倒性多数（68.7%）拒绝了司法倡

---

① Nicolas Walder, Nicolas Walder, in National Council, Springtime session 2021, *op. cit.*

议。而在瑞士下院已经进行的讨论具有两方面启发。第一，它强调了这一事实，即抽签的含义取决于被用于遴选的人员池：从所有公民中抽签与仅从候选人名单中抽签并不是一回事。第二，甚至更有趣的是，瑞士议会挑战了这样一种观点，即抽签选出的机构可以被视为完全中立的。在涉及基本价值观的情况下，能否给出纯粹的技术官僚答案？一定程度的政治化是不可避免的，如果是这样，那么能够做得更为明确吗？

（六）走向抽签的常设委员会

我们将在下一章说回这个话题。然而，现在有必要首先简要分析一下与最后一组试验有关的几个重要事例，这些事例涉及一系列将抽签用于建立制度内或者组织内的常设委员会的试验。21世纪初，这类事例还不常见，但是很可能预示了发展的趋势，展示了抽签制度化可能面临的一些挑战。

当代第一个由抽签决定的常设委员会可以追溯至1969年，当时，法国军方成立了"军事职能最高委员会"（*Conseil Supérieur de la Fonction Militaire*），其代表都是依据不同军团的配额随机选出的。①这个委员会的设立旨在建立一个咨询机构，允许士兵表达他们的要求，同时避免任何形式的政治化或者工会活动，这两者在法国武装部队中都是被明令禁止的。自那以后，指定程序被修正了多次。2015年，这个委员会是由抽签与选举相结合产生的，先从一群志愿者中抽签（第一步），然后在抽中的人群中进行选举（第二步）。"军事职能最高委员会"被法国军方内部认为是高度合法的，并且是部长的有力对话者——比其警察对等组织更有权力，后者是从工会名单中选举产生的。在这种情形下，抽签有助于建立代表性的机构，

---

① Dimitri Courant, "Délibération et tirage au sort au sein d'une institution permanente. Le Conseil Supérieur de la Fonction Militaire (1968–2016)," *Participations*, 2019/1, pp. 61-92.

为不同级别的代表提供公平的竞争环境，鼓励以士兵的普遍福利为导向的讨论。然而，与警察工会不同的是，这个委员会仅可关注法团主义问题，不能提出政治问题（比如法国军队对境外的多次干涉行动）。

随着第二波试验浪潮的推进，随机选择微众的制度化事例在世界范围内逐步增多。在法国，自21世纪第二个十年中期以来，公民委员会——大多数都是随机选出的——已成为最贫困社区的强制性组织，巴黎青年委员会也是由抽签选出的。公民委员会和巴黎青年委员会本质上都是咨询性质的，但它们都被纳入了国家法律和市政章程，因此也不仅仅依赖政治多数的善意。然而，由于缺乏"草根"社会运动和社区组织对被赋权的微众的支持，核实这些委员会是否组织良好及其提议是否在公共政策中产生了实际效果，这种制度化的随机选择机构的影响仍然有限。

一些组织已经抓住了这个机会。瑞士洛桑大学学生协会联合会（The Federation of Student Associations of the Swiss University of Lausanne）获得了体制的认可，且在大学运作中扮演了重要的角色，这是一个法定组织，其中一半成员来自各学院学生协会组织，另一半成员则代表整个联合会发言。① 直到2011年，后一半成员代表都是由选举产生的。候选人名单是由校园内各政党的青年分会拟就的，这些选举出的人的讨论与各学院学生代表的讨论是不一致的，后者更可能涉及学生的日常问题，而不是党派政治。在2012年，决定以后大学学生代表将随机选出。他们尝试了各种方式，但一般的原则仍是在自愿的学生中进行抽签。首次评估表明，学生会内部的讨论变得更为温和，更具建设性，政治知识较少的学生的存在反而增强了该机构的影响力，人数更多的更政治化的志愿者的政治影响反被

---

① Maxime Mellina, "Tirage au sort et associations étudiantes: une expérience démocratique à l'université de Lausanne," *Participations*, 2019/1, 23, pp. 147-170.

弱化了。

我们前文中展示的事例非但并不真正意味着政治化进程,相反,其侧重的是建立公正的机构,试验最终导致建立起了一个对非党派政治化更加开放的微众。第一个例子,即第一波和第二波浪潮之间的桥梁,可能是这种趋势的一个实例。2017 年,蒙古国经与斯坦福大学费什金协商民主研究中心(James Fishkin's Center for Deliberative Democracy at Stanford)合作,通过了一项法律,即规定在任何宪法修正案提出之前,都必须进行商议民调。2017 年 4 月,蒙古议会将其付诸实施,当时在全国随机选出 669 人,将他们召集到乌兰巴托(Ulaanbaatar),首次就蒙古国宪法的未来进行了全国性的商议民调。尽管这次创议受到了一些程序缺陷的负面影响①,但它可能预示着,最著名的微众模式之一在国家层面制度化的新时代即将到来。

2019 年,在马德里,激进左翼市长曼努埃拉·卡梅纳(Manuela Carmena)进行了另一项试验。在其任期(2015—2019)内,应"15M 运动"(15M Movement)的前积极分子的要求,她将一些参与性创新纳入了城市治理。"15M 运动"是出现于 2011—2012 年间的反对经济紧缩政策的一场大规模社会动员运动,影响了"占领华尔街运动"(Occupy Wall Street)的发起,除了参与式预算、数字参与平台和公民倡议权之外,该运动还设立了一个永久城市观察站(City Observatory):包括 49 名由抽签选出的公民,任期为一年半。该观察站旨在将商议、参与和直接民主结合起来,其主要任务之一应该是将重要问题提交地方公民投票。② 然而,这一试验为期非常短暂,因为在仅仅几个月后,新右翼市长上台,并中止了这一民主创新。

---

① Munkhsaikhan Odonkhuu, "Mongolia's (flawed) experiment with deliberative polling in constitutional reform," 29 June 2017, http://www.constitutionnet.org/news/mongolias-flawed-experiment-deliberative-polling-constitutional-reform.

② Pablo Soto, "Oui, on peut concilier démocratie radicale et gestion efficace," *Mouvements*, 2018/2, 94, pp. 66–74.

另外两个事例都发生在比利时，似乎产生了更为持久的影响，从而说明了 G1000 的长久影响力。在这个准联邦制的国家，比利时德语语区（大约有 7.7 万居民）议会被赋予了重要的立法和行政权力，一致决定要创建一个常设商议公民委员会（Citizens' Council），该委员会由 24 名抽签产生的成员组成，每一年半轮换一次。这个委员会应允可制定自己的议程，因而可就其选择的最迫切的政策问题发起同样由抽签产生的公民大会。召集微众及其议程的决定不再取决于票选政客捉摸不定的意愿。每个大会由 25—50 名成员组成，每三个月至少开三次会。在商议之后，其所提建议将由公民大会成员和票选代表组成的联合委员会进行讨论。除非议会委员会和主管部长有正当理由拒绝这些建议，这些建议应该通过议会或者政府的举措加以实施。公民委员会在 2019 年 9 月召开了第一次会议，这项创新似乎被保留了下来。① 虽然其实施尚未成为政治争议的主题，但是在随机选择微众中会否发生某种政治化还有待观察。同年，布鲁塞尔地区议会决定加强公民对立法工作的参与。除了其他措施外，该议会还实施了"混合商议委员会"，这个委员会由在相关常设委员会表现积极的 15 名议员和 45 名由抽签选出的公民组成。布鲁塞尔的法语区议会也采取了类似的创新行动。在这个事例中，商议委员会要么由议员发起，要么在至少 1000 名布鲁塞尔居民的请求下成立，不过最终决定权在议会。联合委员会应该召开若干次会议，可能需要听取专家的意见，并应该就召开会议的具体问题向议会进行建议。相应的常设议会委员会有责任和权力评估这些建议，在六个月内，议会必须就为什么和在多大程度上执行这些建议发布一

---

① Christoph Niessen and Min Reuchamps, *Designing a permanent deliberative dialogue: The Ostbelgien Modell in Belgium*, Canberra: University of Canberra, Centre for Deliberative Democracy and Global, Working Paper Series 2019/6.

份报告。①

2021年，在法国，巴黎和里昂两个城市都引进了类似的创新。此外，自2019年以来，法国社会、经济和环境委员会成立了一个由常任委员会成员和政治外行公民组成的联合机构。这一努力在2021年的立法改革中得到了落实，但是其影响有限，因为该委员会只是一个咨询性的新法团主义委员会；将该委员会转变成公民参与的真正渠道的努力迄今为止一直受阻。② 最后，抽签选出的公民与议员进行合作——以前爱尔兰首次宪法大会也尝试过，但是并没有实质上影响或扭曲议会的工作——除了使议会失去信誉的选举改革问题外。事实上，政治家的真正权力更多地取决于大会议程的确立，而不是他们在大会中的作用。这一教训被大卫·法雷尔（David M. Farrell）等人概括为：

> 爱尔兰这种将政治家和非专业人士混合在一个商议论坛中的做法，可能在某种程度上降低了政治疏离的风险（这种风险在加拿大的案例中非常明显），并减轻了一些人的担忧，即政治家可能会主导会议进程，但这种方式几乎无助于解决更广泛的问题（通常是微众所关注的），至少在议程控制方面，这最终仍然是一个自上而下的过程，被牢牢掌握在政治精英手中。③

要评估这些制度化的微众对决策过程的真正影响，议会常任议员（或者法国社会、经济和环境委员会的委员）与抽签选出的公民

---

① OECD, *Innovative Citizen Participation and New Democratic Institutions*, op. cit., p. 130.
② Hugo Bonin, Simon Baeckelandt and Zélie Wüthrich, "'A Breath of Fresh Air'?: Sortition in the Rejuvenation of the French Economic, Social and Environmental Council," doctoral and postdoctoral workshop "Sortition in Politics: History, Sociology, Philosophy," Oxford, 15 February 2021.
③ David M. Farrell et al., "The Effects of Mixed Membership in a Deliberative Forum: The Irish Constitutional Convention of 2012-2014," *Political Studies*, 2020, 68 (1), p. 70.

的联合委员会的成果，双方紧密合作的情形（如布鲁塞尔的例子）与抽签选出的公民被给予更多自治权的情形（如比利时德语区的例子）之间的差异，或者这些常任微众是否将发生某种程度的政治化，为时尚早。然而，显而易见的是，这些创新代表了一种重要的转向，即随机选择的微众与票选代表合作的永久制度化。这些创新突出了第一波和第二波之间的对比（参见表4.1），构成了真正的生活试验，并有望启发实践者和学者。

表 4.1 雅典抽签与当代两波试验的比较

	雅典	第一波试验	第二波试验
设计的目的	人人轮流做统治者与被统治者	反事实的商议公众意见	多样化：反事实的商议公众意见，挑选的政治代表，有决策权力的公民审议团
制度	委员会，审判员，执政官	微众	微众，选举候选人，常设委员会
倡议出自哪里	不适用	自上而下	自上而下与自下而上
制度化	完全制度化	非制度化，抽签的适用取决于公共权威的意愿	多样化：制度化和可能强制的抽签运用
与首倡者的关系	不适用	发明者有专利权	使用者的混合
频次	永久	一次性	多样化：可能重复
与决策过程的关系	约束性	咨询性	多样化：咨询性，约束性，介于两者之间
与商议的关系	可变的	一体的	多数情形下是一体的
与"代表性样本"概念的关系	不存在	一体的	多数情形下是一体的
政治化	常规	被排斥的	多样化

来源：作者自制。

四、作为政治平等工具的抽签

根据已完成的概述,我们可以简要总结历史上使用抽签的不同原因和目的。抽签是一种遴选方式,其他遴选方式包括自下而上的选举、集体自上而下的增选、上级任命、前任指定继任者、招募志愿者、出售职位、考试、世袭传承、智商测试或者体能和军事测试。所有这些方法在历史上都曾被使用过,多数至今仍然存在于特定的环境中。长期以来,抽签遴选只是欧洲共和与民主制国家填补官职空缺的最普通方式之一,而且中国在明清时也是如此。多数情况下,抽签遴选是与其他遴选程序结合在一起使用的。只是18世纪后期代议制政府出现以后,政治职务才几乎完全用选举或者提名(比如部长的任命)的方式进行分配,然而国家行政部门的高级职位主要还是由考试或者上级的合议提名安排。

理想情况下,大多数遴选程序必须适用于一个明确界定的群体。因此必须首先确定谁有权利(或者义务)参与遴选,依据的标准可能是年龄、性别、财富、继承(家庭、种姓、等级、族群或者民族)、出生地或居住地、公民身份、职业、法人团体或志愿团体的成员,等等。抽签也是这样。当这样一个群体产生时,抽签就在属于和不属于这个群体的人之间划了一条界线。因此,它既具有工具的价值,也具有象征的价值。

(一)超自然命运、公正和平等

然而,以一种片面的观点解释抽签是不对的:抽签是一种手段,其动机可能多种多样。① 我们可以确立第一类抽签的理由：获得宗教或超自然迹象的知识、确保公正和促进平等（表 4.2）。这些理想模型通常必须结合在一起才能解释实际的做法，因为实际的做法往往在性质上是混合的。比如，在许多事例中，确保公正和促进平等是紧密交织的，虽然其中任一目标的权重都可能因情况而异。

表 4.2　抽签的三种理由

获得宗教或超自然迹象的知识	确保公正	促进平等
了解并遵循自己的命运或者上帝的意志	中立地解决有权势的个人之间或派系之间的争端，给予公正的第三方决定的权力	使参与抽签的所有成员都处于平等地位

来源：作者自制。

第一，获得宗教或超自然迹象的知识。《圣经》清楚地描述了抽签的这种用途："签已入杯，定事由耶和华。"② 从这个角度来看，人类必须遵循上帝的意志或者听从命运，因为人们不能以其他任何方式管理自己的共同事务；抽签仪式在很大程度上有助于这种占卜程序的结果合法化。因此，占卜抽签与神圣抽签之间有着内在的联系。这种理由依然存在于当代的一些实践中。2008 年 12 月出现的几内亚的"上尉总统"穆萨·达迪斯·卡马拉（Moussa Dadis Camara）

---

① 奥利弗·道伦（The Political Potential of Sortition）声称，随机选择具备内在的意义，这种意义可以在不同的背景下出于不同的目的而浮现。在他看来，抽签涉及输入（从中进行抽签的群体）与输出（程序结束后实际被选中的人）之间的"盲目中断"。明显基于这种特征的做法对应"强"用途，其他做法对应"弱"用途。然而，用途的层次结构似乎让人生疑。主要的问题是，依据这样的标准，有必要忽略随机选择（运用者能够参透原本难以理解的神圣选择的迹象）的使用，以及基于代表性抽样和概率计算的当代实践（这些做法都可以预测到从特定群体中抽取的样本的社会特征）。在这两种情况下，所讨论的做法都不是基于"盲目中断"。胡伯图斯·布赫斯坦（Demokratie und Lotterie）正确地强调，随机选择与民主逻辑并不是相互强化的，但是他主要聚焦于随机选择统治者所允许的公正功能。

② Proverbs, 16, 33.

据称是由抽签选出的。① 这也是科普特教会（Coptic Church）选择教宗的方式——从一小群预选定的候选人中抽签选出；每一个达赖喇嘛的转世灵童都是运用著名的"金瓶掣签"选出的，在印度的一些部落里，在中国的一些寺庙节日期间，我们都还能看到抽签的使用。② 抽签的宗教层面虽然不是本书的中心问题，但是这一层面保证了对抽签的考察是系统的、历史的。

第二，确保公正。抽签也被视为一种解决争端的公正手段。这个理由在历史上最为普遍，而且通过抽签小童的化身得到了证明。这也可以有多方面解释。（1）抽签降低了人们权力斗争的热情，使得显要或者重要的官职相对于参与竞争的派别或者个人是中立的。所罗门的一句箴言简洁地表达了这样的观点："掣签能止息争竞，也能解散强胜的人。"③ 这是过去使用抽签的一个主要理由，且直至21世纪依然很重要，因为抽签仍被用于选举候选人。（2）另一方面，抽签可以公正地分配被视为危险的责任，否则将没有足够的志愿者承担（比如招募士兵）。（3）抽签可能导致把责任分配给那些并不直接涉及争端问题的人。这些人因而是被抽签选中的，而不是出于派系动机或者对于权力的渴望。因此，程序的性质（如何选择）及其结果（谁被选中）可以保持公正。在行动者为审判陪审团和当代微众辩护时，这种观点尤为突出。

第三，促进平等。平等可能是主要的动机。在这种情形下，抽签被视为一种工具，可以使所有参与抽签的人处于平等的地位。

（二）政治平等的三种理由

然而，平等可能意味着许多不同的东西。必须对三种理由进行

---

① *Le Monde*, 7 January 2009.
② Alpa Shah, *In the Shadows of the State*, *op. cit.*; "What if We Selected our Leaders by Lottery?," *op. cit.*
③ *Proverbs*, 18, 18.

分析与区分，这些理由在实践中经常有所重叠（表4.3）。

表4.3 随机选择机构中政治平等的三种理由

随机样本或者民众的公平横截面：商议微众	人人都有常识	人人轮流自治
允许代表性样本或民众的公平横截面代表人民进行商议	依靠可互换的政治外行公民的常识	人人自治，人人轮流做统治者和被统治者

来源：作者自制。

第一，**随机抽样或者民众的公平横截面：商议微众**。依据当代商议微众的这种理由，抽签选择是一种获得代表性样本或者至少是一个民众的公平横截面的方式。在不可能人人都参与商议时，在社会的异质性拒绝所有人都可以互换、拒绝所有人都可以参与商议时，这种反事实的微众可以形成意见、评估、判断，甚至代表社会做出决定。这种视角在历史上很晚才出现。（1）原则上，横截面可以被视为提供了整个群体的一种微型快照。许多其他机制就是如此，比如传统的民意调查或者满意度调查，但不包括那些对抽签选择的讨论。对这类调查机制的批评是商议民主新试验的核心所在，但这些工具不是我们的兴趣重点。（2）横截面可能反映整个群体的广泛多样性，同时允许进行更丰富和更公平的商议，与一群专家或者依赖志愿者因此也依赖少数积极分子的参与式工具相比，这种商议吸收了更多的观点和社会经验。20世纪60年代后期选举改革后的大众陪审团和商议微众就是这一视角的两种主要体现，正是根据这一视角，代表性样本或横截面所固有的认识论多样性使得吸收更多认知领域的经验成为可能，从而可以更好地解释与所要处理的问题相关的所有数据。（3）代表性样本或许可以视作能够代表和捍卫主要人口群体的价值观和利益——一种现代版的法团主义，即认为一个妇女将捍卫妇女的利益，一个白人男子将捍卫男人的利益，等等。在"短暂的 20 世纪"结束后，一些审判陪审团（主要在美国）已经朝着这个方向发展了。

第二，**人人都有常识**。从一个完全不同的角度看，抽签被视为一种保证，即任何人都可以随机享有统治他人的权力，也就是说，可以与他人互换的非专业人士可以享有统治他人的权力，因为所有人都是依靠普通人具有的常识来行事的。过去几个世纪里，这种观点通常与大众陪审团相关，后者依靠的是同侪的判断（同侪可以设身处地为当事人着想），努力弱化专业人士垄断决策的倾向。然而，对"人人"的定义可能很不同。（1）在精英版本中，只有"开明的"和"通情达理的"人（通常指富有的白人男性）才被认为能够做出恰当的决定。（2）在民主版本中，所有人都可以利用自己的常识。抽签选择因此应在所有公民或居民中进行。这是 19 世纪法国左翼主张大众陪审团的论点。

第三，**人人轮流自治**。抽签可以被视为一种程序，不偏袒任何人的随机政府，而偏向人人轮流自治：同一群体中的所有人轮流统治与被统治的制度。在这种情形下，抽签与促进职位的快速轮换的程序相结合。人人都有一样的机会处于决策位置。进行抽签的群体所讨论的自治和平等类型可能因其性质的不同而不同。（1）如果这一群体是同质的，那么抽签可以保证个人之间一定程度的平等，阻止任何人占有高于群内其他人的价值或品质。分配型贵族制就是这一基本原理的最重要例子。（2）如果这一群体是异质的社会构成，那么抽签就是抗击社会差异性的有力手段。这构成了卓越的民主方法。这个维度是雅典分配型民主制的关键要素。（3）抽签可以防止权力被一群专业人员（政治、官僚、司法或者专家）所垄断，或者至少使得他们的影响力相对于积极的公民群体而言降低。

五、三种民主想象

在我们推理的这一点上，另一个问题出现了。支持抽签回归政治的众多行动者来自完全不同的背景。如果我们来看法国的情况，抽签首先被大规模的"黄背心"运动视为一条有价值的道路，该运动出现于2018年10月激烈反对共和国总统马克龙的行动。然而，总统自己最终采纳了抽签这一机制，组织了2019—2020年的公民气候大会，与此同时，他拒绝执行公民倡议，而这是"黄背心"运动最关键的制度要求。追随英国创立者的步伐，全球环境运动"反抗灭绝"（Extinction Rebellion）的法国分支机构同样将关于气候变化的公民大会列为其四大要求之一。① 其他国家要求采纳抽签的行动者的背景也是多样的。我们如何解释围绕政治抽签所达成的共识，在考虑到共识来自如此迥异的个人和运动时？我们应该尝试揭开这一谜团，以便更好地了解，如果抽签回归政治舞台，那么什么才是最为重要的。

鉴于行动者的构成因国家而异，在这一点上，我们很难得出一个关于全球社会政治的结论，但是有可能审视竞相为抽签辩护的各种想象。想象是对可望的或令人担忧的政治前景的投射。② 这些想象由集体共享的想法、故事、传说、图像和象征组成。每个社会中都存在相互竞争的政治想象，这些想象往往在某些问题上彼此重叠。虽然每个社会都产生了各种各样的想象，但是"想象"这个概念的启发性价值在过去的几十年里增长了许多。在很大程度上，意识形态时代已经在20世纪90年代结束了。意识形态不再像以前那样是

---

① https://xrcitizensassembly.uk/，2020年9月20日访问。
② 这一定义是经验的，不同于科尔内留斯·卡斯托里亚迪（Cornelius Castoriadis）的定义，*The Imaginary Institution of Society*, Cambridge (Mass.): MIT Press, 1987; Charles Taylor, *Modern Social Imaginaries*, Durham/London: Duke University Press, 2004。

政治行动者的重要参照。相反，想象渗透到政治行动者解释现行世界并描绘未来世界的方式中。想象有着高流动性的属性，总是在具体事件面前浮现并重塑自身。① 尽管想象可能包含理论的、意识形态的和乌托邦的成分，但是依然不同于理论、意识形态和乌托邦。意识形态基于被认为是包罗万象的假设。"乌托邦"被构建为一种连贯和虚构的社会概念。理论以理性范式呈现出来，具有哲学或科学的一致性。虽然想象可以给意识形态、乌托邦和理论带来启发，反过来也受到它们的影响，但是一般来说，实践者不会提供一幅全局的、连贯的和统一的图象，而会提供碎片化的投射，其中包括情感和象征的维度。想象是通过广泛的人群表达出来的，而不必以连贯的理论术语来阐述。与乌托邦不同，想象不是先于经验而存在的稳定的虚构，而是取决于其所诞生的社会和政治环境，以及实践者的政治经验。"想象"的概念在这里特别有用，因为抽签的支持者通常设想当前的政治制度在现实中只有部分的代表性。关于政治抽签的争论表明，变革应该远远超越现存的政治秩序。因此，研究这些实践者如何想象抽签在他们所倡导的那种民主中所能发挥的作用是有必要的。

（一）一种新的期待视域

一些事件和经验，例如社会运动或者新的制度机制的实施，有助于将曾被视为边缘的、不切实际的或者不受欢迎的想象转移至中心舞台，以期提出真正的替代方案。② 如我们在第三章所见，在19世纪最初几十年之后，抽签几乎完全从北方的政治场景中消失了。与启蒙运动、人民主权、进步和代议制政府有关的新想象丝毫没有

---

① Nabila Abbas, *Das Imaginäre und die Revolution*, *Tunesien in revolutionären Zeiten*, Frankfurt/Main: Campus, 2019.

② Ibid., p. 254.

为抽签留下任何空间。在"漫长的19世纪"接下来的时期和"短暂的20世纪",共和的、自由的、社会主义的、共产主义的、法西斯主义的、民粹的或民族主义的运动都发展出了没有政治抽签的想象,只有意大利是一个例外,详见下文。第一次预示变革的冲击波是由1968年及随后十年的事件引起的。我们前文分析了一些孤立的个人,如罗伯特·达尔、彼得·迪内尔、内德·克罗斯比,是如何零星地提到抽签的,对资本主义民主制的不满依然重要,但是革命的观点已经淡出了人们的视野。这一想法最初得到的认可有限。20世纪80年代和90年代,在政治科学家费什金开始把抽签与商议民主的理论联系起来时,英语国家的学术届开始严肃对待这种思想。一些国家开始了由理论家设计的受到高度控制的第一波抽签试验。然而,随机选择的微众的想法并没有超越有限的圈子。

但是,21世纪初,重大的变革撼动了全球北方世界。笔者在第一章中指出,在20世纪结束后的短短十年里,标志着自由民主(几乎)在各地取得完全胜利的"历史终结"的论调,已经无可挽回地过时了。[①] 西方民主国家未能兑现的诺言、对政党和代议制政府越来越普遍的怀疑、全球化所带来的地缘政治变化,以及气候变化的后果,都极大地改变了公民的经验空间:这个经验空间的转折在规模上或许可以与法国大革命所引起的变化相媲美。[②] 20世纪里的典型制度与想象似乎越来越过时,人们的期待视域不再包括代议制政府在全球的胜利。这意味着有着新想象出现的肥沃土壤。左右翼的民粹主义势头都在上升,而自由主义思想也在复兴,关注气候影响的想象持续增强。与此同时,抽签已经被嵌入这一系列的新兴想象。

针对法语世界及其邻近地区,曼宁的《代议制政府的原则》

[①] Francis Fukuyama, *The End of History and the Last Man*, op. cit.
[②] Reinhart Koselleck, *Futures Past*, op. cit.

(*Principles of Representative Government*)①（1995 年首次以法文出版，1997 年以英文出版）主要从分析的视角，对照了选举和抽签的不同，但并无捍卫抽签的意图。代议制政府被描述为一种混合政府模式，历经多次变革的冲击，具有良好的复原力。然而，在 21 世纪，从这一理论著作中发展出来的政治想象，在选择将曼宁的著作解释为抽签的论据时，显示出了与该著作的意图自相矛盾。② 这些想象主要在抗议圈子和少数政治官员中被培养起来。在英美世界，如我们前文所见，第二波混合的试验超越了模型理论家的意图，使得实践者越出了乌托邦或者学术圈对抽签的研究范围。抽签的吸引力在北方扩展开来，抽签机制越来越被看作一种民主创新，具有改变政治的力量。范雷布鲁克的著作《反对选举》③ 一书在国际上的成功证实了这种变化，与此同时也强化了这种变化。所谓的——尽管非常可疑④——抽签与雅典之间的联系，反映了这样一种动态：难道抽签不是在发明了民主的希腊城市中扮演了核心角色吗？在这种程度上，在 21 世纪的背景下，抽签通常被看作回归民主的初心。

然而，通过对北方的为抽签辩护的书籍、学术文章、博客和报刊的分析，我们发现了不止一种，而是三种不同的想象：这三种想象分别与商议民主、反政治民主和激进民主有关。这三种想象超越了国境，不限于任何特定的国家，甚至各自在不同地区的传播也有

---

① Bernard Manin, *Principles of Representative Government*, op. cit.
② Samuel Hayat, "La carrière militante de la référence à Bernard Manin dans les mouvements français pour le tirage au sort," *Participations*, special issue, op. cit., pp. 437-451; Antoine Chollet and Bernard Manin, "Les postérités inattendues de *Principes du gouvernement représentatif*: une discussion avec Bernard Manin," *Participations*, 2019/1 no. 23, pp. 171-192.
③ David Van Reybrouck, *Against Elections*, op. cit.
④ Yves Sintomer, "Sortition and Politics: From Radical to Deliberative Democracy–and Back?," in Dino Piovan and Giovanni Giorgini (eds.), *Brill's Companion to the Reception of Athenian Democracy*, op. cit., pp. 490-521.

很大差异。① 虽然总的来说，这三种想象不能很轻易地映射到拥护这些想象的实践者的社会地位上，但是从社会学上来说，这并不意味着它们是随机分布的。

如我们已看到的，商议民主的想象最终是在20世纪80年代的英语学术界发展起来的。这种想象先产生理论模型，随后与大众教育的传统做法相结合，且被当权的改革者采用，最终发展到可以广泛共享。21世纪20年代初，这种想象的主要支持者包括学者、权力实践者，以及设计与指导微众的顾问。②

第二种想象即反政治民主想象源自东欧流行的一个词语，该词语曾出现在哲尔吉·康拉德（George Konrad）③的著作中，且在意大利被广泛使用："'反政治'一词界定了那些反对政治的人的立场，认定该词仅是指一种政治实践，推而广之，由反政治扩展至反对政党和票选的官员。在这种集体想象中，政党和票选官员被认为完全为了自己的私利，而不是共同利益。"④ 反政治的支持者呼吁人民通过消灭政治精英，进而（他们论证说）消除冲突来获得权力，比康拉德更为激进，康拉德的观点仅仅是要限制政治权力对市民社会的影响。这种想象是在学术圈外发展起来的，没有高端的理论依据。这种想象在社会运动、反建制博主和管理圈——特别是在那些新技术领域活跃的人中——尤其普遍，这些人试图摆脱政治纷争和传统的左右分歧；这种想象也被学术圈外的一些乌托邦理论家所采用。

在第三种想象中，抽签被看作一种促进激进民主的策略。虽然

---

① 或许应该对抽签的另一种想象进行阐述，以分析一些当代中国知识分子是如何提倡抽签的，不言而喻的是，中国的商议民主或者协商民主与西方是不同的。

② John Gastil and Peter Ievine, *The Deliberative Democracy Handbook*, San Francisco: Jossey-Bass, 2005.

③ George Konrad, *Antipolitics*, San Diego, CA: Harcourt, 1984.

④ https://it.wikipedia.org/wiki/Antipolitica, 2020年9月29日访问。

这种想象至少可以追溯至20世纪60年代，直到21世纪初，但为之辩护的积极分子和理论家一开始对这种自上而下强加的、旨在鼓励达成共识的手段持谨慎态度。当经验开始表明，越来越多的公民运动开始捍卫政治中的抽签，且将其与直接民主结合起来，而微众可以引起真正的社会和经济变化时，尤其是在生产和消费方式上，激进民主的想象抓住了"抽签"这个概念。与第二种想象非常相似的是，第三种想象在社会运动和反建制博主中得到了广泛的关注；然而，大多数时候，其支持者来自或者属于左翼和绿色政治运动。这种想象也出现在那些因其在社会运动和社区组织中的工作而被升至权力位置的实践者当中。这种想象受到激进民主理论家的欢迎，这些人曾受到劳工运动传统的影响，但同时对民主商议的重要性非常敏感。

（二）为抽签辩护的共同论点

总体上，这三种想象在关于抽签的价值方面有几点共同的看法，这解释了为何三种想象都促进了抽签，但同时又彼此对立。抽签的宗教理由在21世纪不足为信，将三种想象联系在一起的两个最重要的理由毫不奇怪地与促进历史上运用抽签的主要理由有关：确保公正和促进平等。

这三种想象都认为，公正的价值与抽签相关。这在倡导商议或者反政治民主的人士中尤为突出，在较弱的程度上，激进民主者也部分地同意这种观点。在已失去群众基础的政党被大多数公民视为出于特殊利益（个人或者党派）而非共同利益的动机时，在选举制度似乎沦为游说和派系的游戏时，抽签可以被视为一种公正的机制，来组织由不牵涉政治生涯或者派别关系的个人构成的微众。因此，这限制了权力斗争的范围和影响，同时允许这种新型的代表为着共同利益而努力。

抽签意味着所有有关各方都完全平等的观点也出现在这三种想象中。抽签允许政治外行人，尤其是来自底层的人当选，然而他们在被来自精英阶级的职业政治家垄断的传统选举制度中根本没有机会。这一追溯至雅典的传统与这种想象很吻合。根据亚里士多德的名言，抽签是民主的，而选举是贵族的，这种思想后来也被孟德斯鸠和卢梭接受——他们的话也经常被后人引用，大多数抽签的拥护者认为，抽签这种工具有着内在的平等属性，因而是民主的。这种思想的力量几乎没有被历史上的教训所玷污，即使历史已经表明，抽签往往是在小而封闭的圈子里进行的，是精英之间分配权力的一种手段。事实上，"抽签＝民主"的等式，在当代环境下，凭直觉似乎也是合理的：既然所有公民都有可能被选中，抽签就将平等的范围扩展到了所有成年公民。

首先是与代表性抽样有关的政治平等的理由，这是三种想象所共有的。抽签把旧式描述性代表的理想重新提上了议程。正如我们所见，今日世界对抽签的运用，与其在历史上的用途形成了鲜明的对比，抽签在过去与描述性代表没有关联。从这个角度看，抽签使一种不同的代表成为可能，但选举做不到。选举选中的往往是从上层社会阶级中招募的人——这种趋势在很大程度上加剧了当前代议制政府的合法性危机，因为政党似乎不再代表任何来自下层或工人阶级的人。当与描述性代表相结合时，抽签容纳了政治外行公民多样化的价值观和生活经验。因此，抽签成为重振危机中的民主的有希望之途。这种具体的代表形式超越了参与/代表的二分法：随机选择微众并不等同于直接民主。

从"代表性样本"的概念中似乎可以得出一个合乎逻辑的推论，即微众在准理想状态下允许不同观点的辩论以体现认知民主。[①] 这种观点在大多数抽签拥护者看来再寻常不过，虽然反政治阵营中有一

---

① 电影《十二怒汉》是这方面的象征。

些人不支持这种观点。事实上，与历史上的抽签用途（古代雅典法庭、13世纪末到15世纪中期的佛罗伦萨选举委员会）不一样的是，今天，随机选择微众总是与确保高质量商议的措施结合在一起使用：从各方获得信息，听取相互矛盾的观点，大会会议与小组讨论交替进行，进行协调以鼓励每个人发言和倾听他人的意见。因此，构成当代微众的政治外行公民是"众人智慧"的典范，能够形成一种商议机制，其质量往往优于选举产生的议会的商议。[①]

然而，除了这些共同的论点外，三种想象之间有着很大的不同，最终导致了对于政治和社会的完全对立的看法，以及对于抽签在政治中应该发挥的作用的不同观念。

（三）商议民主

我们在前面章节分析的政治平等的第一种理由，即运用微众获取随机样本或者民众的有代表性样本，是商议民主想象的核心。商议民主背后的主要思想是，一个决策如果是遵循高质量、知情、透明和包容的商议做出的，那么这个决策的民主合法性就比较高。商议应该基于相互尊重，允许所有参与者产生平等的影响（因此在权力或者主导方面没有任何持久的不对称关系）。商议后形成的意见或者做出的决策显然优于商议之前（或未经商议）形成的意见或做出的决策。这意味着，未经商议的抽签所带来的利益是有限的。正如我们所见，早期的商议民主理论家——最早如哈贝马斯——对抽签没有任何兴趣。然而在他之后不久，促进随机选择的商议理论家令人信服地把微众作为认知民主的最佳体现来加以推进。他们向越来越多的政治官员和票选的改革家推广自己的思想，在合作解决冲突和参与式公民教育领域对这些官员和改革家进行培训。

[①] Hélène Landemore, *Democratic Reason: Politics, Collective Intelligence, and the Rule of the Many*, Princeton: Princeton University Press, 2012.

在大多数情况下，最初建立商议微众的改革者要比该机制的发明者有着更温和的抱负。总的来说，他们仅把微众视为代议制政府的补充而已。正如无数的讲话和文章所概括的，微众的目的是建立一种知情的舆论，在随后的阶段，决策权被留给由选举上来的官员。这种知情的意见被视为反对抗议运动以及广大公众在民意调查、公民投票或街谈巷议（在这种情况下，舆论被视为易被操纵，容易受到情绪的影响，而且公众通常对问题不知情）中表达的意见。为了反驳依旧忠于关注更广的公共领域中的第一种哈贝马斯式解释的商议主义者的批评①，且由于第一波商议微众的影响非常有限，21世纪第二个十年的商议民主理论家致力于"系统的转向"，开始强调要发展多种相互关联的商议空间，而微众只是其中的一个体现。② 结合对商议的更现实的理解，包括在公平的程序框架内进行谈判（而不是反对争论和讨价还价），以及对商议系统的功能性理解（基于不同商议空间的分工）③，这种转向有助于把商议理论与改革者、实践者和顾问的实践相联系，这些人对于微众的组织是不可或缺的。通过混合，商议民主理论具有了越来越有力的想象。2020年，经济合作与发展组织发布的一份报告说明了这一点。该报告呼吁建立随机选择微众："如果制度化，[这些] 将有潜力帮助解决引言中概述的民主弊端的主要问题：给予更广泛的公民以发言权和代理权；重建对政府的信任，因而产生更合法和有效的公共决策。"④

这种想象的突出特征在于，其根源不是用来煽动大众的。至关

---

① Simone Chambers, "Rhetoric and the Public Sphere," *op. cit.*; Cristina Lafont, *Democracy without Shortcuts*, Oxford: Oxford University Press, 2020.

② John Parkinson and Jane Mansbridge (eds.), *Deliberative Systems*, Cambridge/New York: Cambridge University Press, 2012.

③ Jane Mansbridge et al., "The Place of Self-Interest and the Role of Power in Deliberative Democracy," *The Journal of Political Philosophy*, 18 (1), 2010, pp. 64–100.

④ OECD, *Innovative Citizen Participation and New Democratic Institutions. Catching the Deliberative Wave*, Paris: OECD Publishing, 2020, https://doi.org/10.1787/339306da-en, p. 25.

重要的是,这种想象关系到那些处在权力位置的人,并建议他们重新解释构成民主合法性基石的价值观,因此,他们也应改革现存制度。现代社会被视为一种缺乏结构性权力关系的"扁平结构"(这个概念几乎从未被使用过),在这个结构里,不平等是有限的,且其中有着利益和价值观的多元性。自由民主——这一想象的参照点——理应在监管良好与和平的环境下代表这种多元主义,这种环境允许不同利益集团之间进行结构化的谈判,以建立一种广泛的商议制度。21世纪,民主国家必须改变,以免被合法性危机所摧毁。这种改变必须是渐进的,而公共商议必须发挥核心的作用。我们必须制定一种商议制度,这一制度将包含所有类型的谈判,引导政治情绪,同时保持利益和价值观的多元性,鼓励合作解决冲突,促进社会正义。商议民主的想象对政党的看法是矛盾的。一方面,政党表达了利益和价值观的多元性,但是另一方面,政党目前的演变面临越来越大的风险——沦为专门捍卫特殊利益的派别。在这个意义上,作为制定商议制度这一更大规划的一部分,随机选择微众有助于改进代议制政府。微众是民主、理性共识和不同意见表达最成熟的制度体现之一。这种想象声称反对民粹主义。

最后,值得注意的是,随着21世纪第二个十年试验的展开,商议民主的想象在某一方面已经有了显著的发展。无论是在实践者还是在许多理论家看来,微众迄今为止都体现了一种商议精英主义:直接民主的思想招致了许多人的怀疑,因为这些人认为,政治外行公民不可能进行理性商议,除非在理想的条件下(我们已经看到,法国公民气候大会中的许多成员都持这种看法)。微众主要被用作代议制民主的咨询性补充。一方面,代表性危机在不断加剧,另一方面,将微众和公民投票相结合的民主试验大获成功,这迫使这种想象展望一种更大的转型,这种转型可能会赋权微众,使其与决策之间的关系更为密切,甚至被制度化——就像比利时德语区的常设公民委员会和布鲁塞尔议会的联合委员会。① 经济合作与发展组织的报告和法国总统马克龙宣布新的"永久商议共和国"② 即将到来的讲话，就是这一想象的两个范例。

（四）反政治民主

反政治民主的想象源于其与民主平等的第二种理由有选择性亲和力，即所有公民都具备常识。这种想象比与商议民主相关的想象更早出现，最早是在欧洲第一个政党为抽签回归政治进行辩护时，该政党是1945年古列尔莫·贾尼尼（Guglielmo Giannini）在意大利创立的平民阵线（*Fronte dell'Uomo Qualunque*）。该政党曾短暂地成为意大利第五大最受欢迎的政党，在1946年的制宪会议选举中获得了超过5%的选票。该政党促进了后来主要以贬义方式使用的两个词语的流行：（1）"*qualunquismo*"，可以被译作"随便主义"（whateverism），代表一种对政治和社会问题漠不关心和蔑视的态度；（2）"*antipolitica*"，是指对政党的彻底排斥，以及倡导必须超越政党建立一种服务于共同利益的制度。③

在贾尼尼的想象中，政党政治只是一种"伪装"，且选举民主与其专制的前身之间并没有根本的区别。被羞辱的大众被激发起来，要将自己从政客的"暴政"中解放出来。一旦这个小寡头被推翻，现代社会就可以按照圣西蒙的逻辑，"对人的统治将由对物的管理所

---

① Foundation for Future Generations, "German-speaking Community of Belgium becomes world's first region with permanent citizen participation drafted by lot," 2019, https://www.foundationfuturegenerations.org/files/documents/news/20190226_dgpermanentcitizensassembly_press-release.pdf, 2020年9月20日访问。

② "Emmanuel Macron lors du 'grand débat': 'Ce qui remonte, c'est la fracture sociale'," *LeMonde.fr*, 16 January 2019.

③ 应该注意的是，商议民主与激进民主是行动者用于描述各自理论的术语，但是反政治通常被外部当作（贬义）标签使用，哲尔吉·康拉德是个例外。

代替"①。"要控制这些管理者",贾尼尼补充道,只需要一个集体的"会计":他设想了"来自社会的少数代表",这些代表是随机选出的,并会快速轮换职位,因为每一个普通的开明成年人都"足以胜任这项任务"。②

迪内尔在设计规划小组时利用了这种想象。当期待视域在21世纪被颠覆时,这种想象变得非常流行。意大利的五星运动(Five Stars Movement)采纳了这种想象。该党在2009年成立到2018年获得政府职位期间,一直在推动政治抽签。该党对2009年和2010年的冰岛公民大会产生了相当大的影响。③ 这种反政治和管理想象也出现在数以百计的无政治派别的反建制博客(通常都由科技界人士运营),和许多寻求超越传统左右政治分歧的非学术的乌托邦圈子中。例如,生态学家欧内斯特·卡伦巴赫(Ernest Callenbach)和万事达卡创立者迈克尔·菲利普斯(Michael Phillips)在1985年合作撰写了一部重要的著作,该著作在国际抽签研究中经常被引用。④ 同样,总部设在埃克塞特(Exeter)的英国出版商印记学术也推出了许多提倡基于抽签的政治模式的书籍。

与商议民主不一样的是,对政党和代议制政府的彻底拒绝态度支持了这种想象。政党和代议制政府都与腐败、派系斗争和捍卫特殊利益的自封的精英有关。因此,反政治想象呼吁进行一场彻底推翻政治寡头统治(更为左倾的说法,目标是资本主义寡头统治)的

---

① 这种观点也可以在一些自由主义和社会主义圈子中看到,甚至在卢梭的作品中也可以看到,尽管只是部分。

② Guglielmo Giannini, *La Folla. Seimila anni di lotta contro la tirannide*, Soveria Mannelli, Rubbettino, 2002［1945］, pp. 60-61, 74, 138-139, 151-160. 纳迪亚·乌尔比纳蒂和卢西安诺·万代利(Nadia Urbinati & Luciano Vandelli, *La democrazia del sorteggio*, Turin, Einaudi, 2020)对此著作进行了深入分析,但是,他们认为贾尼尼的设想体现的是抽签的一般概念,而不是作者本人所启用的一种想象。

③ Lionel Cordier, *Crise démocratique et mutations contemporaines de la représentation politique*, op. cit.

④ Ernest Callenbach and Michael Phillips, *A Citizen Legislature*, op. cit.

变革。依据这种视角，虽然我们现在的社会是由人民与精英之间的权力斗争构成的，但是人民之间不存在根本的紧张关系或者利益和价值观的多元性导致的分裂。因此，由随机选择的政治外行公民组成的微众可以成为关于事务管理和合理共识的最成熟的制度化身。一些人论证说，微众实际上是后者的唯一化身，而另一些人（"黄背心"运动分子）认为，微众应该与直接民主相结合。抽签和公民倡议因而可能属于同一种想象："在这里，人民被看作统一的、没有党派分歧、没有意识形态的自由个体的总和，其意志可以通过简单的机制来保证，这种机制可以向人民提出问题，也可以从人民中随机选择一些人来代表人民进行商议。"①

同样，这也是为什么一些反政治圈子会对基于代表性抽样的认知民主和描述性代表的观点有些不以为然。相反，他们认为，抽签可以解释任何人的存在，而不是社会学上多样化的人口缩影。这种反社会学主义解释了为什么这种想象可以既被位于管理层的人，也被其他认同雅克·朗西埃或无政府主义传统的人所共享。后者发展了一种以政治冲突为中心的民主理论，将抽签概念化为一种民主机制，这种机制有助于公正处理政治秩序下的突发事件，并首先强调所有公民的绝对平等的统治能力。这种冲突不是社会决定的统治关系的一部分，而是在那些国家权力的"无份"者与垄断权力的寡头之间的对立中发生的。这是自相矛盾的说辞，一方面反政治行动者借用朗西埃的理论，赞同他关于抽签的民主性质的观点，另一方面，他们却拒绝对人民内部的分化进行社会学分析，与此同时，还设想了一个没有冲突的未来社会，这显然背离了朗西埃的思想。

支持 18 世纪和 19 世纪大众陪审团的流行逻辑和同侪审判在这种想象中依然非常有影响力。一些行动者声称，政党、工会或非

---

① Samuel Hayat, "Les Gilets jaunes et la question démocratique," *Contretemps*, 26 December 2018, www.contretemps.eu, 2020 年 9 月 17 日访问。

政府组织的成员在抽签时应该受到挑战。此外，有些理论家对商议不是很感兴趣。对他们来说，抽签本身就是一种鼓励民主的工具："抽签本质上并且自动地防止了富人垄断权力和积累特权。富人（1%）自然喜欢选举制度。穷人（99%）自然应该捍卫抽签①：尤其是，只有抽签才能使代表真正成为公民的'仆人'而不是他们的'主人'。"②

（五）激进民主

激进民主是一种早已存在的想象，源自19世纪的劳工运动，但是在20世纪60年代和70年代有过重要的复兴，此种复兴源自对资本主义民主和威权主义的新批判。然而，激进民主依托抽签的现象是新近才有的，因为理论家和活动人士都不愿采用这样一种机制，这种机制需要统治精英自上而下地实施，并从商议理论中获取支持，这种理论可能促成共识，但不利于竞争性民主和激进转型。主要是在21世纪第二个十年，受到一些早期文本的启发，以及伴随着不断增长的先锋派危机，首先也是最重要的，在第二波抽签试验的影响下，包含抽签在内的激进民主的想象开始发展起来。当谈到激进民主的想象时，学术界和激进实践者世界之间的边界漏洞百出。2019年，约翰·加斯蒂尔和埃里克·奥林·赖特发表了一份集体理论宣言，他们从这些不同的视角出发，探讨了随机选择立法机构的思想。③ 然而，一些理论家和激进民主的实践者，比如尚塔尔·墨菲（Chantal Mouffe）和伊尼戈·埃雷洪（Íñigo Errejón），都对抽签持怀

---

① Etienne Chouard, #PasDeDémocratieSansTirageAuSort, 18 February 2020.
② http://etienne.chouard.free.fr/Europe/tirage_au_sort.php, 2020年9月15日访问。
③ John Gastil and Erik Olin Wright (eds.), *Legislature by Lot*, op. cit.

疑或反对态度。①

激进民主的想象同样包含了民主平等的第一种理由，即微众的创立允许代表性样本或政治外行公民的公平横截面参与高质量的商议，体现多数人的认知智慧，并代表广大人民。然而，与商议民主的想象相反，激进民主派还重申了民主平等的第三种理由，从而将抽签纳入更广阔和现代化的自治视野。他们对于当下形势的诊断与商议民主的拥护者大相径庭。他们认为，民主在一个根本不公正的世界中运作，这个世界被以政治精英为一方和以人民（尤其是底层人民）为另一方之间的权力关系所主导。② 在这样的社会中，变革只能通过民主商议实现的想法是一厢情愿。

这种情况暗示着需要设想政治和社会同时发生转变③，暗示着政治具有斗争性维度。然而，与反政治民主拥护者的主张相反，"人民内部矛盾"（引用毛泽东的话④）在当今社会确实存在。社会阶层和政治分裂不能被简单地归结为1%和99%的对立。政治矛盾和斗争也不会在一个更为公正的社会——仍以利益和价值的多元化为特征——中消失。政治永远不会简化为对事物的管理，将保留其"情感化和悲剧性"的特征，正如卡斯托里亚迪斯（Castoriadis）所描述的雅典政治。⑤

---

① Jorge Costa Delgado, "Resistencias a la introducción del sorteo entre el asamblearismo y la institucionalización: el caso de Podemos Cádiz," *Daimon. Revista Internacional de Filosofía*, 72, September-December 2017, pp. 221-237.

② Archon Fung, "Deliberation before the Revolution: Toward an Ethics of Deliberative Democracy in an Unjust World," *Political Theory*, Vol. 33 (3), 2005.

③ Erik Olin Wright, "Postscript: The Anticapitalist Argument for Sortition," in John Gastil and Erik Olin Wright (eds.), *Legislature by Lot*, *op. cit.*, pp. 39-49.

④ Mao Zedong, "On the correct handling of contradictions among the people," 27 February 1957, https://www.marxists.org/reference/archive/mao/selected-works/volume-5/mswv5_58.htm.

⑤ Cornelius Castoriadis, *La cité et les lois. Ce qui fait la Grèce. 2. séminaires 1983-1984*, Paris: Seuil, 2008. Cf. also José Luis Moreno Pestaña, *Retorno a Atenas. La democracia como principio antioligárquico*, Madrid: Siglo XXI, 2019.

西方民主的民主化构成了一个"真正的乌托邦"(赖特语)、一种激进变革的愿景,虽然这种愿景无法实现,但我们无论如何都要为之奋斗。这种策略包含"革命性改革"①,这种改革论者并不认为一个单一的中心可以整合所有的行动者,并不相信一个决定性的时刻就能把今天的社会变为一个理想的世界。根本性的转变可以被设想成一个生态系统,但是"系统"这个概念本身与商议民主的想象是不合拍的:生态系统不是基于和谐的分工,而是在一种脆弱的平衡中发展起来的,需要持续不断地就紧张关系、捕食者和被捕食者之间的关系进行协调,并且将与现存条件相冲突的新元素引入这种平衡会改变整个动态机制。将制度和激进抗议运动联系起来,或者将商议和斗争时刻联系起来,形成了挑战,与此同时,认为内在的紧张关系问题将会被顺利解决是不现实的,但必须迎接这种挑战。②在这一点上,"反抗灭绝"运动既捍卫公民的不服从,也捍卫随机选择的公民大会,这一事实有着典范的意义。因此,通常归因于商议微众的公正价值是相对的:社会和生态的变革紧迫性证明了激进生态主义者与公民气候大会成员建立联系的合理性,或者证实了公民气候大会的政治化。20世纪的事实已经表明,人们必须超越仍然驱动着许多激进左翼运动的施米特式或列宁式传统③,将基于利用抽签工具的商议理想的制度作为明日社会的一部分。用马克思的话来说,这些制度将构成社会解放的一种政治形式。此外,由于目前正在进行的试验,我们至少能够部分预测这些试验将采取的形式。

---

① André Gorz, "Reform and Revolution," *The Socialist Register*, 5, 1968, pp. 111–143, https://socialistregister.com/index.php/srv/article/view/5272/2173.

② Andrea Felicetti and Donatella della Porta, "Joining Forces: The Sortition Chamber from a Social-Movement Perspective," in John Gastil and Erik Olin Wright (eds.), *Legislature by Lot*, op. cit., pp. 145–165.

③ 斯拉沃热·齐泽克(Slavoj Žižek)为"抽签统治"和"民主恐怖"进行辩护,是一个例外(Miguel Lorenci, "Zizek, un torbellino filosófico," http://www.laverdad.es/sociedad/zizek-torbellino-filosofico-20170630014949-ntvo.html)。

当涉及政党和代议制政府时，激进民主的想象是矛盾的。一方面，后者允许利益和价值观的多元性的存在，且一些大众党派为引导工人阶级斗争做出了巨大贡献。另一方面，如果不能协调微众、社会运动和政党的努力，想象彻底的变革似乎就是不现实的。尽管如此，传统代议制政府总是带有明显的贵族特征，而围绕进步议程组织工人阶级的大众政党基本上已成为过去。从这个角度看，代议制政府又回到了19世纪的轨道上，也即现在南方大多数国家的状况：政府来自精英、服务精英，也由精英管理。如果不对现存制度进行彻底的变革，底层阶级将永远无法发挥主要作用。我们必须越来越多地关注民主生态系统中的其他要素，以确定新的前进道路。商议微众的制度化之所以是这方面的一个重要战略目标，原因在于，它允许政治外行公民——通常被代议制和私人主导的非正式治理剥夺了影响力——拥有发言权。因此，微众将构成通向自治理想的关键一步。

正如我们所见，许多不同的行动者都支持把抽签作为一种政治工具，抽签影响了在许多方面完全相反的政治和社会想象。商议民主的拥护者首先倡导抽签机制，他们同样能够使微众概念化。相应地，微众为商议民主理论提供了某种试验室。在这种理论家中，一些人对抽签没有兴趣，而另一些人则强烈支持微众的发展，因为在实践者眼里，这给予了商议民主某种经验的可信度。然而，商议民主理论及其所引发的想象很难说明社会的权力关系和社会的根本变革。反政治民主的想象似乎陷入了战略僵局，因为它天真地认为人民是团结一致的，但越来越多的社会群体在反政治的旗帜下被动员起来，寻求着推动社会的变革。结果，这种想象对舆论产生了真正的影响，且在推广抽签方面产生了间接而重大的影响。这种想象很容易与在高科技专业圈普遍盛行的管理想象融为一体，与无政府主义者的想象纠缠不清，而后者将1%和99%的对立与强烈的反社会学的观点相提并论。至于激进民主的想象，它意味着某种"真正的乌托邦"，似乎利用了对权力关系的更可信的理解，以及对"民主"的民主化将来自抽签、社会运动和政党的辩证关系的信念。直接说来，这种想象只引发了少量的试验，但也间接提升了抽签的形象，并影响了法国公民气候大会。

在一定程度上，这些想象能够共同积累政治抽签的经验，因为这些想象在关于抽签这一程序的所谓价值上达成了部分共识：公正和民主平等，后者与描述性代表的基本原理有关，在较弱的程度上，与普通公民商议产生的认知质量有关。然而，随着抽签重新变得重要，这些想象的对立将会变得更为直接。一个由共识政策所管理的和解的社会并非指日可待。

本章小结

根据许多当代微众支持者的观点，抽签在政治上的回归意味着某种古老的民主理想的复兴。通常，凭借引述孟德斯鸠和卢梭所讲的一些话，这些人坚持着这样一个神话：代议制政府的开创者都拒绝抽签，因为抽签本质上就是民主的。然而，这种说法的事实准确性受到了质疑。现在抽签回归政治的形式和各种意义，对于生活在古代雅典、中世纪或者文艺复兴时期的佛罗伦萨或者近代早期的欧洲的人来说是很难理解的，更不用提明清王朝了。抽签与商议、普选权与代表性抽样的重叠组合彻底改变了抽签背后的理由。在18世纪与19世纪之交，抽签被视为某种非理性的行为，是与启蒙运动的理想，以及合法政治秩序必须基于理性、人民主权和人民意志的新思想相悖的。这就是为什么无论是精英的倾向，还是大众或者民主派的倾向，虽然彼此在许多问题上都是对立的，但在拒绝抽签上却达成了一致，这使抽签很快变得过时和无关紧要。19世纪末发展起来的"代表性抽样"概念，在20世纪末才被引入政治和司法领域，这再一次使得把抽签作为潜在的合理手段成为可能，鉴于抽签产生的微众似乎与商议民主形成了一种选择性亲和力，这种关系尤其如此，商议民主更注重对舆论的合理阐述，而不是强调人的意愿。在一些学者和实践者看来，当代议制政府受到质疑、革命希望开始减退时，商议微众似乎成为民主化西方民主的路径。

在四五十年间，当代试验呈现出两波浪潮。在第一波浪潮中发展起来的绝大多数商议微众试验并没有对更广泛的公共领域产生多大的影响。对微众的内在挑战涉及他们的商议与更广大的公共领域之间的紧张关系。[①] 从定义上说，微众的目的是要就舆论可能是什么形成一种反事实的意见——微众获得了更多的信息，并有一个形成意见的令人满意的环境，这种反事实意见可能与更广泛的舆论完全不同。商议和参与有时表现为民主的两种对立模式。[②] 虽然这种对立不是必然的，但有些取舍的确不可避免。[③] 在第一波试验浪潮中，商议微众往往隐含某种精英主义，这与雅典民主正好相反。这种商议精英主义认为，政治外行公民在政治上的意义，如果是合理的话，只能在微众的场景下产生，因为其他参与形式都被怀疑要么过于情绪化，要么易被煽动者所操纵。此外，这类试验往往是自上而下的，其发明者拥有专利，且只能是咨询性的，这大大限制了其对社会变革的潜在影响。这些试验成功证明了，政治外行公民可以进行合理商议，但是这些试验没有根本改变他们的实际生活。鉴于试验的存

[①] Robert E Goodin and John Dryzeck, "Deliberative impacts. The macro-political uptake of minipublics," *Politics and Society*, 34, 2006, pp. 219–244.

[②] David Held, *Models of Democracy*, op. cit.

[③] Yves Sintomer, "Délibération et participation: affinité élective ou concepts en tension?," *Participations*, 1, 2011, pp. 239–276.

在源于公共当局的善意，因此对权力结构和猖獗的不公正现象很难造成颠覆性的影响。① 小型委员会的合理讨论并不足以推动这个世界产生彻底的变革，因为这个世界里占主导地位的利益集团的结构性抵抗非常强大。

如果微众未能进入第二波试验浪潮，其合法性将非常弱。这些团体不能只是"空谈"。随着为更多动态试验开辟道路的第二波试验浪潮的到来，这些团体不再只是说说而已，试验开始表现为属性之间的混合，解放了实践者的政治想象力。通常，具体的事例不再是纯粹的商议民主或者参与民主，而是越来越多地从发明者那里获得授权。这是第二波与第一波的主要区分标志。此外，社会运动现在都提倡抽签，比如西班牙的15M运动、法国的"黄背心"运动，以及欧洲各国的"反抗灭绝"运动等。一些呼吁实行"真正民主"的草根运动和活动人士也都主张重新把抽签引入政治。从这个角度看，抽签不再仅仅是代议制民主的补充。事实上，一些试验已经将抽签与直接民主或参与民主相结合了。除了商议和描述性代表外，一种模式强调了公正性，这被作为使这种新型代表合法化的关键因素。随着法国公民气候大会的召开，另一种模式也出人意料地诞生了，即一种为更大程度的政治化打开大门的模式。中立和政治化之间的权衡在谈及瑞士公民倡议时也被讨论过，该倡议主张通过抽签选出联邦最高法院的法官。

第二波抽签微众试验揭示了，抽签政治复兴的政治理由可能因具体的试验、拥护者和理论家的不同而不同。为在政治中使用抽签辩护的三种不同理由出现了。第一种理由是，微众是随机样本或者民众的公平横截面，可以根据其统计上的多样性或代表性，合法代表人民进行商议。第二种理由是，民主平等意味着依靠普通人的常

---

① Archon Fung, "Deliberation before Revolution. Toward an Ethics of Deliberative Democracy in an Unjust World," *Political Theory*, 33, 2005, pp. 397-419.

识，因为政治外行公民在集体决定共同利益的能力上可以互换。第三种理由概述了人人轮换的政府如何运作，而抽签使得人人自治成为可能。这三种理由是商议、反政治和激进民主这三种截然不同的想象的核心，它们都主张抽签对民主至关重要。

我们在探究的这一阶段，有必要提供一种规范性的分析，以强调抽签对民主理论的重要性，并且相应地展示民主理论如何使政治抽签发挥了作用。

第五章
21 世纪的抽签与政治

"掷骰子永远不会浪费掉机会。"

斯特凡·马拉美（Stéphane Mallarmé），1897

"上帝不知疲倦地按照他自己制定的法律掷骰子。"

阿尔伯特·爱因斯坦（Albert Einstein），"给保罗·爱泼斯坦的信"，1945

本书，首先将当今赞成抽签的论点，跟古代雅典民主派以及 15 世纪与美第奇家族进行斗争的佛罗伦萨共和派提出的观点进行了对比。通过对比，我们提出了以下几个问题：（1）抽签在古代、中世纪和近代早期的政治运用有何意义？我们是否应该接受，像亚里士多德、孟德斯鸠和卢梭这些古典学者，以及像伯纳德·曼宁和雅克·朗西埃等近代学者所说的观点，即抽签与民主密不可分？（2）为何 19 世纪中期，抽签在司法领域越来越广泛地被用于陪审团，却从政治舞台上消失了？（3）在种类繁多和迅速增长的试验环境中，抽签目前复兴的意义何在？（4）微众，尤其是随机选择的公民大会，能否为 21 世纪代议制政府的合法性危机提供一个充满希望的解决方案，至少在北方？

在本书中，我们已经概述了以上问题的一些答案。第一个问题的价值在于，使我们超越了熟悉的领域，因为它迫使我们重新审视一般意义上的民主，尤其是当代基于选举的民主。抽签在历史上一直是许多政治制度的一种核心设计，包括在欧洲及其以外的地方。非常有趣的是，无论是古代雅典，还是当代的抽签活动人士，都认为政治中的随机选择比选举更为民主。然而，抽签不应该等同于民主：雅典的分配民主只是一种非常特殊的安排。随机选择意味着所有参与抽签的人之间的象征性平等，但是该群体与被排除在该群体外的人之间有着明显的区别。抽签只在一个小的精英圈子里进行，罗马执政官、中国古代的官员和近代早期的分配型贵族莫不如此。因而，抽签的政治运用不能归因为一种单一的超越历史的动机。

为理解随着18世纪末现代革命的到来，抽签为何从政治中消失，本书概述了一些因素。其中的一个主要因素是关于人民主权和人民意志的新想象，这意味着人民将授权给他们的代表。选举成为代议制政府的一种主要程序和合法化仪式，可以与从当代私法中发展起来的契约理论相提并论。抽签和选举因此分离开来，选举被视为允许利益和价值观的多样性的表达，且形成了一个能够体现国家和定义共同利益的机构：这就是为什么给予代表的授权必须是"自由的"，即无约束的。另一个决定性的因素是关于理性的新概念，理性被设想为人们控制自己的生活和世界的能力。

在这种新的范式下，抽签被看作利用盲目的机会做决定。因为当时还未出现"代表性抽样"的概念，抽签因而在政治上被看作非理性的做法。从这两个原因看，抽签似乎像是一种过时的程序。特别是，即使最激进-民主的党派也不提倡或不讨论对抽签的使用。相反，大众陪审团却被认为在特定的司法判决中只涉及主观的判断；应该基于任何人的常识；因而，需要做出公平和公正的判决——然而，政治是充满多元性和冲突的领域。即使被托克维尔视为政治工具的英国和美国的陪审团，显然也是由致力于达成共识的可以互换的公民组成的：这些陪审团成立的理由因而与竞争性选举的逻辑完全不同。长远来说，其他因素或许起到了间接的作用。比如，贵族式的共和国观念坚持将统治者的精英集团与人民区分开来；像其他行业一样，一项活动因受到分工影响而逐渐专业化；以及可以想象的，在一个规模大的民族国家中进行抽签民主实践的困难。

"代表性抽样"或许可以解释抽签在当代复兴的意义及其指数级数量增长的试验的展开。事实上，抽签在今日政治中的运用与"代表性抽样"密不可分，同时也与"商议"概念有关。代表性抽样使建立"微众"成为可能，这既区别于票选产生的政治家，也区别于更广泛的公共领域的反事实的公众意见。在这个方面，如果参照古代雅典，就应进行无数的面对面的讨论，随机选出的人要被纳入一种密集的社会关系网络，这样就会产生问题。因为，他们忽视了代表权的历史发现及其应用于随机选择政治官员所带来的深刻变化。此外，我们必须区分当代的两波微众试验浪潮：第一波是自上而下的，受到严格控制且仅仅是咨询性的；第二波则走向了制度化的混合体，获得了更多的赋权，也得到了社会运动以及公共当局的支持。然而，即使在第二波浪潮中，各公民大会的政治化也因不同的试验而不同。因此，毫不奇怪，21世纪20年代之初，使得抽签被重新引入政治合法化的民主想象非常不一样，其中包括商议、反政治和激进民主三种想象。只有在某些情况下，重大的历史差异才能被超越，与雅典类似的抽签才能具有合法性。

第一章到第四章对抽签进行了历史和理论的概述，在此基础上，我们现在可以讲回当初提出的最后一个问题。成千上万的当代试验都运用了抽签。英美世界中的很多实践和理论知识非常重要，在较弱的程度上，欧洲大陆的知识也很重要。抽签的实践先是在欧洲大陆、英国、爱尔兰和澳大利亚非常普遍，接着在北美，随后零星见之于亚洲、拉丁美洲和非洲。对于西方当代民主政治危机，重新引入抽签是一个有希望的回应吗？在哪些问题上，在什么情况下，抽签可以比其他程序更具合法性？以何种方式，抽签可以或必须与其他遴选机制结合起来？

一、三种挑战

为了回答这些问题，我们将审视对随机选择的机构最常见和最基本的三种批评意见。从法国大革命到现在，主流观点认为，随机选择的机构违反了民主代表制原则，是非理性的，且从根本上与政治的多元性和对抗性不相容。现在，我们依次来分析这三种挑战。

（一）一种新的代表制

第一种批评今日仍然常被人提起，尤其是经选举产生的政治家。这些票选的官员往往会说：我们代表人民，因为我们有选举授权，而随机选择的公民只代表他们自己。的确，公民有时不愿声称自己是代表，要么是因为他们内心接受了这种批评，要么是因为他们在很大程度上不信任票选代表，因为他们把票选代表等同于代表本身。票选政治家的这种批评基于两大支柱，即选举就应该允许代表各种社会利益和价值观，且随后可以创建一个能够捍卫共同利益的统一机构。然而，这种将授权和具象化代表相结合的魔术公式在很大程度上已经失去了信誉，因为现在大多数公民都认为，政党无法代表他们的观点，其行动更多受特殊利益而不是共同利益的驱动。当然，这并不能自动取消对随机选择官员的批评：这可能仍然是北方大多数人的看法。然而，我们的观点是，微众，尤其是公民大会，是21世纪一种新的更民主的政治代表形式。

加拿大的诉科科佩内斯案（R. v. Kokopenace）（2015）是一个有利于讨论的好案例。被告，一名来自格拉西纳罗斯（Grassy Narrows

First Nation reserve)的原住民声称自己的宪法权利受到了侵犯,因为陪审团在社会学意义上不能代表当地居民,因而是片面且有偏见的。① 上诉法院主要负责解释"代表"概念——载于《加拿大权利和自由宪章》(Canadian Charter of Rights and Freedoms)中。关键在于,该宪章对代表性的功能和统计方面的理解进行了区分。诉科科佩内斯案的所有法官都同意,陪审团在职能上是一个代表机构:体现了"社区的良知"。并且"在代表社会利益而行动的意义上代表社会"。② 然而,其中一些法官反对这种功能取决于社会代表性的观点,这一概念在加拿大的法律体系中未被澄清,这不同于美国的法律体系。③ 其他法官则持相反的意见,把随机选择视为统计代表性的"替代"。④ 在诉科科佩内斯案中,问题出现了:因为,原住民占该地区成年人口的21.5%—31.8%,却只占陪审团成员的4.1%。⑤ 由于不信任在历史上和结构上都歧视自己的加拿大司法制度,因此原住民很可能拒绝参加陪审团。但是,在这种情况下组成的陪审团能真正保证公平吗?所有的法官一致认为,国家没有义务确保所有潜在社会团体的结果平等:这在技术上是不可能的,且在随机选择的过程中会侵犯隐私。⑥ 讨论因此聚焦于选择程序的公正性。大多数法官都声称,国家的义务只是确保对某一特定群体不产生有意识的歧视,因此在这个特殊的案件中,被告的权利没有受到侵犯。然而,克伦威尔大法官(Justice Cromwell)提出了反对意见,他说,鉴于长期以来对原住民的制度性歧视,国家应该积极落实原住民在陪审团成员中的平等比例,如果国家未能做到就足以推翻陪审团的判决。⑦

---

① *R. v. Kokopenace* 2015 SCC 28.
② Ibid., p. 457.
③ Ibid., pp. 463–468.
④ Ibid., p. 405.
⑤ Ibid., p. 458.
⑥ Ibid., pp. 425–426.
⑦ Ibid., pp. 478ff.

在对政治领域的微众进行理论化时，我们从这一司法案例中得到了三点教训。第一，随机选择的机构在功能上代表人民，因为它们具体体现了就共同利益进行商议的各个共同体。第二，与克伦威尔大法官的异议一致的是，随机选择的机构也在社会代表性或至少是多样性上代表人民：这个维度是微众合法性的关键所在。特别是，微众比票选代表更能容纳多样化意见、价值观和社会经验。第三，随机选择的机构可以有具体的授权、回应和问责形态。我们将在下文中依次对这三者进行分析。

一个全新的人民化身。追随历史上其他随机选择的机构的步伐，当代微众是人民的一种具体化身，是为了对共同利益进行商议而选出的共同体的缩影。前文已经讨论了这个维度的微众，笔者不再赘述。微众这种以点带面（*pars pro toto*）的比喻并不牢靠：其代表权主张总是会被质疑。反联邦主义领袖约翰·亚当斯曾写道，代表应该像他们所代表的人民一样"思考、感受、推理和行动"[①]。然而，对于微众的拥护者来说，描述性代表和公众之间的统计相似性只是一个起点。一旦微众开始商议，其想法就会改变，这种改变事实上被视为高质量商议的标志。微众反映了一种反事实的舆论（如果公众了解更多的信息，并能够在合理满意的框架内进行对话，在此情况下，舆论可能会是什么样的？），但是这意味着，这种意见往往与"实际的"舆论不同（反映政治上的多数人的意见）。这个问题在文献中曾被广泛讨论[②]，而且在一些开创性的重要试验中，对公民审议团建议的处理方式显示，这种风险并非纯粹理论上的。2005年，不列颠哥伦比亚省公民大会针对选举改革提出的选举法建议最终只说服了简单多数的选民（57.7%），未达到该建议获得通过的法定门

[①] John Adams, "Letter to John Penn," *op. cit.*

[②] Nicole Curato, Julien Vrydagh and André Bächtiger (eds.), *Democracy without Shortcuts*, *Journal of Deliberative Democracy*, Special Issue, 16 (2), 2020.

槛，远远低于该大会内部投票赞成的绝大多数（92.8%）。该建议在 2009 年 5 月被再一次提交全民投票，当然是在一种完全不同的背景下，也再一次被否决了，甚至没有获得 39.0% 的选票。投票结果在安大略省更让人失望：仅有 36.9% 的选民同意公民大会提出的新的投票方法（弃权率却达到了 50.0%）。许多法国公民气候大会的成员同样担心自己的建议不被同胞接受。当然，这种不一致并不是基于抽签的政治程序所特有的，议会决定和舆论的不同已经是代议制民主国家日常生活的一部分。政治领导人视"中期波动"为正常——只有在选举期间，他们才必须证明自己要继续赢得人民的信任。然而，面对微众的开明意见和舆论的潜在鸿沟，微众的拥护者只支持前者，而对后者保持着戒心。相反，我们已经看到，第二波试验开始把微众和直接民主或者参与民主结合起来。这表明了民主政体的系统民主化的潜在可能性，我们将在最后一节阐述这一主题。当代随机选择的机构不应该被视为自我维持的，而应该与其他机制和原则一起来构建一座稳固的民主大厦，这一点似乎已经清晰了。

描述性代表和在场的政治。值得注意的是，尽管陪审团的初衷是由同质社区内的同侪做出判决，但社会代表性的理念现在已经成为加拿大上诉法院和美国最高法院的一个重要方面。与反政治民主支持者所主张的相反，多样性问题和底层群体的公平代表性问题尤为重要。关键是，要保证抽签机制的合法性，使其体现人民的主张。抽签特别适合描述性代表的思想。被抽签提上议程的正是"在场的政治"——借用了安妮·菲利普斯（Anne Phillips）[①] 创造的概念。这挑战了代表行动应该独立于其所代表的人的社会特征的假设，也偏离了许多共和派与自由派人士关于政治商议的观点，这种观点只承认抽象的公民，无视会影响到来自底层的人的系统性歧视，尤其在底层的人试图参与政治时。重要的不仅是哪些思想被代表了，而

[①] Anne Phillips, *The Politics of Presence*, Oxford: Clarendon Press, 1995.

且是谁在代表这些思想，第二个问题的答案很可能会影响第一个问题的答案。例如，鉴于目前男女性别关系的状况，可以有把握地假设，仅由男性组成的大会和由两性组成的平等的大会将以不同的方式处理家庭暴力问题。此外，无论所涉问题或者决定如何，代表的社会和人口特征都具有内在的价值：妇女在代表机构中的平等存在对于整个社会的性别平等具有象征价值。民主平等具有内在价值，代表权中的男女平等参与是其重要的一面。

因而，在场的政治关涉所有的底层群体（包括工人阶级和受教育水平较低的人，这些人被菲利普斯和许多身份政治的支持者所忽视）。一般而言，在确保男女在当选职位上的公平代表性方面，抽签似乎更优于许多国家制度化的法定配额，或者如印度为法定种姓和部落保留的席位制。经验表明，从技术的角度看，增加两到三个甚至更多类别的配额或保留席位是相当困难的，而且往往会导致政治僵局。相反，抽签并不强化或具体化群体界限，因为抽签不预设任何固定或者固有的身份。尽管由完全可以互换的个人组成的社会的概念有时与"纯粹"的抽签有关，但事实上，可以分层进行随机选择，以把主要的社会差异考虑在内，如果这些社会差异与某一特定微众准备讨论的问题有关的话。然而，配额的补充使用确实意味着，必须确定选择相关群体的标准。这些类别可以反过来产生表演效果，只要在使某些裂痕合法化的同时，掩盖住另一些裂痕。这必须得到公开确认，且经过公众讨论，但遗憾的是，当代试验并不总是如此。

另外，目标不仅仅是获得多样性和具有代表性的人群。一旦微众被组建起来，在一个社会和文化多样性群体中成员言论的平等分布就成了一种挑战：一些人会比其他人更习惯于在公共场合讲话，因为文化资本往往可以解除束缚，增强自信。还有，专家和职业人士可能会对辩论过程产生重大影响。然而，从数千次的抽签试验中获取的实际知识在这一点上是可靠的。与其他方式结合起来对辩论加以协调,有助于减弱这种不对称性:当那些曾经沉默的人在小型讨论会中活跃起来,并且对自己的公共演讲技巧更有信心时,这种不对称性就不再是问题了。完全的平等永远无法实现:如果抽签很快发展起来,那么很大的风险将是,经验不足的协调者被任用,这样一来,类似挑战将更频繁地出现。无论如何,商议微众在这方面往往比其他任何参与方式都做得更好,更不用提更传统的代议制民主机制了。

授权、回应和问责。在其开创性的著作中,汉娜·皮特金主张,规范合法的代表形式应该包括授权、回应和问责。① 虽然她这么说是在讨论票选产生的代表,且一些有趣的代表形式并不遵循这一框架,但是这些标准完全适用于随机选择的代表。

我们先谈**授权**。有意思的是,在大多数国家,法官和陪审员都被看作代表,因为他们都代表社会发言。一些自由主义者认为,这两者限制了民主,体现了自然的人权。一个更有说服力的观点是,法官和陪审员都是人民必要的自我限制:尽管从未完美过,也从未完全脱离过政治,正如瑞士人在讨论对联邦法官的遴选时所显示的那样,法治限制了错误和专断。法官和陪审员的授权间接来自宪法和经由政治辩论通过的法律,来自他们在被提名时所依据的程序的公正。类似的授权也被赋予了政治微众。与司法机构的类比显示,在缺乏任何制度的约束时,行政机构临时授权的规范合法性是脆弱的。如果微众的存在依赖行政机构的任意意志,很可能政治的操纵就会起作用,不论是在决定创立微众方面,还是在确定议程方面。此外,如果微众仅仅是咨询性手段,对公民建议进行挑选的可能性就会加强其专断的印象。参与 2019 年法国"大辩论"的地区议会就是这种脆弱的合法性的讽刺性体现,更全面地说明了第一波抽签机制的一个重大缺陷。因此,始于第二波抽签试验的制度化是一种关

---

① Hannah F. Pitkin, *The Concept of Representation*, *op. cit.*

键的发展。如果我们希望随机选择的微众比民意调查更有用、更合法，从而受益于正当授权的话，它们就必须成为法律环境的一部分。请注意，这里是指授权给整体上作为人民化身的随机选择的机构。其成员不从选区获得授权，而且人们也不能期待有色人种只代表有色人种、妇女只代表妇女、男人只代表男人，等等。这种方案不同于分组选举的原则，分组选举是以群划分来进行的，这是法国旧制度中的法团主义和第二次世界大战结束后的新法团主义方案的基础。这种方案也不同于身份认同政治的激进形式，该形式主张只有妇女才能代表妇女发言、底层群体才能代表底层群体，等等。相反，其目的是扩充参与商议的社会阶层，使讨论过程因更多不同的观点而更加丰富，使各种偏见与局限相互抵消。一句话，理想是，代表的多样性应该尽可能仿似社会的多元性。

票选产生的代表的**回应性**应该主要来自再次当选。在21世纪，这个论点是站不住脚的。民意调查显示，绝大多数公民认为，政治家不关心他们这样的人。相反，因为由不同社会背景下的非专业人士组成，所以随机选择的微众在逻辑上更能回应其同胞的感受与关注。此外，因为他们能够从不同专家和利益攸关方参加的公共听证会中获益，能够在商议中相互学习，所以他们对专家和科学建议的回应，以及对所有利益攸关方主张的回应——不只是对有权势和最富裕的游说团体的回应——十分重要。考虑到这些观点，一遍一遍地重复"选举使代表更具有回应性，而抽签则不然"的观点似乎非常奇怪。

抽签选出的公民的**问责**问题也受到许多先入为主的观念的影响。在古代雅典，成为行政官的公民都对其行为负有法律责任，不论是由选举选出的，还是被随机抽中的。这就部分解释了为什么一些公民不自愿服务。在当代民主制国家中，政治家一旦担任行政职务，就要承担法律责任；如果他们要寻求连任，就必须对选民负责。但是，政治家违背选举承诺的情况很常见。与理想化的自由政治理论相反，实际的政治中充满了隐秘的策略行动、幕后游说、媒体操纵、裙带关系和不可公开的谈判，以至于票选代表的问责充其量只是部分的。人们甚至可以说，当选者更多是在对资本主义企业和市场负责，而不是对其选民负责。① 反过来问，微众对谁负责呢？在这里，当代试验再一次超越了大多数理论的陈词滥调。第一，观察显示，微众成员感到应该对召集他们的公共当局负责。第二，他们觉得也应该对他们所代表的公众负责。他们通常需要公开为自己的提案进行辩护。例如，不列颠哥伦比亚省公民大会的成员在一系列公开辩论中提出了自己的结论，致力于公开透明的法国公民气候大会的成员在开会期间接受公众的审查，并在更广泛的公众面前与政治家进行了公开对话，特别是在大会结束时。第三，也是最重要的，商议活动鼓励参与者相互监督；任何出现"不负责任"行为的人很快就都会失去信誉，不管他们是拒绝听取他人的意见，还是维护特殊利益。因群体团结而产生的相互问责力量相当强大，正如许多研究在其他情况下所显示的那样；简·曼斯布里奇（Jane Mansbridge）正确地强调了相互问责对于当代微众的至关重要性。② 第四，如果随机选择的机构要往更大规模发展的话，就需要特别立法来建立某种法律形式的问责制。最后人们才可以声称，相比选举上来的政治家，微众的成员可能更加对公众负责，更加关心其福利。然而，这依然存在一个问题，即如果常设公民大会获得授权且被制度化了，情况是否会截然不同？可以肯定的是，选举民主的实际运作与启蒙运动的原则相去甚远，该原则认为，民主应该将人民的意志制度化；选举民主的实际运作也与自由政治的理论相去甚远，该理论主张，选举

---

① Wolfgang Streeck, *How Will Capitalism End?*, op. cit.; Colin Crouch, *Post-Democracy*, op. cit.

② Jane Mansbridge, "Accountability and the Constituent-Representative Relationship," in John Gastil and Erik Olin Wright (eds.), *Legislature by Lot*, op. cit., pp. 189-204.

是保证由人民授权、回应人民和对人民负责的最佳方式。

后代与非人类事物的代表。除了诉科科佩内斯案,还有第四个观点,微众比选举更适合代表后代与非人类事物。根据定义,这些实体都不进行投票。当然,通过选民和政治家的感受,这些实体也会被间接地纳入选举政治的考虑,但是这种考虑充其量只是选举政治这一制度的一个潜在副产品。在应对气候变化迫在眉睫的威胁方面,选举民主制国家迄今表现不佳。一些最民主的国家,比如斯堪的纳维亚国家,可能是生态转型的先锋,但是美国,这个最强大的自由民主国家,如果考虑到人均温室气体排放量的话,很可能是地球未来最大的危险。① 通过对比这些结果,一些非选举体制或许在保护后代和非人类实体方面更为有效。在把享有健康环境和地球的内在价值的权利纳入宪法的国家,司法可以发挥重要的作用。未经选举产生的机构可以明确承担代表后代和/或非人类事物的任务。在某些情形下,法律人格被赋予了诸如河流这样的自然实体,由一个协会或者非政府组织来代表,就像父母可以作为孩子的受托人或代理人一样。受托人代表制的类似形式可以被给予公民气候大会,在21世纪第二个十年末期开展的试验只是第一步。这种特定的代表形式也可以包括不同的概念。它们可以被看作得到当代人的授权,是当代和未来人类或自然的新的体现,既包括了人类,也包括了非人类的方面。无论怎样,公民气候大会受资本主义游说团体的影响都将远远弱于选举大会,因为其成员不大可能从公共部门和私营部门之间的旋转门中获益。这种特定的代表形式的实体可以承载各种有关生态运动的主张,反抗灭绝的第三种主张,即创立气候大会,从这个角度看,似乎相当一致。与负责环境保护的技术官僚机构等其他权威相比,这类实体可能不那么专业,但是具有对子孙后代的利益

---

① Ken Lee and Michael Greenstone, *Air Quality Life Index*, *Annual Update*, Chicago: Energy Policy Institute at the University of Chicago, September 2021.

和价值进行多元化商议的附加价值。①

(二) 走向认知民主

多元主义的商议有助于减轻随机选择机构面临的第二种认知的挑战。自古以来，反对抽签的最常见的论点之一是，抽签使得无能之人占据了需要承担责任的职位。这种所谓的非理性维度，一方面与职业政治家的必要能力是对立的，另一方面也与未经选举产生的专家的必要能力是对立的。然而，那些支持政治领域重新引入抽签的人对这两点都进行了强有力的驳斥。事实上，随机选择的机构与商议的结合使得"认知民主"的发展成为可能。

多数人的智慧。抽签的支持者会辩论说，多数人的智慧优于少数人的智慧。即使微众中每一个成员可能都不如职业专家聪明，但是他们彼此交流后形成的意见和观点，比任何一个人或者有着同样生活经验的一个群体的推理更为精确细微。② 如果会议提出的论点是合理和有充分理由的，但都因潜在的不同声音的缺失或被边缘化而指向相同，那么每一个发言者的孤立客观性并不能避免使辩论变得狭隘，且最终带有偏见。相反，抽签促进了对多样化经验和观点的包容。于是，富有成效的商议才有可能产生：其特征是对基于相关考虑的沟通交流要确保平等的尊重和影响力，其目的是澄清问题和达成共识，同时保持共同利益的导向。在这个过程中，公民扩展了

---

① Graham Smith, *Can Democracy Safeguard the Future?*, Cambridge/Medford USA: Polity Press, 2021; Marit Hammond and Graham Smith, *Sustainable Prosperity and Democracy: A Research Agenda*, CUSP Working Paper No. 8, Guildford: University of Surrey, 2017; Dominique Bourg et al., *Pour une sixième République écologique*, op. cit.; David Kahane, *Thinking systemically about deliberative democracy and climate change*, Report, London: Foundation for Democracy and Sustainable Development, 2016; Rupert Read, *Guardians of the Future*, Weymouth: Green House, 2012.

② Hélène Landemore, *Open Democracy: Reinventing Popular Rule for the Twenty-first Century*, Princeton: Princeton University Press, 2020.

知识，提升了能力，学会了超越自我利益看问题。

商议微众复活了启蒙运动的理想，是能够考虑政策和公共议题的"理性法庭"，但是这种法庭不再仅仅是文人和有教养的资产阶级或贵族的专属权限。① 让人失望的保守的精英理论，以及那些以革命或者科学先锋之名的理论曾声称，普通人缺乏能力。相反，经验显示，商议微众不仅是民主的，而且能够产生合理的结果。听证会的性质、高质量的信息沟通、交替进行的全体会议和小组会议、讨论协调员的使用、避免被操纵的危险的组织风格、达成综合结论的清晰程序：所有这些要素都是商议动态的典型特征。在微观层次上，商议微众似乎接近哈贝马斯提出的理想交谈情境。②

一些心理学家认为，相互对立观点的持有者的讨论非但没有导致相互的劝说，反而强化了已有的极化效果，使得达成妥协更为困难，更不用提达成严格意义上的共识了。③ 这种论点与几乎所有微众的社会学研究相矛盾，后者认为，在微众的商议中，很少能观察到极化效应。大多数专家倾向强调他们所观察到的商议动态的积极面。④ 商议主义者一般认为，知情的讨论能够使公民形成开明的意见，并通过讨论说服彼此。一些定量研究普遍证实，意见的确会随着商议的进行而改变。然而，关于商议对于个体参与者的长期影响还不是很清楚，特别是在试验只持续一到两个周末时。⑤ 总的来说，

---

① Jürgen Habermas, *The Structural Transformation of the Public Sphere*, Cambridge: Polity, 1989; Keith M. Baker, *Inventing the French Revolution: Essays on French Political Culture in the Eighteenth Century*, Cambridge: Cambridge University Press, 1990; Antoine Lilti, *The World of the Salons: Sociability and Worldliness*, New York/Oxford: Oxford University Press, 2015.

② Jürgen Habermas, *Between Facts and Norms*, op. cit.

③ Cass R. Sunstein, *The Law of Group Polarization*, John M. Olin Program in Law and Economics Working Paper, 91, 1999.

④ Luigi Bobbio and Daniela Giannetti, *Rivista Italiana di Politiche Pubbliche*, 2007, 2, August, 公民审议团专题。

⑤ Julien Talpin, *Schools of Democracy*, op. cit.

那些曾经在社区活跃的公民似乎因其积极的参与获得了支持①，因而受到鼓励，会进一步为更广泛的认知民主的发展做出贡献。

公民知识和专业知识的民主化。支撑"认知民主"概念的第二个关键维度是政治外行公民发展特定知识的能力。在解释"希腊奇迹"，尤其是几个世纪以来雅典的繁荣时，乔赛亚·奥伯为这一观点进行了辩护。奥伯坚持认为，阿提卡城的商议之所以富有成效，完全是因为该城能够依赖日常生活中无处不在的社交网络，在这些网络中，来自不同地方和背景的人可以相互了解和学习；是因为他们可以依赖专家，但不必把决策权交给专家。雅典民主随着时间的推移而改善，因为"越来越多的公民变得更加成熟，同时保留了观点的多样性；成熟度的增长并不意味着观点的同质化。因此，学习和创新相互支持，互为促进，雅典得以在竞争的环境下保持长期的繁荣"②。

这种观点也适用于 21 世纪：教育水平重要性的日益提高，经由大众媒体和社交网络的信息传播的日益增强，大大增加了普通人可获得的知识。在一个由 100 人或更多参与者组成的公民大会中，这意味着，一定数量的专业知识可以被调动起来。的确，相比于由科学家或者其他专家组成的类似群体，公民大会的知识层次较低。然而，相比于政治专家和职业人士，存在若干其他知识，有助于政治外行形成一种特殊的理性。③

首要的是用户知识，这是约翰·杜威（John Dewey）所指的那

---

① Joan Font, Donatella della Porta and Yves Sintomer (eds.) , *Local Participation in Southern Europe: Causes, Characteristics and Consequences*, Washington D. C.: Rowman & Littlefield, 2014.

② Josiah Ober, "Classical Athens as an Epistemic Democracy," *op. cit.*, pp. 453 – 489; *Democracy and Knowledge*, op. cit.; *The Rise and Fall of Classical Greece*, Princeton: Princeton University Press, 2015.

③ Yves Sintomer, "Du savoir d'usage au métier de citoyen?," *Raisons politiques*, 31, August 2008, pp. 115 – 134.

种知识,他写道:"穿鞋的人最清楚鞋夹不夹脚,哪里夹脚,尽管做鞋的专家最了解如何解决夹脚的问题。……专家阶级不可避免地背离了共同利益,而在社会事务中,专家们的私人知识根本不是知识"①。自审判陪审团随着 19 世纪后期的革命而发展以来,"同侪审判"的概念已经明确地包含了这样一种观点:公平审判意味着由熟悉所讨论的环境和问题的人来做出决定。这样的实践知识是在场政治的一个维度。然而,尽管像参与式预算等大多数民主创新都在将用户知识整合进公共管理,但基于抽签的当代机制并不一定抽选出对所讨论问题有第一手经验的人。随机选择的微众并不能自动吸收用户知识。主要是在当地公民审议团中,这种知识可以发挥作用,比如在涉及一个城市的交通模式的管理问题时。在讨论堕胎或者同性婚姻等具体热点问题时,实践知识也很重要:在全国公民大会上,许多参与者会直接或间接地通过其亲戚或朋友的经历,对这个问题产生自己的看法,并将其呈现给其他参与者。

然而,大多数时候,随机选择的微众使用的"知识"是不同的:它只是常识而已。正如我们在第三章所看到的,常识是陪审团在整个历史中所依赖的知识。如果没有这种"独立于专业知识、训练或类似内容的可靠实用的判断"②,"民主"的概念——人人有权利帮助塑造共同的事务,哪怕只是通过票选代表——将毫无意义。事实上,政治代表必须认识到,他们自己的知识永远不是那种为他们工作的专家的专门知识。

民主化的专业知识并不意味着,在做出合理的政治决策时,专家的投入就变得无用了。事实上,现代社会总是将精英治理和民主元素结合在一起的:一个消灭了知识不对称的无政府乌托邦不是一

---

① John Dewey, *The Public and Its Problems*, Athens (USA): Swallow Press/Ohio University Press, 1954, p. 207.

② Freeonlinedictionary.com.

个现实的目标。无论如何,在许多条件下,当涉及许多问题时,都应该将专家知识与政治外行公民的知识结合起来,以便更为细致地了解问题,促进制定有意义的政策。正如我们所看到的,这是因为,多数人的智慧优于少数人的智慧,专业知识已经在社会上被广泛传播。此外,由于专业知识总是多元和相互矛盾的,在不同的解决方案间进行权衡就是必要的。说到底,最重要的决定必须是政治的,而不是技术的或科学的。因此,至关重要的是,在举行专家和利益攸关方听证会时,要清楚罗列出来不同的选项,并组织好关于所涉问题的相互矛盾的陈述。①

随机选择的微众在涉及程序事务时,严重依赖专家的知识。正如我们已经多次强调的那样,如果要达到高质量的商议,必须精心组织辩论,且让参与者充分知情。这难道不会给那些擅长协调辩论的专业人士——因为他们能够影响有关商议形式的许多关键选择——过多的权力吗?如何随机选择微众?最佳目标是达成共识吗?该组织投票吗?如果要组织,在什么时候?如何才能实现意见的综合?如何才能将少数派意见纳入?当紧张局势出现,不仅是个人的,而且意味着严重的政治或者道德分歧时,协调者应扮演什么角色?要回答这些问题,虽说需要具备一些知识,即如何协调微众(一些顾问和协调者比其他人更有经验,在定性研究中很容易观察到这点)的实际知识,但也需要了解上游政治选择的知识,这些选择意味着关于民主与好的商议应该是什么样子的具体观点。正如前文所提到的,程序包含价值观和想象,对这些都必须进行政治的讨论。在大多数情况下,决定设立微众的当局并不清楚必须做出的程序选择。虽然比较广泛的公众经常与组织微众的主管当局讨论所选择的专题和商议的结果,但当涉及程序方面时,公众通常是蒙在鼓里的。甚至在第二波抽签试验时,仅在很少的事例中,随机选择的参与者才

---

① Bernard Manin, "Democratic Deliberation," *op. cit.*

会讨论商议的形式。因此，走向认知民主的过程应该包括围绕方式和形态的系统性讨论。

　　一个例子足以说明这一点。商议是应该公开进行，还是至少在大多数时候闭门进行？虽然商议民调通常是公开的，但是大多数公民审议团和共识会议并不公开，而公民大会在这个方面的做法多种多样。对于陪审团来说，他们在公开场合听取证词，然后退庭闭门商议。这里就产生了一个有关政治理论和宪法的经典问题。一些人为秘密商议辩护的理由是，公开商议将使参与者变得立场强硬，使用修辞手法，不再那么客观①；另一些人则认为，避免公民审议团受游说的影响是必要的。相反，以哈贝马斯的观点来看，向公众开放是一种优势，因为这可以使发言者聚焦普遍的利益——或者至少其呈现的观点与普遍利益是一致的。因此，私下进行任何讨价还价变得更加困难。缺乏公开性也妨碍了商议机制影响更多的人。对此问题的系统的实证分析还未取得突破，而微众的组织者为一系列截然相反的策略进行了辩护。研究表明，制度、社会和政治背景有着重要作用，因此很难给出一个单一而明确的答案。我们必须对此问题展开明确的辩论，并做出明确的政治选择。

　　在涉及实质问题时，微众也依赖专家知识。在这个方面，基于抽签选择的新机制是复杂多样的。在多数案例中，参与者必须就已由专家和利益攸关者开发的备选方案进行商议和选择，比如允许或禁止堕胎、同性婚姻。对于更为复杂的问题，如一个国家为履行减少碳排放的承诺和为大多数公民所接受而必须采取的政策，则需要给予公民大会和其他微众更大的自由度和更大的创造力。无论如何，虽然有可能在一个复杂的结构中结合不同的机制，如法国公民气候大会的事例，但大多数或者所有的具体措施最初都是由专家研发的。

---

　　① Jon Elster, *Arguing and Bargaining in Two Constituent Assemblies*, New Haven, CT: Yale Law School, 1991.

在其他试验中，微众采纳了专家在某一问题上基本达成共识的方案。研究才刚刚开始涉及解决这一问题，试图分析微众的真正创造力及其可以体现的民主化程度。①

公民和政治知识。值得分析的最后一个维度是，非职业政治家的公民可以发展的关于政治制度和更广泛的社会运作的知识。② 通常，在成立一个微众时，被随机选出的公民中的积极分子会被"普通"公民替换。这种选择是出于务实的考虑：微众应该给予那些通常不表达自己意见的公民发言权，而积极分子很容易垄断商议。但另一个更加实质性的理由是：参加微众的公民应该只使用自己的常识和实际用户知识（自身体验），而不应该将商议政治化。从这个角度看，微众最好不包括那些拥有重要政治知识的人。

在美国司法领域，这种观点已经被陪审团广泛接受，导致出现了荒谬的极端情况，如果有人在加入某一陪审团之前，已经从媒体上了解到人们在谈论该案件，那么此人就不被允许进入陪审团。这种设置没有为同侪审判留下多少余地，陪审团的根本理念是：同侪往往最了解涉案的人及背景。结果，"公正性"成为"懵懂无知"的同义词，陪审员只不过是诉讼过程中一块可被随意涂写的"白板"。③ 罗尔斯称这种讽刺漫画式的"无知之幕"为公正地讨论正义原则的正确心态，事实上存在于许多公民审议团中，尽管其形式较为温和。④ 人们认为，公共讨论的动态性不足以引起人们对发言者自身利益和政治价值观的反思。商议机制越远离现实世界，越与有组织的市民社会保持距离，就越能更好地保障普遍利益。选择陪审团的法庭程序，将拒绝对公共生活最感兴趣且最积极的公民，其结果是，任何重要的政治知识都被排除在了微众之外。在当前的实践中，

---

① Selma Tilikete, *Entre technique et politique*, op. cit.
② Yves Sintomer, "Du savoir d'usage au métier de citoyen?," op. cit.
③ Jeffrey B. Abramson, *We the Jury*, op. cit.
④ Peter Dienel, *Die Planungszelle*, op. cit.

那些最具政治头脑的公民——那些平均来说对政治，尤其是对现存的不公正现象有更好理解的人——似乎在当代微众中没有一席之地。① 此外，公民审议团形成的开明意见可能会与社会运动所动员起来的舆论背道而驰。

这个维度与雅典的认知民主的特征不符，雅典的认知民主依赖密集的嵌入式政治公民网络。② 然而，要超越雅典，必须对那些由抽签选出的人持一种更包容的观点。为此，混合机构能使政治外行公民与政治家和有组织的市民社会密切合作，是宝贵的试验。这些试验有助于增强微众的合法性，而且更重要的是，可以实质性地检验实用的用户知识、常识和政治知识如何滋养彼此。正如我们所见，越来越多的试验开始将微众与直接民主的工具结合起来。这些试验依赖的范式与那些将直接民主和商议民主对立起来的观点非常不同，这些试验让我们知道随机选出的机构可以作为反专家意见和动员起来的舆论的回音室。关键是要认识到，一种真正的认知民主不可能仅依赖多数人的常识和实践知识，也必须为积极分子的政治知识和非政府组织的反专门知识留有空间，这对于平衡社会中占主导地位的利益集团，特别是资本主义公司提出的专门知识是必要的。

（三）超越共识

这些反对抽签的观点与第四章讨论的公民大会的政治化问题是重叠的，在讨论共识的性质时又出现了。就诉诸常识和实际知识而言，审判陪审团必须做出一致裁决，或者在某些国家，以强有力的合格多数做出裁决。这种要求通常也适用于公民审议团和共识会议。在这些情形下，目的是要避免通过投票把一个团体分成多数派和少

---

① Pierre-Etienne Vandamme, "Tirage au sort et conscience des injustices," *Raisons politiques*, 82, May 2021, pp. 107–112.

② Josiah Ober, *Democracy and Knowledge*, op. cit.; Paulin Ismard, *La cité des réseaux. Athènes et ses associations, VIe-Ier siècle av. J.-C.*, Paris: Publications de la Sorbonne, 2010.

数派，使所有参与者相互倾听，以达成一种共同的认识。

　　哈贝马斯提出共识是商议的必要视角的观点。① 在《在事实与规范之间》(Between Facts and Norms) 一书中，他认为，必须从最狭义的角度，把共识理解为在特定问题上、出于同样的理由而达成的共同协议。这种理解远远超出了罗尔斯关于"重叠共识"的定义，即依据因人而异的理由就共同的原则达成协议。② 这两种观点都受到了批评，因为大多数民主商议的拥护者支持"协商分歧"(deliberative dissensus) 的概念，依据此概念，参与讨论的各方都可以澄清自己的观点，并倾听他方的观点——这与分享观点是不同的。菲利普·乌尔法里诺 (Philippe Urfalino) 补充说，在真实的世界里，最为明显的是，共识的达成实际上只是"无反对意见"，即少数派放弃使用否决权。③ 当然，陪审团所涉及的一些话题非常具体，对此，陪审员容易达成广泛的一致。就一名被控在贫困社区实施袭击的白人警察有罪或无罪达成共识，比就警察组织的一般方式或可能改善工人地区状况的措施达成共识更容易：正像在一个中等规模的城镇里，就新的交通模式达成共识，要比就汽车在整个社会上的作用上达成共识容易得多。不可否认的是，显而易见的共识会给予决策更多的权重，以及强烈的公正内涵；然而，达成共识的目标中存在几个重大的危险。

　　随机选择的机构不应与靠协商一致运作的市民社会的"亲和团体"归为一类，因为这类团体涉及以整个社会的名义来发表意见或

---

① Jürgen Habermas, *Between Facts and Norms*, op. cit.

② Jürgen Habermas, "Reconciliation Through the Public Use of Reason: Remarks on John Rawls's Political Liberalism," *The Journal of Philosophy*, 92 (3), March, 1995, pp. 109-131; John Rawls, "Political Liberalism: Reply to Habermas," *The Journal of Philosophy*, 92 (3), March, 1995, pp. 132-180.

③ Philippe Urfalino, "The Rule of Non-Opposition," op. cit.

做出具有约束力的决定。① 同样,随机选择的机构也不同于混合有机体,混合有机体会因利益攸关方的复杂多样性而沦为非对立的有机体,如互联网治理问题。② 当要求目标一致时,随机选择的机构面临两个风险。第一,这种商议的结果往往会令人失望:过于合理,只代表最小公分母,通常只是总结了专家已有的一种松散共识。第二,达成共识的代价是不提供更多重要的社会和政治备选方案。这样取得的共识甚至会掩盖事实:一种选择可能优于另一种选择。在这方面,把法国宪法委员会(Conseil Constitutionnel)或者意大利宪法法院(Corte Costituzionale)与美国的最高法院、欧洲人权法院(European Court of Human Rights)或者德国宪法法院(German Constitutional Court)进行一番比较将是有益的。前两者的裁决看起来都是一致同意,后三者则允许法官发表少数人的意见和不同的法律动机。这一细节决定了,宪法法学地位高于法律专业知识。宪法法院的裁决并非宣布一条不可剥夺的真理:这种判决只是一种要素,但是在大法官、其他法官、政治代表、专家和政治外行公民就现行社会秩序的基本权利和原则进行政治和哲学的辩论中很关键,也很具体。从这个角度看,类似美国最高法院的微众的运作更有活力,因为它们只是就所提供的选择进行合理辩论的工具。其目的是,通过驳斥不好的论点或者虚假信息,提高公众理解水平,使论点更为精细,并尽可能扩大最小公分母。微众也要尽可能阐明在什么角度可能出现不同的解决方案,澄清这些潜在的选择,以了解是否能够就一项提议(或者各种初始提议的组合)形成简单、合格甚至压倒性的多数,或者,微众是否陷入僵局,就像有时出现的陪审团僵局那样。

---

① Philippe Urfalino, *Décider ensemble. La fabrique de l'obligation collective*, Paris: Seuil, 2021.

② Dominique Cardon, *La Démocratie Internet*, *op. cit.*; Christophe Aguiton and Dominique Cardon, "The strength of weak cooperation. An attempt to understand the meaning of Web 2.0," *Communication & Strategies*, 65, 2007, pp. 51-65.

共识必要性的另一个风险在于，它可能使人相信某些激进的观点，根据这类观点，商议微众将不可避免地成为体制机制的重要组成部分，因而不能推动真正的政治和社会变革。当然，总会存在这样的危险，即制度化的参与或者商议民主可能辜负人们的期望，进而将公民降格为消息灵通的消费者——实际上是21世纪初英国首相托尼·布莱尔提倡的方式。可以肯定的是，公务员最好能保持对其所服务的人民的兴趣，最好能在整个公共部门里传播一种评估文化。然而，在吸引用户的投入或控制而非仅靠内部等级结构的评估，以及把公民变为市场客户方面，参与式现代化可能提供了一条不同于新公共管理及其所拥护的新自由主义的路径。① 如果微众只有助于公共管理的现代化和公共政策的实施，那么它就面临偏离最重要的议题的危险。这个方向得到了一些赞成抽签的政治家的支持。在为代议制民主的传统辩护中，正是因为只有经选举当选的领导人才能合法定义共同利益，他们才享有对政治决策的垄断。在许多商议民主经验中，这种垄断的轮廓是模糊的，但是微众的范围是很小的。他们只是以一种纯咨询的方式参与次要问题的决策过程，就像被精心组织的焦点小组讨论最引人注目的选项的优点一样。这种分工很像黑格尔在19世纪上半叶对陪审团概念的注释，在他看来，政治外行公民应该可以就具体问题做决定，但是"普遍"事务则应该留给国家做决定。

然而，关于政治和市民社会之间的界限仍然存在争议，正如法国公民气候大会所显示的，参与者往往在进程启动后要求更大的权力，并挑战选举产生的领导人和更广泛的政党政治对政治的垄断。这也是自下而上组织起来的微众的情况，他们要求一种与制度性政治体制竞争的合法性。一些试验依赖会在某一时刻进行投票的程序，

---

① Yves Sintomer, Carsten Herzberg and Anja Röcke, *Participatory Budgeting in Europe*, op. cit.

以便在利害攸关的问题上获得明显的多数和少数。因此，未来，微众应该被纳入更广泛的民主制度系统改革。

二、"民主"的民主化：一种系统的观点

从（相对）无争议的微众转向大众政治和政治制度，意味着更为全面的一种分析。商议民主理论的"系统转向"，是在正确地尝试更广泛地理解商议在各种制度中的作用，而不是把重点放在微众方面。然而，正如我们前文已经注意到的，微众中的商议依赖的是一种天真的社会观。即使我们摆脱了严格的哈贝马斯的商议与论证的等式，现实的系统方法也不能把民主降格为商议。① 此外，与罗尔斯的观点相反，最高法院并非预测民主是什么或者应该是什么的最佳模式。像乔赛亚·奥伯这类重视认知民主重要性的历史学家也强调，在雅典，公民既合作又竞争，常常为获得权力、捍卫或反对事实和法律的等级制度而斗争。我们在第一章中已经看到，我们现行的政治体制是混合体制——部分是民主的，部分是寡头的，就像历史上有过的"民主制"一样。然而，自由民主制的现状相当严峻。统治关系是结构性的；资本主义的发展模式已经从根本上破坏了地球的稳定，选举制度的设计无法应对这种规模的挑战。政治往往沦为卑鄙的权力斗争，在很大程度上，公民眼中的政治阶级现在已经名誉扫地。曾提供了民主发展框架的民族国家已被全球化削弱；跨国公司、金融市场和技术组织的关键影响正在造成后民主和后威权主义的反弹。温和的对话中交流的规范性论点将不足以说服精英转向民

---

① 关于不同的视角，请参见 Jean-Benoit Pilet, Camille Bedock, and Pierre-Etienne Vandamme（eds.），"Improving, Bypassing or Overcoming Representation?," *Frontiers in Political Science*, December, 2021; Joël Berger et al.，"How to prevent leadership hubris? Comparing competitive selections, lotteries, and their combination," *The Leadership Quarterly*, 31（5），October, 101388, 2020。

主和社会或生态正义。所必需的改变是巨大的，甚至是革命性的，虽然即将到来的革命不会像过去的武装起义，而看起来更像妇女解放运动的"网络革命"。

（一）四种作用：意见、监察、判断和立法

纵观当前代表制的危机，包括我们从历史学和社会学角度对抽签的政治运用的迂回分析，以及我们对为何抽签在过去几十年里再现的更多理论反思，似乎目前随机选择机构的指数级发展不只是一种转瞬即逝的时尚，而是揭示了一些更基本的东西。虽然目前其支持者还是少数，但它值得我们进一步推广。我们如何设想随机选择机构的作用，至少在北方的自由民主国家？我们只能勾勒出一种试验模式，因为新的试验无疑将大大扩展实践的范围，引发更多可供理论反思的问题。目前不存在，也永远不会存在一种可以适用于任何情况的完美模式；民主创新总是混合的，深受环境和路径依赖的影响。因此，我们提出的是一种愿景，而不是任何情况下都要遵守的严格标准。

至少有四种可能的选项看起来值得被讨论，这些选项对应着历史上抽签方法所发挥的四种不同功能。它们是：发表意见与建议；监察与评估；判断；立法。在对这四条不同途径进行系统分析时，应考虑三个参数：公正性的重要性应视所涉具体问题而定；所涉问题是具体的还是普遍的；所涉的是短期问题还是长期问题。在所有这些情形中，重要的是要使随机选择微众的做法制度化，使其具有法律约束力，从而这些做法就不会仅仅仰赖当权者的一时兴起。只有如此，这类机构才能自主运作，受益于真正的权力平衡，才能实现不只是让既得利益者获利的变革。

发表意见与建议。第一波微众试验的主要目的是寻求阐述一种开明意见，以供由选举上来的当局和广大公众咨询。不同于传统民

意调查所代表的公众意见的出现的确是一个重要问题，但是这种意见需要出自一个更大范围，并与决策过程更紧密地结合在一起，而不能只停留在"空谈"（套用涉及参与过程的公民常用的一个贬义词）上。目标应该是，通过加强重大决策之前进行公众辩论的法律要求，增加公民审议团和商议民调的数量。此外，有关当局应该准确说明这些咨询性机构的建议如何被纳入公共政策，或者在适当情况下，简要说明为何一些建议遭到拒绝。每一个微众都应该在事后重新开会，以评估其建议如何被采纳、结果是否令人满意。一个咨询要超越不会带来实际效果的"形象政治"，这非常重要。在承认公民倡议的地区和国家，公民审议团需要对建议进行讨论，提供评估意见，然后才能把建议交由全体公民进行投票，例如美国俄勒冈州公民倡议的审查。随机选择的公民审议团也可以与由选举上来的代表和有组织的市民社会密切合作，例如欧盟的"欧洲未来会议"[EU's Conference on the Future of Europe（2020—2021）]，或者法国经济、社会和环境委员会。要确保对经验进行比较，分享好的做法，避免以前的错误，应该建立各国和跨国基金会和/或独立的参与或商议民主公共机构，以监督或者协助去集权化的试验。这些机构也应该担负起定期组织随机选择的微众或者公民大会的责任，就像丹麦技术委员会那样。

监察与评估。如果微众依然停留在咨询层次上，它们将无法完全针对政治制度的合法性危机，促进制度的民主化。微众必须被赋权。其中一些可以发挥监察和评估的作用。正如历史充分证明的那样，抽签在这个方面更具合法性，因为可以用来促进公正。监察中心应该成为每一个公共服务部门的强制性机构，以核实后者在多大程度上满足了公众的要求、缓解了公众的不满。这些中心应该有权查阅文件，有权评估所得到的服务与质询公职人员。被评估的部门应该对评估做出回应。与现有的满意度调查相比，这些监察中心的最大优势是允许商议，而不仅仅是记录个体的意见。商议中有来自用户协会的代表，也有由抽签随机选择的用户代表。这代表了行政现代化进程中的一个重要步骤，是能够促进这一进程持续下去的工具。

同时，继 2004 年至 2014 年间普瓦图-夏朗德地区进行试验之后①，去中心化的公民审议团应该成为公众评估由选举上来的政治家如何履行其选举承诺的强制性工具。每一个小组都聚焦于一个公共行动领域，应该在民选官员的任期内开两次会。第一次会应在选举后不久召开，用以评估政策的优先事项。第二次会应在官员任期中间或结束前一年（不要太早，否则时间不够得出适当的结论，但也不要太晚，晚到官员又开始了新一轮的竞选）召开，用以审视当选官员在既定目标方面的进展。听证会可以由当政的政治家、反对党、相关的非政府组织，以及所涉议题的专家来组织。公民审议团应该在评估过程结束后提交一份公开的公民报告。再一次申明，这样做的目的不是达成共识，而是形成合理的判断，在适当的情况下，少数人的意见也将被公开。

判断。鉴于中立和公平至关重要，与随机选择的机构有关的公正的优点也鼓励恢复这种方式。这也适用于在司法领域未使用或者已经放弃使用陪审团的国家。比如，21 世纪初，日本重新引入了陪审团，旨在通过公正的同侪审判来使其司法"人性化"。

现在也是时候恢复 1848 年皮埃尔·勒鲁首次提出的这一想法了：创立人民法院，使其有权力审判政治案件和违反新闻法、危害国家安全以及民选政治家的腐败案件。各种各样的丑闻严重损害了政治的信誉，助长了"他们是一群烂人"的说法。许多政治家表现得好像自己凌驾于法律之上。为什么不在非常必要的时候让政治外行公民来试试，以此来加强政治呢？19 世纪 20 年代，本杰明·贡斯

---

① Amélie Flamand, "La fabrique d'un public régional," *op. cit.*

271　当已经观察到了政治审判所固有的风险,因为司法机构的政治化才是一个真正的问题,抽签遴选应该是这类事件中确保公正性的最佳方式。任何人,包括国家元首,都不应该凌驾于法律之上。然而,可以理解的是,在一些国家,人们不愿意看到总统或者首相被由议员组成的"法庭"所弹劾,因为这种弹劾可能出于党派动机——事实上最高法院也可能出于党派动机,过去几十年里,西班牙、美国和巴西都出现过这种情况。同样,虽然议会豁免权今天可能成为正常司法程序中的障碍,并使公民感到议员可以逍遥法外,但传统上,这种做法提供了对立法机构的必要保护,使其免受来自政府其他两个机构的压力。授予由专业法官相助的人民法院审判总统、部长、高级公务员或者议员的权力,将是中立的最佳保障,与此同时,这也有助于重申法治的基本原则。

　　公民小组也应该被纳入一国与欧洲各级规范和监督机构的运作。仅举一个例子。欧洲化学品管理局[European Chemicals Agency(ECHA)]的风险评估委员会,负责对化学产品进行市场授权,目前由行业组织主导。应该提高生态非政府组织、工会和消费者协会的权重,随机选择的公民审议团应该参加风险评估委员会。在我们的"风险社会"中,技术选择的民主化应该是当今的主流,而非专业人士应该参加这类机构。

　　另一条值得探索的途径可以在社区层次运作。21世纪初,柏林的邻里公民审议团试验值得推广。这些审议团以公民的知识为基础,有能力做出迅速和非官僚主义的决策。这标志着在社区赋权方面向前迈出的一大步。在柏林模式中,公民审议团的成员部分是社区中最活跃的人士,部分是由抽签选出的,这种模式应该可以被效仿。这类机构的创立并不自动要求对宪法进行重大修订。如果地方政府在其法定权限和现行法律约束下,着手落实公民审议团的决定,就足以赋予公民审议团有效的决策作用。然而,从中长期来看,某种程度的正式的制度化是必要的。各种举措可能会鼓励这种转变：国家或者地区性国家机构可能会系统地提议，为每个公民审议团所资助的项目额外提供 100 万欧元的奖励。柏林的试验和 2006 年至 2007 年在托斯卡纳通过的［经过电子市镇会议和随机选择的公民合议团（randomly selected college of citizens）的广泛程序后］参与法是这方面的两个最早事例。依照这种路径，作为一种超越地方化和解决参与式预算规模问题的手段，抽签遴选择应该被予以鼓励。

立法。最后，我们的民主制度需要平衡的权力，赋予政治外行公民更多的权力，以制约政治代表和国家机构，因为后者有脱离理论上他们所依赖的人民的自然倾向。① 随机选择的微众是另一种体现人民的方式。它们的运作不应该受限于黑格尔对政治外行者行使权力所施加的严格界定。一个雄心勃勃的选项，即要求深刻的制度变革和政体平衡的转变，将涉及创建一个完全由抽签选出的个人组成的议会，在各种伪装下，这类提议在 20 世纪 70 年代就出现过②，21 世纪以来已经急剧增多，无论是在国家层面③，还是在欧盟层面④。在许多国家，以英国为始，上院已是时代的累赘，是立法活动必须为普通人民和贵族分享的旧时代的不受欢迎的遗物。这类议会没有必要存在了。的确，这类议会对下院实行"制衡"，但只是出于陈旧过时的原因。这类上院可以由随机选择的议会取代。在联邦制国家，若想权力分配更为平衡，应该创立第三议会。

---

① Etienne Balibar, *Droit de cité. Culture et politique en démocratie*, Paris：L'Aube, 1998.

② Denis C. Mueller, Robert Tollison and Thomas D. Willet, "Representative Democracy via Random Selection," *Public Choice*, 12, 1972, pp. 57-68.

③ Keith Sutherland, *The Party's Over*, op. cit. Dominique Bourg et al., *Pour une sixième République écologique*, op. cit.

④ Philippe C. Schmitter and Alexander H. Trechsel (eds.), *The Future of Democracy in Europe*, op. cit.; Hubertus Buchstein, *Demokratie und Lotterie*, op. cit.

（二）从微众到抽签立法

19世纪和20世纪福利国家的诞生要归因于许多相互竞争的行动者的努力：革命劳工运动者、像德国首相奥托·冯·俾斯麦（Otto von Bismarck）这样的政治家、追求更大团结的教会人员，以及想把产品卖给工人的商人。抽签回归政治也遵循类似的路径。基层非政府组织、社会运动和博客作者都开始主张，把抽签作为一种可行的政治遴选程序。他们发现了学者对民主理论的研究、企业家和科学家对腐败和短期政治游戏的厌恶，以及政治家对新的做事方式的追求。古人认为，混合政府综合了民主制、贵族制和君主制的优点。随机选择的立法机构可以成为新的混合政府的一部分，这种新政府将使民主商议与直接的、参与的和代表的民主相结合。① 在与社会、经济和生态变化联系在一起时，这种新的结合可以被理解为激烈的民主转向的一部分，是民主政体的系统的民主化。聚焦于抽签议会，吸取两波抽签试验的经验教训，通过突出这一新机构应有的主要特征，我们得出了本书的结论。

抽签立法机构应赋权民众的有代表性的人口样本，而非全体公民。这一制度设计应该把这一关键的特征考虑在内。此外，经验显示，随机选择的微众在处理普遍性问题时作用不佳，因为它没有时间深化对问题的理解。或许，可以在比利时的德语社群或巴黎市提出的模式中找到解决方案：也就是说，成立一个永久性公民大会，其主要任务是决定何时组织关于特定主题的公民专题小组进行讨论？或者，更可取的做法是，遵循古代雅典法庭的先例，由随机抽签选

---

① 对于这一问题的不同看法，参见 Arash Abizadeh, "Representation, Bicameralism, Political Equality, and Sortition: Reconstituting the Second Chamber as a Randomly Selected Assembly," *Perspectives on Politics*, 18（1），December, 2019, pp. 1059-1078 和 Dimitri Linda and Ryan Pevnick, "Is Random Selection a Cure for the Ills of Electoral Representation?," *Journal of Political Philosophy*, 29（1），2021, pp. 46-72.

出一个 6000 人左右的大会，每次开会讨论具体问题时再分小组？还是，成立一个永久性公民大会，像统一的微众一样运作，来处理所有的问题（或者至少处理该大会职责范围内的所有问题）？① 前两种选择似乎现在来说更可取。但是，不管是何种解决方案，这种大会都应该既以全会形式工作，也以委员会形式工作。其成员的薪酬应该与今天的众议员和参议员的相当（至少在他们参加全会或者委员会期间如此）。他们应该在自己选择的领域接受一年的培训，可以获得与现在议会成员相当的待遇，如配备有助理，可以获取相关信息和文件。

　　随机选出的议会有哪些权限和权力？根据定义，立法意味着解决关乎共同利益的普遍问题，而不是就某一特定问题做出具体判断。依据两种不同但在一定程度上相互竞争的标准，要超越黑格尔的划界，需要充分的理由。（1）**公正性**。历史表明，在必须确保公正性时，抽签明显优于包括选举在内的其他遴选方式。在现代民主制国家，经选举当选的官员、专家和游说团体有强烈的倾向去捍卫各自的特殊利益。相反，由抽签产生的立法机构允许招募没有职业利益要维护的无党派人士。此外，商议程序的规则将总体上鼓励代表共同利益的决策。（2）**另一种政治代表形式**。我们已经看到，微众构成了政治代表的另一种形式，在讨论长远问题，如涉及不能参与投票的后世子孙和非人类问题时，这种形式尤显宝贵。无论是代议制还是直接民主，在这方面都有着严重的局限，而抽签立法机构可以提供一个有价值的替代方案。然而，由于将要做出的决定可能具有深远的经济、社会、文化，甚至形而上学方面的意义，一个公民的立法机构不可能自称是中立的，而应该承认其政治维度。虽然存在

---

① 最后两个选项分别参见 David Owen and Graham Smith, "Sortition, Rotation, and Mandate: Conditions for Political Equality and Deliberative Reasoning"; John Gastil and Erik Olin Wright, "Legislature by Lot: Envisioning Sortition Within a Bicameral System," both in John Gastil and Erik Olin Wright (eds.), *Legislature by Lot*, *op. cit.*, pp. 3–38, 279–300。

各种各样的缺点，但法国的公民气候大会已经展示了这种机构的潜力。

这就是为什么由随机选出的议会应该具备四种主要责任。第一，就特定问题召集随机选择的微众。第二，定义政治规则。正如我们从不列颠哥伦比亚省学到的，必须由选举法来保障这样的大会在职权范围内行事，并避免给予多数党改变选举规则以利于其自身的权力。第三，随机选出的议会应该讨论极具争议的问题，当已经事先确定明确的选项而只须进行简单的决策时，如爱尔兰对同性婚姻或堕胎问题的处理。第四，应该进行前瞻性立法，尤其是在涉及生态问题时。就像冰岛的情况一样，这种议会也应该像今天的上院一样，参与宪法修改。公正性在涉及第二种责任时将发挥关键性作用，尽管另一种政治代表形式是指第四种责任，而其他两项责任介于第二种和第四种之间。

根据这些不同的责任，抽选议会有哪些权力？为专门议题而召集的微众会议可以享有各种不同层次的权力。当讨论政治规则时，抽选议会的决定应该具有约束力。当涉及极具争议性问题时，抽选议会应该将其提案提交全民投票，以增强合法性：为此，人们对公民大会和直接民主的结合似乎充满希望。抽选议会应该主动就环境保护和其他长远的问题发起倡议，还应该享有对正在讨论的问题的立法或者规则的暂缓否决权[①]，或可以提出自己的立法建议。如果公民大会与政府和国民议会之间始终有分歧，那么这个问题就应该被交由公民投票决定。

（三）民主3.0版

今日，在欧洲或北美被称为"参与民主""商议民主"或"参与式治理"的做法，总体上增强了治理者与被治理者之间的沟通，至

---

① Dominique Bourg et al., *Pour une sixième République écologique*, op. cit.

少在其所使用的民主手段是真实的，而不仅仅是对公共政策没有任何影响的空谈的时候。一方面，参与式和商议式的手段的确代表了一些进步。另一方面，这些手段并没有挑战传统的分工，根据这种分工，公民讨论自己的利益问题，而经投票当选的政治家——理论上其利益与共同利益相一致——从选民的建议中挑选出最佳的选项来做决定。这些手段未能很好地代表底层群体的需求，甚至可能使社会运动和更广泛的有组织的市民社会组织失去合法性。这种情况需要被颠倒过来：地方性和具体问题必须成为一般事务的跳板，而不是参与的陷阱。这样，在决策过程中，随机选择的机构跟其他参与式和商议式机制就具有了一定的实际意义。

必须对现存政治机构进行彻底的变革，其规模应不亚于被见证的互联网和社交网络的发展引起的技术领域的改变。古代人的自由与现代人的自由通常被视为民主的两个连续的历史模式。如果的确如此，那么我们就需要 21 世纪的 "民主 3.0 版"——一种新型的民主，是对古代民主与 19 世纪和 20 世纪民主的一种继承。这并非易事，因为这种形式与强大的利益和惰性相冲突，正是这些利益和惰性在延续着不公及其统治结构。民主 3.0 版意味着权力平衡的深刻变化。政治家显然不那么容易被说服去投票通过可能会削弱其权力的法律。如加拿大的一句讽刺谚语所言——什么火鸡才会投票赞成提前过圣诞节？然而，一些政治家可能会认识到，他们可以在改革中置身有利的地位，更重要的是，政治不是零和游戏：每个人都能从增强政治制度合法性中获益。对于大多数公民来说，他们只有在相信政治制度能够改变自己的生活时，才会投入精力。

通过抽签选出的公民大会和其他机构可以基于若干理由，宣称具有重要的合法性。它们有助于形成开明意见，获益于被认可的公正，比基于选举或者自愿参与的方式更能代表全体公民，可以促进认知民主，并构成一种非常适合处理长期问题的政治代表形式，会影响后代和非人类事物等的长期问题。虽然到目前为止，公民大会和其他随机选出的机构的潜力还没有充分发挥出来，但是这些机构让我们充满了希望。然而，应该注意的是，因为抽签遴选不意味着所有人的政府，而只在于建立一个公民的公平横截面，因此抽签对培养积极公民、促进公民文化的贡献，就不能与古代雅典或佛罗伦萨时期相提并论。此外，即使在古代雅典，伯里克利讨论的"爱和平的公民"也并不总参与政治。这个事实是基于抽签的代表制发展起来的一个主要原因。这种内在的紧张关系导致了商议和参与之间的对立。如果人们试图实现尽可能高质量的商议，如前文分析中随机选出的机构所示，难道不意味着限制参与者的人数，从而实现"公正"的讨论，而这种讨论不太可能在政治上动员人民？反过来说，如果人们的目的是尽可能多的公民参与，难道不应要求人们与过于体制化的制度机制保持距离，并依赖无助于高质量讨论的情感领域吗？

当然，在某种程度上，一种熟悉的思维方式可以被用于微众的观念。许多学者认为，最民主的制度就是直接实行人民主权的制度，但这种制度在大型现代社会是不切实际的；这样，代议制民主就被默认为退而求其次的解决方式。依此类推，由于不可能要求人民实现真正的永久自治，因此可以说，抽签是最可信的方式，特别是当抽签能认真对待民主的核心是平等这一根本前提时。然而，走向系统变革的道路不可能只在于一座缩微版的城市。要对决策产生真正的影响，制度参与必须与公民动员结合起来。依赖抽签的工具包含很强的民主逻辑，但是这些工具本身不足以自立。这些工具可以在更大的"民主的多元化"中发挥作用，比如，宪法法院的出现适时促进了这种多元发展。①

　　除非公民大会和其他微众至少可以从社会运动中汲取一些能量，否则它们就在冒着成为另一种制度机制的危险。在获得法律地位前，公民身份意味着一种活动：只有进行这种活动，它才成为一项权利。如"占领运动"以及各种气候游行所展示的，集体行动是民主的必要维度。公民大会和其他微众也可以提升底层群体的需求和价值观，底层群体通常并不能像统治群体那样运用强制措施。然而，出于同样的原因，底层群体也需要社会运动，这些社会运动的驱力不能被简化为商议理由；其中也必然涉及强烈的激情和对身份的感受。另外，只依赖这类激情、不加批判地赞扬"大众"的反叛，将意味着无视过去的错误。没有适当的制衡，权力和统治关系即使在最底层的运动中，也会被迅速复制。因此，挑战在于，如何在社会运动的一方与随机选出的机构、其他参与式和商议式机制的另一方之间组织富有成效的互动。

　　欧洲乃至整个世界都在酝酿着一些事情，这些事情是更广泛的政治和社会变革的一部分。未来会怎样，是后民主、威权主义还是激进民主的？现在的特征呈现出相互矛盾的趋势，未来还未定型。本书认为，抽签是未来的一份无价资产。抽签在现代政治中的复兴是当代民主再造的重要组成部分，标志着代表意义的演变，这种演变超越了18世纪居主导地位的精英逻辑。新出现的代表既不是选举出来的官员，也不是职业政治家。激活当代抽签组织的机构的内在逻辑不同于雅典模式，而具有了新的关切。一些研究者和实践者已经在研究，引发大规模试验的准理想商议规范，如何与更广泛的公共领域内更具包容性和复杂多样性的话语相结合。

---

　　① Pierre Rosanvallon, *Democratic Legitimacy: Impartiality, Reflexivity, Proximity*, Princeton: Princeton University Press, 2011.

如果认为,政治将一如既往,与 20 世纪相比不会有太大的变化,那就太天真了。近年来,自由民主代议制显然已经无力应对无所不能的金融资本主义、不平等的令人眩晕的增长、生态圈的不稳定,以及后殖民时代的世界新秩序所带来的挑战了。由于制度化的政治已经出现了严重的信誉危机,因此维持现状既不现实,也不可能。需要一个"真正的乌托邦",抽选的议会和其他微众必将是这种新愿景的一部分。①

在继续分析进行中的试验的同时,也要把抽签的政治运用研究扩展到西方世界以外的地区,并进行比较分析。这些年来,抽签经常被用于向集体自由的思想注入的制度形式。② 在历史上的某些时刻,这种做法已经,或者似乎消失了。如果从那时起,抽签似乎就在不同的地方、以不同的伪装形式经历着复苏,很可能是因为,它潜身于表面之下,就像生存在冰川中的微生物残留——待在无人查阅的档案里和盖满灰尘的书籍中,徘徊在政治生活的边缘。如果我们要理解抽签如何以及为何在 20 世纪末回归政治的话,通过历史人类学的镜头来拓宽我们的视野也许是必要的。我们因此也将处于一个有利的位置来更好地理解,这种政治程序如何以雅典人或者佛罗伦萨人所不能想象的多变方式获得重生。

毋庸置疑,充满怀疑的读者会追问:抽签在今天是否还有意义?尽管在过去的三十多年里,抽签的试验倍增,但这些试验大多发生在政治生活的边缘。一种回答或许是,以目前的增长速度,这样的试验很快就会占据更重要的位置。此外,在进行那些看似无关紧要的分析时,人们往往会为当代民主国家的总体演变提供一种模糊但至关重要的阐释。这种方法类似于卡洛·金兹伯格讨论过的著名的

---

① John Gastil and Erik Olin Wright (eds.), *Legislature by Lot*, op. cit.
② 在这方面,过去两个世纪的劳工运动是个例外,因为随机选择并不是它所引出的一系列要求或革命中的重要因素。

"莫雷利鉴定法"（Morelli method）。为了鉴定来源不明的艺术品，乔瓦尼·莫雷利（Giovanni Morelli，1816—1891）往往关注的不是最核心和最明显的方面，比如灿烂的微笑，而是恰恰能揭示真相的细节，由于细节是次要的，甚至是琐碎的，因此被复制的可能性小，比如一个耳垂、一块指甲等。① 基于多种方法的比较研究声称，聚焦抽签有助于我们更好地分析我们社会的当前动态，这似乎不再那么荒谬。从某种程度上来说，难道抽签不是民主过程图中的那个耳垂吗？

---

① Carlo Ginzburg, "Spie. Radici di un paradigmo indizario," in *Il filo e le trace. Vero, falso, finto*. Milan: Feltrinelli, 2006, pp. 281-293.

参考文献

ABBAS, Nabila (2019), *Das Imaginäre und die Revolution, Tunesien in revolutionären Zeiten*, Frankfurt am Main: Campus.

ABERS, Rebecca (2000), *Inventing Local Democracy: Grassroots Politics in Brazil*, Boulder/London: Lynne Rienner.

ABIZADEH, Arash (2019), "Representation, Bicameralism, Political Equality, and Sortition: Reconstituting the Second Chamber as a Randomly Selected Assembly," *Perspectives on Politics*, 18 (1), December, pp. 1059–1078.

ABRAMSON, Jeffrey B. (2003), *We the Jury. The Jury System and the Ideal of Democracy*, Cambridge (MA)/London: Harvard University Press.

ADAMS, John (1976), *Adams Papers, III. Thoughts on Government*, April 1776, https://founders.archives.gov/documents/Adams/06-04-02-0026-0004.

AGUILAR RIVERA, José Antonio (2015), "Las razones de la tómbola," *Nexos*, 1 April.

AGUITON, Christophe and CARDON, Dominique (2007), "The Strength of Weak Cooperation. An Attempt to Understand the Meaning of Web 2.0," *Communication & Strategies*, 65, pp. 51–65.

ALCIATO, Andrea (1615), *Les Emblèmes*, English edition: *Book of Emblems*, www.mun.ca/alciato/index.html.

ALLEN, Robert (2005), *Les Tribunaux criminels sous la Révolution et l'Empire, 1792–1811*, Rennes: Presses Universitaires de Rennes.

ALLSWANG, John (2000), *The Initiative and Referendum in California, 1898–1998*, Stanford: Stanford University Press.

ANDERSEN, Ida-Elisabeth and JAEGER, Birgit (1999), "Danish Participatory Models. Scenario Workshops and Consensus Conferences: Towards More Democratic Decision-Making," *Science and Public Policy*, 26 (5), pp. 331-340.

ANONYMOUS (1654), *Le règlement du Sort, contenant la forme et la manière de procéder à l'élection des officiers de la ville de Marseille*, Marseille: Claude Garcin.

ANONYMOUS (1720), *Memoriale der Geistlichkeit zu Basel, wegen Einfuehrung eines Looses, zu Hintertreibung der Pratiquen, und Verheutung dess Meineyds dorten vor Raeth und Burger proponirt Anno 1714*, Bern: S. Küpffer.

AQUINAS, Thomas (1963), *Liber de sortibus ad dominum Iacobum de Tonengo (1270–1271)*, trans. Peter Bartholomew Carey, Dover: Dominican House of Philosophy.

AQUINAS, Thomas (2010), *Summa Theologica (1269–1272)*, trans. Fathers of the English Dominican Province, Claremont: Coyote Canyon Press.

ARISTOTLE (1962), *The Politics*, Harmondsworth: Penguin.

ARISTOTLE (1984), *The Athenian Constitution*, Harmondsworth: Penguin.

ARMILLAS, José Antonio and SESMA, José Ángel (1991), *La Diputación de Aragón. El Gobierno aragonés, del Reyno a la Comunidad Autónoma*, Zaragoza: Oroel.

AVILA, Alfredo (1999), *En nombre de la nación. La formación del gobierno representativo en México (1808–1824)*, Mexico: Taurus/CIDE.

AVRITZER, Leonardo (2002), *Democracy and the Public Space in Latin America*, Princeton/Oxford: Princeton University Press.

AZOULAY, Vincent (2014), "Rethinking the Political in Ancient Greece," *Annales Histoire, Sciences, Sociales*, 69 (3), pp. 385-408.

BÄCHTIGER, André and STEINER, Jürg (2015), "How to Measure the Quality of Deliberation? The Discourse Quality Index (DQI) as a Possible Tool," in Stephen Coleman, Anna Przybylska, and Yves Sintomer (eds.), *Deliberation and Democracy: Innovative Processes and Institutions* Frankfurt am Main: Peter Lang, pp. 173-186.

BAGNASCO GIANNI, Giovanna (2001), "Le sortes etrusche," in Federica Cordano and Cristiano Grottanelli (eds.), *Sorteggio Pubblico e Cleromanzia dall'Antichità all'Età Moderna*, Milan: Edizioni Et, pp. 197-219.

BAIOCCHI, Gianfranco (2005), *Militants and Citizens. The Politics of Participatory*

Democracy in Porto Alegre, Stanford: Stanford University Press.

BAKER, Keith M. (1990), *Inventing the French Revolution: Essays on French Political Culture in the Eighteenth Century*, Cambridge: Cambridge University Press.

BALIBAR, Etienne (1989), "Spinoza, the Anti-Orwell: The Fear of the Masses," *Rethinking Marxism*, 2 (3), pp. 104-139.

BALIBAR, Etienne (1998), *Droit de cité. Culture et politique en démocratie*, Paris: L'Aube.

BALIBAR, Etienne (2001), *Nous, citoyens d'Europe? Les frontières, l'État, le peuple*, Paris: La Découverte.

BARAT, Raphaël (2018), "*Les élections que fait le peuple*". *République de Genève, vers 1680-1707*, Geneva: Droz.

BARAT, Raphaël (2020), "The Introduction of Sortition in the Republic of Geneva (1691)," in Liliane Lopez-Rabatel and Yves Sintomer (eds.), *Sortition and Democracy*, Exeter: Imprint Academics, pp. 260-261.

BARBER, Benjamin (1984), *Strong Democracy: Participatory Politics for a New Age*, Berkeley/London: University of California Press.

BARNES, Marian (1999), *Building a Deliberative Democracy. An Evaluation of Two Citizens' Juries*, London: Institute for Public Policy Research.

BARON, Hans (1966), *The Crisis of the Early Italian Renaissance*, Princeton: Princeton University Press.

BAR-ON, Shraga (2020), *Lot Casting, God, and Man in Jewish Literature: From the Bible to the Renaissance*. Ramat-Gan: Bar-Ilan University Press/Jerusalem: Shalom Hartman Institute, 2020 [in Hebrew].

BARRIO BARRIO, Juan Antonio (1991) [1427], "La introducción de la insaculación en la Corona de Aragón. Xátiva, transcripción documental," *Anales de la Universidad de Alicante. Historia Medieval*, 1991 (8), pp. 99 - 114. https://rua.ua.es/dspace/bit-stream/10045/6982/1/HM_08_05.pdf.

BEAUD, Stéphane and PIALOUX, Michel (1999), *Retour sur la condition ouvrière*, Paris: Fayard.

BECK, Ulrich (1992), *Risk Society*, London: Sage.

BELL, Daniel (2020), "Dialogue on Sortition with ProfessorsWang Shaoguang and

Yves Sintomer," https://danielabell.com/2020/08/25/dialogue-on-sortition-with-professors-wang-shaoguang-and-yves-sintomer/.

BELMAS, Elisabeth (2006), *Jouer autrefois. Essai sur le jeu dans la France moderne (XVI-XVII siècle)*, Seyssel: Champ Vallon.

BENJAMIN, Walter (1974), "Goethes Wahlverwandtschaften," in R. Tiedemann and H. Schweppenhäuser (eds.), *Gesammelte Schriften*. I (1), Frankfurt: Suhrkamp, pp. 125-201.

BERGER, Joël, OSTERLOH, Margit, ROST, Katja, and EHRMANN, Thomas (2020), "How to prevent leadership hubris? Comparing competitive selections, lotteries, and their combination," *The Leadership Quarterly*, 31 (5), October, 101388.

BERTHOUT, Augustin (2017), "Le sort est un Dieu. Aux origines du tirage au sort politique à Athènes," *Jus politicum*, 17 (January), pp. 709-778.

BIVILLE, Frédérique (2020), "*Sors, sortiri, sortitio*. Pratiques et lexique du tirage au sort dans le monde romain," in Liliane Lopez-Rabatel and Yves Sintomer (eds.), *Tirage au sort et démocratie. Histoire, instruments, théories*, Louvain-la-Neuve: De Boeck, 2019, pp. 139-156.

BLACKSTONE, William (1765-1769), *Commentaries on the Laws of England*, Oxford: Clarendon Press.

BLEICKEN, Jochen (1994), *Die Athenische Demokratie*, Paderborn: Schöning.

BLOCH, Marc (1973), *The Royal Touch*, London: Routledge & Kegan Paul.

BLOK, Josine (2014), "Participatory Governance: The Case for Allotment," *Etnofoor (Participation)*, 26 (2), pp. 73-80.

BLOK, Josine (2017), *Citizenship in Ancient Athens*, Cambridge: Cambridge University Press.

BLOK, Josine (forthcoming), "The Lot and the Ancient Democracy," in Irad Malkin (forthcoming), *Drawing Lots with Ancient Greeks*.

BLONDIAUX, Loïc (1998), *La fabrique de l'opinion. Une histoire sociale des sondages*, Paris: Seuil.

BLONDIAUX, Loïc (2008), *Le nouvel esprit de la démocratie*, Paris: Seuil.

BLONDIAUX, Loïc and SINTOMER, Yves (2002), "Démocratie et délibération," *Politix*, 15 (57), pp. 17-35.

BLÖSEL, Wolfgang (2020), "The Sortition of Consular and Praetorian Provinces in the Roman Republic," in Liliane Lopez-Rabatel and Yves Sintomer (eds.), *Sortition and Democracy*, Exeter: Imprint Academics, pp. 169-181.

BOBBIO, Luigi (2006), "Dilemmi della democrazia partecipativa," *Democrazia e diritto*, 4, pp. 11-26.

BOBBIO, Luigi and GIANNETTI, Daniela (2007), *Rivista Italiana di Politiche Pubbliche*, 2, August, Thematic Issue on Citizens' Juries.

BOLTANSKI, Luc and CHIAPELLO, Eve (2007), *The New Spirit of Capitalism*, London: Verso.

BONNEUIL, Christophe (2006), "Cultures épistémiques et engagement public des chercheurs dans la controverse OGM," *Natures Sciences Sociétés*, 14 (3), pp. 257-268.

BONIN, Hugo (2020), *Du régime mixte à la 'vraie démocratie': une histoire con-ceptuelle du mot democracy en Grande-Bretagne, 1770-1920*, PhD thesis, Paris 8 University/UQAM, October.

BONIN, Hugo, BAECKELANDT, Simon, and WÜTHRICH, Zélie (2021), "' A Breath of Fresh Air'? Sortition in the Rejuvenation of the French Economic, Social and Environmental Council," Doctoral and postdoctoral workshop "Sortition in Politics: History, Sociology, Philosophy," Oxford, February 15, 2021.

BOTHOREL, Julie (2020), "Civic Sortition in Republican and Imperial Rome. Physical Instruments and Technical Logistics," in Liliane Lopez-Rabatel and Yves Sintomer (eds.), *Sortition and Democracy*, Exeter: Imprint Academics, pp. 151-168.

BOTHOREL, Julie (2022), *Le tirage au sort des provinces sous la République*, Rome: Collection de l'Ecole française de Rome.

BOURICIUS, Terrill G. (2013), "Democracy Through Multi-Body Sortition: Athenian Lessons for the Modern Day," *Journal of Public Deliberation*, 9 (1), article 11.

BOURDIEU, Pierre (1984), *Distinction: A Social Critique of the Judgement of Taste*, Cambridge, MA: Harvard University Press.

BOURDIEU, Pierre (1993), *Sociology in Question*, London: Sage.

BOURG, Dominique et al. (2011), *Pour une sixième République écologique*, Paris: Odile Jacob.

BOURG, Dominique and BOY, Daniel (2005), *Conférences de citoyens, mode d'emploi*, Paris: Charles Léopold Mayer/Descartes & Cie.

BRAND, Patricia and GUANZINI, Catherine (2018), "Rôle du tirage au sort dans les pratiques électorales au XVIIIe siècle. Le cas d'Yverdon et des villes vaudoises," in Antoine Chollet and Alexandre Fontaine (eds.), *Expériences du tirage au sort en Suisse et en Europe*, Bern: Bibliothek am Guisanplatz, pp. 145–172.

BRAUDEL, Fernand (1993), *La Méditerranée et le monde méditerranéen à l'époque de Philippe II*, Paris: Le Livre de Poche.

BRUCKER, Gene A. (1968), "The Ciompi Revolution," in N. Rubinstein (ed.), *Florentine Studies. Politics and Society in Renaissance Florence*. London: Faber, pp. 314–356.

BRUCKER, Gene A. (1977), *The Civic World of Early Renaissance Florence*, Princeton: Princeton University Press.

BRUCKER, Gene A. (1998), *Florence: The Golden Age, 1138–1737*, Berkeley: University of California Press.

BRUNI, Leonardo (1987a), "On the Florentine Constitution" [1439, original in Greek], in G. Griffiths, J. Hankins and D. Thompson (eds.), *The Humanism of Leonardo Bruni. Selected Texts*. Binghamton, NY: Center for Medieval and Early Renaissance Studies, State University of New York.

BRUNI, Leonardo (1987b), "Oration for the Funeral of Nanni Strozzi" [1428, original in Latin], in G. Griffiths, J. Hankins and D. Thompson (eds.), *The Humanism of Leonardo Bruni. Selected Texts*. Binghamton, NY: Center for Medieval and Early Renaissance Studies, State University of New York.

BRUNI, Leonardo (2001–2004), *Historiae Florentini Populi*, 3, James Hankins (ed.), Cambridge, MA: Harvard University Press.

BRUNI, Leonardo (2005), *In Praise of Florence*, Amsterdam: Olive Press.

BUCHSTEIN, Hubertus (2009), *Demokratie und Lotterie*, Frankfurt am Main: Campus.

BUONARROTI, Philippe (1869) [1828], *Gracchus Babeuf et la conjuration des égaux*, Paris: Armand Le Chevalier.

BUONOCORE, Mauro (2006), "Un weekend deliberativo all'ombra del Partenone," *Reset*, 96, July-August, pp. 6–8.

BURKE, Edmund (1775) [1774], "Speech to the Electors of Bristol," November 3, 1774, in *Mr. Burke's Speeches at His Arrival at Bristol and at The Conclusion of the Poll*, London: J. Dodsley (2nd edition).

BURKE, Edmund (1854-1856) [1770], "Thoughts on the Cause of the Present Discontents," 1770, in *The Works of the Right Honourable Edmund Burke*, London, Henry G. Bohn, 1854-56, 1, pp. 347-349.

BURNHEIM, John (1985), *Is Democracy Possible ?*, Cambridge: Polity Press.

BUTTAY-JUTIER, Florence (2008), *Fortuna. Usages politiques d'une allégorie morale à la Renaissance*, Paris: Presses Universitaires Paris-Sorbonne.

CADONI, Giorgio (1999), *Lotte politiche e riforme istituzionali a Firenze tra il 1494 e il 1502*, Rome: Istituto storico italiano per il medio evo.

CAILLOIS, Roger (1967), *Les Jeux et les Hommes*, Paris: Gallimard.

CALLENBACH, Ernest and PHILLIPS, Michael (2008) [1985], *A Citizen Legislature*, Exeter: Imprint Academic.

CALLON, Michel, LASCOUMES, Pierre and BARTHE, Yannick (2011), *Acting in an Uncertain World: An Essay on Technical Democracy (Inside Technology)*, Cambridge, MA: MIT Press.

CALUWAERTS, Didier (2012), *Confrontation and Communication: Deliberative Democracy in Divided Belgium*, Brussels: European Interuniversity Press.

CARDON, Dominique (2010), *La Démocratie Internet. Promesses et limites*, Paris: Seuil.

CARSON, Lyn, GASTIL, John, HARTZ-KARP, Janette and LUBENSKY, Ron (eds.) (2013), *The Australian Citizens' Parliament and the Future of Deliberative Democracy*, University Park, PA: Pennsylvania State University Press.

CARSON, Lyn and MARTIN, Brian (1999), *Random Selection in Politics*, Westport: Praeger Publishers.

CASEY, James (1979), *The Kingdom of Valencia in the Seventeenth Century*, Cambridge: Cambridge University Press.

CASSIRER, Ernst (1983), *Individu et Cosmos dans la philosophie de la Renaissance*, Paris: Minuit.

CASTORIADIS, Cornelius (1984), *Crossroads in the Labyrinth*, Brighton: Harvester.

CASTORIADIS, Cornelius (1986), *Domaines de l'homme*, Paris: Seuil.

CASTORIADIS, Cornelius (1987), *The Imaginary Institution of Society*, Cambridge, MA: MIT Press.

CASTORIADIS, Cornelius (2008), *La cité et les lois. Ce qui fait la Grèce 2*, séminaires 1983-1983, Paris: Seuil.

CAVALCANTI, Giovanni (1944), *Istorie Fiorentine*, Milan: Ed. di Pino.

CELLI, Roberto (1980), *Pour l'histoire des origines du pouvoir populaire. L'expérience des villes-États italiens (XIème-XIIème siècles)*, Louvain-la-Neuve: Publications de l'Institut d'études médiévales, 2nd series, 3.

CHAKRABARTY, Dipesh (2007), *Provincializing Europe: Postcolonial Thought and Historical Difference*, Princeton: Princeton University Press.

CHAMBERS, Simone (2009), "Rhetoric and the Public Sphere: Has Deliberative Democracy Abandoned Mass Democracy?," *Political Theory*, 37 (3), pp. 323-350.

CHAMPEAUX, Jacqueline (1982-1987), *Fortuna. Recherches sur le culte de la Fortune à Rome*, 2 volumes, Rome: French School of Rome.

CHENG, Joseph, SHEH, Yu and LI, Fan (2015), "Local Government's Consultative Budgetary Reforms in China: A Case Study of Wenling City," *China International Journal*, 13 (1), pp. 115-118.

CHIARELLI, Giorgio et al. (1978), *Florenz und die große Zeit der Renaissance, Leben und Kultur in einer europäischen Stadt*, Würzburg: Georg Popp.

CHOJNACKI, Stanley (1997), "La formazione della nobiltà dopo la Serrata," in *Storia di Venezia. Dalle origini alla caduta della Serenissima*, vol. III, Rome: Istituto della Enciclopedia italiana, pp. 641-725.

CHOLLET, Antoine and FONTAINE, Alexandre (eds.) (2018), *Expériences du tirage au sort en Suisse et en Europe (XVIe-XXIe siècles)*. Bern: Publications en série de la bibliothèque Am Guisanplatz, 74.

CHOLLET, Antoine and MANIN, Bernard (2019), "Les postérités inattendues de *Principes du gouvernement représentatif*: une discussion avec Bernard Manin," *Participations*, thematic issue "Le tirage au sort au XXIe siècle," 1, 23, pp. 171-192.

CHRISTIN, Olivier (2014), *Vox populi. Une histoire du vote avant le suffrage universel*, Paris: Seuil.

CICERO (1923), *De Divinatione*, Cambridge, MA: Loeb Classical Library/Harvard University Press.

CIRONE, Alessandra and COPPENOLLE, Brenda van (2019), "Bridging the Gap. Lottery-Based Procedures in Early Parliamentarization,"*World Politics*, 71 (2), pp. 197-235.

CLASTRES, Pierre (1980), *Recherches d'anthropologie politique*, Paris: Seuil.

CLASTRES, Pierre (1987), *Society against the State: Essays in Political Anthropology*, New York: Zone Books.

CLAVERIE, Elisabeth (1984), "De la difficulté de faire un citoyen: les 'acquittements scandaleux' du jury dans la France provinciale du début du XIXe siècle," *Études rurales*, 95-96, July-December, pp. 143-166.

COCTEAU, Jean (1998), *Bacchus*, Paris: Gallimard.

COHEN, Léo (2020), "Ils réussiraient là où nous avons échoué,"*Revue XXI*, 52, Fall, pp. 118-131.

CONDORCET (1986), *Sur les élections et autres textes*, Paris: Fayard.

CONSO, Giovanni (2001), "Séance d'ouverture," *Revue internationale de droit pénal*, 72 (1-2), pp. 15-18.

CONSTANT, Benjamin (1988), "The Liberty of the Ancients Compared with the Moderns," in *Political Writings*, Cambridge: Cambridge University Press, pp. 309-328.

CONTARINI, Gasparo (2020) [1543], *The Republic of Venice. De magistratibus et republica Venetorum*, Toronto/Buffalo/London: The University of Toronto Press.

COOK, Kimberly J. and POWELL, Chris (2003), "Unfinished Business: Aboriginal Reconciliation and Restorative Justice in Australia," *Contemporary Justice Review*, 6 (3), September, pp. 279-291.

COOTE, Anna and LENAGHAN, Jo (1997), *Citizen's Juries: Theory into Practice*, London: Institute for Public Policy Research.

CORDANO, Federica and GROTTANELLI, Cristiano (eds.) (2001), *Sorteggio Pubblico e Cleromanzia dall'Antichità all'Età Moderna*, Milan: Edizioni Et.

CORDIER, Lionel (2020), "*Crise démocratique et mutations contemporaines de la représentation politique: l'exemple islandais (2008-2017)*," PhD thesis, University Lumière Lyon 2/University of Iceland.

CORDIER, Lionel (2021), "Échapperà la conflictualité? Le tirage au sort comme outil de management et d'union nationale," *Raisons politiques*, 82, May, pp. 91–105.

COSTA DELGADO, Jorge (2017a), "Resistencias a la introducción del sorteo entre el asamblearismo y la institucionalización: el caso de Podemos Cádiz," *Daimon. Revista Internacional de Filosofía*, 72, September–December, pp. 221–237.

COSTA DELGADO, Jorge, MORENO PESTAÑA, José-Luis, PEREZ-RABATEL, Lilane and SINTOMER, Yves (2017b), *Sorteo y democracia/Sortition and Democracy*, thematic issue, *Daimon. Revista Internacional de Filosofia*, Ediciones de la Universidad de Murcia, 72, September-December.

COULANGES, Fustel de (1891), "Nouvelles recherches sur le tirage au sort appliqué à la nomination des archontes athéniens," *Nouvelles Recherches sur quelques problèmes d'histoire*. Paris: Hachette, pp. 147–179.

COURANT, Dimitri (2019), "Délibération et tirage au sort au sein d'une institution per-manente. Le Conseil Supérieur de la Fonction Militaire (1968–2016)," *Participation*, 1, 23, pp. 61–92.

COURANT, Dimitri (2020a), "Des mini-publics délibératifs pour sauver le climat? Analyses empiriques de l'Assemblée citoyenne irlandaise et de la Convention citoy-enne française,"*Archives de philosophie du droit*, 62 (1), pp. 487–507.

COURANT, Dimitri (2020b), "From Kleroterion to Cryptology: The Act of Sortition in the 21st Century, Instruments and Practices," in Liliane Lopez-Rabatel and Yves Sintomer (eds.), *Sortition and Democracy*, Exeter: Imprint Academics, pp. 343–371.

COURANT, Dimitri (2021), "Citizens' Assemblies for Referendums and Constitutional Reform: Is There an 'Irish Model' for Deliberative Democracy?" *Frontiers in Political Science*, 8 January.

COURCELLE, Pierre (1953), "L'enfant et les 'sorts bibliques'," *Vigiliae Christianae*, Amsterdam: North Holland Publishing Company.

CRACCO, Giorgio (1979), "Patriziato e oligarchia a Venezia nel Tre-Quattrocento," in Sergio Bertelli, Nicolai Rubinstein and Craig Hugh Smyth (eds.), *Florence and Venice: Comparisons and Relations*. vol. I: *Quattrocento*, Florence: La Nuova Italia, pp. 71–98.

CROSBY, Ned (1975), *In Search of the Competent Citizen*, Working Paper, Plymouth: Center for New Democratic Processes.

CROSBY, Ned and NETHERCUT, Doug (2005), "Citizens Juries: Creating a Trustworthy Voice of the People," in John Gastil and Peter Levine (eds.), *The Deliberative Democracy Handbook*, San Francisco: Jossey-Bass, pp. 111-119.

CROUCH, Colin (2004), *Post-Democracy*. Cambridge: Polity.

CROZIER, Michel, HUNTINGTON, Samuel and WATANUKI, Joji (1975), *The Crisis of Democracy: Report on the Governability of Democracies to the Trilateral Commission*, New York: New York University Press.

CUMONT, Franz (1897), "Les Actes De Saint Dasius," *Analecta Bollandiana*, 16, pp. 5-16.

CURATO, Nicole, VRYDAGH, Julien and BÄCHTIGER, André (eds.) (2020), "Democracy without Shortcuts," *Journal of Deliberative Democracy*, Special Issue, 16.

CURTI, Léopold (1797), *Lettres sur la Suisse*, vol. I, Altona: Chez Jean David Adam Eckart.

DAHL, Robert A (1970), *After the Revolution? Authority in a Good Society*, New Haven: Yale University Press.

DAHL, Robert A (1989), *Democracy and its Critics*, New Haven: Yale University Press.

DALARUN, Jacques (2012), *Gouverner c'est servir: Essai de démocratie médiévale*, Paris: Alma Éditeur.

DALTON, Russell J. and WATTENBERG, Martin P. (2002), *Parties without Partisans: Political Changes in Advanced Industrial Societies*, Oxford: Oxford University Press.

DANTE (2003), *The Divine Comedy: The Inferno, The Purgatorio, and The Paradiso*, London: Dutton/Signe.

DARTMANN, Christoph, WASSILOWSKY, Günther and WELLER, Thomas (eds.) (2010), *Technik und Symbolik vormoderner Wahlverfahren (Beihefte der Historischen Zeitschrift)*. Munich: Oldenbourg.

DAVERIO ROCCHI, Giovanna (2001), "Spazi e forme del sorteggio democratico," in Cordano Federica and Grottanelli Cristiano (eds.), *Sorteggio Pubblico e Clero-*

manzia dall'Antichità all'Età Moderna, Milan: Edizioni Et, pp. 95-106.

Decretum magistri Gratiani. (1879), *Editio Lipsiensis secunda, post Aemilii Ludovici Richteri curas, ad librorum manu scriptorum et editionis Romanae fidem recognovit et adnotatione critica instruxit Aemilius Friedberg*. Leipzig: B. Tauchnitz (Corpus iuris canonici; 1).

DELANNOI, Gil and DOWLEN, Oliver (eds.) (2010), *Sortition. Theory and Practice*, Exeter (UK): Imprint-Academic.

DÉLOYE, Yves and IHL, Olivier (2008), *L'acte de vote*, Paris: Presses de Sciences.

DEMONT, Pau (2000), "Lots héroïques: remarques sur le tirage au sort de l'Iliade aux Sept contre Thèbes," *Revue des Études Grecques*, 113 (2), pp. 299-325.

DEMONT, Paul (2010), "Tirage au sort et démocratie en Grèce ancienne," *La Vie des idées*, 22 June.

DEMONT, Paul (2020), "Selection by Lot in Ancient Athens: From Religion to Politics," in Liliane Lopez-Rabatel and Yves Sintomer (eds.), *Sortition and Democracy*, Exeter: Imprint Academics, pp. 112-129.

DESROSIÈRES, Alain (2000), *La politique des grands nombres. Histoire de la raison statistique*, Paris: La Découverte.

DESTUTT de TRACY, Antoine (1819), *Commentaire sur l'Esprit des lois de Montesquieu*, Paris: Th. Desoer.

DEWEY, John (1954), *The Public and Its Problems*, Athens, OH: Swallow Press/Ohio University Press.

DISALVATORE, Massimo (2001), "Il sorteggio tra politica e religione. Un caso tessalico," in Federica Cordano and Cristiano Grottanelli (eds.), *Sorteggio Pubblico e Cleromanzia dall'Antichità all'Età Moderna*, Milan: Edizioni Et, pp. 119-130.

DICK, Philip K. (1955), *Solar Lottery*, New York: Ace Books.

DIENEL, Hans-Liudger (2010), "Les jurys citoyens: pourquoi sont-ils encore si rarement utilisés?" in Marie-Hélène Bacqué and Yves Sintomer (eds.), *La démocratie participa-tive inachevée. Genèse, adaptations et diffusions*, Paris: Yves Michel, pp. 101-114.

DIENEL, Peter (1970), "Techniken bürgerschaftlicher Beteiligung an Planungsprozessen," *Offene Welt*, 101, pp. 144-156.

DIENEL, Peter C. (1997), *Die Planungszelle*, Wiesbaden: Westdeutscher Verlag.

DIENEL, Peter C. (2009), *Demokratisch, praktisch, gut: Merkmale, Wirkungen und Perspektiven von Planungszellen und Bürgergutachte*, Berlin: Dietz.

DIENEL, Peter C. and RENN, Ortwin (1995), "Planning Cells: A Gate to 'Fractal' Mediation," in Ortwin Renn, Thomas Webler and Peter Weidemann (eds.), *Fairness and Competence in Citizen Participation-Evaluating Models for Environmental Discourse*. Dordrecht: Kluwer Academic, pp. 117–140.

DOWLEN, Oliver (2008), *The Political Potential of Sortition. A Study of the Random Selection of Citizens for Public Offices*, Exeter, UK/Charlottesville, VA: Imprint Academic.

DRUEY, Henri (1828), "Essai sur les nouveaux principes politiques," *Le Nouvelliste Vaudois*, 40, May 16.

DRYZEK, John (1990), *Discursive Democracy. Politics, Policy and Political Science*, Cambridge: Cambridge University Press.

DUBOIS, Laurent (1989), *Inscriptions grecques dialectales de Sicile*, 206, Rome: Publications de l'École française de Rome.

DUPUIS, Aurèle (2021), "*Aristocratie distributive et traditions républicaines: une histoire comparative des usages du tirage au sort en politique dans trois cantons suisses d'Ancien Régime (17e–18e siècles)*," PhD thesis, Lausanne: Lausanne University.

DUPUIS-DÉRI, Francis (2013), *Démocratie, histoire politique d'un mot aux États-Unis et en France*, Montréal: Lux.

EHRENBERG, Victor (1923), "Losung", in *Paulys Real-Enzyklopädie der klassischen Altertumswissenschaft*. Stuttgart, pp. 1451–1504.

ELSTER, Jon (ed.) (1988), *Deliberative Democracy*, Cambridge: Cambridge University Press.

ELSTER, Jon (1991), *Arguing and Bargaining in Two Constituent Assemblies*, New Haven, CT: Yale Law School.

ELSTER, Jon (2008), "Le tirage au sort, plus juste que le choix rationnel," July 2, 2008, https://laviedesidees.fr/Le-tirage-au-sort-plus-juste-que-le-choix-rationnel.html.

ELSTER, Jon (2013), *Securities Against Misrule. Juries, Assemblies, Elections*, Cambridge: Cambridge University Press.

ESPING-ANDERSEN, Gota (1990), *The Three Worlds of Welfare Capitalism*, Princeton: Princeton University Press.

FARRAR, Cynthia and FISHKIN, James (2005), "Deliberative Polling. From Experiment to Community Resource," in John Gastil and Peter Levine (eds.), *The Deliberative Democracy Handbook*, San Francisco: Jossey-Bass, pp. 68–79.

FARRELL, David, HARRIS, Clodagh and SUITER, Jane (2016), "The Irish Constitutional Convention: A Case of 'High Legitimacy'?" in Min Reuchamps and Jane Suiter (eds.), *Constitutional Deliberative Democracy in Europe*, Colchester: ECPR Press, pp. 33–52.

FARRELL, David M., SUITER, Jane, HARRI, Clodagh and CUNNINGHAM, Kevin (2020), "The Effects of Mixed Membership in a Deliberative Forum: The Irish Constitutional Convention of 2012–2014,"*Political Studies*, 68 (1), pp. 54–73.

FELICETTI, Andrea and DELLA PORTA, Donatella (2019), "Joining Forces: The Sortition Chamber from a Social-Movement Perspective," in John Gastil and Erik Olin Wright (eds.), *Legislature by Lot*, London: Verso, pp. 145–165.

FERRER, Magín (1843), *Las leyes fundamentales de la monarquía española, según fueron antiguamente y según sean en la época actual*, Barcelona: Imprimería y libre-ría de Pablo Riera.

FEUCHTWANG, Stephan (2003), "Peasants, Democracy and Anthropology: Questions of Local Loyalty," *Critique of Anthropology*, 23 (1), pp. 93–120.

FINLEY, Moses I. (1991), *The Invention of Politics*, Cambridge: Cambridge University Press.

FISCHER, Frank (2003), *Reframing Public Policy*, Oxford/New York: Oxford University Press.

FISHKIN, James (1991), *Democracy and Deliberation*, New Haven/London: Yale University Press.

FISHKIN, James (1995), *The Voice of the People: Public Opinion and Democracy*, New Haven/London: Yale University Press.

FISHKIN, James (2009), *When the People Speak: Deliberative Democracy and Public Consultation*, New York: Oxford University Press.

FISHKIN, James (2015), "Reviving Deliberative Democracy: Reflections on Recent Experiments," in Stephen Coleman, Anna Przybylska and Yves Sintomer (eds.)

Deliberation: Values, Processes, Institutions, Frankfurt/Main: Peter Lang, pp. 99–108.

FISHKIN, James (2018), *Democracy When the People Are Thinking: Revitalizing Our Politics Through Public Deliberation*, Oxford/New York: Oxford University Press.

FISHKIN, James, HE, Baogang, LUSKIN, Robert C. and SIU, Alice (2010), "Deliberative Democracy in an Unlikely Place: Deliberative Polling in China," *British Journal of Political Science*, pp. 1–14.

FLAIG, Egon (2004), *Ritualisierte Gesten. Zeichen, Gesten und Herrschaft im alten Rom*, Göttingen: Vandenhoeck.

FLAMAND, Amélie (2011), "La fabrique d'un public régional: Observation participante du premier jury citoyen en Poitou-Charentes," in Julien Talpin and Yves Sintomer (eds.), *La démocratie participative au-delà de la proximité: Le Poitou-Charentes et l'échelle régionale*, Rennes: Presses universitaires de Rennes, pp. 75–90.

FONT, Joan (2001), *Ciudadanos y decisiones públicas*, Barcelona: Ariel.

FOURNEl, Jean-louis (2020), "Du *parlamento* au Grand conseil florentin (1494–1530). Le passage de la représentation des citoyens d'une place publique à une salle fermée," in Samuel Hayat, Corinne Péneau and Yves Sintomer (eds.), *La représentation avant le gouvernement représentatif*, Rennes: Presses Universitaires de Rennes, pp. 151–174.

FOURNIAU, Jean-Michel (2020), "The Selection of Deliberative Minipublics: Sortition, Motivation, and Availability," in Liliane Lopez-Rabatel and Yves Sintomer (eds.), *Sortition and Democracy*, Exeter: Imprint Academics, pp. 372–399.

FOURNIAU, Jean-Michel (2021), "Gouverner une Assemblée citoyenne? Retour sur le rôle du comité de gouvernance de la CCC," conference "Toward Citizen-Legislators? The Case of the French Citizen' Convention for Climate (2019–2021)," Yale University, May 19, 20, and 21.

FOURNIER, Patrick, VAN DER KOLK, Henk, CARTY, R. Kenneth, BLAIS, André and ROSE, Jonathan (2011), *When Citizens Decide. Lessons from Citizens Assemblies on Electoral Reform*, Oxford/New York: Oxford University Press.

FRASER, Nancy (1997), "Rethinking the Public Sphere: A Contribution to the Critique of Actually Existing Democracy," in *Justice Interruptus. Critical Reflections* on the *"Postsocialist" Condition*. New York/London: Routledge, pp. 11-40.

FRAZER, James G. (1900), *The Golden Bough*, 3 vol., 2nd edition, London: Macmillan.

FREUD, Sigmund (2002), *Civilization and Its Discontents*, London: Penguin.

FUKUYAMA, Francis (2012) [1992], *The End of History and the Last Man*, London: Penguin.

FUNES, María F., TALPIN, Julien and RULL, Mathias (2014), "The Cultural Consequences of Engagement in Participatory Processes," in Joan Font, Donatella della Porta and Yves Sintomer (eds.), *Local Participation in Southern Europe: Causes, Characteristics and Consequences*, Washington, DC: Rowman & Littlefield, pp. 151-189.

FUNG, Archon (2005), "Deliberation before the Revolution: Toward an Ethics of Deliberative Democracy in an Unjust World," *Political Theory*, 33 (3), pp. 397-419.

FUNG, Archon and WRIGHT, Erik Olin (eds.) (2003), *Deepening Democracy. Institutional Innovations in Empowered Participatory Governance*, London/New York: Verso.

GABORIT, Maxime (2021), "The French Citizens' Convention on Climate in its Ecosystem. Climate Democracy and Social Movements," doctoral and postdoctoral workshop titled "Sortition in Politics: History, Sociology, Philosophy," Oxford, February, 15.

GANUZA, Ernesto and BAIOCCHI, Gianpaolo (2012), "The Power of Ambiguity: How Participatory Budgeting Travels the Globe," *Journal of Public Deliberation*, 8 (2), article 8.

GARIN, Eugenio (1993), *L'umanesimo italiano*, Rome: Laterza.

GARRIGOU, Alain (1992), *Le vote et la vertu. Comment les Français sont devenus électeurs*, Paris: Presses de la FNSP.

GARRIGOU, Alain (2002), *Histoire sociale du suffrage universel en France. 1848-2000*, Paris: Seuil.

GASTIL, John (2000), *By Popular Demand: Revitalizing Representative Democracy through Deliberative Elections*, Berkeley: University of California Press.

GASTIL, John and LEVINE, Peter (2005), *The Deliberative Democracy Handbook*.

San Francisco: Jossey-Bass.

GASTIL, John and KNOBLOCH, Katherine (2010), *Evaluation Report to the Oregon State Legislature on the 2010 Oregon Citizens' Initiative Review*, Seattle: University of Washington.

GASTIL, John, KNOBLOCH, Katherine and REITMAN, Tyrone (2015), "Connecting Micro-Deliberation to Electoral Decision-Making Institutionalizing the Oregon Citizens' Initiative," in Stephen Coleman, Anna Przybylska and Yves Sintomer (eds.), *Deliberation: Values, Processes, Institutions*, Frankfurt am Main: Peter Lang, pp. 21-40.

GASTIL, John and WRIGHT, Erik Olin (eds.) (2018), *Politics and Society*, 46 (3), Special Issue, *Legislature by Lot: Transformative Designs for Deliberative Governance*.

GASTIL, John and WRIGHT, Erik Olin (eds.) (2019a), *Legislature by Lot. An Alternative Design for Deliberative Governance*, London: Verso.

GATAKER, Thomas (2008) [1619-1627], *Of the Nature and Use of Lots: A Treatise Historicall and Theologicall*, Exeter: Imprint Academic.

GAXIE, Daniel (1978), *Le cens caché*, Paris: Seuil.

GENRO, Tarso and DE SOUZA, Ubiratan (1997), *Orçamento Participativo. A experiência de Porto Alegre*, São Paulo: Editoria Fundação Perseu Abramo.

GANDHI, Mahatma (1968), *The Selected Works of Mahatma Gandhi*, (ed.), Shriman Narayan, vol. V: *The Voice of Truce*, Ahmedabad: Navajivan Publishing House. p. 303.

GIANNINI, Guglielmo (2002) [1945], *La Folla. Seimila anni di lotta contro la tirannide*, Soveria Mannelli: Rubbettino.

GIANNOTTI, Donato (1974) [1526-1533], *Della Repubblica de' Viniziani*, in Furio Diaz (ed.), *Opere politiche*, Milan: Marzorati, vol. I, pp. 28-152.

GIBSON, Gordon (2007), "Deliberative Democracy and the B. C. Citizens' Assembly," speech delivered on February 23 2007, www.ccfd.ca/index.php? option = com_conten t&task = view&id = 409&Itemid = 284 (site of the Citizens' Centre for Freedom and Democracy).

GIDE, André (1930), *Souvenirs de la Cour d'assises*, Paris: Éditions de la Nouvelle Revue française.

GIGERENZER, Gerd, SWIJTINK, Zeno, PORTER, Theodore, DASTON, Lorraine, BEATTY, John and KRUGER, Lorenz (1989), *The Empire of Chance: How Probability Changed Science and Everyday Life*, Cambridge: Cambridge University Press.

GILBERT, Felix (1968), "The Venetian Constitution in Florentine Political Thought," in N. Rubinstein (ed.), *Florentine Studies. Politics and Society in Renaissance Florence*. Evanston: Northwestern University Press, pp. 463-500.

GILLIER, Dominique (2021), *Rapport et recommandations du groupe de retour d'expérience de la Convention citoyenne pour le climat*, Paris: CESE, March.

GINZBURG, Carlo (1990), *Ecstasies, Deciphering the Witches' Sabbath*, London: Hutchinson Radius.

GINZBURG, Carlo (2006), "Spie. Radici di un paradigmo indizario," in *Il filo e le trace. Vero, falso, finto*. Milan: Feltrinelli, pp. 281-293.

GISSINGER-BOSSE, Celia (2017), *Être juré populaire en cour d'assises. Faire une expérience démocratique*, Paris: Éditions de la Maison des sciences de l'homme.

GLOTZ, Gustave (2005), *The Greek City and Its Institutions*, London: Kegan Paul.

GOETHE, Johann Wolfgang von (2008), *Elective Affinities: A Novel*, Oxford: Oxford University Press.

GOODIN, Robert E. and DRYZECK, John (2006), "Deliberative Impacts. The Macro-Political Uptake of Minipublics," *Politics and Society*, 34 (2), pp. 219-244.

GOODRICH, Carrington L. and FANG, Chaoying (1976), *Dictionary of Ming Biography 1368-1644*, New York: Columbia University Press.

GOODWIN, Barbara (2012), *Justice by Lottery*, New York: Harvester Wheatsheaf.

GOPPOLD, Uwe (2007), *Politische Kommunikation in den Städten der Vormoderne. Zürich und Münster im Vergleich*, Cologne/Weimar/Vienna: Böhlau.

GORZ, André (1968), "Reform and Revolution," *The Socialist Register*, 5, pp. 111-143, https://socialistregister.com/index.php/srv/article/view/5272/2173.

GRACIA, Eugenio Benedicto (2006), "Documentos acerca del funcionamiento del sistema de insaculación en la aljama judía de Huesca (siglo XV)," *Sefarad*, 66 (2), pp. 309-344.

GREEN, Thomas A. (1987), "The English Criminal Trial Jury on the Eve of the

French Revolution," in Antonio Padoa Schioppa (ed.), *The Trial Jury in England, France, Germany, 1700-1900*, Berlin: Duncker & Humblot, pp. 41-74.

GRET, Marion and SINTOMER, Yves (2004), *The Porto Alegre Experiment: Learning Lessons for a Better Democracy*, New York: Zed Books.

GROTTANELLI, Cristiano (1993), "Bambini e divinazione," in Ottavia Niccoli (ed.), *Infanzie: funzioni di un gruppo liminale dal mondo classico all'eta moderna*. Florence: Ponte alle Grazie, pp. 23-72.

GROTTANELLI, Cristiano (2001), "La cléromancie ancienne et le dieu Hermès," in Federica Cordano and Cristiano Grottanelli (eds.), *Sorteggio Pubblico e Cleromanzia dall'Antichità all'Età Moderna*, Milan: Edizioni Et, pp. 155-196.

GOSSEZ, Rémi (1967), *Les ouvriers de Paris. Livre premier. L'organisation, 1848-1851*, La Roche-sur-Yon: Imprimerie centrale de l'Ouest.

GU, Yanwu (1834), *Rizhi lu jishi* 日知录集释 [1670], Huang Rucheng(ed.), reproduction in *Sibu beiyao*.

GUALTIERI, Piero (2009), *Il Comune di Firenze tra Due e Trecento*, Florence: Olschki.

GUENIFFEY, Patrice (1993), *Le nombre et la raison. La Révolution française et les élections*, Paris: EHESS.

GUERRA, François-Xavier (2009), *Modernidad e independencias: Ensayos sobre las revoluciones hispánicas*, Madrid: Encuentro.

GUHA, Ranajit (ed.) (1982-1985), *Subaltern Studies. Writing on South Asian History and Society*, Delhi: Oxford University Press.

GUICCIARDINI, Francesco (1932), *Dialogo e discorsi del reggimento di Firenze*. Bari: Laterza.

GUICCIARDINI, Francesco (1984), *Antimachiavelli*, Rome: Editori Riuniti.

GUICCIARDINI, Francesco (1994), *Dialogue on the Government of Florence*, Cambridge: Cambridge University Press.

GUICCIARDINI, Francesco (1997), "How the Popular Government Should Be Reformed," in J. Kraye (ed.), *Cambridge Translations of Renaissance Philosophical Texts*. Cambridge: Cambridge University Press, pp. 201-237.

GUIDI, Guidubaldo (1981), *Il governo della città-repubblica di Firenze del primo quattrocento*, vol. 2, Florence: Leo S. Olschki.

GUIDORIZZI, Luiz (2001), *Um Curso de Cálculo*, Rio de Janeiro: Gen-LTC (Livros Tecnicos E Cientificos Editora).

GUIZOT, François (1821), *Histoire des origines du gouvernement représentatif en Europe*, Paris: Didier.

GUSTON, David H. (1999), "Evaluating the First U. S. Consensus Conference: The Impact of Citizens' Panel on Telecommunications and the Future of Democracy," *Science, Technology, & Human Values*, 24 (4), pp. 451–482.

HABERMAS, Jürgen (1975), *Legitimation Crisis*, Boston: Beacon Press.

HABERMAS, Jürgen (1989), *The Structural Transformation of the Public Sphere*, Cambridge: Polity.

HABERMAS, Jürgen (1995), "Reconciliation Through the Public use of Reason: Remarks on John Rawls's Political Liberalism," *The Journal of Philosophy*, 92, 3, March, pp. 109–131.

HABERMAS, Jürgen (1996), *Between Facts and Norms: Contributions to a Discourse Theory of Law and Democracy*, Boston: MIT Press.

HACKING, Ian (1990), *The Taming of Chance*, Cambridge: Cambridge University Press.

HAMMERSLEY, Rachel (2005), "The Commonwealth of Oceana de James Harrington: un modèle pour la France révolutionnaire?," *Annales historiques de la Révolution française*, 342, pp. 3–20.

HAMMOND, Marit and SMITH, Graham (2017), *Sustainable Prosperity and Democracy: A Research Agenda*. CUSP Working Paper No. 8, Guildford: University of Surrey.

HANKINS, James (ed.) (2000), *Renaissance Civic Humanism*, Cambridge: Cambridge University Press.

HANSEN, Mogens H. (1991), *Athenian Democracy in the Age of Demosthenes*, Oxford: Basil Blackwell.

HARDT, Michael and NEGRI, Antonio (2001), *Empire*, Cambridge, MA: Harvard University Press.

HARIVEL, Maud (2019), *Les élections politiques dans la République de Venise (XVIe-XVIIIe siècle). Entre justice distributive et corruption*, Paris: Les Indes savantes, 2019.

HARRINGTON, James (1977), *The Political Works of James Harrington*, J. G. A. Pocock (ed.), Cambridge: Cambridge University Press.

HARRINGTON, James (1992), *The Commonwealth of Oceana and A System of Politics*, Cambridge: Cambridge University Press.

HARTOG, François (2015), *Presentism and Experiences of Time*, New York: Columbia University Press.

HATTLER, Claus (2008), "…'und es regiert der Würfelbecher'—Glückspiel in der Antike," in Badisches Landesmuseum Karlsruhe, *Volles Risiko! Glückspiel von der Antike bis heute*. Karlsruhe: Badisches Landesmuseum Catalogue, pp. 221–241.

HAYAT, Samuel (2014) [1848], *Quand la République était révolutionnaire. Citoyenneté et représentation*, Paris: Seuil.

HAYAT, Samuel (2018a), "Incarner le peuple souverain: les usages de la représenta-tion-incarnation sous la Seconde République," *Raisons politiques*, 72, November, pp. 137–164.

HAYAT, Samuel (2018b), "Les Gilets jaunes et la question démocratique," *Contretemps*, December 26, www.contretemps.eu.

HAYAT, Samuel, PÉNEAU, Corinne and SINTOMER, Yves (eds.) (2018), *Raisons politiques*, thematic issue: *La représentation incarnation*, 72, November.

HAYAT, Samuel (2019), "La carrière militante de la référence à Bernard Manin dans les mouvements français pour le tirage au sort," *Participations*, Special issue, pp. 437–451.

HAYAT, Samuel, PÉNEAU, Corinne and SINTOMER, Yves (eds.) (2020), *La représen-tation avant le gouvernement représentatif*, Rennes: Presses Universitaires de Rennes.

HE, Baogang (2011), "Participatory Budgeting in China. An Overview," in Yves Sintomer, Rudolf Traub-Merz and Junhua Zhang (eds.), *Participatory Budgeting in Asia and Europe. Key Challenges of Deliberative Democracy*, Hong Kong: Palgrave, pp. 89–101.

HEADLAM, James W. (1891) [1931], *Election by lot in Athens*, Cambridge: Cambridge University Press.

HEGEL, Georg Wilhelm Friedrich (1952) [1821], *Philosophy of Right*, London:

Oxford University Press.

HEGEL, Georg Wilhelm Friedrich (1971) [1830], *Philosophy of Mind*, London: Oxford University Press.

HELD, David (2006), *Models of Democracy*, 3rd ed. Cambridge: Polity Press.

HENDRIKS, Carolyn M. (2005), "Consensus Conferences and Planning Cells," in John Gastil and Peter Levine (eds.), *The Deliberative Democracy Handbook*, San Francisco: Jossey-Bass, pp. 80-110.

HENNEMAN, Inge G., BELL, Christophe, FRATTAROLA, Mirina, VAN DEN BROECK, Lieve and VAN REYBROUCK, David (2012), *G 1000, le rapport final. L'innovation démocratique mise en pratique*, Brussels: Fondation pour les générations futures.

HENRIQUET, Paul (1921), "*Les loteries et les emprunts à lots*," PhD diss., Paris: Law Faculty, University of Paris.

HERATH, R. B. (2007), *Real Power to the People. A Novel Approach to Electoral Reform in British Columbia*, Lanham, MD: University Press of America.

HERRMANN, Irène (2006), "Genève (canton). La vie politique à Genève aux XIXe et XXe siècles," in *Dictionnaire historique de la Suisse*. Hauterive: Gilles Attinger, pp. 460-465; 470-473.

HERODOTUS (2008), *The Histories*, Oxford: Oxford University Press.

HOBSBAWM, Eric (1987), *The Age of Empire: 1875-1914*, London: Weidenfeld & Nicolson.

HOBSBAWM, Eric (1994), *The Age of Extremes. A History of the World, 1914-1991*, New York: Vintage Books.

HOBSBAWM, Eric and RANGER, Terence (1992), *The Invention of Tradition*, Cambridge: Cambridge University Press.

HOFMANN, Hasso (2003), *Repräsentation. Studien zur Wort-und Begriffsgeschichte von der Antike bis ins 19. Jahrhundert*, Berlin: Duncker & Humblot.

HOLLARD, Virginie (2010), *Le rituel du vote. Les assemblées romaines du peuple*, Paris: Presses du CNRS.

HOLLARD, Virginie (2020), "Elections and Sortition in Ancient Rome: Was There Such a Thing as a Roman Democracy," in Liliane Lopez-Rabatel and Yves Sintomer (eds.), *Sortition and Democracy*, Exeter: Imprint Academics, pp. 130-

150.

HOMER, (s. d.), *Iliad*, http://classics.mit.edu/Homer/iliad.html

HOMER, (s. d.), The Odyssey, http://classics.mit.edu/Homer/odyssey.html

HURLET, Frédéric (2006), *Le proconsul et le prince d'Auguste à Dioclétien*, Bordeaux: Ansonius Editions.

HURLET, Frédéric (2012), "Démocratie à Rome? Quelle démocratie? En relisant Millar (et Hölkeskamp)," in S. Benoist (ed.), *Rome, A City and Its Empire in Perspective. The Impact of the Roman World through Fergus Millar's Research*. Leiden/Boston: Brill, pp. 19-43.

INGIMUNDARSON, Valur, URFALINO, Philippe and ERLINSDOTTIR, Irma (eds.) (2016), *Iceland's Financial Crisis: The Politics of Blame, Protest, and Reconstruction*, London/New York: Routledge.

ISAACS, Ann Katherine (2001), "Il sorteggio politico negli stati italiani fra medioevo ed età moderna," in Federica Cordano and Cristiano Grottanelli (eds.), *Sorteggio Pubblico e Cleromanzia dall'Antichità all'Età Moderna*, Milan: Edizioni Et, pp. 139-153.

ISMARD, Paulin (2010), *La cité des réseaux. Athènes et ses associations, VIe-Ier siècle av. J. C.*, Paris: Publications de la Sorbonne.

ISMARD, Paulin (2015), *La démocratie contre les experts. Les esclaves publics en Grèce ancienne*, Paris: Seuil.

JACQUET, Vincent and REUCHAMPS, Min (2016), "Les 'méthodologues' de la démocratie délibérative. Entre activisme citoyen et recherche scientifique au sein du G1000 et du G100," *Participations*, 3 (16), pp. 45-65.

JACQUET, Vincent, MOSKOVIC, Jonathan, CALUWAERTS, Didier and REUCHAMPS, Min (2016), "The Macro Political Uptake of the G1000 in Belgium," in Min Reuchamps and Jane Suiter (eds.), *Constitutional Deliberative Democracy in Europe*, Colchester: ECPR Press, pp. 53-74.

JAFFRELOT, Christophe (2003), *India's Silent Revolution-The Rise of the Lower Castes in North India*, New York: Columbia University Press; London: Hurst; New Delhi: Permanent Black.

JAUME, Lucien (1997), *L'individu effacé ou le paradoxe du libéralisme français*, Paris: Fayard.

JEANPIERRE, Laurent (2019), *In Girum: Les leçons politiques des ronds-points*, Paris: La Découverte.

JEHNE, Martin (2010), "Die Dominanz des Vorgangs über den Ausgang. Struktur und Verlauf der Wahlen in der römischen Republik," in Christoph Dartmann, Günther Wassilowsky and Thomas Weller (eds.), *Technik und Symbolik vormoderner Wahlverfahren*, Munich: Oldenbourg, pp. 17-34.

JOSS, Simon and BELLUCCI, Sergio (eds.) (2003), *Participatory Technology Assessment: European Perspectives*, London: Center for the Study on Democracy.

JOSS, Simon and DURANT, John (eds.) (1995), *Public Participation in Science. The Role of Consensus Conference in Europe*, London: Science Museum.

JUDDE de LARIVIÈRE, Claire (2014), *La révolte des boules de neige. Murano contre Venise, 1511*, Paris: Fayard.

JUDDE de LARIVIÈRE, Claire (2020), "Ducal Elections, Institutional Usages, and Popular Practices. Drawing Lots in the Republic of Venice," in Liliane Lopez-Rabatel and Yves Sintomer (eds.), *Sortition and Democracy*, Exeter: Imprint Academics, pp. 219-234.

KAHANE, David (2016), *Thinking Systemically about Deliberative Democracy and Climate Change*, London: Foundation for Democracy and Sustainable Development.

KELLER, Hagen (1988), "'Kommune': Städtische Selbstregierung und mittelalterliche 'Volksherrschaft' im Spiegel italienischer Wahlverfahren des 12.-14. Jahrhunderts," in Gerd Althoff, Dieter Geuenich, Otto Gerhard Oexle and Joachim Wollasch (eds.), *Person und Gemeinschaft im Mittelalter. Karl Schmid zum 65. Geburtstag*. Sigmaringen: Jan Thorbecke, pp. 573-616.

KELLER, Hagen (2014), "Electoral Systems and Conceptions of Community in Italian Communes (12th-14th Centuries)," *Revue française de science politique*, 64 (6), English version.

KLEIN, Gérard (1968), *Le sceptre du hasard*, Paris: Fleuve Noir.

KNOBLOCH, Katherine, GASTIL, John and REEDY, Justin (2013a), "Did They Deliberate? Applying an Evaluative Model of Democratic Deliberation to the Oregon Citizens' Initiative Review," *Journal of Applied Communication Research*, 41 (2), pp. 105-125.

KNOBLOCH, Katherine, GASTIL, John, RICHARDS, Robert and FELLER, Traci (2013b), *Evaluation Report on the 2012 Citizens' Initiative Reviews for the Oregon CIR Commission*, State College: Pennsylvania State University.

KÖGER, Annette (2008), "Spielkarten und Glückspiel," in Badisches Landesmuseum Karlsruhe, *Volles Risiko! Glückspiel von der Antike bis heute*. Karlsruhe: Badisches Landesmuseum Catalogue, pp. 268–270.

KONRAD, George (1984), *Antipolitics*, San Diego, CA: Harcourt.

KOSELLECK, Reinhart (2004), *Futures Past. On the Semantics of Historical Times*, New York: Columbia University Press.

KUPER, Richard (1997), "Deliberating Waste: the Hertfordshire Citizens' Jury," *Local Environment*, 2 (2), pp. 139–153.

LANDEMORE, Hélène (2012), *Democratic Reason: Politics, Collective Intelligence, and the Rule of the Many*, Princeton: Princeton University Press.

LANDEMORE, Hélène (2015), "Inclusive Constitution-Making: The Icelandic Experiment," *The Journal of Political Philosophy*, 23 (2), pp. 166–191.

LANDEMORE, Helene (2020), *Open Democracy: Reinventing Popular Rule for the Twenty-first Century*, Princeton: Princeton University Press.

LANGBEIN, John H. (1987), "The English Criminal Trial Jury on the Eve of the French Revolution," in Antonio Padoa Schioppa (ed.), *The Trial Jury in England, France, Germany, 1700–1900*, Berlin: Duncker & Humblot, pp. 14–40.

LAFONT, Cristina (2020), *Democracy without Shortcuts*, Oxford: Oxford University Press.

LANDA, Dimitri and PEVNICK Ryan (2021), "Is Random Selection a Cure for the Ills of Electoral Representation?", *Journal of Political Philosophy*, 29 (1) pp. 46–72.

LANE, Frederic C. (1973), *Venice: A Maritime Republic*, Baltimore, MD: Johns Hopkins University Press.

LANG, Amy (2007), "But Is it for Real? The British Columbia Citizens' Assembly as a Model of State-Sponsored Citizen Empowerment," *Politics & Society*, 35 (1), pp. 35–70.

LANG, Andrew (2005), *Magic and Religion*, New York: Cosimo Inc (London, 1901).

LANTHENAS, François-Xavier (2013) [1792] , " Des élections et du mode d'élire par listes épuratoires," January 1792, in Guy Kersaint (ed.) , *De la Constitution et du gouvernement qui pourroient convenir à la République françoise*, Paris: Hachette/BNF.

LE BRAS, Hervé (2000) , *Naissance de la mortalité. L'origine politique de la statistique et de la démographie*, Paris: Gallimard/Le Seuil.

LEE, Ken and GREENSTONE, Michael (2021) , *Air Quality Life Index*, Annual Update, Chicago: Energy Policy Institute at the University of Chicago.

LEROUX, Pierre (1848) , *Projet d'une constitution démocratique et sociale*, Paris: Gustave André.

LETI, Gregorio (1697) , *Critique historique, politique, morale, économique et comique, sur les lotteries anciennes et modernes, spirituelles et temporelles des états et des églises*, Amsterdam: Chez les amis de l'auteur.

LEVEQUE, Pierre and VIDAL-NAQUET, Pierre (1983) , *Clisthène l'athénien*, Paris: Macula.

LÉVI-STRAUSS-STRAUSS, Claude (1952) , " Le père Noël supplicié," *Les Temps mod-ernes*, March, pp. 1572−1590 (reprint: Sables, Pin-Balma, 1996) .

LEVY, David (1989) , "The Statistical Basis of Athenian-American Constitutional Democracy," *The Journal of Legal Studies*, 18 (1) , January, pp. 79−103.

LEVY, Leonard W. (1999) , *The Palladium of Justice. Origins of the Trial by Jury*, Chicago: Ivan R. Dee.

LIGNEREUX, Yann (2020) , "The Drawing of Lots versus the State: Fate, Divine Inspiration, and the Vocation of Town Magistrates in 17th-Century France," in Liliane Lopez-Rabatel and Yves Sintomer (eds.) , *Sortition and Democracy*, Exeter: Imprint Academics, pp. 235−252.

LILTI, Antoine (2015) , *The World of the Salons: Sociability and Worldliness*, New York/Oxford: Oxford University Press.

LINTOTT, Andrew (1999) , *The Constitution of the Roman Republic*, Oxford/New York: Oxford University Press.

LOPEZ-RABATEL, Liliane (2020) , "Drawing Lots in Ancient Greece. Vocabulary and Tools," in Liliane Lopez-Rabatel and Yves Sintomer (eds.) , *Sortition and Democracy*, Exeter: Imprint Academics, pp. 53−94.

LOPEZ-RABATEL, Liliane and SINTOMER, Yves (eds.) (2020), *Sortition and Democracy. Practices, Tools, Theories*, Exeter: Imprint Academic.

LORAUX, Nicole (1997), *La Cité divisée*, Paris: Payot.

LORIOL, Romain (2020), "Sortition and Divination in Ancient Rome. Were the Gods Involved in Casting Lots?" in Liliane Lopez-Rabatel and Yves Sintomer (eds.), *Sortition and Democracy*, Exeter: Imprint Academics, pp. 182-195.

LOUSTEAU, Guillermo H., COVARRUBIAS, Ignacio, REYES, Xavier and SALAZAR, Pedro (2012), *El nuevo constitucionalismo latino-americano*, The Democracy Papers, 5, InterAmerican Institute for Democracy, August.

LÖWY, Michael (1988), *Rédemption et utopie: le judaïsme libertaire en Europe centrale: une étude d'affinité élective*, Paris: Presses universitaires de France.

LUCARDIE, Paul (2019), "Sortitionist Experiments in the Netherlands: From noncom-mittal Advice to Modest Decision-Making Power," paper presented at the conference "Le tirage au sort en politique: état des lieux et perspectives contemporaines," Lyon, November 10, 2019.

LUKIN, Pavel (2017), "Consensus et représentation en Russie, XIIe-XVIe siècles: une introduction," in Jean-Philippe Genet, Dominique Le Page and Olivier Mattéoni (eds.), *Consensus et représentation*, Paris/Rome: Publications de la Sorbonne/Ecole française de Rome.

LUHMANN, Niklas (2013), *Legitimation durch Verfahren*, Frankfurt am Main: Suhrkamp (8th ed.).

MACHIAVELLI, Niccolò (1988), *Florentine Histories*, Princeton: Princeton University Press.

MACHIAVELLI, Niccolò (1989), *The Chief Works and Others*, trans. Allan, Gilbert, Durham and London: Duke University Press, vol. II.

MACPHERSON, C. B. (1977), *Life and Times of Liberal Democracy*, Oxford: Oxford University Press.

MADISON, James (1982), "To the People of the State of New York," in A. Hamilton, J. Madison and M. Jay, *The Federalist Papers (1787-1788)*. New York: Bantam Books.

MAFFI, Alberto (2001), "Nomina per sorteggio degli ambasciatori nel mondo romano," in Federica Cordano and Cristiano Grottanelli (eds.), *Sorteggio Pubblico e*

Cleromanzia dall'Antichità all'Età Moderna, Milan: Edizioni Et, pp. 137–138.

MAIRE-VIGUEUR, Jean-Claude and FAINI, Enrico (2010), *Il sistema politico dei comuni italiani (secoli XII–XIV)*, Milan: Mondadori.

MAISSEN, Thomas (2006), *Die Geburt der Republic. Staatsverständnis und Repräsentation in der frühneuzeitlichen Eidgenossenschaft*, Göttingen: Vandenhoeck & Ruprecht.

MALECZEK, Werner (1990), "Abstimmungsarten," in Reinhard Schneider and Harald Zimmermann (eds.), *Wahlen und Wählen im Mittelalter*, Sigmaringen: Jan Thorbecke, p. 130.

MALKIN, Irad (forthcoming), *Drawing Lots with Ancient Greeks: The Values of a Horizontal Society*, Oxford: Oxford University Press.

MAILIPIERO, Domenico (1843), "Annali Veneti," *Archivio Storico Italiano*, VII.

MALLARMÉ, Stéphane (1897), "Un coup de dés jamais n'abolira le hasard," *Cosmopolis*, 6 (17).

MANIN, Bernard (1987), "On Legitimacy and Political Deliberation," *Political Theory*, 15 (3), pp. 338–368.

MANIN, Bernard (1997), *Principles of Representative Government*, Cambridge: Cambridge University Press.

MANIN, Bernard (2005), "Democratic Deliberation: Why We Should Promote Debate Rather Than Discussion," paper delivered at the Program in Ethics and Public Affairs Seminar, Princeton University, October 13: https://as.nyu.edu/content/dam/nyu-as/faculty/documents/delib.pdf.

MANSBRIDGE, Jane (1999), "Should Blacks Represent Blacks and Women Represent Women? A Contingent 'Yes'," *Journal of Politics*, 61 (3), pp. 628–657.

MANSBRIDGE, Jane (2019), "Accountability and the Constituent-Representative Relationship," in John Gastil and Erik Olin Wright (eds.), *Legislature by Lot*, London: Verso, pp. 189–204.

MANSBRIDGE, Jane and PARKINSON, John (eds.) (2012), *Deliberative Systems*, Cambridge/New York: Cambridge University Press.

MANSBRIDGE, Jane et al. (2010) "Interest and the Role of Power in Deliberative Democracy," *The Journal of Political Philosophy*, 18 (1), pp. 64–100.

MAO, Zedong (1957), "On the Correct Handling of Contradictions among the People," February 27: www.marxists.org/reference/archive/mao/selected-works/volume-5/mswv5_58.htm.

MAO, Zedong (1944), "Serve the People," September 8: www.marxists.org/reference/archive/mao/selected-works/volume-3/mswv3_19.htm.

MARCHIONE DI COPPO, Stefani (1903-1905), *Cronaca Fiorentina*, Niccolò Rodolico (ed.), Bologna: Zanichelli.

MARTUCCI, Roberto (1997), "La robe en question: Adrien du Port et le jury criminel (29-30 mars 1790)," *La Revue Tocqueville*, XVIII, 2, pp. 25-47.

MARX, Karl (1907), *The Eighteenth Brumaire of Louis Bonaparte*, Chicago: Charles 8. Kerr.

MARX, Karl (1975), "Critique of Hegel's Doctrine of the State," *Early Writings*, Harmondsworth: Penguin

MEIER, Christian (1956), "Praerogativa Centuria," in *Paulys Real-Enzyklopädie der klassischen Altertumswissenschaft*. Munich: Supplement volume VIII, pp. 569-598.

MELLIET, Laurent (1628), *Discours politiques et militaires sur Corneille Tacite*, Lyon: Antoine Chard.

MELLADO RODRÍGUEZ, Joaquín (1990), "Los textos del fuero de Córdoba y la regulación de los oficios municipales," *Boletín de la Real Academia de Córdoba de Ciencias, Bellas Letras y Nobles Artes*, 61 (118), pp. 9-74.

MELLADO RODRÍGUEZ, Joaquín (2000), "El fuero de Córdoba: edición citica y traducción," *Albor*, CLXVI (654), June, pp. 191-231.

MELLINA, Maxime (2019), "Tirage au sort et associations étudiantes: une expérience démocratique à l'université de Lausanne," *Participations*, thematic issue "*Le tirage au sort au XXIe siècle*," 1, (23), pp. 147-170.

MELLINA, Maxime (2021), "*Le Sort ou la Raison. Persistance et disparition du tirage au sort en Suisse (1798-1831)*," 2 volumes, PhD thesis, Lausanne: Lausanne University.

MELLINA, Maxime, DUPUIS, Aurèle and CHOLLET, Antoine (2020), *Tirage au sort et politique. Une histoire suisse*, Lausanne: Presses polytechniques et universitaires romandes.

MERCADER I RIBA, Juan (1957), "El fin de la insaculación fernandina en los municip-ios y gremios catalanes," *Actas del V Congreso de Historia de la Corona de Aragón*, Saragoza: Institución Fernando el Católico, pp. 343-353.

MICHELS, Robert (1962), *Political Parties: A Sociological Study of the Oligarchical Tendencies of Modern Democracy*, New York: The Free Press.

MICHON, Pierre (1998), *Le roi du bois*, Paris: Verdier.

MILANO, Lucio (2020), "Fate, Sortition, and Divine Will in Ancient Near Eastern Societies," in Liliane Lopez-Rabatel and Yves Sintomer (eds.), *Sortition and Democracy*, Exeter: Imprint Academics, pp. 29-52.

MILLER, Jeff (2022), *Democracy in Crisis. Lessons from Ancient Athens*, Exeter: Imprint Academic.

MILNER, Henry (2005), "Electoral Reform and Deliberative Democracy in British Columbia," *National Civic Review*, 94 (1), pp. 3-8.

MIRABEAU, Comte de (1835), "Discours devant les états de Provence," January 30, 1789, in *Œuvres VII*, Paris: Lecointe et Pougain/Didier.

MOMMSEN, Theodor (1952), *Römisches Staatsrecht* [1887-1888], Volume I, 41, Basel: Benne Schwab & Co.

MONNERON, Frédéric (1800), *Essai sur les nouveaux principes politiques*, Lausanne: Chez Henri Vincent.

MONNIER, Victor and KÖLZ, Alfred (2002), *Bonaparte et la Suisse: travaux prépara-toires de l'Acte de Médiation (1803): Procès-verbal des assemblées générales des députés helvétiques et des opérations de la Commission nommée par le Premier Consul pour conférer avec eux*, Geneva: Helbing & Lichtenhahn.

MONTESQUIEU (1721), *Persian Letters*, https://en.wikisource.org/wiki/Persian_Letters.

MONTESQUIEU (1949) [1748], *The Spirit of the Laws*, New York: Hafner.

MORENO PESTAÑA, José Luis (2019), *Retorno a Atenas. La democracia como principio antioligárquico*, Madrid: Siglo XXI.

MOSER, Friedrich Carl von (1774), "Gebrauch des Looses in Staats-Sachen," *Juristisches Wochenblatt*, 3, August, pp. 615-652.

MOULIN, Leo (1998), "Les origines religieuses des techniques électorales et délibéra-tives modernes," *Politix*, 11 (43), pp. 117-162.

MOWBRAY, Miranda and GOLLMANN, Dieter (2007), "Electing the Doge of

Venice: Analysis of a 13th-Century Protocol," IEEE Computer Security Foundations Symposium, July 6-8, Venice, Italy.

MUELLER, Denis C., TOLLISON, Robert D., and WILLET, Thomas (1972), "Representative Democracyvia Random Selection," *Public Choice*, 12, pp. 57-68.

MUIR, Edward (1981), *Civic Ritual in Renaissance Venice*, Princeton: Princeton University Press.

MÜLLER, Jan-Werner (2017), *What Is Populism ?*, New York: Penguin.

NAGY, Agnès A. and PRESCENDI, Francesca (eds.) (2013), *Sacrifices humains: discours et réalités*, Turnhout: Brepols.

NAJEMY, John N. (1982), *Corporatism and Consensus in Florentine Electoral Politics, 1280-1400*, Chapel Hill: University of North Carolina Press.

NÄTHER, Ulrike (2008), "'Das Große Los'-Lotterie und Zahlenlotto," in *Badisches Landesmuseum Catalogue, Volles Risiko! Glückspiel von der Antike bis heute*, Karlsruhe: Badisches Landesmuseum Catalogue, pp. 277-283.

NICOLET, Claude and Beschaouch, AZEDINE (1991), "Nouvelles observations sur la 'Mosaïque des chevaux' et son édifice à Carthage," in *Comptes rendus des séances de l'Académie des Inscriptions et Belles-Lettres*. 135rd year (3), pp. 471-507.

NIESSEN, Christoph and REUCHAMPS, Min (2019), *Designing a Permanent Deliberative Dialogue: The Ostbelgien Modell in Belgium*, Canberra: University of Canberra, Centre for Deliberative Democracy and Global, Working Paper Series, 2019/6.

NILSSON, Martin Persson (1923), "Saturnalia," in Georg Wissowa, August Pauly, GeWilhelm Kroll, Kurt Witte, Karl Mittelhaus and Konrat Ziegler (eds.), *Paulys Real-Enzyklopädie der klassischen Altertumswissenschaft*. Stuttgart: J. B. Metzler, 1923.

NORWICH, John Julius (1982), *A History of Venice*, Penguin: Allen Lane.

OBER, Josiah (2008), *Democracy and Knowledge: Learning and Innovation in Classical Athens*, Princeton: Princeton University Press.

OBER, Josiah (2015), *The Rise and Fall of Classical Greece*, Princeton: Princeton University Press.

OBER, Josiah (2021), "Classical Athens As an Epistemic Democracy," in Dino Piovan and Giovanni Giorgini (eds.), *Brill's Companion to the Reception of Athenian Democracy. From the Late Middle Ages to the Contemporary Era*, Leiden/Boston: Brill, pp. 453-489.

OCHS, Peter (1797), *Geschichte der Stadt und Landschaft Basel*, vol. 7, Basel: Schweizhauserschen Buchhandlung.

OCHS, Peter (1937), "Note sur l'intervention du sort" [1802], in Gustav Steiner (ed.), *Korrespondenz des Peter Ochs (1752-1821)*, vol. 3, *Ausgang der Helvetik, Mediation und Restauration. 1800-1821*, Basel: von Emil Birkhäuser & Cie, pp. 73-75.

ODONKHUU, Munkhsaikhan (2017), "Mongolia's (Flawed) Experiment with Deliberative Polling in Constitutional Reform," 29 June 2017: www.constitutionnet.org/news/mongolias-flawed-experiment-deliberative-polling-constitutional-reform.

OECD (2020), *Innovative Citizen Participation and New Democratic Institutions. Catching the Deliberative Wave*, Paris: OECD Publishing: https://doi.org/10.1787/339306da-en.

OFFE, Claus (1987), "Challenging the Boundaries of Institutional Politics: Social Movements since the 1960s," in Charles S. Maier (ed.), *Changing Boundaries of the Political (Essays on the Evolving Balance Between the State and Society, Public and Private in Europe)*. New York: Cambridge University Press, pp. 63-105.

OFFERLÉ, Michel (2002), *Un homme, une voix? Histoire du suffrage universel*, Paris: Gallimard.

OPPENHEIM, A. L. (1977), *Ancient Mesopotamia. Portrait of a Dead Civilization*, Chicago/London: University of Chicago Press.

OSTERHAMMEL, Jürgen (2013), *Die Verwandlung der Welt, Eine Geschichte des 19. Jahrhunderts*, Munich: C. H. Beck.

OSTROGORSKI, Mosei (1902), *Democracy and the Organization of Political Parties*, 2 vols., New York: Macmillan.

OWEN, David and SMITH, Graham (2019), "Sortition, Rotation, and Mandate: Conditions for Political Equality and Deliberative Reasoning," in John Gastil and Erik Olin Wright (eds.), *Legislature by Lot*, London: Verso, pp. 3-38.

PALMER, C. J. (1856), *The History of Great Yarmouth*, Yarmouth/London: L. A. Mead & Russel-Smith.

PAPADOPOULOS, Yannis (1998), *Démocratie directe*, Paris: Economica.

PARDIEU, Esuirou de (1865), *Trattato delle imposte considerate sotto l'aspetto storico, economico e politico in Francia ed all'estero*, Turin: Stamperia dell'unione tipografico-editrice.

PARMENTIER, Léon (1987), "Le roi des Saturnales," *Revue de Philologie*, 21, pp. 143–153.

PASQUINO, Pasquale (2010), "Democracy Ancient and Modern: Divided Power," in Mogens H. Hansen. (ed.), *Démocratie athénienne-démocratie moderne : tradition et influences*. Geneva: Fondation Hardt, pp. 1–49.

PATEMAN, Carole (1970), *Participation and Democratic Theory*, Cambridge: Cambridge University Press.

PECH, Thierry (2021), *Le Parlement des citoyens. La convention citoyenne pour le climat*, Paris: Seuil/La République des idées.

PESTRE, Dominique (2003), *Science, Argent et Politique*, Paris: INRA éditions.

PHILLIPS, Anne (1995), *The Politics of Presence*, Oxford: Clarendon Press.

PICKERING, Frederick P. (1980), "Notes on Fate and Fortune," in *Essays on Medieval German Literature and Iconography*, Cambridge: Cambridge University Press, pp. 95–109.

PIKETTY, Thomas (2014), *Capital in the Twenty-First Century*, Cambridge, MA: Harvard University Press.

PILET, Jean-Benoit, BEDOCK, Camille and VANDAMME, Pierre-Etienne (eds.) (2021), "Improving, Bypassing or Overcoming Representation?," *Frontiers in Political Science*, December.

PILLINGER, Renate (1988), *Das Martyrium des Heiligen Dasius*, Vienna: Österreichchische Akademie der Wissenschaften.

PIOVAN, Dino and GIORGINI, Giovanni (eds.) (2020), *Brill's Companion to the Reception of Athenian Democracy. From the Late Middle Ages to the Contemporary Era*, Leiden/Boston: Brill.

PIRENNE, Henri (1939), *Les villes et les institutions urbaines*, Paris: Félix Alcan.

PITKIN, Hannah (1972), *The Concept of Representation*, Berkeley/Los

Angeles: University of California Press.
PLATO (s. d. 1), *Laws*, http://classics.mit.edu/Plato/laws.html
POCOCK, J. G. A. (1975), *The Machiavellian Moment. Florentine Political Thought and the Atlantic Republican Tradition*, Princeton: Princeton University Press.
PODLECH, Adalbert (2004), "Repräsentation," in R. Koselleck, W. Conze and O. Bruner (eds.), *Geschichtliche Grundbegriffe. Historisches Lexikon zur politisch-sozialen Sprache in Deutschland*, vol. 5, Stuttgart: Ernst Klett, pp. 509–547.
POERTNER, Mathias (in press), "Does Political Representation Increase Participation? Evidence from Party Candidate Lotteries in Mexico," *American Political Science Review*.
POLO MARTÍN, Regina (1999), "Los Reyes Católicos y la insaculación en Castilla," *Studia historica. Historia medieval*, 17, pp. 137–197.
POLYBIUS (1922), *Histories, Book VI: "The Roman Military System,"* Cambridge, MA: Harvard University Press.
POMERANZ, Kenneth (2001), *The Great Divergence: China, Europe, and the Making of the Modern World Economy*, Princeton: Princeton University Press.
PRESCENDI, Francesca (2013), "Du sacrifice du roi des Saturnales à l'exécution de Jésus," in Agnès A. Nagy and Francesca Prescendi (eds.), *Sacrifices humains: discours et réalités*, Turnhout: Brepols, pp. 231–247.
PUDAL, Bernard (1989), *Prendre parti. Pour une sociologie historique du PCF*, Paris: Presses de la FNSP.
RAINES, Dorit (1991), "Office Seeking, *broglio*, and the Pocket Political Guidebooks in *cinquecento* and *seicento* Venice," *Studi veneziani*, XXII, pp. 137–194.
RAMASWAMY, Vijaya (2017), *Historical Dictionary of the Tamils*, New Delhi: Rowman & Littlefield.
RAMBERT, Eugène (1889), *Études historiques et nationales*, Lausanne: Librairie F. Rouge.
RAMBLE, Charles (2008), *The Navel of the Demoness: Tibetan Buddhism and Civil Religion in Highland Nepal*, Oxford: Oxford University Press.
RANA, Aziz (2014), *The Two Faces of American Freedom*, Cambridge/London: Harvard University Press.

RANCIÈRE, Jacques (2009), *Hatred of Democracy*, London: Verso.

RAWLS, John (1995), "Political Liberalism: Reply to Habermas," *The Journal of Philosophy*, 92 (3), March, pp. 132–180.

READ, Rupert (2012), *Guardians of the Future. A Constitutional Case for Representing and Protecting Future People*, Weymouth: Green House.

REGLÁ, Juan (1972), *Temas medievales*, Valencia: Anúbar.

ROBESPIERRE, Maximilien de (1791), *Principes de l'organisation des jurés et réfutation du système proposé par M. Duport au nom des comités de judicature et de constitution*, Paris, January 20.

RÖCKE, Anja (2005), *Losverfahren und Demokratie. Historische und demokratietheoretische Perspektiven*, Munster: LIT.

RÖCKE, Anja and SINTOMER, Yves (2005), "Les jurys de citoyens berlinois et le tirage au sort," in Marie-Hélène Bacqué, Henry Rey and Yves Sintomer (eds.), *Gestion de proximité et démocratie participative*, Paris: La Découverte, pp. 139–160.

ROCQUAIN, Félix (1880), "Les sorts des saints ou des apôtres," *Bibliothèque de l'école des chartes*, 41, pp. 457–474.

ROSANVALLON, Pierre (1992), *Le Sacre du citoyen. Histoire du suffrage universel en France*, Paris: Gallimard.

ROSANVALLON, Pierre (1998), *Le peuple introuvable. Histoire de la représentation démocratique en France*, Paris: Gallimard.

ROSANVALLON, Pierre (2000), *La Démocratie inachevée. Histoire de la souveraineté du peuple en France*, Paris: Gallimard.

ROSANVALLON, Pierre (2008), *Counter-Democracy: Politics in an Age of Distrust*, New York: Cambridge University Press.

ROSANVALLON, Pierre (2011), *Democratic Legitimacy: Impartiality, Reflexivity, Proximity*, Princeton: Princeton University Press.

ROSENSTEIN, Nathan (1995), "Sorting Out the Lot in Republican Rome," *The American Journal of Philology*, 116 (1), pp. 43–75.

ROSENTHAL, Jean-Laurent and WONG, R. Bin (2011), *Before and Beyond Divergence*, Cambridge, MA/London, Harvard University Press.

ROUSSEAU, Jean-Jacques (1978) [1762], *On the Social Contract*, New York: St

Martin's Press.

RUBINSTEIN, Nicolai (ed.) (1968), *Florentine Studies. Politics and Society in Renaissance Florence*, London: Faber.

RUBINSTEIN, Nicolai (1986), "Florentina libertas," *Rinascimento*, Florence: Leo S. Olschki, second series, vol. XXVI.

RUBINSTEIN, Nicolai (1997), *The Government of Florence Under the Medici (1434 to 1494)*, Oxford/New York: Clarendon Press/Oxford University Press.

RUBINSTEIN, Nicolai (2015), "The Early Years of Florence's Grand Council (1494–1499)," *Revue française de science politique*, 64 (6), pp. 1157–1186.

RÜCKLEBEN, Gisela (1969), "Rat und Bürgerschaft in Hamburg 1595–1686. Innere Bindungen und Gegensätze," PhD thesis, Marburg University.

RUFFINI, Edoardo (1977), "I Sistemi di deliberazione collettiva nel medioevo italiano," in *La ragione dei più. Ricerche sulla storia del principio magoritario*, Bologna: Il Mulino, pp. 220–316.

RUZÉ, Françoise (1997), *Délibération et pouvoir dans la cité grecque de Nestor à Socrate*, Paris: Publications de la Sorbonne.

SAINT AUGUSTINE (1909) [397–400], *The Confessions of Saint Augustine*, Edinburgh: PF Collier & Sons.

SALLUST (1921), *Sallust*, Loeb Classical Library, Cambridge: Harvard University Press.

SANCHEZ, Jordi (ed.) (2000), *Participació ciutadana i govern local: els Consells Ciutadans*, Barcelona: Mediterrània.

SANTOS, Boaventura de Sousa (ed.) (2005), *Democratizing Democracy. Beyond the Liberal Democratic Canon*, London and New York: Verso.

SCHÄDLER, Ulrich (2008), "Von der Kunst des Würfelns," in *Volles Risiko! Glückspiel von der Antike bis heute*. Karlsruhe: Badisches Landesmuseum Catalogue, pp. 221–241.

SCHEMIEL, Yves (1999), *La politique dans l'ancien Orient*, Paris: Presses de Science Po.

SCHIOPPA, Antonio Padoa (1987), *The Trial Jury in England, France, Germany*, Berlin: Duncker & Humblot.

SCHLÄPPI, Daniel (2007), "Das Staatswesenals kollektives Gut: Gemeinbesitz als

Grundlage der politischen Kultur in der frühneuzeitlichen Eidgenossenschaft," *Historical Social Research/Historische Sozialforschung*, Special Issue, pp. 169 – 202.

SCHMITTER, Philippe C. and TRECHSEL, Alexander H. (2004), *The Future of Democracy in Europe, A Green Paper for the Council of Europe*. Brussells: Council of Europe.

SCHNAPPER, Bernard (1987), "Le jury français aux XIXe et XXe siècles," in Antonio Padoa Schioppa (ed.), *The Trial Jury in England, France, Germany*, Berlin: Duncker & Humblot, pp. 165–240.

SCHNEIDER, Reinhard and ZIMMERMANN, Harald (eds.) (1990), *Wahlen und Wählen im Mittelalter*, Sigmaringen: Jan Thorbecke.

SCHUMACHER, Maria Dagmar (2008), "Würfelglück im Mittelalter," in Badisches Landesmuseum Catalogue, *Volles Risiko! Glücksspiel von der Antike bis heute*, Karlsruhe: Badisches Landesmuseum Catalogue, pp. 255–267.

SCLOVE, Richard (1995), *Democracy and Technology*, New York and London: Guilford Press.

SCOTT, James C. (2009), *The Art of Not Being Governed. An Anarchist History of Upland Southeast Asia*, New Haven CT/London: Yale University Press.

SERAFIN CASTRO, Alexei Daniel (2019), "Représentation politique et usage du tirage au sort au Mexique (1808–1857)," *Participations*, special issue: *Tirage au sort et démocratie: Histoire, instruments, théorie*, pp. 283–299.

SESMA, José Ángel (1978), *La Diputación del reino de Aragón en la época de Fernando II (1479–1516)*, Zaragoza: Imprenta librería general.

SHAH, Alpa (2010), *In the Shadows of the State. Indigenous politics, Environmentalism, and Insurgency in Jharkhand, India*, Durham/London: Duke University Press.

SHAH, Alpa (2020), "What if We Selected our Leaders by Lottery? Democracy by Sortition, Liberal Elections and Communist Revolutionaries," *Development Change Distinguished Lecture* 2020, The Hague: Institute of Social Studies.

SHEN, Defu (1997), *Wanli yehuo bian* 万历野获编 *[1606]*, Beijing: Zhonghua shuju.

SHĪ, Nài'ān (2010), *The Water Margin: Outlaws of the Marsh*, North Clarendon: Tuttle Publishing.

SIEYES, Emmanuel-Joseph (1985), *Ecrits politiques*, Paris: Édition des archives contemporaines.

SINTOMER, Yves (1999), *La démocratie impossible? Politique et modernité chez Weber et Habermas*, Paris: La Découverte.

SINTOMER, Yves (2002), "Empujar los limites de la democracia participativa?" in João Verle and Luciano Brunet (eds.), *Costruindo um Novo Mundo. Avaliação da experiência do Orçamento Participativo em Porto Alegre, Brasil*. Porto Alegre: Guayi, pp. 57-67.

SINTOMER, Yves (2007), *Le pouvoir au peuple. Jurys citoyens, tirage au sort et démocratie participative*, Paris: La Découverte.

SINTOMER, Yves (2008), "Du savoir d'usage au métier de citoyen?" *Raisons politiques*, 31, pp. 115-134.

SINTOMER, Yves (2010), "Random Selection, Republican Self-Government, and Deliberative Democracy," *Constellations*, 17 (3), pp. 472-487.

SINTOMER, Yves (2011), "Délibération et participation: affinité élective ou concepts en tension?" *Participations*, 1, pp. 239-276.

SINTOMER, Yves (2014a), "Prendre les décisions autrement. Réflexions à partir des conférences de citoyens," in Pierre Rosanvallon (ed.), *Science et démocratie*. Paris: Odile Jacob, pp. 239-263.

SINTOMER, Yves (2014b), "The Meanings of Political Representation: Uses and Misuses of a Notion," *Raisons politiques*, English edition, pp. 13-34.

SINTOMER, Yves (2018), "A Child Drawing Lots: The 'Pathos Formula' of Political Sortition?" in Antoine Chollet and Alexandre Fontaine (eds.), *Expériences du tirage au sort en Suisse et en Europe*, Bern: Publications en série de la bibliothèque Am Guisanplatz, 74, pp. 223-256.

SINTOMER, Yves (2021), "Sortition and Politics: From Radical to Deliberative Democracy and Back?" in Dino Piovan and Giovanni Giorgini (eds.), *Brill's Companion to the Reception of Athenian Democracy*, Leiden: Brill, pp. 490-521.

SINTOMER, Yves (2022), "Un Parlement des citoyens pour la démocratie du 21e siècle," January 10, https://tnova.fr/democratie/nouvelles-pratiques-democratiques/un-parlement-des-citoyens-pour-la-democratie-du-21e-siecle/.

SINTOMER, Yves, HERZBERG, Carsten and RÖCKE, Anja (2016), *Participatory Budgeting in Europe: Democracy and Public Governance*, London: Ashgate.

SIRMANS, M. Eugene (1966), *Colonial South Carolina-A Political History. 1663-1763*, Chapel Hill: University of North Carolina Press.

SKINNER, Quentin (1978), *The Foundations of Modern Political Thought*, Cambridge: Cambridge University Press.

SMITH, Graham (2009), *Democratic Innovations: Designing Institutions for Citizen Participation*, Cambridge (UK): Cambridge University Press.

SMITH, Graham (2021), *Can Democracy Safeguard the Future?*, Cambridge/Medford USA: Polity Press.

SMITH, Graham and WALES, Corinne (1999), "The Theory and Practice of Citizens' Juries," *Policy & Politics*, 27 (3), pp. 295-308.

SOTO, Pablo (2018), "Oui, on peut concilier démocratie radicale et gestion efficace," *Mouvements*, 2 (94), pp. 66-74.

SPINOZA, Baruch (1670), *Tractatus Theologico-Politicus*. SPINOZA, Baruch (1675-76), *Tractatus Politicus*.

STANYAN, Abraham (1714), *An Account of Switzerland, Written in the Year 1714*, London: Jacob Tonson.

STAPPERT, André (2016), "*Organizierter Zufall" in zeremonialisierten Verfahren? Das Los bei der Ämterbesetzung an der Universität Rostock in dem Spätmittelalter und Früher Neuzeit*," Master's thesis, Munster: Westfälische Wilhelms-Universität Münster.

STAPPERT, André (2018), "Aller Unrichtigkeit, Verdacht und Argwohniger Reden vurzubouwen," in Antoine Chollet and Alexandre Fontaine (eds.), *Expériences du tirage au sort en Suisse et en Europe*, Bern: Publications en série de la bibliothèque Am Guisanplatz, 74, pp. 91-117.

STEENBERGEN, Marco R. ` BÄCHTIGER, André, PEDRINI, Seraina and GAUTSCHI, Thomas (2015), "Information, Deliberation, and Direct Democracy: Evidence from the Swiss Expulsion Initiative," in Stephen Coleman, Anna Przybylska and Yves Sintomer (eds.), *Deliberation: Values, Processes, Institutions*, Frankfurt am Main: Peter Lang, pp. 187-204.

STEFANONI, Pablo (2016), "Balance 2016. América Latina: más híbrida que refunda-cional," *La nación*, December 18.

STELLA, Alessandro (1993), *La révolte des Ciompi*, Paris: Éditions de l'EHESS.

STEWART, John, KENDALL, Elizabeth and COOTE, Anna (1994), *Citizens' Juries*, London: Institute for Public Policy Research.

STEWART, Roberta (1998), *Public Office in Early Rome. Ritual Procedure and Political Practice*, Ann Arbor: Michigan University Press.

STOLLBERG-RILINGER, Barbara (1999), *Vormünder des Volkes? Konzepte landständischer Repräsentation in der Spätphase des Alten Reiches*, Berlin: Duncker und Humblot.

STOLLBERG-RILINGER, Barbara (2001), "Einleitung," in Barbara Stollerg-Rillinger (ed.), *Vormoderne politische Verfahren*, *Zeitschrift für Historische Forschung*, Beiheft 25, Berlin: Duncker & Humblot, pp. 1-24.

STOLLBERG-RILINGER, Barbara (2014a), "Entscheidung durch das Los. Vom prak-tischen Umgang mit Unverfügbarkeit in der Frühen Neuzeit," in André Brodocz, Dietrich Herrmann, Rainer Schmidt, Daniel Schulz, and Julia Schulze Wessel (eds.), *Die Verfassung des politischen. Festschrift für Hans Vorländer*. Wiesbaden: Springer, pp. 63-79.

STOLLBERG-RILINGER, Barbara (2014b), "Um das Leben Würfeln. Losentscheidung, Kriegsrecht und inszenierte Willkür in der frühen Neuen Zeit," *Historische Anthropologie*, 22 (2), pp. 182-209.

STONE, Peter (2009), "The Logic of Random Selection," *Political Theory*, 37 (3), pp. 375-397.

STRAW, Joseph (2002), "Se discutono e leggono i dossier cambiano idea," *Reset*, 71, May-June.

STREECK, Wolfgang (2016), *How Will Capitalism End? Essays on a Failing System*, London/New York: Verso.

STUART STAVELEY, Eastland (1972), *Greek and Roman Voting and Elections*, London: Thames and Hudson.

SUN, Hong (1702), *Weizheng diyi bian* (Manual of Government, First Installment).

SUNSTEIN, Cass R. (1999), *The Law of Group Polarization*, John M. Olin Program in Law and Economics Working Paper, 91.

SUTHERLAND, Keith (2004), *The Party's Over*, Exeter: Imprint Academic.

TALPIN, Julien (2011), *Schools of Democracy. How Ordinary Citizens (Sometimes) Become More Competent in Participatory Budgeting Institutions*, Colchester:

ECPR Press.

TALPIN, Julien (2020), "Does Random Selection Make Democracy More Democratic? How Deliberative Democracy Has Depoliticized a Radical Proposal," in Liliane Lopez-Rabatel and Yves Sintomer (eds.), *Sortition and Democracy*, Exeter: Imprint Academics, pp. 442–464.

TANZINI, Lorenzo (2014), *A consiglio. La vita politica nell'Italia dei comuni*, Bari: Laterza.

TANZINI, Lorenzo (2020), "The Practices and Rhetoric of Sortition in Medieval Public Life (13th–14th Centuries)," in Liliane Lopez-Rabatel and Yves Sintomer (eds.), *Sortition and Democracy*, Exeter: Imprint Academics, pp. 201–218.

TAYLOR, Charles (2004), *Modern Social Imaginaries*, Durham and London: Duke University Press.

TAYLOR, Lily Ross (1966), *Roman Voting Assemblies from the Hannibalic War to the Dictatorship of Caesar*, Ann Harbor, MI: University of Michigan Press.

TSCHUDI, Johann Heinrich (1714), *Beschreibung des Lobl. Orths und Lands Glarus*, Zurich: Lindinners.

THOMPSON, E. P. (1963), *The Making of the English Working Class*, London: Penguin Books.

THOMPSON, Nivek K. (2012), "Participatory Budgeting-The Australian Way," *Journal of Public Deliberation*, 8 (2), article 5.

THUCYDIDES (1954), *The Peloponnesian War*, Harmondsworth: Penguin.

TILIKETE, Selma (2020), "*Entre technique et politique: la fabrique des propositions de la convention citoyenne pour le climat*," Master's thesis, Paris: EHESS.

TOCQUEVILLE, Alexis de (1899) [1835], *Democracy in America*, vol. 1, New York: D. Appleton.

TORRAS I RIBÉ, Josep M. (1983), *Els municips catalans de l'Antic Règim (1453–1808). Procediments electorals, òrgans de poder i grups dominants*, Documents de cultura, 18, Barcelona: Curial.

TORRAS I RIBÉ, Josep M. (1983), "El procediment electoral per insaculació en el municipi d'Igualada (1483–1714)," *Miscellanea Aqualatensia*, 3, pp. 101–131.

UNHCR (2021), *Figures at a Glance*, http://www.unhcr.org/figures-at-a-glance.html. URBINATI, Nadia and VANDELLI, Luciano (2020), *La democrazia del sorteggio*, Turin: Einaudi.

URFALINO, Philippe (2014), "The Rule of Non-Opposition: Opening Up Decision-Making by Consensus," *The Journal of Political Philosophy*, 22 (3), pp. 320–341.

URFALINO, Philippe (2021), *Décider ensemble. La fabrique de l'obligation collective*, Paris: Seuil.

USTERI, Paul, CONRAD, Hans and DE LA LINTH, Escher (1798), "Soll, um Intrigen zu vermeiden, das Loos bei einigen der wichtigsten Wahlen eingeführt werden?" *Der schweizerische Republikaner*, 1, January, pp. 58–59.

VAN REYBROUCK, David (2016), *Against Elections*, New York: Seven Stories Press, 2016.

VANDAMME, Pierre-Etienne (2021), "Tirage au sort et conscience des injustices," *Raisons politiques*, 82, May, pp. 107–124.

VEGETTI FINZI, Silvia (1992), "Female Identity Between Sexuality and Maternity," in G. Bock and S. James (eds.), *Beyond Equality and Difference*. London: Routledge, pp. 126–148.

VERDERAMI, Francesco (2008), "Giustizia, piano di Berlusconi: giuria popolare nei casi gravi," *Il Corriere della sera*, February 8

VERGNE, Antoine (2005), "*La Lutte contre la corruption internationale grâce à l'utilisa-tion raisonnée du tirage au sort*," Master's thesis, Toulouse: Institut d'Études Politiques. VERNANT, Jean-Pierre (1983), *Les origines de la pensée grecque*, Paris: Presses uni-versitaires de France.

VILLACEQUE, Noémie (2013), *Spectateurs de paroles ! Délibération démocra-tique et théâtre à Athènes à l'époque classique*, Rennes: Presses Universitaires de Rennes.

VILLANI, Giovanni (2001), *Nuova Cronica*, Giuseppe Porta (ed.), Parma: Guanda.

VIVES, Jaume Vicens (1936–1937), *Ferran II i la ciutat de Barcelona (1479–1516)*, 3 volumes, Barcelona: Universitat de Catalunya.

VIVES, José S. (ed.) (1963), *Concilios Visigóticos e hispano-romanos*, Barcelona/ Madrid: CSIC/ Enrique Flórez Institute.

VON HALLER, Karl Ludwig (1834), "Fortsetzung der Constitutions-Gesetze 3. Kluge Wahl-Formen," in *Restauration der Staats-Wissenschaft oder Theorie des natürlichgeselligen Zustands der Chimäre des künstlich-bürgerlichen entgegengesezt*, Winterthur: Steinerischen Buchandlung, vol. 6.

VOUTAT, Bernard (2005), "A propos de la démocratie directe. L'exemple helvétique," in Marie-Hélène Bacqué, Henri Rey, and Yves Sintomer (eds.), *Gestion de proximité et démocratie participative*. Paris: La Découverte, pp. 197-216.

WANG, Shaoguang (2018), *Sortition, Democracy, and Republic: From Athens to Venice*, Beijing: CITIC Press [in Chinese].

WARBURG, Aby (1990), *Essais florentins*, Paris: Klincksieck.

WARREN, Mark E. and PEARSE, Hilary (eds.) (2008), *Designing Deliberative Democracy. The British Columbia Citizens' Assembly*, Cambridge: Cambridge University Press.

WEBER, Max (1966), *The City*, New York: The Free Press.

WEBER, Max (1994), *Political Writings*, Cambridge: Cambridge University Press.

WEBER, Max (2010), *The Protestant Ethic and the Spirit of Capitalism*, Oxford: Oxford University Press.

WEBER, Nadir (2018), "Gott würfelt nicht. Losverfahren und Kontingenzbewältigung in der Republik Bern (17. und 18. Jahrhundert)," in Antoine Chollet and Alexandre Fontaine (eds.), *Expériences du tirage au sort en Suisse et en Europe*, Bern: Publications en série de la bibliothèque Am Guisanplatz, 74, pp. 47-68.

WELLER, Thomas (2010), "Repräsentation per Losentscheid. Wahl und Auswahlverfahren der procuradores de Cortes in den kastilischen Städten der Frühen Neuzeit," in Christoph Dartmann, Günther Wassilowsky and Thomas Weller (eds.), *Technik und Symbolik vormoderner Wahlverfahren*, Munich: Oldenbourg, pp. 117-138.

WENDLAND, Paul (1898), "Jesus als Saturnalien-Koenig," *Hermes*, 33, pp. 175-1.

WILL, Pierre-Étienne (2020), "Appointing Officials by drawing lots in late Imperial China," in Liliane Lopez-Rabatel and Yves Sintomer (eds.), *Sortition and Democracy. Practices, Tools, Theories*, Exeter: Imprint Academic, pp. 305-340.

WYKES, Alan (1964), *Gambling*, London: Aldus Books/W. H. Allen.

WISSOWA, Georg (1971) [1912], *Religion und Kultus der Römer*, Munich: Beck.

WÖLK, Monika (1984), "Wahlbewusstsein und Wahlerfahrung zwischen Tradition und Moderne," *Historische Zeitschrift*, 238 (1), pp. 311-352.

WOOD, Gordon S. (1991), *The Radicalism of the American Revolution*, New York: Vintage Books.

WRIGHT, Erik Olin (2010), *Envisioning Real Utopias*, London/New York: Verso.

WRIGHT, Erik Olin (2019), "Postscript: The Anticapitalist Argument for Sortition," in John Gastil and Erik Olin Wright (eds.), *Legislature by Lot*, London: Verso, pp. 39–49.

XENOPHON (2013), *Memorabilia*, Cambridge, MA: Harvard University Press.

YOUNG, Iris M. (1990), *Justice and the Politics of Difference*, Princeton: Princeton University Press.

索 引*

Accountability,问责 19, 52, 54, 167, 254, 256, 258

Ad brevia,纸卷,简约之书 70, 73

Adams, John,亚当斯,约翰 172, 206, 254

Africa,非洲 17, 21, 24, 25, 252

Alciatto, Andrea,阿尔恰托,安德烈亚 99

American revolution,美国革命 12, 14, 19, 20, 101, 123-125, 132, 157, 165, 182, 206

Ancient Democracy,古代民主 4, 19

Ancient Western Asia and the Mediterranean Region,古代西亚和地中海地区 13, 43, 45

Anthropocene,人类世 21, 25

Anticapitalist,反资本主义 10

Anti-Federalist, The, USA,反联邦主义,美国 172, 179, 180, 254

Antipolitical democracy,反政治民主 13, 15, 238, 242, 245, 247, 255

Antiquity,古代 5, 7, 9, 13, 18, 37, 42, 43, 65, 71, 93, 120, 124, 126, 160, 161, 187, 250

Aquinas, Thomas,阿奎那,托马斯, 13, 38-40, 65, 71, 121, 185

Aristotle,亚里士多德 1, 2, 6, 7, 11, 47, 49-52, 79, 95-97, 105, 126, 133, 183, 239, 250

The Athenian Constitution,《雅典政制》6, 37, 50

Arti maggiori,大行业公会 81, 83

Arti minori,小行业公会 81, 83

Asia,亚洲 17, 21, 24, 252

Athens,雅典 2, 5, 7, 8, 11, 12, 14, 15, 37, 43, 45-54, 56, 62, 64, 65, 67, 70, 71, 75, 84, 89, 92, 93, 95, 105, 115, 119-121, 124, 130, 132, 135, 157, 161, 179-181, 183, 190, 200, 205-208, 237, 239, 247, 250-252, 258, 261, 265, 268, 275

---

* "索引"中标注的页码为本书边码。

Australia, 澳大利亚 188, 200, 201, 211, 215, 252

Authoritarianism, 威权主义 13, 15, 30-33, 35, 276

Authorization, 授权 60, 73, 123, 167, 254, 256-258

Ballottino, 球童 43, 74, 76, 77, 162

Barcelona, 巴塞罗那 39, 102-104, 107

Belgium, 比利时 215, 228, 242, 273

Blackstone, William, 布莱克斯通, 威廉 137

Blind chance, blind lot, 盲目的机会, 盲目之签 116, 169, 185, 251

Bodin, Jean, 博丹, 让 113, 164

Bologna, 博洛尼亚 70, 71, 80

Boule, 议事会 47, 48, 51, 206

Bourdieu, Pierre, 布迪厄, 皮埃尔 191

Bruni, Leonardo, 布鲁尼, 莱昂纳多 7, 85, 91, 121

Capitalism, 资本主义 17-25, 31, 32, 34, 236, 243, 244, 258, 259, 265, 268, 276

Carson, Lyn, 卡森, 林恩 4

Catholic, 天主教 106, 118, 121, 152, 156, 186, 213, 218

Cavalcanti, Giovanni, 卡瓦尔康蒂, 乔瓦尼 91

Centuria praerogativa, 优先百人队 57, 60

China, 中国 6, 9, 10, 17, 22, 24, 68, 212, 213, 232, 259

1594-1911, 10, 14, 19, 36, 126

Cicero, 西塞罗 55, 60

Citizens Convention for Climate, France, 公民气候大会, 法国 217, 219-220, 242, 254, 264

Citizens' Assembly, 公民大会 214-222

Belgium, 比利时 215

British Columbia, 加拿大不列颠哥伦比亚省 2, 213

France, 法国 4, 219, 220, 222

Iceland, 冰岛 216, 217

Ireland, 爱尔兰 4, 217

Netherlands, 荷兰 215

Ontario, 安大略省 3, 213, 215, 254

Citizens' juries, 公民审议团 3, 4, 6, 15, 34, 188, 193-200, 202-204, 206, 210, 213, 214, 262-265, 269-271

Civil society, 市民社会 146, 148, 165, 175, 186, 188, 209-211, 216, 219, 221, 238, 264-267, 269, 274

Clastres, Pierre, 克拉斯特, 皮埃尔 63

Common sense, 常识 12, 132, 147, 176, 186, 187, 233, 242, 251, 262, 264, 265

Communism, 共产主义 158, 160, 180, 236

Compromise voting, 妥协投票 70, 72, 73, 93, 111, 120, 123, 151, 153, 154, 162, 167, 176, 184, 187

Condorcet, 孔多塞 152, 156, 166, 169,

172, 173, 174, 176

Conseil Supérieur de la Fonction Militaire, 军事职能最高委员会 226

Consensus by no opposition, apparent consensus, 无反对的共识，明显的共识 34

Consensus conference, 共识会议 15, 34, 188, 193-196, 200-204, 214, 263, 265

Consent, 同意 11, 69, 73, 126, 131, 164-166, 184, 201

Constant, Benjamin, 贡斯当，本杰明 142, 181, 182, 270

Constituent Assembly, 制宪会议 20, 137, 139, 144, 146, 162, 163, 173, 242

Consultative, 商议，咨询 12, 15, 197, 203, 204, 211, 215, 218, 226, 242, 248, 252, 257, 267, 269

Contarini, Gasparo, 孔塔里尼，加斯帕罗 78, 79, 85, 121, 134, 183

Cortes, sortition for the, 议会，抽签, 108, 109

Coulanges, Fustel de, 德库朗日，甫斯特尔 5, 37

Crosby, Ned, 克罗斯比，内德 6, 194, 195, 198, 207, 213, 236

Dahl, Robert Alan, 达尔，罗伯特·阿兰 189, 236

de Segovia, Juan, 塞哥维亚的胡安 72

Deliberation, quality of, 商议，质量 93, 194, 200, 202, 204, 209, 214, 217, 223, 240, 247, 260, 262, 275

Deliberative Democracy, 商议民主 2, 6, 11, 12, 15, 34-36, 195, 200, 204, 209, 210, 213, 220, 233, 236-238, 240-243, 245-249, 265, 267, 269, 274

Deliberative dissensus, 协商分歧 265

Deliberative Poll, 商议民调 4, 6, 15, 188, 193-195, 198-201, 204, 208, 212, 214, 227, 263, 269

Democracy 3.0, 民主 3.0 版 274-275

Democratizing democracy, "民主"的民主化 13, 248, 267

Denmark, 丹麦 188, 203, 204

Descriptive representation, 描述性代表 15, 32, 35, 172, 173, 185, 186, 205, 206, 209, 239, 244, 247, 249, 255

Deselection, 取消选举资格 166

Dewey, John, 杜威，约翰 261

Dienel, Hans-Liudger, 迪内尔，汉斯-利德格 197, 206

Dienel, Peter, 迪内尔，彼得 6, 194-197, 236

Direct democracy, 直接民主 2, 15, 69, 184, 204, 209, 213-214, 216, 228, 238, 239, 242, 243, 265, 274

Disappearance of sortition, 抽签的消失 125-126, 152, 157, 164, 168, 183

Distributive aristocracy, 分配型贵族，分配型贵族制 80, 117, 126, 134,

135, 171, 183

Distributive democracy, 分配型民主，分配型民主制 170, 234,

Divine Providence, 神意 111, 152

Divine will, 神的意志 37-38

Division of labor, 劳动分工 13, 20, 21, 24, 26, 147, 181, 187, 220

Doge, 总督 74, 75, 76, 78, 85

Duport, Adrien, 迪波尔，阿德里安 139, 146, 173

Dupuis, Aurèle, 迪皮伊，奥雷勒 80, 117, 123

Ecological, 生态 21, 26, 28, 32, 33, 196, 199, 219-221, 246, 259, 268, 271, 272, 274

Economic, Social, and Environmental Council (CESE), France, 经济、社会和环境委员会，法国 219-221, 228, 229

Egalitarian, 平等 54, 60, 68, 87, 106, 158, 179, 186, 194, 197, 239, 244

Ekklesia, 公民大会 47, 48, 52, 206

Elective aristocracy, 选举型贵族制 11, 19, 125, 132, 134, 157, 159, 164, 173, 180, 183, 184

Elitist, 精英，精英主义 86, 87, 95, 97, 147, 151, 157, 158, 162, 170, 176, 180, 183, 193, 233, 248, 260

Embodiment based representation, 基于具象化的"代表" 167, 168, 184

Empowered minipublics, 赋权的微众 15, 227

England, 英国 20, 25, 119, 136-138, 149, 161, 167, 177

The Early Modern period, 近代早期 109

Enlightenment, 启蒙 12, 14, 98, 101, 154, 158, 168, 174, 180, 184, 190, 191, 236, 247, 258, 260

Epistemic democracy, 认知民主 239, 259-261, 263-265

Athens, 雅典 51, 265, 268, 275

Citizen knowledge and the democratization of expertise, 公民知识和专业知识的民主化 261

Expert knowledge, 专业知识 225, 261, 262

Political knowledge, 政治知识 264, 265

The wisdom of the many, 多数人的智慧 260, 262

Equality, 平等 5, 11-13, 15, 25, 47, 52, 53, 62, 63, 65, 80, 90, 94, 95, 97, 105, 142, 153, 160, 164, 167, 184, 189, 190, 207, 213, 221, 229-234, 238-240, 242, 251, 253, 256, 276

Aristocratic, 贵族 113, 117

Arithmetic, 算术的 95, 96, 105

Democratic, 民主的 245, 247, 249

Geometric, 几何 105

Sortition as a tool for, 作为工具的抽签 230

Three Rationales,三种理由 232-233

v. Supernatural destiny、impartiality, and equality,超自然命运、公正和平等 231

Europe,欧洲 5, 9, 17, 19, 24, 31, 42, 66, 68, 72, 76, 99, 101, 110, 112, 115, 119, 120, 123, 130, 135, 144, 152, 157, 164, 178, 180, 182, 185, 189, 247, 250, 252, 274, 276

Extinction Rebellion,反抗灭绝 235, 246, 249, 259

Fair cross-section, the,公平的横截面 193, 203, 206, 207, 233, 240, 245, 249, 273, 275

Federalist, The, USA,联邦主义者,美国 19, 172

Federation of Student Associations, Lausanne,瑞士洛桑大学学生协会联合会 227

Fishkin, James,詹姆斯·费什金 4, 6, 7, 194, 195, 199, 200, 204, 207, 208, 227, 236

Florence,佛罗伦萨 1, 7, 8, 14, 43, 69-71, 73, 78, 80-94, 96-99, 101-105, 115, 120, 121, 161, 180, 247

 legislative councils,立法委员会 1, 82, 93

 parlamento,民众大会（帕拉门托）72

Vivere libero（living freely）,自由生活 2

Fortuna,福尔图娜 99, 100

Fortuna, the Goddes,福尔图娜,女神 98-100

France,法国 3, 4, 6, 18, 32, 68, 70, 101, 113, 117, 118, 119, 137-141, 145, 147, 148, 151-154, 157, 160-163, 165, 168, 177, 179, 183, 191, 193, 198, 203, 209, 212, 218, 220, 226, 228, 234, 249

The Early Modern period,近代早期 112

Frankenburger Würfelspiel,弗兰肯堡骰子游戏 114

Free will, free choice,自由意志,自由选择 101, 165-167, 170, 171, 185

French revolution,法国大革命 19, 98, 101, 115, 123-125, 132, 134, 143, 145, 151, 152, 158, 164, 174-176, 178-182, 185, 206, 252

Fukuyama, Francis,福山,弗朗西斯 17, 18

Future generations,后代,子孙后代 26, 258, 259, 273, 275

Games of chance,机会游戏 14, 40, 42, 45, 96, 110, 176-178, 182

Gastil, John,加斯蒂尔,约翰 6, 245

Gataker, Thomas,加塔克,托马斯 110, 177

Genoa，热那亚 68，80，81，177

Germany，德国 6，22，29，30，68，70，118，119，143，147，188，194，196，197，206，211

 The Early Modern period，近代早期 112，114

Giannini, Guglielmo，贾尼尼，古列尔莫 242，243

Giannotti, Donato，詹诺蒂，多纳托 78

Gilets jaunes，黄背心 4，218，219，220，234，243，249

Ginzburg, Carlo，金兹伯格，卡洛 8，277

God's will，上帝的意志 231

Gonfaloniere di giustizia, Florence，正义旗手（城市领袖），佛罗伦萨 82，85

Governo largo v. governo stretto, Florence，统治大圈 v. 统治小圈，佛罗伦萨 90

Grassroots，草根 194，204，207，213，227，249

Great Debate, the (France)，大辩论（法国），218，219，257

Greece，希腊 2，18，36，37，45，46，54，65，164，208

Guicciardini, Francesco，圭恰迪尼，弗朗切斯科 7，85-88，92，93，96-98，101，122，131

Guizot, François，弗朗索瓦，基佐 175

Habermas, Jürgen，哈贝马斯，尤尔根 13，23，194，195，240，260，265

Hansen, Mogens H.，汉森，摩根斯·H. 2，5，37，49

Harrington, James，哈灵顿，詹姆斯 131，132，136

Hegel, Georg Wilhelm Friedrich，黑格尔，格奥尔格·威廉·弗里德里希 145-150，267，272

Heliaia，民众法庭 47，49，206

Herodotus，希罗多德 2，45

Imborsazione, Florence，皮袋，佛罗伦萨 83，91

Impartiality，公正 9，11-15，50，54，59，65，67，75，77，84，124，128，133，137，140，143，149，155，156，162，169，176，186，205，218，222，223，227，231，232，238，239，246，247，249，251，253，264，266，269-271，273-275

India，印度 9，14，19，20，24-26，31，32，66，68，207，232，256

Innocent child, The，纯真的孩子 9，39，55，74，81，103，106，108，111，116，132，134，136，232

Insaculación，抽签，把东西装入袋中 102-108，134，208

Ireland，爱尔兰 3，7，213，218，221，252，274

Italian Communes, 意大利公社 5, 8, 14, 39, 68-70, 72, 76, 93, 119, 120

Italy, 意大利 5, 68, 70, 73, 80, 96, 99, 109, 119, 120, 144, 145, 178, 236, 237, 242, 243

Jharkhand, 贾坎德邦 68

Kairos, 凯洛斯 99, 101
Kleros, 神职人员 39, 43
Kleroterion, 抽签器 6, 37, 42, 43, 49, 50, 65, 75, 121, 190
Konrad, George, 康拉德, 哲尔吉 237, 238
Koselleck, Reinhart, 科泽勒克, 莱因哈特 151, 170
Kübellos, 抽签桶 158
Kuda Olai system, 库达奥来制度 67

Labor movement, 劳工运动 31, 143, 165, 168, 238, 244, 272
Landsgemeinde, 公民大会 36, 115-117, 154, 158, 163
Latin America, 拉丁美洲 20, 21, 25, 26, 31, 32, 208, 252
Lay citizens, 政治外行公民 3, 151, 188, 194, 200, 202, 204, 207, 210, 211, 216, 239, 240, 242, 243, 245, 248, 249, 261, 262, 265, 267, 270
Le règlement du Sort, Marseille,《抽签规则》,马赛 110
Legislature by lot, 抽签立法 10, 272-273
Leroux, Pierre, 勒鲁, 皮埃尔 141, 270
Leti, Gregorio, 莱第, 格雷戈里奥 81
Liberal, 自由 17, 18, 20-22, 25, 31, 35, 36, 135, 140-144, 154, 156, 158, 165, 167, 169, 170, 175, 186, 224, 236, 241, 255, 256, 258, 259, 268, 276
Locke, John, 洛克, 约翰 131, 136, 165
Lotteries, 彩票 42, 80, 81, 177, 178, 182, 205, 212

Machiavelli, Niccolò, 马基雅维利, 尼科洛 84, 85, 87, 88, 91, 97, 98, 113, 116, 126, 131, 156, 175, 176, 185
Mandate of Heaven, The, 天命 127, 128
Mandate-representation, 授权代表 123, 168, 184
Manifesto of the Sixty, The,《六十人宣言》179, 180
Manin, Bernard, 曼宁, 伯纳德 6, 11, 12, 125, 157, 160, 164, 183, 236, 237, 250
Marsilius of Padua, 帕多瓦的马西略 72
Martin, Brian, 马丁, 布莱恩 4
Marx, Karl, 马克思, 卡尔 27, 28,

160, 246

Mass political parties, 大众政党 20, 21, 26, 27, 29, 32

Mellina, Maxime, 梅利纳，马克西姆 152, 168, 184

Mexico, 墨西哥 6, 9, 135, 208

Microcosm of the people, 人民的缩影 12

Ming dynasty, 明朝 126, 130

Mixed government, 混合政府 78, 79, 134, 164, 165, 237, 272

Mixed jury, 混合陪审团 143-145

Modern democracy, 现代民主 4, 8, 9, 13, 18, 183, 205, 206, 214, 273

Modernity, 现代性 14, 26

Moira, 命运 46

Montesquieu, 孟德斯鸠 18, 132-135, 146, 155, 160, 161, 162, 176, 183, 239, 247, 250

Neoliberalism, 新自由主义 21-23, 267

Netherlands, 荷兰 174, 177, 211, 215

Neutrality, 中立 15, 142, 215, 225, 249, 270, 271

NGO, 非政府组织 27, 196, 197, 200, 209, 211, 220, 222, 259, 265, 270-272

Nomothetai, 立法委员会 49

North America, 北美 5, 10, 19, 26, 31, 132, 164, 252, 274

Ober, Josiah, 奥伯，乔赛亚 2, 51, 261, 268

Occasio, 奥卡西奥 99

Occasio, godness, 奥卡西奥，女神 99

Ochs, Peter, 奥克斯，彼得 153-155, 159, 160, 169, 171

Opinion polls, 民意调查 30, 173, 189-192, 196, 199, 204, 205, 233, 257

Participatory budget, 参与式预算 34, 35, 194, 209-212, 227, 262, 271

Participatory Democracy, 参与民主 4, 33, 36, 138, 193, 194, 204, 209, 248, 249, 255, 274

Penn, William, 威廉，佩恩 132, 136, 149, 150

Phillips, Anne, 菲利普斯，安妮 255

Pitkin, Hannah, 皮特金，汉娜 172, 256

Planning cells, 规划小组 6, 194, 197, 210, 243

Plato, 柏拉图 51, 94, 95, 126

Pluralism, 多元 122, 165, 175, 179, 186, 241, 243, 245, 246, 251, 257

Polarization effect, 极化效果 260

Politicization, 政治化 15, 221, 223, 226-229, 246, 249, 252, 265, 270

Politics of presence, The, 在场的政治 255

Popolo grasso, 地位高贵者 89

Popolo minuto, 地位卑微者 89

Popular juries 审判陪审团 56, 136, 140, 173, 194, 197-198, 201, 232, 233, 261, 265

    The Anglo-American jury, 英美陪审团 144, 149-151, 186

    The jury d'Assises, 法国陪审团 137

    The origins, 起源 36, 81

Popular sovereignty, 人民主权 12, 24, 128, 152, 163-165, 170, 171, 184, 236, 248, 251, 275

Populist, 民粹的, 民粹主义 3, 31, 224, 236

Porto Alegre, 阿雷格里港 34, 194, 209, 212

Post-democracy, 后民主 13, 15, 30-32, 35, 276

Probability, 概率 40, 42, 94-96, 173, 174, 176, 177, 191, 192, 206

Procedural legitimacy, 程序合法性 113, 184

Protagoras, 普罗泰戈拉 15, 16

Protestant, 清教 45, 63, 118, 121, 152, 155, 158

Public Opinion, 舆论, 公共舆论 166, 175, 181, 190-192, 199, 200, 206, 208, 240, 247, 248, 255, 265

    Counterfactual, 反事实 251, 254

    Enlightened, 启蒙的 191

Public sphere, 公共领域 17, 19, 55, 61, 175, 204, 240, 248, 251, 276

Pufendorf, Samuel von, 普芬多夫, 塞缪尔·冯 112, 113

Purim, 普珥, 抽签 44

Qing dynasty, 清朝 129, 130

Quetelet, Adolphe, 凯特尔, 阿道夫 174, 176

R. v. Kokopenace case, Canada, 诉科科佩内斯案, 加拿大 253, 258

Radical democracy, 激进民主 244-247

Rancière, Jacques, 朗西埃, 雅克 7, 11, 62, 63, 244, 250

Rationalism, new, 理性主义, 新 12, 14, 171, 172, 185

Rationalization, 理性化 12, 38, 95, 122

Rawls, John, 罗尔斯, 约翰 195, 264

Real democracy, 真正的民主 133, 249

Real utopia, 真正的乌托邦 9, 245, 247, 277

Redolinos, 小蜡球 103

Renaissance, 文艺复兴 2, 7, 9, 14, 24, 66, 68, 69, 77, 91, 92, 99, 101, 120, 177, 180, 247

Repraesentatio identitatis, 身份代表 72, 113, 123

Representative Democracy, 代议制民主 4, 11, 13, 15, 18, 20-22, 28, 30, 32, 36, 190, 193, 194, 205, 216, 219, 242, 249, 255, 256,

267, 275

Representative Government, 代议制政府 5, 6, 10, 11, 17, 19-21, 24, 25, 29, 35, 36, 86, 118, 122, 124, 125, 132, 133, 154, 157, 163, 165, 167-170, 175, 183, 184, 186, 190, 231, 236, 237, 239-241, 243, 246-248, 250, 251

Representative sample, 代表性样本 173, 180, 185, 187, 189-203, 205-208, 233, 239, 245,

Republicanism, 共和主义 20, 101, 117, 128, 167, 172, 175, 182, 185, 186

Responsiveness, 回应 256-258

Ritual, 仪式 8, 14, 37, 46, 58, 65, 67, 71, 76, 83, 102, 108, 114, 121, 122, 134, 135, 171, 184, 185, 251

Roman Empire, 罗马帝国 61, 69, 112, 114

Rome, 罗马 5, 8, 10, 14, 37, 54-65, 67, 71, 76, 115, 119, 121, 135

Rotating mandates, 轮换 7, 52, 54, 56, 58, 59, 62, 64, 67, 72, 82, 84, 85, 88, 97, 99, 104, 113, 123, 140, 160, 161, 181, 205, 234

Rousseau, Jean-Jacques, 卢梭, 让-雅克 133, 134, 136, 146, 155, 157, 160, 164, 165, 173, 183, 239, 247, 250

Russia, 俄罗斯 68

Saint Augustine, 圣奥古斯丁 39

Saint Dasius, The Martyrdom, 圣达修斯, 殉道 61-63

Self-government, 自治 12, 14, 20, 35, 65, 66, 85, 88, 90, 120, 124, 128, 134, 135, 148, 150, 157, 160, 163, 165, 184, 205, 206, 234, 246, 249, 275

Signoria, 领主 71

Social movements, 社会运动 13, 27, 33, 188, 194, 195, 204, 207, 210, 211, 222, 227, 236, 238, 246, 247, 249, 252, 265, 272, 274, 276

Alter-Globalist, 另类全球化 34

New, 新的 33, 35

Socrates, 苏格拉底 51, 95

Sors Divinatoria v. Sors Divisoria 占卜抽签和分配抽签

Distributive Divinatory v. Distributive Sortition, 占卜抽签和分配抽签 43, 45, 59, 65, 110, 113, 152

Aquinas, Thomas, 阿奎那, 托马斯 38-40

Spain, 西班牙 5, 8, 14, 68, 102, 106, 107, 109, 121, 134, 135, 196, 197, 209, 249, 271

Spinoza, Baruch, 斯宾诺莎, 巴鲁赫 131

Squittinio, Florence, 筛选, 佛罗伦萨 83, 89

Stollberg-Rilinger, Barbara, 施托尔贝格-里林格, 芭芭拉 60, 112-114, 122, 168, 184

Stratified sample, The, 分层样本 191

Subaltern, 底层 19, 20, 21, 27, 29, 33, 35, 192, 194, 239, 245, 246, 255, 257, 274, 276

Subjective judgement, 主观判断 12, 186,

Swiss Federal Supreme Court, Initiative Justice, 瑞士联邦最高法院, 倡议正义 223

Switzerland, 瑞士 5, 8, 14, 66, 68, 80, 109, 113, 119, 121, 125, 151, 157, 159-161, 163, 166, 168, 169, 175, 180, 182, 184, 214, 223-227, 249, 257

 1798-1848, 152

 The Early Modern period, 近代早期 114, 115, 119

 Symbolic, 象征 14, 55, 60, 61, 63, 65, 76, 80, 95-97, 104, 113, 121, 122, 164, 184, 189, 231, 235, 251, 255

 Systemic, 系统, 制度 13, 15, 23, 119, 253, 255, 267, 268, 272, 276

Taming of chance, 机会的驯服 97, 101

Tarde, Gabriel, 塔尔德, 加布里埃尔 147, 148

Teknologiradet, 丹麦技术委员会 195

Thucydides, 修昔底德 50

Tocqueville, Alexis de, 托克维尔, 阿历克西·德 147-148, 150, 151, 186, 251

Tratta, 抽签 1, 43, 70, 73, 82, 84, 85, 87, 88, 97, 98, 103

Tribunes of the plebs, 保民官 55, 57

True democracy, 真正的民主 19, 133

Unanimity, 一致 164, 176, 186, 187, 266

United Kingdom, 英国 6, 19, 22, 32, 164, 165, 190, 195, 196, 198, 272

United States, 美国 6, 20, 21, 22, 29, 32, 122, 137, 138, 148-151, 157, 161-163, 165, 172, 180, 183, 186, 188-190, 193-199, 214, 253, 259, 264, 271

Urfalino, Philippe, 乌尔法里诺, 菲利普 265

Urna versatilis, 旋转瓮, 抽签瓮 37, 58, 65, 121

Usteri, Paul, 乌斯泰里, 保罗 156, 166

Uthiramerur, 乌蒂拉梅鲁尔 66, 67, 74

Van Reybrouck, David, 范雷布鲁克, 大卫 6, 207, 215, 237

Venice, 威尼斯 8, 69, 71, 73-80, 83-85, 88, 90, 91, 102, 109, 115-117, 119, 121, 129, 132, 134, 151, 156, 175, 177, 186

Warburg, Aby, 沃伯格，阿比 8, 99

Water Margin, by Shi Nai'an,《水浒传》，施耐庵 127

Wave of sortition experiments 抽签试验波

    The first wave, 第一波 12, 15, 193, 196, 201, 203, 206, 207, 236, 248, 249

    The second wave, 第二波 12, 15, 193, 206‐207, 226, 227, 229, 237, 245, 248, 249, 252, 255

Weber, Max, 韦伯，马克斯 21, 27, 29, 63, 147, 182

Western democracy, 西方民主 8, 27, 36, 236

Wheel of Fortune, the, 幸运轮 98‐100, 178

Wright, Erik Olin, 赖特，埃里克·奥林 6, 245

Xenophon, 色诺芬 51, 95

Yuan dynasty, 元朝 126